fremdeFrau

Gewidmet der ersten Feministin der Schweiz, der Gelehrten,
der frühen Schriftstellerin und Heilkundigen,
Hortensia von Salis, verwitwete Gugelberg von Moos (1659–1715)
von Maienfeld.

fremdeFrau

Beiträge zur Frauen- und
Geschlechtergeschichte Graubündens
im 19. und 20. Jahrhundert
Band 4

Herausgegeben von
Silke Redolfi
Silvia Hofmann
Ursula Jecklin

Wissenschaftliche Begleitung
Regina Wecker, Universität Basel

Verlag Neue Zürcher Zeitung

Die Forschungsreihe «Fraubünden»

ist ein offizielles Projekt zur 200-Jahr-Feier des
Kantons Graubünden 2003. Der Kanton Graubünden leistet
einen namhaften Beitrag an die Forschungskosten.

Finanzielle Beiträge an Band 4 «fremdeFrau»
haben ausserdem geleistet:

prohelvetia

Biblioteca Engiadinaisa, Segl/Sils i. E.
Verena Fankhauser, Chur (Anerkennungspreis Irma Landolt-Stiftung 2007)
Fonds RESPECT, der lesbisch-schwule Fonds
Frauenkulturarchiv Graubünden
Graubündner Kantonalbank
Lia Rumantscha (Übersetzungen)
Pure Communications, Chur und Zürich
Stadt Chur
Stiftung der Schweizerischen Landesausstellung 1939
Stiftung Lienhard-Hunger, Chur
Verein für Bündner Kulturforschung
Viele private Gönnerinnen und Gönner

Die Herausgeberinnen von «Fraubünden» danken
für die grosszügige Unterstützung.

Übersetzungen Rätoromanisch: Lia Rumantscha
Übersetzungen Italienisch: Raffaella Adobati Bondolfi, Chur
Übersetzung Deutsch: Ines Gartmann, S-chanf

Bibliografische Information der Deutschen Nationalbibliothek
Die Deutsche Nationalbibliothek verzeichnet diese Publikation in der Deutschen Nationalbibliografie;
detaillierte bibliografische Daten sind im Internet über http://dnb.d-nb.de abrufbar.

Umschlagabbildung: Giovanna a Marca-Ferrari (1770–1849) von Soazza. Abbildung mit freundlicher
Erlaubnis von Dolores Nicola-a Marca, Roveredo

© 2008 Verlag Neue Zürcher Zeitung, Zürich
Gestaltung Umschlag: Anna-Rita Stoffel, Pure Communications, Chur/Zürich
Gestaltung Inhalt: Herzog Design, Zürich
ISBN 978-3-03823-069-4
www.nzz-libro.ch
NZZ Libro ist ein Imprint der Neuen Zürcher Zeitung

Inhaltsübersicht

Einführung

Die stolze Amazone im kanariengelben Seidenkleid mit dem strengen Hut auf dem Titelbild von «fremdeFrau» ist weder eine noble Duchessa noch eine geheimnisvolle Kreolin – es ist Giovanna a Marca-Ferrari (1770–1849) aus Soazza im Misox. Als Tochter von Landammann Uldarico Ferrari (1727–1800) und Barbara geborene Zoppi aus San Vittore, die eine Reihe von Amtsleuten und Politikern zu ihren Ahnen zählt, entstammt Giovanna einer der führenden Familien der Drei Bünde und einer der ältesten im Tal.[1] Die junge Frau weiss, was sie will, wie das Porträt von 1801 unzweifelhaft erkennen lässt: Standesgemäss heiratet die erst 17-Jährige 1787 den Landeshauptmann des Veltlins Clemente Maria a Marca (1764–1819), der im jungen Kanton Graubünden eine glänzende politische Karriere vor sich hat. Es war wohl die Mutter des ehrgeizigen Clemente, Maria Margherita Lidia Toschini aus Soazza, die die familiären Bande zur schönen und selbstbewussten Giovanna knüpfte. Giovanna ist alles andere als ein Heimchen am Herd. Dies belegen etwa die im Archivio a Marca in Mesocco verwahrten Briefe aus ihrer Hand: Sie verwaltet die Ökonomie, wenn Clemente – wie so oft – abwesend ist, und hält ihn über die politischen und gesellschaftlichen Geschehnisse in der Region auf dem Laufenden. Als er 1818 wegen Amtsgeschäften wieder einmal in Chur weilt, gibt sie ihm Anweisungen, wie er sich gegenüber Politikern und dem Klerus zu verhalten habe, und mahnt zu Besonnenheit im Umgang mit Gegnern: «[…] pasatevella bene con tutti e guardate cosa fate cosa scrivete e non parlate tanto tutto il vostro cuore a tutti che siamo in un mondo che non si po fidarsi» (Vertragt Euch mit allen und passt auf, was ihr tut und was ihr schreibt und sprecht nicht mit allen so viel über das, was ihr im Herzen habt, denn wir sind in einer Welt, auf die man sich nicht verlassen kann).[2] Die Briefe von Giovanna a Marca bezeugen ein interessantes Frauenleben um 1800. Sie sind aber auch deshalb von Bedeutung, weil sie uns eine vergessene Geschichte in Erinnerung rufen: jene der gebildeten Frauen aus der Bündner Oberschicht des 18. und 19. Jahrhunderts, über deren Lebensumstände und gesellschaftliche Wirkungen wir noch kaum etwas wissen – obwohl beispielsweise die Familie von Salis zahlreiche charaktervolle Vertreterinnen in ihren Ahnentafeln führt, die unter anderem als Schriftstellerinnen oder initiative Bauherrinnen imposanter Palazzi bekannt sind. Das Bildnis der Giovanna a Marca ist darüber hinaus auch Ikone einer überraschend fremdländisch anmutenden Repräsentationskultur im Bergdorf. Gründe genug, um das eindrucksvolle Porträt zum Titelbild von «fremdeFrau» zu wählen. «fremde Frau» sucht nach den sogenannten Fremden in der Bündner Gesellschaft und handelt von Menschen, die als Fremde definiert werden, weil sie einen andern Pass haben oder eine andere Sprache sprechen, aber auch von jenen, die aus dem Rahmen gesellschaftlicher Normen fallen und deshalb nicht «dazugehören». In ihren sechs Beiträgen spüren die Autorinnen und der Autor dem Fremden und dem Fremdartigen in Graubünden aus ganz unterschiedlicher Perspektive nach – ein durchaus erwünschtes Resultat des bewusst offen formulierten Forschungsansatzes.

Mit der Migration nehmen die Historikerin Regula Pfeifer und die Ethnologin Marta Ostertag ein klassisches Thema des Fremdendiskurses auf. In ihrem Beitrag über Bündner Zuckerbäckerinnen wertet Regula Pfeifer erstmals Korrespondenzen von Engadiner und Bergeller Emigrantinnen und Emigranten im Hinblick auf die Rolle von Ehefrauen und Töchtern im Auswanderungsprozess aus. Dabei wird deutlich, wie die Beziehungen solcher – oft Hunderte Kilometer voneinander entfernten – Paare funktionierten, wie die Frauen die heimatlichen Bauernbetriebe in Eigenregie führten oder wie mit dem Ehemann emigrierte Frauen unverzichtbare Arbeit hinter der Ladentheke des eigenen Geschäftes leisteten. Viele Frauen liessen ausserdem als stille Teilhaberinnen ihr Geld in den Geschäften von Verwandten und Bekannten arbeiten und sorgten mit ihrem Geldfluss für den Erfolg der Bündner Wirtschaftsemigration. In diesem Zusammenhang ist besonders auch die starke Rolle der Witwen als Geschäftsführerinnen und Investorinnen hervorzuheben.

In der Gegenwart verankert ist der Beitrag der Ethnologin Marta Ostertag, die zwölf Frauen unterschiedlicher Herkunft über ihre Erfahrungen als Zugezogene im Münstertal befragt und damit für einmal den «Fremden» selbst das Wort gibt. Diese schildern persönliche Einsichten, Gedanken und Meinungen, die uns versteckte und bekannte Mechanismen von Integration und Ausschluss eindrücklich und treffend vor Augen führen und darüber hinaus den Blick auf die entscheidende Bedeutung von Emotion und Gefühl im Integrationsprozess lenken. Man erfährt, dass Träume, Ideale und Wünsche ebenso wie das Erleben von Anerkennung, Unterstützung, Akzeptanz und gesellschaftlicher Wertschätzung Heimat erst schaffen und Assimilation ermöglichen.

Das Münstertal ist auch geografischer Ausgangspunkt der kurzen Studie der Germanistin Silvia Hofmann über die frühe Ethnologin Eugenie Goldstern (1884–1942). Silvia Hofmann macht damit auf eine faszinierende, innovative und weltgewandte Forscherpersönlichkeit aufmerksam, die um 1920 das Münstertal bereiste, um dort die bäuerliche Arbeits- und Alltagskultur zu studieren. Goldstern hielt ihre Forschungsergebnisse schriftlich, mit dem Fotoapparat und mit dem Zeichenstift fest. Sie sind heute von grossem Wert, weil sie eine längst versunkene bäuerliche Lebenswelt dokumentieren. Wie bei Akademikerinnen öfters der Fall, wurde Goldsterns Arbeit in den männlich dominierten Wissenschaften kaum rezipiert. Zeitumstände und Judenhass taten das Ihre, um die begabte Forscherin dem Vergessen anheimfallen zu lassen. Heute wird das Werk Eugenie Goldsteins als Pionierin der Ethnologie wieder entdeckt und gewürdigt. Doch ihr Schicksal als Wissenschaftlerin und als von den Nazis ermordete Jüdin bleibt als Mahnmal europäischer Geschichte bestehen.

Mit dem gesellschaftlichen Ausschluss aufgrund moralischer und sozialer Kriterien beschäftigt sich Ursula Jecklin in ihrer Arbeit über ledige Mütter, Väter und ihre Kinder im Graubünden des 19. und 20.

Jahrhunderts und thematisiert damit das Fremdsein in der eigenen Gesellschaft. Anhand von Rechtstexten, Gerichtsurkunden, Akten und Briefen deckt die Historikerin Schicht für Schicht die Entwicklung des gesellschaftlichen Ausschlusses auf und legt die Leitlinien einer mit bürgerlichen Idealen beladenen Bewertung ausserehelicher Geburten frei. Während bei Vaterschaftsklagen zu Beginn des 19. Jahrhunderts noch ökonomische Kriterien wie die Vermeidung von Armenlasten im Vordergrund standen – so konnten damals auch mehrere potenzielle Väter zu Unterhaltszahlungen verurteilt werden –, beeinflussten ab Mitte des 19. Jahrhunderts zunehmend bürgerliche Moralvorstellungen und geschlechtsspezifische Rollenklischees das Recht und die Rechtspraxis, was zu markanten Unterschieden in der Bewertung der Illegitimität führte. Mit den neu geschaffenen Sozialämtern mischte im 20. Jahrhundert ein weiterer Akteur in der Frage um das «Wohl» der ledigen Mütter und ihrer Kinder mit.

Die Ausgrenzung aufgrund unerfüllter gesellschaftlicher Normen legen auch die Soziologin Christina Caprez und die Erziehungswissenschaftlerin Eveline Nay ihrer Studie über Frauenfreundschaften und lesbische Beziehungen zugrunde. Ausgehend von der Bedeutung und historischen Entwicklung des Begriffs der Frauenliebe und des wissenschaftlichen und gesellschaftlichen Verständnisses von Homosexualität im 19. und 20. Jahrhundert, analysieren die Autorinnen aufgrund schriftlicher Quellen das Selbstverständnis und die gesellschaftliche Wahrnehmung zweier prominenter historischer Frauenpaare und befragen 27 lesbische Frauen über ihre heutigen Erfahrungen. Damit leisten Caprez und Nay einen grundlegenden Beitrag zur noch weitgehend unbekannten Geschichte frauenliebender Frauen in der Schweiz. Den Autorinnen gelingt es, entlang der Spannungslinie zwischen Normen und subjektivem Empfinden und Handeln, wie sie gerade in den Lebensumständen der befragten Frauen deutlich zutage tritt, die Wirkungsmacht von Diskursen auf den Alltag und die Konstruktion von Geschlecht und Geschlechtlichkeit eindrücklich zu veranschaulichen.

Fremdheit und gesellschaftliche Abgeschiedenheit sind demgegenüber im Fall der Schwestern im Kloster Sta. Maria Presentata in Poschiavo selbst gewählte Prinzipien der Lebensführung und der religiösen Haltung. Der Historiker Daniele Papacella zeichnet die Geschichte des Klosters seit den Anfängen 1629 nach und setzt sie in Beziehung zum sich wandelnden Selbstverständnis der Klostergemeinschaft. War die Geschichte des Klosters und der der Klausur verpflichteten Schwesterngemeinschaft bis Mitte des 19. Jahrhunderts mehrheitlich vom Klerus und der Politik bestimmt, forderten Existenzfragen, die Loslösung von der Diözese Como sowie die Herausforderungen des Liberalismus neue Strategien und eine neue Definition des religiösen Auftrags. Hier nun, unterstützt durch die Aufhebung der Klausur, erhalten die Schwestern erstmals eine eigene Stimme, tritt die Gemeinschaft mit ihrer starken Oberin Agnese Fasani (1877–1952) an die Öffentlichkeit und übernimmt mit neuen Aufgaben eine aktive Rolle im Tal. Heute verlangen die veränderten Umstände erneut ein Nachdenken über die Tradition und die künftige Rolle des Klosters.

In einer weitgehend durch Männer definierten Welt sind die Frauen die Fremden – dies vermag auch «fremdeFrau» eindrücklich zu bezeugen. Die meisten der Beiträge hätten wohl auch in einem der andern Bände Platz gefunden. Doch ist es gerade die thematische und methodologische Vielfalt der Arbeiten, die vor dem Hintergrund der Fragestellungen der Geschlechtergeschichte eine differenzierte und weiterführende Reflexion der Fremdheitsthematik eröffnet. Darüber hinaus schien es den Herausgeberinnen wichtig, dem Motiv des Fremdseins in Graubünden einen eigenen Band zu widmen, um noch einmal auf den traditionellen Ausschluss der Frauen in der Geschichte und in der Öffentlichkeit Graubündens aufmerksam zu machen, der die Frauen auch heute noch zu (unbewusst) Fremden in der Gesellschaft, zu Randläuferinnen macht.

Zum Abschluss der Forschungsreihe «fraubünden»

Mit «fremdeFrau» schliessen wir das 1999 initiierte und als offizieller Beitrag zur 200-Jahr-Feier des Kantons Graubünden lancierte Forschungsprojekt «fraubünden» ab – notabene das einzige Jubiläumsprojekt, das bleibende Spuren hinterlassen hat. Zwischen 2003 und 2008 sind vier Bände mit insgesamt 22 Artikeln von 18 Autorinnen und Autoren erschienen. Auf 1257 Seiten sind die ersten Ergebnisse einer Bündner Frauen- und Geschlechtergeschichte zusammengetragen.

Im ersten Band «frauenRecht» stehen die sogenannte Geschlechtsvormundschaft und das Frauenstimm- und -wahlrecht im Zentrum. Der zweite Teil des ersten Bandes bietet eine umfassende und einzigartige Bibliografie mit Quellen und Literatur von und über Bündner Frauen und mit Themen zur Geschlechtergeschichte, mit der einschlägige Quellen rasch zu finden sind. Der zweite Band «frauenKörper» beleuchtet überkommene Frauen- und Rollenbilder, nimmt die beengende Tradition weiblicher Rollenzuweisungen in Kirche und Familie unter die Lupe und zeigt die folgenreiche Instrumentalisierung und geschlechtsspezifische Codierung des Frauenkörpers in der Medizin und im Kurwesen. Der dritte Band «frauenArbeit» thematisiert die Lebens- und Arbeitswelt in der Landwirtschaft, geht auf die Entwicklung der Frauenberufe und der Frauenbildung in Graubünden ein und dokumentiert mit der Situation der Bündner Lehrerinnen und der Churer Geschäftsfrauen zwei ganz unterschiedliche Beispiele aus der Arbeitswelt.

Ziel von «fraubünden» war es, Beiträge zur bisher unerforschten Geschichte der Frauen in Graubünden in gut lesbarer und wissenschaftlichen Kriterien genügender Form zu veröffentlichen. Dass hier ein grosses Desiderat bestand (und weiter besteht), zeigte das im Jahr 2000 erschienene und ebenfalls vier Bände umfassende «Handbuch der Bündner Geschichte», in dem die Frauen- und Geschlechtergeschichte «Terra incognita» ist. Konzeptionell auf die Auswertung des aktuellen Forschungsstandes angelegt, zeigte das Handbuch die fundamentale

Lücke in der Bündner Geschichtsschreibung deutlich auf. In diesem Zusammenhang hatte «fraubünden» zwei hartnäckigen Vorurteilen zu begegnen. Das eine lautete: Beiträge zur Frauen- und Geschlechtergeschichte seien in Graubünden mangels Quellen nicht zu schreiben; eine These, die heute die zahlreichen, fundiert recherchierten und aus einem reichen Quellenreservoir schöpfenden Beiträge von «fraubünden» eindrucksvoll widerlegen. Darüber hinaus legen die Autorinnen und Autoren wie erhofft eine Fülle weiterer vielversprechender Materialien mit entsprechenden Fragestellungen vor; und schliesslich entlarvt auch die Quellensammlung in «frauenRecht» die Kritik an der Frauen- und Geschlechterforschung qua Quellenmangel als Ausrede oder gar Ignoranz gegenüber den Anliegen und Forderungen einer zeitgemässen geschlechtergerechten Forschung. Widerstände traten dem Projekt jedoch auch von wissenschaftlicher Seite entgegen, indem – dies war das zweite Vorurteil – die Frauen- und Geschlechtergeschichte als «veraltetes» Thema deklassiert wurde und vermeintlich wichtigere Forschungslücken vorgeschlagen wurden. Wie die Forschungsergebnisse von «fraubünden» erneut beweisen, ist die Frauen- und Geschlechtergeschichte seit 1968 die innovativste und fruchtbarste Impulsgeberin der historischen Wissenschaften.

«fraubünden» darf als kleine Erfolgsgeschichte gewertet werden. Es gibt unseres Wissens keinen Kanton, der seine Frauen- und Geschlechtergeschichte in dieser Breite und in dieser Form aufgearbeitet hat. «fraubünden» hat die verborgene Geschichte von Frauen in Graubünden sichtbar gemacht und gezeigt, wie das hierarchische Verhältnis der Geschlechter in den verschiedenen Bereichen ihren Alltag prägte, wie sich zum Beispiel die Vorgaben im Bündner Zivilgesetzbuch auf die Handlungsfähigkeit von Frauen auswirkten oder wie sich die berufliche Vernachlässigung von Frauen heute noch in der kantonalen Ausbildungsstatistik niederschlägt. «fraubünden» konnte Klischees korrigieren wie jenes der unmündigen und unselbstständigen Bergbäuerin – das Alptagebuch der Bergellerin Fiorentina Coretti beweist das Gegenteil – und zeigen, was die Geschlechtergeschichte in etablierten und vermeintlich «abgegrasten» Forschungsthemen an neuen Erkenntnissen zu bieten hat. Erwähnt seien hier die Geschichte der Heilbäder in Graubünden, wo der «andere» Blick neue Zusammenhänge in der Entwicklung des Bündner Kurwesens aufdeckt, oder die Geschichte der Bündner Zuckerbäckeremigration, wo mit der Frage nach dem Verbleib der Frauen endlich auch die Geschäftsinitiativen, die Arbeitsleistungen und die Kapitalflüsse der Zuckerbäckerfrauen sichtbar werden. Praktisch alle Beiträge von «fraubünden» haben bisher unerforschte Gebiete erschlossen, sei es der Artikel über die Geschichte frauenliebender Frauen, der für die Schweiz wegweisend sein wird, sei es die Erforschung des Frauenstimm- und -wahlrechts in Graubünden, sei es die Frage nach den Fremdheitserfahrungen von zugezogenen Frauen im Münstertal oder die bisher unbekannte Geschichte der Lehrerinnen in Graubünden. Und praktisch alle haben neue Fragestellungen zu vorher nicht behandelten Themen geliefert. Zu nennen ist hier etwa die dringend nötige Aufarbeitung der Bündner Tourismusgeschichte unter geschlechtsspezifischen Fragestellungen, die Geschichte der ledigen berufstätigen Frauen oder der Einfluss von Technik und Verkehr auf die weiblichen Lebens- und Arbeitsperspektiven. Allen Beiträgen ist weiter gemeinsam, dass sie spannende, oft überraschende Geschichten erzählen, die mit einzigartigem Bildmaterial dokumentiert werden. Wenn auch einige der gewonnenen Ergebnisse als allgemeine Phänomene der Geschichte der Frauen in der Schweiz bekannt sind – etwa die Existenz der Geschlechtsvormundschaft, die Präsenz der Frauen als Geschäftsinhaberinnen im Textilbereich oder die Rolle der Frauen im Katholizismus –, lassen sich für Graubünden dennoch einige Besonderheiten herausarbeiten:

– Die für Graubünden typische traditionelle Clanstruktur, die männlich geprägte bäuerliche Wirtschaft, die starke Gemeindeautonomie und Dorforganisation, die geografische Abgeschiedenheit, die bescheidenen gesellschaftlichen und wissenschaftlichen Innovationen sowie eine konservative bürgerliche Elite hemmten die Gleichberechtigung und Förderung der Frauen. Am Beispiel der Berufsausbildung lässt sich dies gut illustrieren. Der Kanton hat die Frauenberufsbildung im Vergleich zur übrigen Schweiz lange vernachlässigt. Frauen durften zwar das Lehrerseminar besuchen, fanden in Deutschbünden dann aber bis in die 1960er Jahre hinein kaum eine Anstellung, weil die Lehrerstelle als eine der wenigen alternativen Verdienstmöglichkeiten für Männer galt und diverse Aufgaben in der Gemeinde beinhaltete, deren Erfüllung man Frauen nicht zutraute oder nicht überlassen wollte.

– Für Graubünden typisch ist die mangelnde Durchsetzungskraft der Frauenbewegung. Eine organisierte Arbeiterschaft gab es ausser in Chur nicht. Fortschrittliche Bildungsinstitutionen wie Universitäten und progressive Medien fehlen in Graubünden bis heute (die neuen Fachhochschulen stimmen etwas hoffnungsvoller). Akademikerinnen fanden oft keine Stelle. Dies führte zu einem Mangel an Vorbildern, die jungen Frauen ein neues Frauen- und Rollenbild hätten aufzeigen können. Eigenständige, intellektuelle oder erfolgreiche Frauen galten und gelten in Graubünden als «Ausnahmen». Die gesellschaftliche Veränderung setzte erst spät, wohl erst mit dem Wirtschaftsaufschwung und dem Tourismus ab der Mitte des 20. Jahrhunderts ein.

– Für Graubünden typisch war und ist eine männerzentrierte Diskussionskultur in der Öffentlichkeit und in den Wissenschaften, namentlich auch in der Geschichtsforschung. Die lange Zeit auf Männer ausgerichtete Bildungspolitik verbannte Frauen aus der Öffentlichkeit, aus dem kollektiven Bewusstsein – und aus der Geschichte. Der öffentliche Diskurs war und ist geprägt von ausserordentlich starren Rollenklischees, von denen Männer und Frauen betroffen sind. Das duale Geschlechterverhältnis (der öffentliche Raum wird dem Mann zugewiesen, der private Raum der Frau) konnte sich in Graubünden erstaunlich lange halten. Im Vergleich zu andern Kantonen hat Graubünden in dieser Hinsicht einen grossen Nachholbedarf an Interesse, Sensibilität, Vermittlung und Wissen.

Dank der grossen Resonanz unserer Forschungsreihe in Fachkreisen und beim Publikum (ausser in den lokalen Printmedien) – noch vor Abschluss des Projekts sind die drei ersten Bände so gut wie ausverkauft, die Autorinnen und Autoren werden zu Vorträgen eingeladen und können die Mitarbeit bei «fraubünden» als wirkungsvolle Referenz angeben – haben die Herausgeberinnen ein wichtiges Ziel erreicht: die Geschichte der Frauen in Graubünden ins Bewusstsein zu holen und Impulse für die künftige Forschung zu geben. Die Artikel der Autorinnen und Autoren werden bereits in Publikationen rezipiert, und «fraubünden» findet sich mittlerweile in den meisten grösseren Bibliotheken der Schweiz. Die Reihe gilt im In- und Ausland als in ihrer Form, ihrem interdisziplinären Ansatz und dem Anspruch, alle Sprach- und Kulturregionen Graubündens so gut wie möglich zu berücksichtigen, als einzigartig und, wie die Buchbesprechungen zeigen, als gelungenes Beispiel aktueller historischer Geschichtsforschung. Dies ist vor allem ein Verdienst der Autorinnen und Autoren und ihrer sorgfältigen Arbeit, wurde aber erst dank der finanziellen Unterstützung des Kantons Graubünden in der vorliegenden Form ermöglicht. Der Kanton Graubünden finanziert «fraubünden» zu 60 Prozent; 40 Prozent beschafften die Herausgeberinnen selbst.

Im Rückblick zeigt sich der von Kritikern monierte Entscheid, die Publikation in einem renommierten und mit anspruchsvollen wissenschaftlichen Werken vertrauten Verlag ausserhalb Graubündens herauszugeben, als richtig. «fraubünden» hat dadurch nicht nur die angestrebte editorische Qualität erhalten, sondern auch die gewünschte Ausstrahlung über den Kanton Graubünden hinaus erlangt. Allerdings hat sich auch gezeigt, dass ein Projekt wie «fraubünden» mit den zur Verfügung stehenden finanziellen Ressourcen an seine Grenzen kommt; es konnte nur dank viel uneigennützigem Engagement verschiedener Personen überhaupt realisiert werden. Ihnen allen wie auch den zahlreichen Gönnerinnen und Sponsoren, die «fraubünden» unterstützt haben, sei an dieser Stelle gedankt.

Das Forschungsprojekt «fraubünden» ist nun zwar beendet, die Erforschung der Geschichte der Frauen und der Geschlechterbeziehungen in Graubünden hingegen hat eben erst begonnen. Impulsgeber für «fraubünden» war das Frauenkulturarchiv Graubünden. Mit seinen einschlägigen Archivbeständen und seinem Erfahrungsschatz wird es auch in Zukunft die erste Adresse für grössere Forschungsvorhaben in der Frauen- und Geschlechtergeschichte Graubündens sein.

Chur, im August 2008

Die Herausgeberinnen
Dr. Ursula Jecklin, Silvia Hofmann, Silke Redolfi

---

1   Mitteilung von Cesare Santi vom 2.7.2003; zum Lebenslauf von Giovanna a Marca vgl. auch: Martina a Marca u. Cesare Santi: Il Diario del Governatore Clemente Maria a Marca 1792–1819, Poschiavo 1999.
2   Brief vom 5.1.1818 im Archivio a Marca in Mesocco.

«Schau, wenn du willst, heirate ich dich, aber du musst dich schnell entscheiden. In drei Monaten reise ich ab.» Zur Geschichte der Bündner Zuckerbäckerfrauen

Von Regula Pfeifer

Inhaltsverzeichnis

Kaum Frauen in der Bündner Zuckerbäckergeschichte

Die Zuckerbäckeremigration, eine Bündner Besonderheit, ist bereits mehrfach erforscht worden. Doch über die Situation der Frauen in dieser Branche ist nur Weniges bekannt. Dem will der folgende Beitrag, der auf einer Analyse von rund 200 Briefen beruht, abhelfen. Er zeigt auf, wie wichtig Frauen gerade in Kleinbetrieben waren, welche Aufgaben sie als Zuhausegebliebene übernahmen, wie sie die Geschäfte mit Entscheidungen, Arbeit und Geld beeinflussten und welche neuen Berufsmöglichkeiten sie für sich erschlossen. Die Briefzitate erlauben gleichzeitig Einblicke ins Alltagsleben der Zuckerbäckerfrauen und der ihnen nahestehenden Männer.

Die Zuckerbäckerforschung hat sich bisher kaum um die Bedeutung der Frauen in diesem für die Entwicklung Graubündens so wichtigen Wirtschaftszweig gekümmert. Sie thematisiert vor allem die Verbreitung der Bündner Geschäfte in Europa, angefangen von Italien und Spanien über Frankreich, Deutschland, die Beneluxstaaten und Grossbritannien bis zu den nordischen Ländern, Polen und Russland. Dabei beschreiben Dolf Kaiser 1988 in «Fast ein Volk von Zuckerbäckern?», Marek Andrzejewski 2002 in «Schweizer in Polen», Stefan Sigerist 2005 in «Bündner Familien in Triest» und teilweise auch Roman Bühler 2003 in «Bündner im Russischen Reich» ebenso wie 1894 Giovanni Vassella in «L'emigrazione Poschiavina» die Geschichte der Bündner Konditoreien, Café-Restaurants und Kaffeehäuser als eine von familiären Netzwerken geprägte Wirtschaftsform, und sie heben die erfolgreichen, in den Zentren europäischer Grossstädte situierten Grossbetriebe hervor. In diesen Studien erscheinen mit wenigen Ausnahmen ausschliesslich Männer als Handelnde, während Frauen selten und meist nur in Zusammenhang mit Heirat oder im Familienstammbaum erwähnt werden. Auch in den statistisch orientierten Beiträgen zur Zuckerbäckergeschichte, zu der Teile von Roman Bühlers «Bündner im Russischen Reich» sowie einige Artikel im «Bündner Monatsblatt» zählen (u.a. von Friedrich Pieth und Jakob Möhr[1]), sind die Frauen wenig oder nicht berücksichtigt. Dies hat nicht nur mit fehlenden geschlechtsspezifischen Differenzierungen, sondern auch mit falschen Annahmen zu tun. Roman Bühler, der nur vereinzelt die Geschlechterverhältnisse thematisiert, lässt bei seiner statistischen Erhebung der Auswanderung die Ehefrauen ausser Acht, da er davon ausgeht, dass diese nicht erwerbstätig waren[2] – eine These, die im vorliegenden Beitrag widerlegt wird.[3] Immerhin erwähnt er als erster Zuckerbäckerforscher weibliche Erwerbstätigkeit: «Frauen arbeiteten als Ladengehilfinnen und Kellnerinnen, manchmal auch als Geschäftsführerinnen.»[4] Diese Aufzählung kann nun dank dieser Studie erweitert werden. Die übrigen Zuckerbäckerstudien zeigen ausschliesslich männliche Berufsperspektiven und den Werdegang vom Lehrling über den Gesellen zum Meister und Geschäftsinhaber auf. Sogar die zu Beginn des 21. Jahrhunderts produzierten Filme «Café Suizo» von Loris Fedele und

Gianluigi Quarti sowie «Pastiziers» von Manfred Ferrari berücksichtigen die Frauen kaum. In «Pastiziers» wird immerhin die Konfiseriekünstlerin Carla Schucani, Chefin der Pasticceria Sandri in Perugia, porträtiert. Einen kurzen Einblick in die weibliche Seite der Zuckerbäckeremigration ermöglicht der eben erschienene Beitrag von Francesca Nussio «‹Mia cara Alma›: uno sguardo sull' altra metà dell' emigrazione.»[5]

Ausserhalb der Zuckerbäckerforschung gibt es einzelne Studien über die Rolle von Frauen und Mädchen in der schweizerischen Emigration. Als Bündner Beispiel sei Loretta Seglias' «Die Schwabengänger aus Graubünden» erwähnt. Spezialistin für eine geschlechterspezifische Auswanderungsgeschichte der Schweiz ist Béatrice Ziegler, die seit den 1970er Jahren das Thema Auswanderung nach Südamerika und vor allem nach Brasilien in Publikationen (u. a. «Schweizer statt Sklaven», 1985), Ausstellungen und Vorträgen beleuchtet. Sie beschäftigte sich 1984 und 2003 auch theoretisch mit der «Rolle der Frauen am schweizerischen Auswanderungsprozess».[6]

Die schwierige Suche nach Quellen

Die für diesen Beitrag geplante Darstellung der weiblichen Seite der Zuckerbäckergeschichte geht folgende Fragen an: Wie erlebten die Frauen die Zuckerbäckeremigration? Wanderten sie aus, oder blieben sie zu Hause? Welche Rollen, Aufgaben und Einflussmöglichkeiten hatten sie, welche ihre Männer? Waren die Frauen ausschliesslich für den Haushalt zuständig, oder beteiligten sie sich an der Erwerbstätigkeit? Die Beantwortung dieser Fragen zum konkreten Leben der Frauen in der Zuckerbäckerbranche erforderte im Grunde eine Kombination von Wirtschafts-, Migrations- und Alltagsgeschichte. Ob es allerdings möglich sein würde, entsprechende Quellen zu finden, stand zu Beginn der Forschungstätigkeit in den Sternen, hatte doch Béatrice Ziegler «das beinahe vollständige Fehlen der Frauen in den Quellen zur schweizerischen Auswanderung im 19. Jahrhundert vor allem betreffend innereuropäischer Migration bedauert»[7]. Im Staatsarchiv Graubünden waren zwar Studien zur Zuckerbäcker- und Auswanderungsthematik zu finden, aber keine Quellen. Erst der Hinweis des Zuckerbäckerforschers Dolf Kaiser auf die Regionalarchive Archivio storico della Bregaglia, Castelmur, Coltura/Stampa im Bergell und Kulturarchiv Oberengadin in Samedan und deren Besuch liessen Hoffnungen aufkeimen. Denn dort fand ich persönliche Briefe von Frauen und Männern, teilweise auch Verträge, die Einblicke in den Alltag von Zuckerbäckerfamilien erlaubten. Der Film «Café Suizo» brachte mich auf die Idee, Olinto Tognina in Poschiavo aufzusuchen, in dessen Privatarchiv weitere Briefe sowie Fotografien aufbewahrt sind, welche die Geschlechterrollen illustrieren. Schliesslich verwendete ich für den vorliegenden Beitrag rund 200 meist italienisch, rätoromanisch[8] oder französisch verfasste Briefe sowie einige Verträge, Protokolle von Betriebsgesellschaften und Fotografien und deckte damit den Zeitraum von Ende des 18. bis Anfang des 20. Jahrhunderts ab. Hinzu kamen im

Schweizerischen Bundesarchiv in Bern aufbewahrte Akten des Prozesses Calgher in Odessa, auf die Roman Bühler bereits hingewiesen hatte.[9] Um eine zeitgeschichtliche Dimension zu gewinnen und weitere Aussagen über die Frauenrollen in der Zuckerbäckergeschichte zu erhalten, führte ich Interviews mit Nachkommen von Zuckerbäckerfamilien (siehe Seiten 30 und 44), die ich über Ivana Semadeni Walther aus Promontogno ausfindig machen konnte.

Heirat und Emigration

«Auf alle Fälle sollte er heiraten, denn ich weiss, dass es eine Frau in einem Laden unbedingt braucht», schrieb Anna Semadeni-Hosig (1867–1942) am 24. Dezember 1890 an ihre Schwester Fida Semadeni-Hosig in Poschiavo.[10] Sie meinte damit ihren Bruder Christian Hosig (1865–1909), der verzweifelt versuchte, in Frankreich eine eigene Konditorei zu eröffnen und eine Ehefrau zu finden. Anna wusste, wovon sie sprach. Sie arbeitete damals mit Ehemann Edoardo (1865–1918) in einer Marseiller Konditorei.[11]

Offenbar fanden viele Bündnerinnen den Einstieg in die Zuckerbäckerbranche über die Heirat mit einem Konditor. Dies geht aus den bisherigen Zuckerbäckerstudien und einigen Aussagen in den untersuchten Briefen hervor. Allerdings war die Partnerwahl keine rein romantische Angelegenheit. Da die Geschäfts- und Familienverbindungen eng verquickt waren, wie die Zuckerbäckerforschung bereits ausführlich dargelegt hat,[12] hatten die Familien ein Interesse an einer vorteilhaften neuen Verbindung und machten ihren Einfluss oft auch geltend, wie Antonio Lardelli aus Poschiavo im 2001 ausgestrahlten Fernsehfilm «Café Suizo» sagte: «Es waren die Familien, die sagten, dein Sohn könnte meine Tochter heiraten. Auch für die Geschäfte ist es besser, wenn ihr zusammen seid.»[13] Dies konnte so weit gehen, dass die Heirat unter Zwang geschah, wie Dolf Kaiser am Beispiel seiner Urgrossmutter Anna Juvna Tester-Sandri erläuterte. Die Eltern hatten für sie einen 15 Jahre älteren Konditor in Frankreich ausgewählt, was damals als gute Partie galt. Dolf Kaiser erinnerte sich: «Es wird in unserer Familie erzählt, am Hochzeitstag sei sie in die Küche gegangen und habe zu den Leuten, die das Essen vorbereiteten, gesagt, sie würde lieber hier mit ihnen Geschirr spülen als mit dem Alten nach Frankreich gehen.»[14]

In vielen Fällen hatten die Heiratskandidatinnen und -kandidaten aber doch die Wahl oder zumindest die Möglichkeit der Zu- oder Absage. Bei der Partnerwahl konnten durchaus auch weibliche Familienmitglieder, etwa Mütter oder Schwestern, aktiv werden. Dies war bei Christian Hosig (1865–1909) der Fall, der nach seiner Gesellenzeit in Frankreich 1890 auf der Suche nach einer Geschäftsübernahme und einer Ehegattin war. Er liess seine Schwester Fida Semadeni-Hosig in Poschiavo wissen, er suche «eine Frau mit tadellosem Benehmen, die für das Geschäft geeignet» sei,[15] und meinte später zu deren Vorschlag: «Wegen der jungen Frau, von der ihr mir erzählt habt, solltest du vielleicht ihrer Meisterin schreiben, um

Christian Hosig (1865–1909) vor seiner Patisserie in Quimper (F) Ende des 19. Jahrhunderts. Das Bündner Zuckerbäckergewerbe, eine Welt der Männer? – Nein: Briefe zeigen die Wichtigkeit der Ehefrauen und Töchter. So war Ursula Hosig-Frizzoni (1862–1915) eine unverzichtbare Kraft im Familienunternehmen.

weitere Informationen zu erhalten, damit ich alle ihre Eigenschaften kennen lernen kann, denn wie ihr wisst, ist die Heirat eine ernste Sache, und heutzutage gibt es ziemlich viel Leichtsinn und Eitelkeit. Im Brief müsst ihr mich aber nicht erwähnen. Seit wann ist sie in Frankreich und wo war sie vorher?»[16] Die Partner- und Geschäftssuche zog sich dahin und liess Hosig fast verzweifeln; knapp dreieinhalb Jahre später aber, am 20. April 1894, schrieben er und eine gewisse Ursula einen Brief aus dem französischen Quimper nach Poschiavo. Christian Hosig hatte die Engadinerin Ursula Frizzoni (1862–1915) geheiratet, die er als Konditoreigehilfin bei seiner Schwester Anna Semadeni-Hosig in Marseille kennengelernt hatte.[17] So kam er über seine Schwestern zu seiner Ehepartnerin.

Einen Konditor zu heiraten, bedeutete für die Frauen oft auch auszuwandern, manchmal innerhalb weniger Wochen. So erzählte Mercedes Lardi im Film «Café Suizo», ihr Vater sei mit der Absicht zu heiraten für ein paar Monate aus Spanien nach Poschiavo zurückgereist. Unterwegs habe er zufällig eine junge Puschlaverin kennengelernt und ihr nach einigen Treffen angeboten: «Schau, wenn du willst, heirate ich dich, aber du musst dich schnell entscheiden […]. In drei Monaten reise ich ab; wenn du mit mir kommen willst, heirate ich dich, und dann gehen wir nach Spanien.»[18] Sie sagte zu. Die Familie führte dann bis zum Zweiten Weltkrieg das Café Suizo in Granada. Rund hundert Jahre vorher hatte sich auch Ursula Badrutt (1816–1837) aus Samedan in kurzer Zeit für die Heirat und die Emigration entschieden – und dabei auf ihr Gottvertrauen gesetzt, wie im Brief vom 10. November 1834 an ihren Bruder zu lesen

Annetta Lardi mit zwei Angestellten um 1920 vor ihrem Swiss Café im englischen Southampton. Die Zuckerbäckerfrauen übernahmen häufig den Verkauf der Süsswaren im Laden der Konditorei.

ist: «Ich muss dir eine wichtige Sache mitteilen, nehmlich dass ich mich [...] bald Verheurathen werde, mit dem Gov. Batta. Kleinguti, du wirst Dich erstaunen lieber Bruder! Den ich hab in einer kurzen Zeit einen wichtigen Schritt gethan; am künftigen Sontag lassen wir uns Verbünden, und dan den 24[.] dieses Monats werden wir Hochzeit machen und gleich denselbigen Tag verreisen nach Genova zu seinen Brüdern, und für ein ganz Jahre wen wir Gesund bleiben dort zuzubringen. Go ist ein braver Mensch und so hoffe ich wen wir Arbeiten und in Frieden mit einander Leben können, so sein wir glücklich, und dann haben wir ein guter Vater im Himmel der unser Gebet erhören wird, und wird Väterlich leiten.»[19]

Die Auswanderung wurde gerne mit Besichtigungen und Verwandtenbesuchen zur Hochzeitsreise umgestaltet. Als etwa die frischvermählten Anna und Edoardo Semadeni-Hosig an ihren künftigen Wohnort Marseille reisten, hielten sie sich unterwegs am Lago di Como und in Luzern auf, genossen die Gotthardüberfahrt und besuchten Verwandte in

Der Puschlaver Zuckerbäcker Pier-Rodolfo Lardi (r.) mit seinem Sohn Dodo und zwei Angestellten vor der Backstube des Swiss Café in Southampton.

Genf.[20] Auch Annettina Lardi und ihr Bräutigam machten womöglich eine solche Auswanderungs-Hochzeitsreise. Jedenfalls lud ihre in Marseille lebende Tante und Zuckerbäckerfrau Emilia Semadeni sie 1923 ein, sie und ihre Familie auf der Hochzeitsreise zu besuchen, bevor sie sich in Lille niederliessen.[21]

Frau im Laden – Mann in der Backstube

War das junge Ehepaar im eigenen Konditoreibetrieb oder Café-Restaurant angelangt, verschwand die Frau keineswegs im Haus und überliess die Erwerbsarbeit ihrem Mann. Vielmehr zeugen zahlreiche Quellen davon, dass sie – insbesondere in Klein- und Mittelbetrieben – den Verkauf im Konditoreiladen übernahm. Klar zeigen dies die Fotos des Ehepaars Lardi, das um 1920 ein Swiss Café im englischen Southampton führte. Auf einem Foto (Seite 20) ist die Ehefrau Annetta Lardi mit zwei jungen weiblichen Angestellten vor der Türe des Café-Restaurants zu sehen, auf dem andern Foto (s. oben) posieren Ehemann Pier-Rodolfo Lardi mit Sohn Dodo und zwei männlichen Angestellten in weisser Kochbekleidung neben einem mit Torten beladenen Tisch vor der Backstubentüre. Bei einer Aufnahme der Patisserie Suisse Tognina im französischen Blois aus den 1860er Jahren (Seite 22) wird eine vergleichbare Arbeitsteilung sichtbar. Zwei Frauen in dunklen Roben – darunter Elisabetta Tognina-Gressly – stehen vor dem Ladeneingang, vier Männer in Weiss vor einer Nebentüre. Irritierend ist dabei Alberto Togninas Auftritt. Seine weisse Kochbekleidung verweist auf seine Tätigkeit als Konditor. Allerdings lässt er sich nicht neben den Männern, sondern bei den Frauen vor dem Laden ablichten. Vermutlich unterstreicht er damit seine Geschäftsführerposition. Oder er stellt so seine Mitarbeit im Verkauf dar. Noch näher an die weibliche Mitarbeit im Zuckerbäckerbetrieb heran

Alberto Tognina und seine Frau Elisabetta geb. Gressly um 1860 vor ihrer Konditorei in Blois (F).

geht ein in Dolf Kaisers Buch «Fast ein Volk von Zuckerbäckern?» abgebildetes Foto. Es zeigt zwei Frauen hinter der Theke der Konditorei Jungfrau im ungarischen Miskolc, die bis um 1900 im Besitz der Familie Silvestri aus Casaccia war.[22]

Auch in ihren Briefen sprechen Zuckerbäckerfrauen von ihrer Arbeit im Laden. Anna Semadeni-Hosig stand 1890 bereits wenige Tage nach der Ankunft in Marseille im Laden. Sie hatte mit Sprachschwierigkeiten zu kämpfen: «Heute bin ich ein wenig im Laden gewesen; aber mit dem Französischen geht es langsam vorwärts, wenn nur alle langsam sprechen würden, aber es gibt einige, die scheinen richtige Windmühlen zu sein; Geduld, mit der Zeit wird man alles lernen.»[23] Knapp zwei Monate später berichtete sie ihren Verwandten, dass sie nun ganztags im Laden stehe, obwohl es mit dem Französischen noch hapere.[24] Später nahmen ihr die junge Engadiner Ladengehilfin Ursula Frizzoni sowie ihr Ehemann Edoardo Semadeni die Verkaufstätigkeit teilweise ab. Dieser schrieb dazu, Anna könne sich nun ein wenig mehr um die Wäsche, die Küche und andere Haushaltangelegenheiten kümmern.[25] Anna Semadeni-Hosig blieb dennoch eine bedeutende Arbeitskraft im Familienbetrieb. Als sie im Jahr darauf wegen der Geburt ihres ersten Sohnes ausfiel, holte Ehemann Semadeni wiederum Ursula Frizzoni und einen Bekannten zu Hilfe, «[...] denn jetzt, da mir Anna fehlt, kann ich wenigstens auf Vertrauenspersonen zählen».[26]

Ursula Hosig-Frizzoni arbeitete in den 1890er Jahren ebenfalls intensiv in der von ihrem Mann geführten Maison Ritz im französischen Quimper mit. Bei der Geburt ihrer drei Töchter gönnte sie sich jeweils nur kurze Verschnaufpausen – bei der dritten Tochter war sie nach acht Tagen bereits wieder im Laden. Ein älteres Ehepaar half den Hosigs in solch anstrengenden Zeiten, und eine Hausangestellte sorgte jahrelang tagsüber für die Kinder. An diese «Marie, notre bonne» erinnerte sich die Tochter Germaine in ihrem Lebensbericht.[27] Das Puschlaver Ehepaar Pietro und Marietta Zanetti-Godenzi, das von etwa 1900 bis 1914 ein Café-Restaurant im schottischen Glasgow betrieb, überliess seine kleine Elena (1903–2004) tagsüber ebenfalls einer Kinderbetreuerin. Diese brachte das Kind abends ins Restaurant, wo es in einer gepolsterten Kiste hinter der Bar schlief, bis die Eltern um Mitternacht das Lokal schlossen.[28]

Offenbar konnten Mann und Frau mit der gleichen Rollenteilung im Betrieb auch zusammenarbeiten, ohne verheiratet zu sein. Dies schlug jedenfalls um 1840 der verheiratete Barzeles Mayer der ebenfalls verheirateten Anna Andreola als Möglichkeit zur Verbesserung ihrer finanziellen Situation vor: «[...] sollten Sie aber den Muth nicht haben, selbst einer Zuckerbackerey vorzustehen, und es Ihnen Recht wäre, biethe ich mich zum Compagnion an, aber lediglich unter der Bedingung, dass Sie selbst bei der Lade stehen, ich garantiere Ihnen, wen wir zusamen ein Geschäft mit Energi betreiben, und mit kleiner auslagen, es sich gewis rentiren wird [...].»[29]

Der Verkauf von Gebäck und Süssigkeiten war zwar oft, aber nicht ausschliesslich Frauenarbeit. Der junge, unverheiratete Geschäftsführer Antonio Santi (1784–1814) berichtete 1806 seiner Mutter Maria Santi-Redolfi (1761–1820) nach Coltura, er habe einen Bergler in seiner Konditorei in Marseille eingestellt, den er von morgens bis abends verkaufen lasse, damit er selber jeden Tag frische Backwaren herstellen könne.[30] Dieser Angestellte entpuppte sich aber als Dieb; Antonio Santi überführte und entliess ihn und fand im Bergeller Giubert Giacometti einen treuen Mitarbeiter, der bald zum Geschäftspartner aufstieg und sich am Betrieb finanziell beteiligte.[31]

Ob es umgekehrt auch Frauen gab, die – zumindest zeitweise – in den Backstuben mitarbeiteten? Zwei Aussagen lassen es vage vermuten. So schrieb Anna Semadeni-Hosig: «Wir fangen bereits an, Sorbets zu machen; es tut mir leid, dass ich euch nicht jeden Tag einen Teller zum Probieren schicken kann.»[32] Und die Witwe und Geschäftsführerin Maria Santi-Redolfi berichtete 1811 aus ihrer Konditorei in Bergamo: «Ich bin hier im Laden, und nun ist der Onkel Bortolo Maurizio gekommen und wir machen einiges Gebäck.»[33]

Die Frauen im Laden wurden manchmal durch Ladengehilfinnen unterstützt, die sie offenbar selber aussuchten. Da als männliche wie weibliche Hilfskräfte mit Vorliebe Landsleute eingestellt wurden, griffen die Frauen auf ihr Netzwerk in der Heimat zurück. Anna Semadeni-Hosig fragte im Mai 1891 ihre Schwester Fida Semadeni-Hosig in Poschiavo: «Ich schreibe dir, um dich zu fragen, ob du nicht eine junge Frau aus der Region wüsstest, die als Ladengehilfin kommen möchte, die in allen Punkten fähig wäre, treu und ein wenig gesetzt [...]. Wenn ihr oder die Tante zufällig von einer wisst, möchte ich euch bitten, mir sofort zu schreiben, wer es ist und die Adresse, wir werden ihr die Bedingungen mitteilen [...]. Ich bitte euch, meinen Auftrag so schnell als möglich auszuführen, denn es pressiert uns.»[34] Die Schwester konnte tatsächlich Nina

Platz als Gehilfin vermitteln; diese wurde von Annas Schwager Enrico Semadeni in Poschiavo abgeholt und arbeitete ab August in Marseille.[35] Auch für eine andere Frau suchte Fida Semadeni-Hosig in Poschiavo im Auftrag ihrer Schwester in Marseille eine Gehilfin.[36] Ausserdem halfen die Frauen ihren Ehemännern und Brüdern bei der Rekrutierung männlicher Gehilfen. Christian Hosig fragte seine Schwester Fida Semadeni-Hosig, ob ein Gehilfe, der ihm angeboten worden sei, tatsächlich gut sei. Im Grunde hoffte er aber auf die Mitarbeit des Schwagers: «[...] in diesen Tagen hat Ursula ihrem Bruder in Cresta geschrieben, und wir wissen nicht, ob er gerne kommen würde; so hätten wir wenigstens einen vertrauenswürdigen Jugendlichen, der auch am Haus interessiert ist.»[37]

Während die meisten Ehefrauen permanent im Betrieb mitwirkten, arbeitete Ursula Klainguti-Badrutt nur im Winter im Familienbetrieb in Genua, wenn für die Festtage besonders viel Süssigkeiten und Gebäck nachgefragt wurden.[38] Ohne allzu viel Freude allerdings, schrieb sie doch im Dezember 1836: «Mit der Arbeit geht es recht gut, es ist viel zu thun und wird noch Erger [ärger, RP] kommen, wenn wir nur gesund sind so geht es schon.»[39] Von Frühling bis Herbst lebte sie mit ihrer Schwägerin – und später ihrem Sohn – in einem Landhaus ausserhalb Genuas und genoss die Aussicht auf die pulsierende Stadt und das Meer, die Einsamkeit und die Ruhe. Die Ehemänner und ein dritter Mann, vermutlich ein Schwager, leisteten den Frauen abwechselnd Gesellschaft und gingen tagsüber auf die Jagd.[40]

Die untersuchten Briefe vermitteln den Eindruck, dass die meisten Frauen im Verkaufsladen der Konditorei beziehungsweise im Café-Restaurant arbeiteten, während ihre Ehemänner in der Backstube das Gebäck herstellten. Insofern war für die Bündner Geschäfte im Ausland Normalität, was Andrzejewski für Warschau als Sensation beurteilte: «1905 eröffnete Giovanni Giacomo Lardelli aus Poschiavo in Warschau eine Konditorei, in der ausschliesslich Frauen bedienten. Für die damaligen gesellschaftlichen Verhältnisse in Warschau war dies eine Sensation.»[41]

Zur Mitarbeit im Betrieb kam die Hausarbeit, über die in den Briefen der Zuckerbäckerfrauen vergleichsweise wenig zu erfahren ist. Anna Semadeni-Hosig berichtete am 8. Dezember 1890: «Wegen der Kälte waren nicht soviele Leute wie sonst im Laden, und deshalb bin ich den ganzen Tag neben dem Feuer gesessen und habe geflickt, denn das habe ich während diesen Festtagen etwas vernachlässigen müssen.»[42] Und am 24. Dezember schrieb sie: «Ich bin viel im Laden, ausser an den Tagen, an denen ich im Zimmer nähe und flicke. Wir haben eine schöne Nähmaschine gekauft, und ich habe Freude daran, etwas zu machen. Um die Küche kümmere ich mich übrigens nicht, ausser um zu sagen, was zu tun sei, denn wir haben eine Bedienstete, die das selber machen kann, wir zahlen ihr auch 35 Franken pro Monat, das ist nicht wenig.»[43]

Dass sich die Frauen so selbstverständlich am Familienerwerb beteiligten, hat vermutlich mit dem aus den landwirtschaftlichen Betrieben stammenden traditionellen Verständnis der Familie als Produktions-

Der Hafen von Genua um 1870 in einer Aufnahme des Engadiner Zuckerbäckers Angelo Klainguti (1835–1901) aus Samedan, dessen Grossfamilie mehrere Konditoreien in der Stadt führte. Bei Ausfahrten und Spaziergängen am Meer entspannten sich die Zuckerbäckerfamilien von der anstrengenden Arbeit im Geschäft.

gemeinschaft zu tun. Die Zuckerbäckerbranche stand mit ihrer Familienwirtschaft keineswegs allein da. Wie Karin Hausen in «Wirtschaftsgeschichte als Geschlechtergeschichte» ausführte, agierten Männer und Frauen auf dem Arbeitsmarkt auch im 19. und 20. Jahrhundert noch mehrheitlich als Mitglieder einer Familienwirtschaft und eines Verwandtensystems und nur ausnahmsweise als isolierte Individuen.[44]

Freizeit

Wenn es das Geschäft erlaubte, gönnten sich die Zuckerbäckerfamilien auch einmal Freizeit. Anna Semadeni-Hosig schrieb im Februar 1891 über die Situation in der Maison Semadeni in Marseille: «An den Sonntagen haben wir gewöhnlich viele Leute, deshalb sind wir verpflichtet, zu Hause zu bleiben, aber an den Freitagen, an denen wenig läuft, gehen wir manchmal für einen Spaziergang aufs Land.»[45] Spaziergänge und Ausflüge waren bei den Zuckerbäckerfrauen beliebt; sie unternahmen sie oft in Gesellschaft von Schwägerinnen und Kindern – wohl damit nicht beide Ehepartner gleichzeitig im Betrieb fehlten. Angeline Paravicini aus Sedan erinnerte sich 1872 wehmütig an solche Ausflüge mit ihrer nach Poschiavo zurückgekehrten Schwägerin: «Liebe Anna, es scheint mir so seltsam, euch nicht mehr mit dem kleinen Rodolphe von Mezières anreisen zu sehen, ich denke wehmütig an die gute vergangene Zeit zurück, als wir gemeinsam unsere kleinen Besuche machten, und an den schönen Spaziergang, den wir damals gemacht haben, als wir das Kreuz von Mac Mahon besichtigten, was für eine schöne Zeit hatten wir! Nun bin ich immer zuhause, bei schönem und schlechtem Wetter, ich habe kein Ausflugsziel mehr, manchmal gehe ich zu Frau Lequer, doch sie geht am 15. des nächsten Monats ebenfalls weg […].»[46] Anna Semadeni-Hosig erzählte ihren Puschlaver Verwandten: «Wir gehen ein- oder zweimal pro Woche aus und dann besichtigen wir die Umgebung und die Besonderheiten Marseilles. Am Abend, wenn das Wetter schön ist, gehen wir oft an die frische Luft.»[47] Angezogen vom Meer, besichtigte sie mit Mann und Schwager das Treiben am Marseiller Hafen, während Ursula Klainguti-Badrutt mit ihrer Schwägerin das stürmische Meer vor Genua bestaunte.[48] Beide Frauen berichteten auch von Kirch- und Theaterbesuchen.[49] Silvio und Emilia Semadeni vom Café Suizo in Zaragoza blieben um 1900 lieber zu Hause: «Seit drei Monaten sind wir zu Hause in Gesellschaft unserer Schwester Anna und Familie, das lässt die Zeit besser vorübergehen, denn manchmal wäre es langweilig allein, vor allem im Winter, wenn die Abende so lang sind und man nicht aus dem Haus gehen kann.»[50]

Geburten und Todesfälle

Über die einschneidenden Ereignisse Schwangerschaft und Geburt erfuhren die Verwandten in der Heimat einiges. Ursula Klainguti-Badrutt liess 1835 ihren Bruder wissen: «Die Stunde [der Niederkunft, RP] welche ich mir mit Zittern im herzen denke ist noch nicht gekommen erwarte Sie aber von Tag zu Tag, Ach! Der liebe Gott wohle mich nicht verlassen sondern mir hülfe u Stärke zuschiken.»[51] Gefasster tönte es 1891 aus Anna Semadeni-Hosigs Zeilen: «Ich schreibe euch nur zwei Zeilen, um zu wiederholen, dass es mir sehr gut geht und dass ich sehnsüchtig den Moment erwarte, an dem ich mich von meinem Bündel befreien kann, das jeden Tag grösser wird. Mit Ausnahme von Kleinigkeiten habe ich jetzt die ganze Vorbereitung für die Ausstattung beendet.»[52] Da ihr Ehemann Edoardo verhindern wollte, dass der Sohn französischer Staatsbürger würde, reiste das Ehepaar zu Verwandten nach Genf, wo Anna am 27. Oktober 1891 gebar und einen Monat lang von der Tante umsorgt wurde, während Edoardo wenig später nach Marseille zurückkehrte.[53] Und Christian Hosig schrieb am 15. Dezember 1894 an seine Schwester: «Diesen Brief habe ich extra geschrieben, um euch die Geburt eines grossartigen Mädchens anzukündigen, das gestern Abend um 10.35 Uhr geboren wurde. Ursula hat während drei Tagen und drei Nächten ziemlich gelitten, aber schliesslich ging alles glücklich vorbei.»[54]

Einschneidend waren auch die häufigen Todesfälle. Davon zeugt ein Gemälde im Palazzo Castelmur in Coltura. Es zeigt eine Sterbeszene vom 31. Oktober 1836 in Krakau: Im Bett liegt die sterbende Anna Redolfi-Scartazzini, daneben steht ihr Ehemann Gaudenzio Redolfi, die neugeborene Tochter in seinen Armen. Gaudenzio Redolfi heiratete ein zweites Mal, doch auch die zweite Frau, Maria Redolfi-Scartazzini, starb jung (1846).

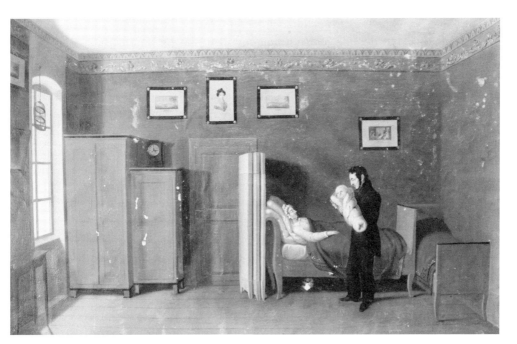

Die sterbende Anna Redolfi-Scartazzini und ihr Ehemann Gaudenzio Redolfi mit der neugeborenen Tochter auf seinen Armen 1836 in Krakau.

Wenn das Zuckerbäckerpaar im Ausland lebte und ein Partner plötzlich starb, musste sich der überlebende Partner zwischen Verbleib oder Rückkehr in die Heimat entscheiden. Einige Witwen blieben im Ausland. Als etwa Antoni Courtin aus Sils 1813 starb, führte seine Frau mit seinem Nachfolger Heinrich Secchi die 1800 gegründete Schweizer Konditorei in Kopenhagen weiter.[55] Auch Barbara Wolf-Sprecher lebte nach dem Tod ihres Ehemanns Salomon 1863 weiterhin mit ihren Kindern in St. Petersburg und sorgte für den Fortbestand des familieneigenen Literatencafés Wolf und Béranger, indem sie ihren Neffen und späteren Schwiegersohn Abraham Beeli als Geschäftsführer engagierte.[56] Die Davoserin Miertha Isler-Ambühl, die 1816/17 mit ihrem Ehemann Johannes und den Kindern Margareth und Johann Luzius nach St. Petersburg gezogen war, aber ihren Ehemann bereits 1818 verlor, blieb ebenfalls. Über die Gründe lässt sich spekulieren. War es wegen ihres Bruders, des in St. Petersburg lebenden Konditors Christian Ambühl, oder wegen des verwitweten Bündner Konditors Hans Ulrich Auer, den sie 1825 heiratete? Oder wollte sie ihrem Sohn Johann Luzius Isler den späteren Aufstieg in der St. Petersburger Konditorei-, Café- und Vergnügungsbranche ermöglichen?[57]

Ursula Hosig-Frizzoni kehrte hingegen mit ihren drei Töchtern nach Celerina zurück, nachdem ihr Ehemann Christian 1909 unerwartet erkrankt und innert kurzer Zeit gestorben war. Allerdings war die Rückreise der Familie bereits vor Christians Krankheit geplant gewesen, wie aus dem Lebensbericht der Tochter Germaine hervorgeht.[58]

Einige Frauen erlangten erst als Witwen ihre volle persönliche Stärke und Handlungsfähigkeit. Diesen Eindruck vermitteln beispielsweise die

Briefe der Maria Santi-Redolfi (1761–1820) aus Coltura zu Beginn des 19. Jahrhunderts. Zu Lebzeiten ihres Ehemannes Redolfo Santi (in den 1780er-Jahren) lebte sie im heimatlichen Bergell, während er erst in Modena, dann in Bergamo als Konditor arbeitete. Als Witwe beriet sie mittels Briefen jahrelang ihren älteren Sohn, der die familieneigene Konditorei in Marseille führte, in Geschäftsangelegenheiten und begleitete den jüngeren Sohn zu dessen Anstellungen in Italien. Als es darum ging, die Geschäftsleitung der familieneigenen Konditorei in Bergamo neu zu besetzen, reiste Maria Santi-Redolfi 1810 in Begleitung dreier Bergeller Bekannter dorthin, um die Angelegenheit zu regeln. Die Reise war wohl eine Auswanderung, denn Maria Santi-Redolfi entliess ihre Hausangestellte in Coltura, vermietete ihre Hausgüter und brachte ihre Kuh bei Nachbarn unter. Der Wunsch, bei einem ihrer Söhne in Marseille oder Bergamo zu leben, war durch einen Erbschaftsstreit mit Bergeller Verwandten und eine Morddrohung gegen sie ausgelöst worden.[59]

Geschäftsführerinnen

In Bergamo arbeitete Maria Santi-Redolfi mit ihrem jüngeren Sohn und anderen Mitarbeitern in ihrer eigenen Konditorei – als Geschäftsführerin, wie der Brief eines Bekannten aus Coltura suggerierte, der festhielt, dass das Geschäft während ihrer Abwesenheit ohne Leitung war.[60] In der Nacht vom 16. zum 17. November 1810 starb ihr erst 16-jähriger Sohn Agostino. Trotz der Trauer entschied sie sich aber nicht zur Rückkehr ins Bergell. Vielmehr liess sie den älteren Sohn Antonio aus Marseille kommen; er traf spätestens im August 1811 ein.[61] Hier endet der im Palazzo Castelmur archivierte Briefwechsel. Antonio starb bereits 1814 als erst 30-Jähriger in Bergamo, seine Mutter 1820 als fast 60-Jährige im Bergell.[62]

Dass es Frauen wie Maria Santi-Redolfi gab, die als Geschäftsführerinnen in der Zuckerbäckerbranche tätig waren, hat bereits Roman Bühler festgestellt.[63] Wie zahlreich sie waren, weiss man aber nicht. Für die Zeitgenossen schien eine Frau an der Spitze eines Geschäfts jedenfalls eine denkbare Option zu sein, wie etwa ein Brief von Barzeles Mayer an Dominik und Anna Andreola zeigt. Barzeles Mayer leitete um 1840 als ihr Bevollmächtigter in Lemberg eine Zuckerbäckerei und war finanziell eng mit ihnen verbunden, was zu Streit geführt hatte. In einem versöhnlichen Brief schlug er Anna Andreola Möglichkeiten der Existenzsicherung vor, und zwar insbesondere die Übernahme der Leitung einer Konditorei in Lemberg. «Wen Sie gesonnen sind in Lemberg zu verbleiben, so ist mein Rath, Ihre Antheile in Warschau zu verkaufen, mit diesem, zwar kleinem Capital, könen Sie hier selbst wen Sie dem Geschäfte selbst nachsehen wollen, eine Zukerbäckerey führen, ich biethe Ihnen in meinem Hause, in der neuen Gasse, über welchem ich jetzt zu disponiren habe, ein seher gutes Locale an [...].»[64] Als zweite Möglichkeit betrachtete er die gemeinsame Führung eines Betriebs, wobei sie den Laden übernehmen müsste; als dritte sah er sich selber als Geschäftsleiter und sie in der Rolle der ihn unterstützenden und von ihm profitierenden Geldgeberin. Wofür sich Anna Andreola entschied, ist nicht bekannt.

Von Geschäftsführerinnen in der Bündner Zuckerbäckerbranche zu erfahren, überrascht – währenddem es in anderen Branchen wie im Textilbereich zu jener Zeit durchaus üblich war, dass Frauen ein eigenes Geschäft führten[65] –, denn auch nach der grossen Entwicklung der Frauenberufe im 20. Jahrhundert sieht man immer noch selten eine Frau an der Spitze eines Zuckerbäckergeschäfts. Ein Beispiel für eine heutige Inhaberin einer Konditorei mit Kaffeehaus und Geschäftsführerin ist Carla Schucani (*1932). Sie leitet seit 1959 als Vertreterin der vierten Generation der aus Graubünden ausgewanderten Schucani die Pasticceria Sandri in Perugia. Bereits ihre Mutter Annamaria Crispolti Schucani hatte den Familienbetrieb nach dem frühen Tod ihres Mannes Guglielmo Schucani geführt; die älteste Tochter und Nachfolgerin Carla, die den Konditorberuf bei ihrem Vater erlernt hatte, unterstützte sie dabei.[66]

Zuckerbäckertöchter im Ausland

Töchter von im Ausland etablierten Zuckerbäckerfamilien heirateten häufig in den eigenen Kreisen. So stellte Marek Andrzejewski fest, dass sich in Polen viele Semadenis mit Kusinen oder anderen Frauen aus in Russisch-Polen ansässigen Schweizer Familien verbanden.[67] Aus der Literatur sind besonders Ehen zwischen Töchtern aus Zuckerbäckerfamilien und deren Mitarbeitern bekannt. Der junge Zuckerbäcker Abraham Beeli, den die verwitwete Barbara Wolf-Sprecher als Geschäftsführer in ihr Café Chinois nach St. Petersburg geholt hatte, heiratete 1866 ihre Tochter Elisabeth und wurde 1873, nach dem Tod der letzten Söhne der Familie Wolf, zum alleinigen Besitzer des Cafés.[68] Der in der dokumentarisch-literarischen Geschichte «Die Jostys und Tuors» von Bals Puorger beschriebene Jakob Tuor, der nach dem Tod seines Vaters nach Kopenhagen ausgewandert war und im Café Josty die Lehre absolviert hatte, heiratete ebenfalls die Tochter seines Patrons Alphonse Josty und übernahm dessen Geschäft, als sich die Schwiegereltern in die Schweiz zurückzogen.[69] Bei einem solchen Arrangement konnte der Bräutigam also auf die Übernahme des Geschäfts seiner Schwiegereltern spekulieren, während die Familie der Braut die Fortführung ihres eigenen Betriebs gesichert sah. Möglicherweise beurteilte die Braut die Verbindung ebenfalls als vorteilhaft, konnte sie doch ihre in der Familie (oder anderswo) erworbenen Berufskenntnisse einbringen. Auch daran war der Bräutigam interessiert, wie zumindest Christian Hosigs Partnerwahl aufzeigte.[70] «Als wir alt genug waren, um zu arbeiten, bedienten wir auch im Laden»,[71] schrieb seine Tochter Germaine, die in der familieneigenen Konditorei im französischen Quimper aufwuchs, später in ihrem Lebensbericht. Sie und ihre beiden Schwestern halfen neben dem Ladendienst auch mit, kleine Geschenkpakete für Weihnachts- und Geburtstagsfeste anzufertigen, die in der Konditorei verkauft wurden. Im Kontakt mit den Kundinnen lernten sie die regionale Umgangssprache Bretonisch.

Jole und Giovanni Lardelli-Zala, 2004 in ihrem
Haus in Zofingen.

In eleganten Kaffeehäusern aufgewachsen: Jole (*1910) und Giovanni (*1908) Lardelli-Zala

Jole und Giovanni Lardelli-Zala sind aus dem Dokumentarfilm «Café Suizo» bekannt. Am 12. Mai 2004 besuchte ich sie in ihrem Haus in Zofingen und fragte nach ihrem Leben als Zuckerbäckerkinder und der Arbeit ihrer Eltern.

Jole Zala wurde 1910 in Odessa als Tochter von Maria und Eugenio Zala-Semadeni geboren. Die Eltern leiteten das Café Fanconi, ein im Stadtzentrum von Odessa gelegenes Luxuscafé, in dem vorwiegend Offiziere verkehrten. Zum Unternehmen gehörte ausserdem ein Restaurant und ein Salon de Dames, den Herren nur in Begleitung einer Dame betreten durften, sowie eine Schokoladefabrik im Kellergeschoss des Gebäudes. In den beiden oberen Stockwerken befanden sich die Wohnung der Direktorenfamilie Zala und ein Billardsaal. Jole Zalas Eltern leiteten den gesamten Betrieb; der Vater besorgte den Grosseinkauf, die Mutter war in der Konditorei und im Büro beschäftigt. Sie hatten nur ab und zu Zeit für ihre beiden Töchter. Jole und ihre Schwester Ada wurden von italie-

nischen Gouvernanten erzogen. So lernten sie Italienisch statt Russisch; Letzteres holte Jole Zala als verheiratete Frau in der Schweiz nach. Tagsüber gingen die Kinder mit der Gouvernante in die öffentlichen Parks spielen, und wenn sie zurückkehrten und den Salon de Dames durchquerten, spielte der Pianist jeweils «O sole mio» für sie. Die Zala-Töchter erhielten im Café Fanconi und in ihrem Landhaus viel Besuch von andern Kindern. Im Café trafen sich auch viele italienische Künstler, die von Vater Zala grosszügig unterstützt wurden. Jole Zala lernte auf diese Weise italienische Opern kennen.

Als 1917 die Russische Revolution ausbrach, versteckte sich die Familie anfänglich in ihrer Fabrik im Kellergeschoss, musste aber bald fliehen und verlor dabei ihr gesamtes Hab und Gut. Die damals achtjährige Jole Zala und ihre Schwester kamen vorerst für etwa ein Jahr zu den Grosseltern nach Poschiavo, wo sie die Schule besuchten. Die Eltern kehrten nochmals nach Odessa zurück, konnten aber nichts retten und flohen erneut. Danach versuchte die Familie ihr Glück als Holzhändler in Trento und

Einen Aufstieg in höhere Gesellschaftsschichten strebten hingegen der erfolgreiche Berliner Café-Besitzer und Bierbauer Daniel Josty und seine Frau Catarina Josty-Scartazzini mit der Verheiratung ihrer Töchter an. «Frau Josty ist beschäftigt mit den Mädchen», wusste deren Mitarbeiter im Café Josty, Andrea B. Puonz, 1829 zu berichten. «Sie bringt sie, wie man höre, oft an Bälle, vermutlich um sie zu verheiraten.»[72] Zumindest mit Barbara Josty gelang der grosse Sprung nicht, heiratete diese doch später ausgerechnet Andrea B. Puonz.[73]

Es darf aber nicht davon ausgegangen werden, dass alle Zuckerbäckertöchter zu Hause auf den Prinzen aus ihrer Branche warteten. Annetta Schatz etwa, die 1824 in Odessa geborene Tochter des Zuckerbäckers Christian Schatz aus Zizers, war als Gouvernante tätig. Und Wilhelmine Pauline Risch (1831–1866), deren Vater Johannes Risch aus

Verona – vis-à-vis der Arena, in der Opern gespielt wurden. Die Kinder gingen in Italien zur Schule, wurden aber bald wieder zu den Grosseltern nach Poschiavo gebracht, während die Eltern in Verona weiterarbeiteten. 1920 migrierte die Familie Zala nach Warschau. Der Inhaber einer Schokoladefabrik, Giovanni Giacomo Lardelli, hatte Eugenio Zala ermuntert, ein an die Fabrik und eine Konditorei angeschlossenes Café zu eröffnen. Doch schon bald verkaufte Giovanni Giacomo Lardelli seine Fabrik, was das Ende des Café-Projekts bedeutete. Die Familie zog in den Warschauer Vorort Konstantin und führte ein bescheidenes Leben ohne Hausangestellte. Die Mutter war Hausfrau, und Jole besuchte die polnische Schule – mit einigen Sprachschwierigkeiten. 1924 fand Eugenio Zala Arbeit in Paris: Er eröffnete den Laden Zala & Co. für Konditoreizubehör – z.B. Bonbonsgefässe – und reiste als Vertreter im In- und Ausland, während seine Ehefrau Maria das Büro und die Buchhaltung erledigte. Jole besuchte die Schule und schloss einen Sprachaufenthalt in England an. 1925 begann Jole gemeinsam mit einer Freundin im Modebereich zu arbeiten. Sie entwarfen Kleider und Hüte, stellten die Modelle her und verkauften sie an Modedesigner. 1946 heirateten Jole Zala und Giovanni Lardelli in Lausanne und zogen nach Zofingen. Sie bekamen eine Tochter, Annamaria, die zu Hause italienischsprachig aufwuchs.

Giovanni Lardelli wurde 1908 in Madrid geboren. Seine Mutter, Matilde Lardelli-Matossi, war nach der Geburt – sie bekam Zwillinge – schwer krank, weshalb eine spanische Amme das Stillen übernahm. Sein Vater Giovanni und dessen Schwager Francesco Matossi-Trippi waren Direktoren des mitten in Madrid situierten Café Suizo, in dem die bessere Gesellschaft verkehrte. Sie leiteten den rund 60 bis 70 Angestellte zählenden Betrieb – gemäss Giovanni Lardellis Erinnerung – ohne die Mithilfe ihrer Ehefrauen. Die Direktoren-Familien lebten in der Etage oberhalb des Café-Restaurants. Drei junge Spanierinnen kümmerten sich um die Kinder und brachten sie jeden Morgen in den Retiro-Park. Das Essen, das aus der Restaurantküche kam, nahmen die Kinder der beiden Familien ohne Eltern ein. Giovanni besuchte Privatschulen, unter anderem eine von Nonnen geführte Schule sowie das Lycée français in Madrid, während seine Schwestern von einer Hauslehrerin oder in Mädchenschulen unterrichtet wurden. Als die Liegenschaft, in der das Café Suizo eingemietet war, für mehrere Millionen an die spanische Bank Banco del Bilbao verkauft wurde, bedeutete dies das Ende des Cafés. 1921 kehrte die Familie Lardelli in die Schweiz zurück. Der elfjährige spanischsprachige Giovanni kam zu einem Sekundarlehrer nach Bern, wo er Deutsch lernte und innerhalb dreier Monate die Sekundarschulprüfung bestand. Sein Bruder besuchte die Kantonsschule Chur, zwei Schwestern die Handelsschule in Neuenburg, und seine Zwillingsschwester lernte in Basel Deutsch. Nach der kaufmännischen Schule in Chur und der Handelsschule in Neuenburg absolvierte Giovanni Lardelli die Rekrutenschule und verbrachte anschliessend drei Jahre in Nordspanien bei der Firma Nestlé, darauf fünf Jahre in Chur. 1938 kam Giovanni Lardelli zur Firma Siegfried in Zofingen, wo er als Leiter des Einkaufs- und Verkaufsbereichs arbeitete. Giovanni und Jole Lardelli-Zala leben heute noch in Zofingen.

Tschappina in Jakobstadt (Jēkabpils, Lettland) eine Konditorei betrieb, liess sich zur Hauslehrerin ausbilden und arbeitete in diesem Beruf im Baltikum. Später heiratete sie dennoch den bei ihrem Vater angestellten Gesellen Anton Janett aus Mathon.[74] Die Tätigkeit als Erzieherin oder Hauslehrerin fand im Russischen Reich unter den Zuckerbäckertöchtern der zweiten Generation Anklang, während die dritte Generation (Frauen wie Männer) teilweise in künstlerische oder intellektuelle Berufe aufstieg.[75] Die 1881 in Florenz als Zuckerbäckertochter geborene Norina Gilli (1881–1957), die unter ihrem Künstlernamen Maria Carmi bekannt wurde, gelangte dank internationaler Schauspielkarriere in andere Gesellschaftskreise.[76]

Emigration als Ladengehilfin oder Kellnerin

Unter den jungen Frauen in Graubünden gab es auch einige, die aus eigener Initiative im Ausland Arbeit in der Zuckerbäcker- und Cafébranche suchten. Die früheste in den untersuchten Briefen erwähnte junge Auswanderin ist Anna Santi aus Borgonovo. Sie arbeitete bereits vor 1800 für vier Jahre in der familieneigenen Konditorei in Marseille, und zwar gleichzeitig mit ihrem Bruder Antonio Santi (senior) – weshalb sie ihre Eltern über dessen finanzielle Situation in Marseille informieren konnte.[77] Welche Arbeit Anna Santi dort ausführte, ist nicht bekannt; womöglich war sie im Laden tätig. Über die Einstellung der ersten Ladengehilfin wusste Edoardo Semadeni, Inhaber der Confiserie Maison Semadeni in Marseille, um 1890 zu berichten: «Am 30. September übernahmen wir das Geschäft, und erst gestern trat eine junge Engadinerin, eine gewisse Ursula Frizzoni aus Celerina, in den Ladendienst ein. Bis gestern hatten wir nur zu zweit die Arbeit im Laden und den Haushalt erledigen müssen, jetzt sind wir weniger in Schwierigkeiten. Anna kann sich vermehrt der Wäsche, der Küche und den anderen Haushaltsangelegenheiten widmen […]. Ich bin am Morgen in der Backstube beschäftigt und den Rest des Tages im Laden.»[78] Da Ursula Frizzoni den Sommer über im Engadiner Tourismus arbeitete, suchten die Semadenis bereits im folgenden Frühling eine neue Ladengehilfin; sie fanden sie – wie bereits erwähnt – in der Puschlaverin Nina Platz. Anna Semadeni erwartete von der künftigen Mitarbeiterin vor allem, «dass sie an der Arbeit Freude hat, dass sie rechnen kann und dass sie verlässlich ist».[79] Dabei betonte sie, dass sie die junge Frau nicht als «serva» (Dienerin), sondern als «giovine di comptoir» (Thekenfräulein) einstellte – eine offenbar angesehenere Aufgabe.

Die Ladengehilfinnen waren schlecht bezahlte Angestellte, wie bereits Roman Bühler anhand des Gerichtsprozesses von Maria (*1835) und Katharina Calgher (1830–1900) aus Zillis gegen ihren Bruder Bartholome Calgher darstellte.[80] Sie klagten ihn 1873 an, sie während ihrer Mitarbeit in seiner Konditorei in Odessa in den 1860er Jahren mit 8 respektive 10 Rubeln unterbezahlt zu haben, und forderten eine Nachzahlung. Unterstützt wurden sie durch einen ehemaligen Geschäftspartner ihres Bruders, den in Odessa lebenden Bergüner Wirt und Konditor Friedrich Hermann Köhl. Er bezeugte, dass die Arbeit der beiden Frauen 25 bis 30 Rubel monatlich wert gewesen sei, und begründete dies damit, «dass die benannten Schwestern fast ausschliesslich das Geschäft führten, indem H. Bartholom Calgher mit seiner Familie auf dem Lande wohnte; dass Fräul. Nina Calgher durch ihre Thätigkeit und Aufmerksamkeit dem Geschäfte grossen Nutzen brachte […].»[81] Andere Zeugen sagten aus, dass «das Geschäft des Herrn B. Calgher hauptsächlich von da an in Schwung kam, nachdem Fräul. Nina Calgher in desselben eintrat».[82] Bartholome Calgher entgegnete, dass sich seit der Ankunft seiner Schwestern die geschäftliche Situation nur verbessert habe, weil er sich vermehrt der Herstellung der Backwaren und Süssigkeiten habe widmen können. Aus-

Die Ehefrauen der Zuckerbäcker übernahmen nicht nur die Bedienung in der Konditorei, sondern waren häufig auch im Service tätig. Das Bild zeigt Kellnerinnen im Swiss Café in Southampton der Familie Lardi um 1910.

serdem betonte er, seine auf dem Land wohnende Familie nur nachts oder an den Wochenenden besucht und sonst in der Konditorei gearbeitet zu haben. Er habe insbesondere die Einkäufe besorgt und die Konditoreiarbeiten überwacht.[83] Wer den Prozess gewann, ist leider nicht bekannt. Gemäss den Akten stand der Schweizer Konsul in Odessa aufseiten der Frauen, hatte er doch Bartholome Calgher im Juni 1872 aufgefordert, sich gütlich mit ihnen zu einigen.

Der Prozess Calgher ermöglicht weitere Einsichten in das Berufsleben der im Zuckerbäckergewerbe tätigen ledigen Frauen. Nina Calgher war offenbar in Toulon als Comptoir-Dame angestellt gewesen, bevor sie bei ihrem Bruder in Odessa an der Theke stand. Dies lässt sich als Hinweis auf eine mit der Gesellenlaufbahn vergleichbare Ladenfraukarriere verstehen. Auch eine wachsende Frauenerwebsarbeit in der Zuckerbäcker- und Cafébranche wird erwähnt. Laut Zeugenaussagen waren Comptoir-Damen seit der Eröffnung der Eisenbahn Ende der 1860er Jahre in Odessa – neben den bisherigen männlichen Ladengehilfen – zu einer normalen Erscheinung geworden.[84]

Nachdem ab Mitte des 19. Jahrhunderts einige Konditoreien zu Café-Restaurants ausgebaut worden waren, umfassten die Bedienungsaufgaben nicht nur den Verkauf an der Theke, sondern auch den Tischservice. Laut Aussagen Roman Bühlers waren im Zarenreich von 1799 bis 1914 bloss 2,5 Prozent Kellnerinnen im Zuckerbäckergewerbe tätig,[85] wobei wohl wiederum die Ehefrauen der Geschäftsführer nicht mitgerechnet sind. Wie Marietta Zanetti-Godenzi, die um 1900 gemeinsam mit ihrem Ehemann Pietro in Glasgow ein Café-Restaurant betrieb, waren wohl auch andere Ehefrauen im Servicebereich tätig.[86] Dabei wurden sie teilweise von weiteren Kellnerinnen unterstützt, wie ein Foto (Seite 33) des Swiss Café im englischen Southampton um 1910 zeigt.[87] Auch die 16-jährige Mengia Bonorand ging um 1869 vermutlich nach Brescia, um als Kellnerin im Kaffeehaus Perl zu arbeiten. Sie half damit als älteste Tochter ihren Eltern und Geschwistern, die beim Dorfbrand von Lavin das Haus verloren hatten. Nach ihrer Rückkehr heiratete sie.[88]

Ehe auf Distanz

Während die einen Zuckerbäckerpaare und -familien gemeinsam aus-wanderten, teilten sich andere auf. Die Frauen (und Kinder) blieben in der Heimat, während ihre Männer als Konditoren oder Geschäftsleiter im europäischen Ausland arbeiteten. Diese getrennte Lebensweise war laut Ernst Lechner in der frühen Emigrationsphase üblicher als um 1900, als neue Verkehrsmittel das Reisen erleichterten.[89] Die von 1820 bis 1833 dauernde Fernbeziehung von Andrea B. Puonz (1801–1854) und seiner ersten Frau Catherina Puonz (1799–1849) aus Sils ist mit über hundert Briefen gut dokumentiert.[90] Leider sind nur seine Briefe erhalten, aus denen auch ihre Sicht herausinterpretiert werden muss. Dasselbe gilt für die vier Briefe, die Redolfo Santi zwischen 1784 und 1786 seiner in Col-tura lebenden Frau Maria Santi-Redolfi überbringen liess.[91]

Die Fernbeziehung der beiden Ehepaare war eine Übergangslösung auf ein Ziel hin. Der in der Geschäftsleitung des Café Josty in Berlin engagierte Andrea B. Puonz wie auch der in Konditoreien in Modena und Bergamo geschäftende Redolfo Santi beabsichtigten, so lange im Ausland zu verbleiben, bis sie eine finanzielle Basis für ein gemeinsames Familien-leben in ihrer Heimat geschaffen hätten. Andrea B. Puonz gelang dies, indem er sich Beteiligungen an einigen Konditoreien und Kaffeehäusern sicherte. Der 1784–1786 in Konditoreien in Modena und Bergamo tätige Redolfo Santi plante 1786, «noch mindestens vier oder sechs Jahre zu bleiben, damit wir am Schluss unsere Schulden bezahlt haben werden [...]».[92] Möglicherweise starb er aber vorher, denn 1806 war Maria Santi-Redolfi verwitwet.[93]

Die Rollenverteilung entsprach auf den ersten Blick dem damals auf-kommenden bürgerlichen Muster, trug aber noch Elemente der bäuer-lichen Familienwirtschaft in sich. Der Mann im Ausland war haupt-sächlich für das Familieneinkommen zuständig. In seinen Briefen aus Berlin berichtete Andrea B. Puonz denn auch oft über seine Arbeit. Er sei nicht sicher, ob sein Vertrag als Co-Direktor im Café Josty in Berlin für sechs weitere Jahre erneuert würde, schrieb er 1829 und 1830.[94] Auch seine neuen Beteiligungen an Geschäften in Stettin (1823), Frankfurt (1825) und Braunschweig (1830) und den Gang der Geschäfte meldete er seiner Frau.[95] Er erzählte von Streit mit Mitarbeitern im Café Josty und einem in Hamburg tätigen Geschäftsführer, an dessen Betrieb er finanziell beteiligt war. In Andreas Briefen gibt es kaum Anzeichen dafür, dass Catherina sich in seine Geschäftsangelegenheiten eingemischt hätte. Einzig im Januar 1829 beschwerte sie sich über Geldmangel und kritisierte, er habe sich mit der Unterstützung eines Geschäftspartners in finanzielle Schwierigkeiten gebracht. Andrea rechtfertigte sich: «Wegen der Geldanlage hast du recht, dass wir genug geschlagen sind, aber einer muss dem anderen helfen […].»[96] Im April konnte er ihr nach Geschäftsabschlüssen in Hamburg und Stettin Geld schicken.[97] Auch Maria Santi-Redolfi lebte vom Erwerb ihres Ehemannes und möglicherweise von Geschäftsbeteiligungen, schrieb Redolfo doch: «[…] dankt Gott, dass Ihr Verdientes habt, das Ihr jedes Jahr beziehet […].»[98] Sie, die als Witwe später das Familiengeschäft in Bergamo leitete, nahm bereits zu Lebzeiten ihres Ehemannes eine aktive Rolle im Geschäft ein. Sie beteiligte sich an der Rekrutierung von Angestellten, zahlte den Gläubigern geschuldetes Geld und trieb das von ihrem Mann geliehene Reisegeld bei einem heimgekehrten Bergeller ein.[99]

Die in der Heimat verbliebenen Catherina Puonz und Maria Santi-Redolfi besorgten den Haushalt und erzogen ihre Kinder allein, was nicht immer einfach war. Andrea B. Puonz wusste jedenfalls, dass sein dreimonatiger Sohn schwierig war, und hätte gerne geholfen: «Ich freue mich, dass unser Kleiner gesund und munter ist. Es tut mir leid, dass er immer so ein Trotzköpflein ist und aus dem Wägelchen springt. Es tut mir leid, dass ich dir nicht helfen kann, ihn zu vergnügen, aber du weisst, dass ich vielleicht nicht so geduldig mit ihm wäre wie du es bist. So ist es nun halt, wenn er etwas grösser ist, wird er vielleicht gefügiger werden […].»[100] Catherina musste sich alleine mit den Launen des Sohnes auseinandersetzen, die sich erst mit fünf Jahren langsam legten. Redolfo Santi hingegen verstand nicht, weshalb sich seine Frau über die grosse Arbeit mit Kindern und Haushalt beschwerte.[101] Beide Ehefrauen waren auch in der Landwirtschaft engagiert und hielten Tiere, unter anderem eine oder mehrere Kühe.[102] Catherina besserte das Familieneinkommen mit Spinnen in Heimarbeit auf, musste diese Arbeit aber nach der Geburt ihres ersten Sohnes 1827 reduzieren.[103]

Gleichzeitig betätigten sich die Frauen als Verwalterinnen der Familiengüter und als Investorinnen des von ihren Ehemännern erhaltenen Geldes. 1827 sollte Catherina Wiesen erwerben, die genügend Heu für die Überwinterung ihrer Kuh lieferten, und 1829 Bauland für ein eigenes Haus finden.[104] Während sie diesbezüglich in Rücksprache und mit Erlaubnis ihres Mannes handelte,[105] setzte sich Maria Santi-Redolfi gelegentlich über die Meinung ihres Mannes hinweg. Als dieser ihr 1786 verbot, in seiner Abwesenheit einen Hausteil zu kaufen, da er in schlechtem Zustand sei, tat sie es trotzdem. Monate später schrieb er: «[…] ich höre auch, dass ihr gezwungen worden seid, jenen Hausteil zu übernehmen, aber ich meinerseits glaube, das sei ein Trick gewesen, um euch zur Übernahme zu zwingen.»[106] Maria nützte also den durch die Distanz gewonnenen Freiraum aus. Catherina tat dies nur in einer intimen Angelegenheit, der Frage des Stillens: Trotz wiederholter Ermahnungen ihres Ehemannes stillte sie nicht nach sieben, sondern erst nach über zwölf Monaten ab.[107]

Eine Ehe auf Distanz zu führen, war nicht einfach. Es fehlte die Nähe des Partners, um alltägliche Probleme zu lösen oder seine Sorgen mitteilen zu können. Als etwa Catherina eine sorgenvolle Zeit erlebte, vermisste sie Briefe von seiner Seite.[108] Missverständnisse kamen auf, die auch mit einem monatlichen Briefkontakt, wie ihn das Ehepaar Puonz pflegte, nicht so leicht zu beheben waren. Auch Angst um die Gesundheit des Partners beschäftigte die beiden; Catherina befürchtete 1831, Andrea werde von der in Berlin wütenden Cholera angesteckt.[109] Heikel waren die Geld- und die Treuefrage. Nicht von ungefähr kam es deswegen bei den Santis zu einem Streit. «Ich vernehme auch», schrieb Redolfo 1786, «dass Ihr sagt, ich solle aufpassen, wie ich das Geld ausgebe, und ich will euch sagen, dass ich es nie für Huren ausgegeben habe, und was Euch betrifft, wenn Ihr auszugeben habt und nicht zu verdienen, dankt Gott, denn Ihr habt Verdientes, das Ihr jedes Jahr bezieht, und ich wundere mich, dass Ihr bei einer kleinen Familie schon sagt, Ihr hättet noch das Haus zu besorgen, und ich frage mich deshalb, was Ihr machen würdet, falls Ihr in Zukunft viele Kinder hättet […].»[110] Eifersucht klang aus Andrea Puonz' Worten mit, als er ihren Besuch von Hochzeitsfesten kommentierte: «Ihr im Engadin seid anscheinend fröhlich, aber tut Busse, wie wir es auch machen müssen.»[111]

Ab und zu erscheinen in den Briefen auch Liebesbezeugungen, meist am Briefende. Er möchte sie lieber mit dem Mund als nur mit dem Herzen küssen, schrieb Redolfo Santi einmal an Maria,[112] während Andrea B. Puonz beteuerte, er verlasse Catherina, aber nicht mit dem Herzen.[113] Andrea B. Puonz äusserte seine Sehnsucht mit den Jahren immer öfter, meist nach seiner Abreise, und beschwor dabei die Hoffnung auf ein baldiges Wiedersehen oder Zusammenleben herauf. Nach seinem längeren Aufenthalt in Sils schrieb er 1831 aus Berlin: «Du weisst nicht, wie peinvoll und beschwerlich es mich noch heute anmutet, von eurer lieben und mir sehr angenehmen Gesellschaft getrennt zu sein. Aber unser Schicksal ist nun mal dieses. Und wir müssen uns beugen, in der starken Hoffnung, in wenigen Jahren diese für immer zu geniessen, ohne gezwungen zu sein, euch zu verlassen.»[114]

Ob und wie die Frauen die Fernbeziehung mit Worten pflegten, bleibt wegen der fehlenden Briefe verborgen. Hingegen ist aus Andrea B. Puonz' Briefen von gegenseitigen Geschenken zu erfahren. Die noch unverheiratete Catherina erhielt von ihrem Verlobten kurz nach dessen Abreise zwei Ringe, ein Jahr später irgendein «Schächteli», 1824 ein Bild von ihm und bei seinen Besuchen Ohrringe, Schuhe, Strümpfe und Stoff.[115] Sie wiederum beschenkte ihn mit Engadiner Salsiz, Magerkäse, Schweinefleisch, Ziger und Schnaps.[116] 1832 schickte sie ihm gemalte Porträts ihrer Kinder, später vermutlich auch eines von sich und seiner Mutter.[117] Beziehungsfördernd wirkten Andreas zwei gut einjährige Aufenthalte in Sils, wie aus seinen zärtlichen Worten und den Tatsachen hervorgeht, dass sie nach seiner Rückkehr im April 1826 heirateten und Catherina mit dem ersten Sohn schwanger wurde. Während seines zweiten Aufenthalts vom Frühling 1830 bis Ende Juni 1831 wurde die Tochter geboren.

Für die getrennten Ehepaare wurden andere Bezugspersonen wichtig. Bei Andrea war dies Catherinas Bruder, bei Catherina ihre Schwester Mengia. Beim Tod von Catherinas Bruder klagte Andrea: «Meine liebe Chatarina, du glaubst nicht, welches Heimweh er mir zurückgelassen hat, wie viele Tränen ich vergossen habe und in welchem Verdruss und in welcher Kümmernis ich war, einen so guten Freund zu verlieren in so kurzer Zeit. Ich versichere dir, dass die Tage, die ich verlebte in dieser schmerzvollen Sache, schrecklich für mich waren [...].»[118] Als Catherinas Schwester Mengia 1832 starb, schrieb er, er sei beunruhigt über ihren Gesundheitszustand, man berichte ihm, sie sei ganz von Kräften.[119] Beide übernahmen auch andere soziale Aufgaben im eigenen Umfeld. Andrea B. Puonz kümmerte sich um seine Brüder, 1829 um den alkoholabhängigen Bastiaun und 1830 um den erkrankten Rudolf. Catherina sorgte sich unter anderem um Andreas Familie, nicht immer freiwillig. Als seine Mutter in einer Ehekrise steckte, verlangte Andrea, Catherina solle sie zu sich nehmen. Ein anderes Mal musste sie seinen Geschäftspartner Daniel Josty zum Mittagessen einladen.[120]

Dem Ehepaar Puonz gelang es, seine Trennungsphase zu überstehen und sein Ziel, ohne Geldsorgen in der Heimat zu leben, zu erreichen. Das Wiedersehen 1833 feierten sie als eine Art Hochzeitsreise. Catherina solle die Kinder bei seiner Mutter unterbringen und allein nach Berlin kommen, schrieb Andrea 1833. Er wolle ihr Berlin und seine Geschäfte in Stettin und Hamburg zeigen.[121] Mit der Wiedervereinigung des Ehepaars endete auch der Briefverkehr. Von Berlin kehrten sie wohl wie geplant nach Sils zurück. 16 Jahre gemeinsamen Lebens verblieben ihnen, bis Catherina starb. Andrea B. Puonz heiratete 1851 Barbara Josty, die Tochter seines Berliner Geschäftspartners.[122]

Andrea und Lidia Curtins Ehe auf Distanz endete nicht in der Heimat, sondern im Ausland. Nachdem er ab 1820 in Berlin gearbeitet und sie in Sils gelebt hatte, wanderte Lidia 1825 nach Berlin aus, wo sie ihren ersten Sohn gebar und ihr Mann 1828 ein eigenes Geschäft eröffnete.[123]

Andern Fernbeziehungen war weniger Glück beschieden. Die Schwester von Andrea B. Puonz, Mengia Puonz, heiratete im August 1828 Augustin Giovanoli und lebte anschliessend bei ihrer Schwiegermutter, während ihr Mann in Berlin und Braunschweig arbeitete. Sie gebar einen Sohn, der nur kurz lebte. Als sie bereits 1832 verstarb, blieb ihr Mann allein zurück.[124] Catherina Puonz' Schwester, die ebenfalls Mengia Puonz hiess, löste ihre 1822 bis 1827 dauernde Beziehung zu einem Domeni, der in Berlin arbeitete, wahrscheinlich wegen dessen Untreue auf.[125] Von Untreue berichtet auch eine im Engadin überlieferte Erzählung: Eine Engadinerin habe nach mühseligem Fussmarsch ihren Mann in Budapest mit einer anderen Frau ertappt.[126]

Bündner Konditoreien und Café-Restaurants im Ausland gehörten jeweils mehreren in einer Gesellschaft organisierten Teilhabern.[127] Diese beteiligten sich finanziell am Geschäft, glichen Verluste aus und profitierten von den Gewinnen. Unter ihnen befanden sich Zuckerbäcker, die im betreffenden oder einem andern Betrieb arbeiteten, sowie nicht erwerbstätige Investoren und, was bisher nicht bekannt war, auch Investorinnen. Dies war nicht unüblich, schlug doch Barzeles Mayer der Anna Andreola unter anderem vor, sie könne ihr Geld ins Geschäft investieren, das er leite, er würde ihr dafür Zins zahlen: «[…] so will ich Ihnen für Ihr Recht gähr Jährlich […] Vierzig Dukaten in Gold geben, und ich will selbst eine Zukerbakerey führen […]!»[128]

Unter den stillen Teilhabern befanden sich nicht selten Frauen, die Geschäftsanteile geerbt hatten. Einige dieser Erbinnen verhielten sich eher passiv. Sie liessen sich bei Versammlungen der Betriebsgesellschaften durch Männer vertreten oder strebten danach, ihre Anteile rasch los zu werden. So verkaufte die Witwe des Giovanni Velty 1842 ihren Anteil – einen Fünftel – am grossen Café-, Konditorei- und Vergnügungsgeschäft Matossi & Comp. im spanischen Bilbao an drei Männer der Familien Matossi, Semadeni und Olgiati.[129] Die Witwe Maria Bivrum-Sütt (1762–1830), Tochter des Konditors Jan Pitschen Sütt aus Samedan, die das Familiengeschäft Pâtisserie Trassin et Sutt an der Rue de Rome in Marseille geerbt und praktisch allein besessen hatte, entschied sich mit 64 Jahren zu einem Verkauf von zwei Dritteln der Anteile. Diese gingen laut Geschäftsvertrag vom 14. August 1826 an die neuen Teilhaber Lüzi Schucan aus Zuoz (vermutlich ein Verwandter) und Jachem Pernisch aus S-chanf. Mit dem Verkauf regelte Maria Bivrum-Sütt sowohl ihre Nachfolge als auch ihre finanzielle Absicherung im Alter. Die neuen Teilhaber waren verpflichtet, ihr die Anteile innerhalb der folgenden 20 Jahre mit einem Zins von 4 Prozent abzuzahlen. Da Maria Bivrum-Sütt vier Jahre später starb, profitierte sie allerdings nur kurz davon.[130]

In der Heimat lebende Teilhaberinnen und Teilhaber verzichteten manchmal auf ihre Mitbestimmung an den Entscheiden in «ihren» Konditoreien und Cafés im Ausland und übergaben – etwa bei Kaufs- und Verkaufsverhandlungen oder Erbstreit – ihre Vollmacht dem vor Ort handelnden Geschäftsführer oder einem Vertrauensmann. Dies war beim Streit um die Erbschaft des Bergeller Konditors Antonio Santi senior der Fall, der Geschäftsführer in der familieneigenen Konditorei in Marseille war. Als er am 4. Oktober 1806 starb, erhob seine Geliebte Erbansprüche. Dagegen wehrten sich sein Vater und seine Schwester Anna Santi, die im Bergell lebten. Sie bevollmächtigten ihren Enkel beziehungsweise Neffen Antonio Santi junior (1784–1814), der inzwischen die Geschäftsleitung in Marseille übernommen hatte, und den ebenfalls in Marseille weilenden Konditor Antonio Castelmur, in ihrem Interesse zu handeln.[131] Anna Santi, die als unverheiratete Frau bei ihren Eltern in Borgonovo wohnte, hatte

Anna Lardelli (1843–1912), die «starke» Witwe aus Poschiavo, lenkte als Erbin und Geldgeberin von zu Hause aus ihr Konditoreigeschäft in Granada und setzte sich vehement für die Karriere ihrer Söhne ein.

bereits früher ihrem Bruder Antonio Santi senior die Vollmacht für die Vertretung ihrer Geschäftsinteressen erteilt.

Es gab aber auch Frauen, die ihre Macht als Geldgeberinnen und Erbinnen ausschöpften. Dass es sich in zwei dokumentierten Fällen um Witwen und Mütter der in den Familienbetrieben arbeitenden Söhne handelte, mag nicht ganz zufällig sein, waren sie doch am Geschäftserfolg und am beruflichen Aufstieg ihrer Söhne interessiert. Sowohl Anna Lardelli (1843–1912) aus Poschiavo, die wieder verheiratete Witwe des Pietro Rodolfo Lardi, der Inhaber des Café Confiteria Suiza in Granada war,[132] als auch Maria Santi-Redolfi aus Coltura, die Witwe von Redolfo Santi, der Anteile an den Konditoreien in Marseille und Bergamo besass, beeinflussten von zu Hause aus die Geschäftstätigkeit ihrer Söhne im Ausland. Als Machtinstrument hatten beide Frauen die Kontrolle über die Geschäftsbilanz inne. Als Anna Lardelli 1890 entdeckte, dass ein beträchtlicher Geldbetrag in der Kasse fehlte, machte sie ihren Neffen, den Direktor ihres Café- und Konditoreibetriebs in Granada, dafür verantwortlich, obwohl dieser die Schuld auf junge Ladenmitarbeitende abzuwälzen versuchte.[133] Maria Santi-Redolfi erwartete 1806 einen Rechenschaftsbericht von ihrem Sohn Antonio Santi (1784–1814), der das Familiengeschäft an der Rue de Rome in Marseille leitete.[134] Als dieser die Bilanzierung aufgrund eines Streits mit einem Angestellten hinauszögerte, verlor die Mutter die Geduld. Antonio beklagte sich über den «so aufgeregten Charakter» ihres Briefes und «die verletzenden Worte gegenüber einer armen, in einem Meer von Sorgen verwirrten Person».[135] Er bat sie um Verzeihung für seinen unverschuldeten Fehler und kündigte einen erklärenden Brief an.

Die beiden Geschäftserbinnen setzten sich auch vehement für die Karriere ihrer Söhne ein. Maria Santi-Redolfi beschwerte sich beim Patron ihres jüngeren Sohnes Agostino darüber, dass er diesen noch nicht in die Bilanzierung eingeführt habe, obwohl er als künftiger Geschäftsführer designiert sei. Doch der Patron wehrte sich; er befürchtete, Agostino würde ihn unterdrücken, wenn er dies tue.[136] Auch Anna Lardelli verlangte von ihrem Neffen und aktuellen Geschäftsführer eine Förderung ihres ältesten Sohnes Rodolfo: «Nun, mein Lieber, sage ich dir etwas bezüglich Rodolfo. Es ist Zeit, und ich verlange und wünsche es, dass man ihm einen Teil der Direktion übergibt, denn schliesslich ist das, was er bisher verdient hat, eine lächerliche Summe, das hat mir nie gefallen, aber wenn ein junger Mann seit bald 7 Jahren in einem Haus ist, und vor allem in jenem seines verstorbenen Vaters, und er seine Pflicht erfüllt wie manch anderer, kann man ihn nach dieser Zeit in der Direktion einsetzen. Da ich den Inhalt des Hausvertrags nicht kenne, weiss ich nicht, was los ist, aber auf jeden Fall ist es unerlässlich, die Meinung der Gesellschaft zu erhalten, es ist sehr einfach, das jeden zu fragen.»[137] Und sie hielt dem Neffen vor, ihr Mann hätte ihm seinerzeit mit 20 Jahren alles beigebracht, er aber ihrem Sohn bisher nicht.

Die über 30 Briefe umfassende Korrespondenz zwischen Maria Santi-Redolfi und Antonio Santi (1784–1814) von 1806 bis 1811 zeigen die vielfältigen Einflussmöglichkeiten einer Witwe. Es geht darin vor allem um eine enge geschäftliche, vorwiegend partnerschaftliche Zusammenarbeit zwischen Mutter und Sohn, die auf gegenseitiger Information beruht. Die bis 1810 im Bergell lebende Mutter Maria Santi-Redolfi berichtete über Erbschaftsangelegenheiten im Bergell und über die Lage im familieneigenen Geschäft in Bergamo, das sie mittels Briefkontakten und Geschäftsreisen im Griff hatte. Der die familieneigene Konditorei in Marseille leitende Antonio Santi informierte die Mutter über Geschäftsangelegenheiten, insbesondere über den Erbschaftsstreit mit Marie Rose Pitaluga, der Geliebten und Miterbin der Konditoreianteile des verstorbenen Onkels Antonio Santi senior. Aus den Briefen lässt sich das Machtverhältnis zwischen Mutter und Sohn herauslesen. Antonio hatte aufgrund seiner Präsenz vor Ort und der vom Grossvater und der Tante erhaltenen Vollmacht im Erbstreit eine gewisse Machtposition inne, Maria Santi-Redolfi konnte dafür ihre Stärke als Mutter, erfahrene Geschäftsfrau und Geldgeberin geltend machen. Ihre Finanzkraft erwies sich in vielen Fällen als entscheidend. So kaufte sich Antonio Santi im August 1806 mit ihrem Geld einen Anteil am Kapital des Geschäfts in Marseille und bezeichnete sich fortan als Ladenbesitzer.[138] Auch war es die Mutter, die Marie Rose Pitalugas Anteil am Geschäft in Bergamo kaufen wollte. Sie rechnete ihrem Sohn vor, wie viel der Betrieb wert sei und in welchem Zeitrahmen sie die Abzahlung vornehmen wolle, und gab ihm den Auftrag: «[...] und wenn sie den Vorschlag akzeptiert, kannst du von einer gesetzlichen Person ein Verkaufspapier machen lassen, damit gebe ich dir die notwendige und angebrachte Befugnis und dieser Brief soll dazu als Vollmacht dienen [...].»[139] Ob der Kauf zustande kam, ist unklar. Auch bei anderer Gelegenheit bot Maria Santi-Redolfi ihrem Sohn finanzielle Hilfe an: «[…] also, lieber Sohn, lass mich wissen, wenn du Geld brauchst, dann lass ich es dir irgendwie zukommen […].»[140] Dafür beanspruchte sie bei Investitionen, Personalrekrutierung[141] und andern Geschäftsfragen in der Konditorei in Marseille Mitspracherecht. Ab 1807 drängte sie Antonio, ins Bergell zurückzukehren. Er solle das Geschäft in Marseille verkaufen, befand sie und übergab ihm dafür die Vollmacht. Dennoch hielt sie nicht mit Ratschlägen zurück, mahnte, er solle gut verhandeln, damit das viele Geld, das sie geopfert habe, nicht verloren sei.[142] Antonio zeigte sich meist kooperativ, setzte ihre Ideen um und gab ihr ebenfalls Ratschläge oder Aufträge – etwa das Dorfgeschwätz nicht zu beachten oder das Testament für den Betrieb in Bergamo in seinem Sinn machen zu lassen.[143] Vereinzelt wehrte er sich gegen mütterliche Vorwürfe und liess einmal – zu ihrer Verzweiflung – vier Monate lang nichts von sich hören. Möglicherweise war es ihm zu viel geworden, als sie einmal mehr schrieb: «[…] ich rate dir, [das Geschäft in Marseille, RP] zu verkaufen oder, wenn du kannst, zu vermieten zu einem gewissen Profit, so schnell wie du kannst, und dann zu meinem grossen Vergnügen nach Hause zu kommen, sonst sterbe ich vor Sehnsucht. Und so organisiert, wirst nach zwei Jahren einmal du, einmal Agostino nach Bergamo gehen; wir werden frei leben, mit Gottes Hilfe […].»[144] Längerfristig konnte sich Antonio dem Willen seiner Mutter nicht entziehen. Als sein Bruder Agostino starb, der unter der Leitung der Mutter im Familiengeschäft in Bergamo gearbeitet hatte, übersiedelte Antonio im Sommer 1811 von Marseille nach Bergamo.

Die Geldgeberinnenrolle war nicht nur mit Einflussmöglichkeiten, sondern auch mit Risiken verbunden. Dies war nicht nur Maria Santi-Redolfi bewusst, die um ihr in Marseille investiertes Geld fürchtete. Schmerzhaft erfuhr dies auch Anna Lardelli aus Poschiavo, die in die Konditorei ihres Bruders Henri Samaden in Mezières investiert hatte. «Es hat mir viel Kummer bereitet, dass ich euch nicht eher schreiben und das Geld rechtzeitig schicken konnte», schrieb ihr Bruder, «aber was wollen Sie, man macht nicht immer, was man will, im Geschäft, denn wenn es von mir abhinge, würde ich Ihnen alles geben wollen. […] Seit bald zwei Jahren sind wir hier, und ich sehe keinen grossen Fortschritt, man muss sagen, dieses Jahr war sehr schlecht, alle Leute beschweren sich […].»[145]

Auch eine Erbschaft konnte sich manchmal als Verlustgeschäft entpuppen. Dies zeigt etwa ein Schuldvertrag, den drei an den Kaffeehäusern Café Suizo, Café del Suizo und Café Marina in Pamplona beteiligte Personen 1903 abschlossen. Anna Monigatti hatte von ihrem verstorbenen Ehemann Francesco Schulden gegenüber Francesco Fanconi geerbt, während Francesco Fanconis Schulden gegenüber der verstorbenen Anna-Barbara Matossi an deren Erbin Emilia Lendi übergegangen waren. Im Vertrag wurde nun vereinbart, dass Anna Monigatti ihre Schulden direkt an Emilia Lendi zahlen solle – wodurch Francesco Fanconi praktisch schuldenfrei ausging.[146]

Aktive Beteiligung der Frauen an der Zuckerbäckermigration

Die beiden bisher vorgestellten Formen des gemeinsamen beziehungsweise getrennten Ehe- und Familienlebens in der Zuckerbäckerbranche waren selten für das ganze Leben bestimmend. Denn das Zuckerbäckerleben war vielfach von Ortsveränderungen geprägt, die beruflich, geschäftlich, familiär oder politisch bedingt waren. Wie viel die beteiligten Frauen dabei jeweils mitbestimmen konnten, ist mangels Quellenaussagen noch unklar. Beim Ehepaar Puonz entschied jedenfalls der Ehemann über den Zeitpunkt der Rückkehr in die Heimat.[147]

Die Wanderungen von einem Ort oder Land zum andern fanden nicht nur während der Gesellen- beziehungsweise Gehilfinnenzeit statt, sondern auch in der Familienphase. So zog ein gewisser Frizzoni[148] mit Frau und Kindern 1820 von Danzig, wo er ein Geschäft geführt hatte, nach Berlin, um als Chef im Café Josty zu walten.[149] 1829 übernahm er die Direktion eines Geschäfts in Potsdam, was einen weiteren Umzug erforderte – vermutlich auch für seine Familie.[150] Ein gewisser Perini,[151] der ein gut gehendes Café mit Konditorei in Hamburg (Perini & Josty) geführt hatte und mit seinen Teilhabern in Streit geraten war, verliess im Oktober 1832 mit Frau und Tochter Hamburg und fuhr nach Breslau, wohl um dort ein Geschäft zu übernehmen.[152] Maria und Eugenio Zala-Semadeni, die in Odessa das Luxuscafé Fanconi geleitet hatten und 1917 mit ihren Töchtern vor der Russischen Revolution fliehen mussten, versuchten erst erfolglos in Italiens Holzhandel- und in Polens Zuckerbäckerbranche Fuss zu fassen, bevor sie in Paris ein Auskommen im Handel mit Konditoreizubehör fanden (siehe Seite 31).

In Zuckerbäckerfamilien kamen immer wieder Phasen der Trennung und der Wiedervereinigung vor. Obwohl die ganze Familie in Berlin lebte, war Catarina Josty-Scartazzini mehrmals jährlich tage- oder wochenlang mit ihren Kindern allein, wenn ihr Ehemann Daniel Josty auf Geschäftsreisen zu Konditoreien und Kaffeehäusern in Deutschland und Polen war.[153] Bisher im Ausland lebende Familien trennten sich auch, wenn Kinder in der Heimat ausgebildet werden sollten. So verliess Anna Juvna Tester-Sandri in den 1880er Jahren ihren Mann in Toulouse und begleitete ihren Sohn Henri nach Lausanne, wo er eine käufmännische Ausbildung absolvierte, und anschliessend nach Leipzig, wo er deutsch lernte.[154] Amelia Tuor-Josty kehrte Mitte des 19. Jahrhunderts in die Schweiz zurück, um ihre in Bergün lebenden Eltern eineinhalb Jahre lang bis zu deren Tod zu pflegen, während ihr Ehemann Jakob Tuor das Café in Kopenhagen weiterführte. Anschliessend lebte sie mit Sohn und Tochter während deren Schulausbildung in Chur und erhielt ab und zu Besuch von ihrem Mann. Als ihr Sohn an das Eidgenössische Polytechnikum, die heutige ETH Zürich, wechselte, reiste sie mit ihrer Tochter nach Kopenhagen, wo diese die Höhere Töchterschule besuchte.[155] Jahre später lebten Sohn und Tochter in der Schweiz; die Eltern geschäfteten in Kopenhagen.

An der Rückkehr der Zuckerbäckerfamilien in die Schweiz waren die Frauen selbstverständlich beteiligt. Das Zuckerbäckerpaar Henri und

Angiola Tester-Moggi, das 1881 geheiratet hatte, kehrte bereits vor der Geburt seiner Kinder in die Heimat zurück und lebte von finanziellen Beteiligungen am Zuckerbäckergeschäft und von Verwaltungsratsmandaten.[156] Anna und Edoardo Semadeni-Hosig waren nach sechs Jahren Konditorentätigkeit in Marseille 1896 in Poschiavo auf Stellensuche. Ein Jahr später lebte Anna in Genf, und Eduardo reiste als Handelsvertreter von Bonbons durchs Engadin.[157] Benedikt Meissers Familie reiste 1836 aus St. Petersburg zurück nach Klosters, da alle vier in St. Petersburg geborenen Kinder gestorben waren.[158] Peider Steiner und Anna Maria Böttcher und ihre sieben Kinder waren 1866 gezwungen, von Leipzig nach Lavin zurückzukehren, weil ihre Konditorei den Betrieb einstellen musste.[159] Später führten die Weltkriege und die Russische Revolution zu Rückwanderungswellen.[160] Auch die Familie Zala musste ihr erfolgreiches Café Fanconi in Odessa wegen der Russischen Revolution fluchtartig verlassen (siehe Seite 30).

Die Integration in der Heimat war nicht einfach. Ursula Hosig-Frizzoni und ihre Töchter lebten nach ihrer Rückkehr bei ihren Verwandten in Celerina und arbeiteten in der familieneigenen Patisserie Frizzoni mit. Germaine Hosig berichtete über ihr Leben als damals 12-Jährige: «Was für eine Veränderung für uns! Es war sehr traurig, alle unsere Freunde zu verlassen und uns in einer neuen Schule, einer anderen Sprache und bei einer Verwandtschaft wieder zu finden, die keine Liebe für uns Kinder und unsere Mutter empfand.»[161] Die im schottischen Glasgow als Cafetier-Tochter aufgewachsene Elena Zanetti war es gewohnt, mit Hut zur Schule zu gehen. Als ihre Familie kurz vor dem Ersten Weltkrieg wieder in Poschiavo lebte, wurde sie deswegen von den Kindern ausgelacht.[162]

Unter den zurückgekehrten Zuckerbäckertöchtern gab es einige, die später als Künstlerinnen bekannt wurden. Die Malerin Elvezia Michel war als Cafetier-Kind im französischen Lisieux aufgewachsen, und die Malerin Angiola Mengiardi-Klainguti hatte ihre Kindheit in Genua verbracht. Die Musikerin Clara Bernhard, die aus einer Bündner Zuckerbäckerfamilie in St. Petersburg stammte, reiste nach ihrer Ausbildung 1920 mit ihrer Mutter in die Schweiz zurück.[163]

Über Bündner und Bündnerinnen, die im Ausland blieben, ist wenig bekannt, wohl weil Nachrichten über sie selten den Weg in die Schweiz fanden. Die Zuckerbäcker in Polen verwischten ihre Spuren zusätzlich, indem sie ihre Namen ans Polnische anpassten. Ausgewanderte Bündnerinnen, die wegen ihrer Heirat im Ausland Nachnamen und Staatszugehörigkeit wechselten, fielen aus den offiziellen Statistiken.[164] Nur dank verwandtschaftlicher Kontakte sind ihre Nachkommen heute auffindbar, etwa Mary Smith-Olgiati (siehe Seite 44–45).

Wie aus den Beispielen hervorgeht, waren die Frauen aus geschäftlichen, beruflichen und familiären Gründen an der in der Zuckerbäckerbranche üblichen Aus-, Weiter- und Rückwanderung beteiligt. Insofern hatte ihre Migration den Aspekt des Mit-Auswanderns, des Auswanderns wegen und mit der Familie, die laut Béatrice Ziegler die praktisch einzige Form der Auswanderung von Frauen im 19. Jahrhundert war.[165] Aller-

Mary Smith-Olgiati, 2004.

Kinder einer Zuckerbäckerfamilie in England: Mary Smith-Olgiati (*1915) und Nora Angelina Davis-Olgiati (1911–2005)

Mary Smith-Olgiati, Zuckerbäckertochter aus einer Puschlaver Familie, reiste im Frühling 2004 ferienhalber von England nach Poschiavo. So kam es am 15. Mai zu einem Gespräch mit der englisch sprechenden 89-jährigen Dame. Gleichzeitig überreichte sie mir die 1982 publizierte Autobiografie ihrer älteren Schwester Nora Angelina Davis-Olgiati (1911–2005).[1] Aufgrund des Interviews und der Autobiografie soll hier das Leben der achtköpfigen Zuckerbäckerfamilie Olgiati aufgerollt werden.[2]

Die Eltern der beiden Frauen stammten aus Zuckerbäckerfamilien; die Mutter Erica Semadeni wurde in Kiew geboren, der Vater Alfredo Olgiati in Spanien. Die Semadenis besassen eine Schokoladefabrik, die sie während der Russischen Revolution aufgeben mussten, die Olgiatis eine Kaffeehauskette in mehreren spanischen Städten. Die Mutter besuchte eine weiterführende Schule in Lausanne; sie lernte Französisch und Englisch. Der Vater bildete sich u.a. in Paris und Mailand zum Konditor aus.

Nora Angelina Olgiati wurde in Bridlington (England) als drittes Kind geboren. Als sie etwa zwei Jahre alt war, kehrte die Familie vor dem Ersten Weltkrieg in die Schweiz zurück und lebte in Samedan. Der Vater arbeitete im Palace Hotel in St. Moritz und leistete Militärdienst. 1915 wurde Mary in Poschiavo geboren. Dann erhielt der Vater vom Schwager, der die Grand and Midland Hotels in Birmingham leitete, das Angebot, bei ihm als Konditor zu arbeiten. Im Oktober 1919 reisten die Eltern mit zwei Töchtern (darunter Mary) und dem jüngsten Bruder nach England. Der älteste Sohn Eric und Nora Angelina wurden bei der Grossmutter Angelina Olgiati in Poschiavo zurückgelassen. Nora konnte im Juni 1920 und ihr Bruder Eric sieben Monate später nach England reisen, beide in Begleitung einer Schweizer Auswandererfamilie, die in Poschiavo Ferien verbracht hatte.

Als Nora in England ankam, leitete ihr Vater das Swiss Café in der High Street in Gosport und stellte mit einem Gehilfen Brot, Kuchen und Süssigkeiten her. Ihre Mutter führte das Res-

dings beruhte ihre Feststellung auf Untersuchungen von transatlantischen Familien- und Gruppenauswanderungen. Die Zuckerbäckerauswanderung erfolgte hingegen überwiegend innerhalb Europas. Oft wanderten die Frauen mit ihrer Familie oder ihrem Mann aus, weiter oder zurück in die Schweiz. Gleichzeitig war es durchaus üblich, dass sie sich ebenso wie Männer selbstständig Reisegruppen anschlossen. Catherina Puonz etwa reiste ab Chur mit Bekannten nach Augsburg, wo sie ihren Mann traf und mit ihm nach Berlin weiterfuhr.[166] Ledige Frauen, die eine Anstellung in einer Konditorei oder einem Café suchten, begaben sich aus eigenem Antrieb ins Ausland; ebenso Witwen, die in den Familienbetrieben zum Rechten schauen wollten. Sie reisten weder im Familienverband noch allein, sondern in Begleitung von Bekannten.[167]

Erkenntnisse aus dieser Studie

Die vorliegende Studie ist die erste, die sich umfassend mit den Zuckerbäckerfrauen befasst. Sie zeigt auf, dass und wie die Frauen an der erfolgreichen, international agierenden Bündner Wirtschaftsbranche beteiligt waren. Möglich machte dies die Analyse von Dokumenten, die taurant und machte die Buchhaltung. Sie seien sehr beschäftigt gewesen, schreibt Nora in ihrer Autobiografie. Anfang 1921 mussten sie das Geschäft dem früheren Manager zurückgeben. Sie zogen in den wohlhabenden Ort Tunbridge Wells, kauften ein Café mit Laden und lebten dort etwa vier Jahre. Ein weiteres Kind kam zur Welt; es wurde tagsüber von einer Babysitterin betreut, die auch Zeit für die andern Kinder hatte. Vater und Mutter teilten sich wie im vorherigen Café die Arbeit. Während die jüngeren Geschwister in der Backstube Süssigkeiten naschten, musste der älteste Sohn – neben andern Angestellten – mitarbeiten und das Konditoreigewerbe vom Vater erlernen. Doch die Geschäfte liefen schlecht; die Schulden gegenüber Zulieferern wuchsen, und der Vater bekam ernsthaftes Asthma. Das Geschäft musste aufgegeben werden, und der Vater arbeitete wieder im Grand Hotel in Birmingham. Nach zwei Umzügen lebten sie an der Bath Street, im Zentrum von Birmingham, in ärmlichen Verhältnissen. Die Eltern mühten sich ab, um die Schulden aus dem vorherigen Geschäft zurückzuzahlen. Bruder Eric arbeitete im selben Hotel wie der Vater und die älteste Schwester Silva in einem Wollladen. Sie besuchten im Gegensatz zu Mary und den andern jüngeren Geschwistern keine Schule. Ihre Mutter war damals Hausfrau. Zu Hause sprachen die Eltern Puschlaver Dialekt, die Kinder antworteten gemäss Marys Erin-

nerung englisch. Mit 14 Jahren gab Nora die Schule auf. Sie fand einen gering entlöhnten Job als Seiden- und Samtmalerin und arbeitete gelegentlich auch als Kellnerin in einem Café. Mary verliess die Schule mit 16 und arbeitete anschliessend in der Schokoladefabrik Cadbury. Gleichzeitig bildete sie sich zur Sportlehrerin aus. Dieser Beruf wurde zur Passion. Abends gab sie Kindern aus armen Quartieren ohne Entlöhnung Sportunterricht – auch nach der Heirat 1942 und der späteren Geburt zweier Söhne. Mary und alle ihre Geschwister heirateten Engländer; die Eltern starben später in England. Der Vater Alfredo Olgiati reiste ab und zu allein in die Schweiz, um seine Schwestern zu besuchen. Mary begleitete ihn erstmals mit 21 Jahren nach Lausanne. Erst 1980, im Alter von 65 Jahren, besuchte sie Poschiavo und verbrachte anschliessend öfters Ferien dort. Auch sonst reiste die in Birmingham lebende, verwitwete Mary Smith-Olgiati in den letzten Jahren viel – etwa nach Südamerika, Nordafrika oder Australien, der neuen Heimat eines ihrer Söhne.

1   Olgiati, Nora Angelina: Little Foreigner,
    Leamington 1982.
2   Francesca Nussio hat eine Biografie über
    Erica Olgiati Semadeni und drei ihrer Briefe
    publiziert: Nussio, 3–28.

sich im Archivio storico della Bregaglia, Castelmur, Coltura/Stampa im Bergell, im Privatarchiv Olinto Tognina in Poschiavo und im Kulturarchiv Oberengadin in Samedan befinden und die Zeit von Ende des 18. bis zum Beginn des 20. Jahrhunderts umfassen.

Wie aus der Zuckerbäckerforschung und aus Dokumentarfilmen bekannt war, gelangten viele Bündnerinnen durch Heirat in die Zuckerbäckerbranche; die Partnerwahl war oft eine Angelegenheit der ganzen Familie. In der vorliegenden Studie konnte ein mögliches konkretes Vorgehen bei der Suche nach einer Partnerin aufgezeigt werden. Der heiratswillige Christian Hosig (1865–1909) beriet sich nämlich brieflich mit seinen Schwestern. Anhand weiterer Briefe wurde ausserdem offensichtlich, dass die Ausreise gleichzeitig als Hochzeitsreise diente.

Doch was geschah, wenn die Eheleute in ihrer Konditorei oder ihrem Café-Restaurant angelangt waren? Die bisherige Forschung befasste sich wenig mit dem Geschäftsalltag, und wenn überhaupt, dann meist mit jenem der Männer. Deshalb nahm man wohl an, dass die Frauen im Privathaushalt verschwanden. Die nun konsultierten Briefe und Fotos vermitteln jedoch ein anderes Bild. Sie zeigen auf, dass Frauen insbesondere in kleinen und mittelgrossen Betrieben die Verantwortung für den Ladenverkauf übernahmen, während ihre Männer in den Backstuben die Süsswaren herstellten. Besonders ausführlich beschrieb dies das Ehepaar Anna und Edoardo Semadeni-Hosig in seinen Briefen von 1890 bis 1891 aus Marseille.[168] Die Rollenverteilung war nicht absolut fix. So waren vereinzelt Männer für den Verkauf zuständig, und Frauen beteiligten sich am Backen. Üblicherweise wurden die Frauen im Laden von Gehilfinnen, ihre Männer in der Backstube von Gehilfen unterstützt. Die Hilfskräfte wurden aus Landsleuten rekrutiert. Das bedeutet, dass nicht nur junge Bündner, sondern auch junge Bündnerinnen für Arbeit in die Fremde zogen. Die Ladenchefinnen waren gleichzeitig für den privaten Haushalt verantwortlich, für den sie oft lokales Personal beizogen. Auch die Zuckerbäckertöchter arbeiteten in den Geschäften ihrer Eltern mit. Alle diese Aufgabenteilungen werden erstmals in dieser Studie beschrieben. Dies gilt auch für Freizeitaktivitäten sowie für Schwangerschafts- und Geburtserlebnisse. Todesfälle und ihre Folgen – etwa die Rückwanderung in die Schweiz – waren in der Zuckerbäckerliteratur bereits thematisiert worden. Hingegen war darin kaum etwas über die Zuckerbäckerpaare und -familien zu erfahren, die über Jahre hinweg getrennt lebten. Ausnahmen bildeten dabei ältere Publikationen wie Bals Puorgers Familiengeschichte «Die Jostys und Tuors» und Ernst Lechners «Die periodische Auswanderung der Engadiner und anderer Bündner». Nun kann dank diesem Beitrag erstmals eine 13 Jahre (1820–1833) dauernde Fernbeziehung wie die des Andrea B. Puonz in Berlin und der Catharina Puonz in Sils mit ihren wirtschaftlichen, sozialen und emotionalen Aspekten nachvollzogen werden. Bei ihnen wie bei andern getrennten Zuckerbäckerpaaren arbeiteten die Männer in ausländischen Konditoreien und Kaffeehäusern, während ihre Ehefrauen weiterhin in der Heimat lebten und sich um Kinder, Haushalt und die erweiterte Familie kümmerten. Ebenso neu wie interessant ist die Erkenntnis, dass sich die Ehefrauen gleichzeitig auch als Verwalterinnen und Investorinnen des Familienvermögens und -einkommens betätigten, Landwirtschaft betrieben und teilweise für ein Zusatzeinkommen sorgten. Ziel der getrennten Lebensphase war die Finanzierung des gemeinsamen Familienlebens in der Heimat. Dem Ehepaar Puonz gelang dies; andere Paare wurden hingegen durch auseinanderbrechende Beziehungen oder den Tod getrennt.

Aus anderen Wirtschaftsbereichen bekannt ist die starke Rolle der Witwen. Nun konnte erstmals belegt werden, dass sie auch in der Zuckerbäckerbranche über bedeutende Handlungsräume und Einflussmöglichkeiten verfügten. Witwen wie Maria Santi-Redolfi aus Coltura kontrollierten und beeinflussten von zu Hause aus die familieneigenen Geschäfte im Ausland, indem sie ihre vor Ort arbeitenden Söhne brieflich anleiteten. Maria Santi-Redolfi übernahm später sogar die Geschäftsführung ihres Familienbetriebs in Bergamo. Auch bei den Frauen, die sich finanziell an den im Teilhabersystem organisierten Betrieben beteiligten und diese so in guten wie in schlechten Zeiten stützten, handelte es sich oft um Witwen oder andere Erbinnen. Doch auch andere verwandte und nicht verwandte Frauen betätigten sich als Geldgeberinnen. Diese vergessene, überraschende und wichtige Rolle der Zuckerbäckerfrauen konnte erstmals anhand von Briefen und Protokollen von Betriebsgesellschaften nachgewiesen werden. Es war auch möglich, als Frau und insbesondere als Witwe Geschäftsführerin zu werden, wie bereits Roman Bühler festgestellt hatte. So leitete Maria Santi-Redolfi Anfang des 19. Jahrhunderts die familieneigene Konditorei in Bergamo, wo auch ihr jüngster und nach dessen Tod ihr ältester Sohn mitwirkten. Ob und wie sich die in vielen der alten Bündner Gerichtsgemeinden übliche und später im Bündner Zivilgesetzbuch von 1861 festgeschriebene Geschlechtsvormundschaft auf die Handlungsmöglichkeiten alleinstehender Zuckerbäckerfrauen auswirkte, müsste erst noch untersucht werden.[169] Es ist zu vermuten, dass dies nicht oder nicht vollumfänglich geschah, da die wirtschaftliche Tätigkeit länderübergreifend war.

Interessant wäre auch, nach einer mit der des Konditoreigesellen vergleichbaren Berufslaufbahn der Ladenfrauen zu forschen. Ein erster Hinweis für die Existenz einer solchen Laufbahn liefert die Information, dass die aus Zillis stammende Katharina Calgher in der Mitte des 19. Jahrhunderts erst als Comptoir-Dame in einer Konditorei in Toulon und anschliessend als Ladenchefin im Geschäft ihres Bruders in Odessa arbeitete. Eine gewissermassen männliche Laufbahn von der Konditorin zur Geschäftsführerin durchlief Carla Schucani (*1932), die heute an der Spitze der Pasticceria Sandri in Perugia steht. Hier nicht berücksichtigte Dokumente wie beispielsweise die romanisch verfassten Briefe der Familie Turtach im Archivio storico Castelmur sowie die von Ivana Semadeni von Promontogno entdeckten Briefe ihrer Vorfahren könnten für die Nachforschung beigezogen werden.[170] Eine kleine Auswahl dieser Briefe stellte Francesca Nussio unlängst in ihrem Beitrag ««Mia cara Alma›: uno sguardo sull'altra metà dell'emigrazione» vor.[171]

Wie den Quellen und der Zuckerbäckerliteratur entnommen werden kann, beteiligten sich die Frauen grösstenteils aktiv an der in verschiedenen Lebensphasen stattfindenden Zuckerbäckeremigration. Sie waren teils als Mit-Wanderinnen im Familienverband unterwegs, teils auch als selbstständig in Gruppen Reisende. Junge Frauen und Witwen wanderten oft aus eigenem Antrieb aus. Die Zuckerbäckerfrauen agierten also selbstständiger als die von der Migrationsspezialistin Béatrice Ziegler erforschten Frauen, die im Familienverband den Weg nach Übersee antraten. Hier wie bei anderen Aussagen zu den Zuckerbäckerfrauen wäre eine quantitative Angabe wünschenswert, aber vermutlich aufgrund der Quellenlage nicht realisierbar.

Die Studie zeigt also erstmals auf, dass und wie genau die Frauen wirtschaftlich in der Zuckerbäckerbranche mitwirkten und damit zu deren Erfolg beitrugen. Ausserdem ermöglichen die untersuchten Briefe zahlreiche Einblicke in persönliche Erlebnisse. Unsicherheiten bei überstürzter Heirat und Emigration, Probleme mit Fremdsprachen, Emotionen in Fernbeziehungen und Ausflugserlebnisse werden für heutige Leserinnen und Leser ebenso nachvollziehbar wie damalige Geburts- und Todeserfahrungen.

Anmerkungen

1   Pieth, 1944; Möhr, 1916.
2   Bühler, 29.
3   Ebd., 60.
4   Ebd., 229.
5   Bollettino della Società Storica Val Poschiavo, April 2007, 3–28.
6   Ziegler, Rolle der Frauen; Ziegler, Europäische Wanderung.
7   Ziegler, Rolle der Frauen, 363–364.
8   Übersetzung der rätoromanischen Briefe durch Silke Redolfi, Projektleiterin Fraubünden; Übersetzungen aus dem Italienischen und Französischen durch die Autorin.
9   Bühler, 229–230.
10 «In tutti i casi dovrebbe maritarsi perchè vedo che in un negozio è necessario più di tutto una donna.» PrivatA Tognina, Ordner Frankreich, Brief von Anna Semadeni-Hosig, Marseille, 24.12.1890. Sie arbeiteten damals in der Confiserie Maison Semadeni, Rue de Rome No 7, Marseille.
11 Lebensdaten: StAGR A I 21 b2/45.2, Poschiavo, Taufregister 1837–1921 sowie StAGR IV 25 e 2, Semadeni, Genealogie.
12 Bühler, 406.
13 «Erano le famiglie che dicevano, ma tuo figlio potrebbe sposare mia figlia. Anche per gli affari va meglio così se siete un po' assieme.» Fernsehfilm Café Suizo.
14 Auskunft Dolf Kaiser, 5.2.2004.
15 «[…] donna di condotta sopra ogni rapporto e atta al comercio.» PrivatA Tognina, Ordner Frankreich, Brief von Christian Hosig, 9.12.1890.
16 «Per la giovine che mi avete parlato dovresti forse scrivere alla sua padrona onde avere oltre informazioni, per farmi conoscere le sue qualità su ogni rapporto, perché come saprete il matrimonio è cosa severa e al giorno d'oggi abbiamo abbastanza esempi di cervelli legeri e di vanità. Nella lettera però non avrete bisogno di nominarmi. Da quanti anni è in Francia e dove era prima?» PrivatA Tognina, Ordner Frankreich, Brief von Christian Hosig, Marseille, 14.1.1890.
17 PrivatA Tognina, Ordner Frankreich, Brief von Edoardo Semadeni, Marseille, undatiert (zwischen Dez. 1890 und April 1891). Lebensdaten: StAGR IV 25 e 2, Semadeni, Genealogie.
18 «Guarda, se vuoi io ti sposo, ma devi fare presto […]. In tre mesi parto, se vuoi venire con me, ti sposo e andiamo in Spagna.» Fernsehfilm Café Suizo.
19 KAO, Schenkung Lisa Gachnang-Klainguti, Zürich, und Nachlass Angelo Klainguti, Bever, Keller 3, 35e–f, N 19, Brief von Ursula Badrutt, Samedan, 10.11.1834. Ursula Klainguti-Badrutt war die Tochter des Baumeisters Johannes Badrutt. Lebensdaten: Auskunft Dolf Kaiser, 24.3.2005. «Go» bedeutet Giovanni.
20 PrivatA Tognina, Ordner Frankreich, Brief von Anna Semadeni Hosig, Marseille, 30.9.1890.
21 Ebd., Brief von Emilia Semadeni, Marseille, 2.2.1923.
22 Kaiser, Volk, 81.
23 «Oggi sono stata un pochino in bottega; ma col francese la va piano, se parlassero tutti piano, ma vi sono qualcuni che paiono proprio un mulino a vento; pazienza col tempo si imparerà tutto.» PrivatA Tognina, Ordner Frankreich, Brief von Anna Semadeni-Hosig, Marseille, 30.9.1890.
24 Ebd., Brief von Anna Semadeni-Hosig, Marseille, 2.11.1890.
25 Ebd., Brief von Edoardo Semadeni, Marseille, undatiert (zwischen Dezember 1890 und April 1891).
26 «[…] perché mancantomi l'Anna posso almeno contare su gente di confidenza.» PrivatA Tognina, Ordner Frankreich, Brief von Edoardo Semadeni, Marseille, 6.10.1891.
27 Ebd., Briefe von Ursula Hosig oder Christian Hosig, Quimper, 28.12.1895, 29.12.1896 und 29.1.1899; StAGR IV 25 e 2, Hosig, Belles et tristes mémoires de Germaine Hosig (1897–1988), Celerina. Leider ist der Lebensbericht nicht als Original, sondern als maschinengeschriebene Abschrift überliefert und mit der Vermutung ergänzt, er sei evtl. aus dem Romanischen übersetzt worden.
28 Auskunft der Tochter von Elena Zanetti-Zanetti, Myriam Albrecht-Zanetti aus Chur-Masans, Juli 2004.
29 KAO, Schenkung Edith Kellenberger, Sils, Depot 1, Sela Vontobel, 13 K, Schachtel 4, Brief von Barzeles Mayer, Wien, undatiert (etwa 1840). Mit «kleinen auslagen» sind geringe Kosten gemeint.
30 ASB, Schenkung Liliana und Arno Vincenti, Dok. 74, Brief von Antonio Santi, Marseille, 27.8.1806.
31 Ebd., Brief von Antonio Santi, Marseille, 12.12.1806.
32 «Cominciamo digià a fare i sorbetti e mi rincrescere [sic] di non potervene mandare tutti i giorni un piatto per assaggiare.» PrivatA Tognina, Ordner Frankreich, Brief von Anna Semadeni-Hosig, Marseille, 5.4.1891.
33 «Io sono qui nel negozio adeso e venuto qui il Zio Bortolo Maurizio E si fano qualche paste.» ASB, Schenkung Liliana und Arno Vincenti, Dok. 74, Brief von Maria Santi-Redolfi, Bergamo, 9.12.1811.
34 «Mi sono messa a scrivervi per domandarvi se non sapeste una giovine dì là che vorrebbe venire come comisa di Bottega, che fosse adattata in tutti i punti, fedele e un poco posata […].
Se per caso voi o la zia ne sapeste una vorrei pregarvi di scrivermi subito chi è e l'adressa, che c'incarichiammo di farle sapere le condizion. […] Vi prego fare la mia commissione più presto

possibile, perchè siammo pressati.» PrivatA Tognina, Ordner Frankreich, Brief von Anna Semadeni-Hosig, Marseille, 5.5.1891.

35 Ebd., Briefe von Anna Semadeni-Hosig, Marseille, 18.6. und 10.8.1891.

36 Ebd., Brief von Anna Semadeni-Hosig, Marseille, 5.4.1891.

37 «[…] in questi giorni Orsola ha scritto al suo fratello a Cresta e non sappiamo se gli piacesse di venire almeno così avremo un giovane fidato e interessato alla casa.» PrivatA Tognina, Ordner Frankreich, Brief von Christian Hosig, Quimper, 21.10.1894.

38 KAO, Schenkung Lisa Gachnang-Klainguti, Zürich, und Nachlass Angelo Klainguti, Bever, Keller 3, 35e–f, N 19, Briefe von Ursula Klainguti-Badrutt, Genua, 20.12.1834 und 6.12.1836.

39 Ebd., Brief von Ursula Klainguti-Badrutt, Genua, 6.12.1836.

40 Ebd., Briefe von Ursula Klainguti-Badrutt, Genua, 3.1., 20.3. und 15.5.1835.

41 Andrzejewski, 109.

42 «Causa il freddo non c'era la gente come il solito in bottega e perciò sono restata tutto il giorno presso al fuoco a raccomodare essendo chè queste feste ho dovuto negligere un poco.» PrivatA Tognina, Ordner Frankreich, Brief von Anna Semadeni-Hosig, Marseille, 8.12. und 24.12.1890.

43 «Resto molto in bottega eccettuato i giorni che mi tengo alla camera a cucire e raccomodare. Abbiammo comperato una bella macchina a cucire, e mi diverto a fare qualche cosa. Del resto della cucina non mi occupo che per dire cosa si deve fare, perchè abbiamo una serva che è ben capace di fare da sè, la paghiamo anche 35 franchi al mese, non è poco.» Ebd., Brief von Anna Semadeni-Hosig, Marseille, 24.12.1890.

44 Hausen, 275.

45 «Le domeniche d'abitudine abbiamo molta gente, e perciò siamo obbligati di restare a casa, ma il venerdi, giorno di magro sortiamo qualche volta a fare una passeggiata in campagna.» PrivatA Tognina, Ordner Frankreich, Brief von Anna Semadeni-Hosig, Marseille, 22.2.1891.

46 «Chere Anna il me semble si drole de ne plus vous voir arriver de Meziers avec le petit Rodolphe, je regrette le bon temps passé quand nous faision nos petites visites ensemble et puis la belle promenades que nous avon fait la fois que nous sommes allé voir la crox de Mac Mahon, quel beau temps que nous avons eues! Apresen qu il fasse beau ou mauvais je suis toujours a couvert, je n ai plus aucun but de promenade, quelques fois chez Mme Lequer mais elle aussi s en va le 15 du mois prochain […].» Ebd., Brief von Angeline Paravicini, Sedan, 10.9.1872. Laut Olinto Tognina existierte in Sedan ein Geschäft namens P. R. Paravicini, Confiserie & Glacier.

47 «Noi sortiamo una volta o due la settimana e allora visitiamo i dintorni e le bellezze di Marsiglia. La sera se fa bel tempo andiamo dispesso a prender l'aria.» Ebd., Brief von Anna Semadeni-Hosig, Marseille, 5.4.1891.

48 Ebd., Brief von Anna Semadeni-Hosig, Marseille, 30.9.1890; KAO, Schenkung Lisa Gachnang-Klainguti, Zürich, und Nachlass Angelo Klainguti, Bever, Keller 3, 35e–f, N 19, Brief von Ursula Klainguti-Badrutt, Genua, 24.1.1835.

49 PrivatA Tognina, Ordner Frankreich, Briefe von Anna Semadeni-Hosig, Marseille, 2.11. und 24.12.1890; KAO, Schenkung Lisa Gachnang-Klainguti, Zürich, und Nachlass Angelo Klainguti, Bever, Keller 3, 35e–f, N 19, Brief von Gian Battista Klainguti (Ehemann von Ursula Klainguti-Badrutt), Genua, 6.12.1834.

50 «In casa da tre mesi siamo in compagnia di nostra sorella Anna e famiglia, ciò che fa passare meglio anche il tempo che alle volte sarebbe nojoso essendo soli sopra tutto nell'inverno che le sere sono così lunghe e non si può sortire di casa.» PrivatA Tognina, Ordner Spanien, Brief von Silvio Semadeni, Zaragoza, 26.12.1893.

51 KAO, Schenkung Lisa Gachnang-Klainguti, Zürich, und Nachlass Angelo Klainguti, Bever, Keller 3, 35e–f, N 19, Brief von Ursula Klainguti-Badrutt, Genua, 12.9.1835.

52 «Vi scrivo sole due righe onde ripetervi che sto benissimo e che aspeto con ansietà il momento che possa liberarmi del mio fagotto, che tutti i giorni diventa più grande. Salvo qualche bagatela, ho tutto finito adesso i miei preparativi pel corredino.» PrivatA Tognina, Ordner Frankreich, Brief von Anna Semadeni-Hosig, Marseille, 6.10.1891.

53 Ebd., Briefe von Anna Semadeni-Hosig oder Edoardo Semadeni, Marseille, 10.8., 6.10., 27.10., 18.11. und 9.12.1891.

54 «Questa mia è specialmente scritta per annunciarvi la nascita di una magnifica bimba nata ieri sera alle 10 e 35. Orsola ha discretamente sofferto durante tre giorni e tre notti ma tuto passò felicemente alla fine.» Ebd., Brief von Christian Hosig, Quimper, 19.12.1894.

55 Jansen, 7.

56 Bühler, 98.

57 Ebd., 266.

58 StAGR IV 25 e 2, Hosig.

59 ASB, Schenkung Liliana und Arno Vincenti, Dok. 74, Briefe von Maria Santi-Redolfi, Coltura und Bergamo, 18.11.1808 und 31.5.1810.

60 Ebd., Brief von Giov. Cruzero, Coltura, 14.1.1811.

61 Ebd., Brief von Maria Santi-Redolfi, ca. 9.1.1811; Brief von Giov. Cruzero, Coltura, 11.8.1811.

62 StAGR A I 21 b2/57.4, Tauf-, Ehe- und Totenregister Stampa 1726–1875.

63 Bühler, 229–230.

64 KAO, Schenkung Edith Kellenberger, Sils, Depot 1, Sela Vontobel, 13 K, Schachtel 4, Brief von Barzeles Mayer, Wien, undatiert (etwa 1840).

65 Vgl. das Beispiel der Schwestern Allemann mit ihrem Hutgeschäft in Chur, in: Graf, 114–123; allgemein zu Frauen im Arbeitsmarkt: Regina Wecker: Zwischen Ökonomie und Ideologie. Arbeit im Lebenszusammenhang von Frauen im Kanton Basel-Stadt 1870–1910, Zürich 1997.

65 Duranti; Gespräch mit Carla Schucani, 22.8.2007.

67 Andrzejewski, 100.

68 Bühler, 98, 286.

69 Puorger.

70   Siehe das Kapitel «Heirat und Emigration», Seite 18–31.

71   «Quand nous avions eu l'âge de travailler, nous servions aussi au magasin.» StAGR IV 25 e 2, Hosig.

72   «Quia noassa Mad.m Josty preschaintamaing ais in fatschendas con las mattas a que ch'is sainta schi las mainlla suventz sün bals facilmaing cercharolla dallas marider […]» KAO, Schenkung Edith Kellenberger, Sils, Depot 1, Sela Vontobel, 13 K, Schachtel 3, Brief von Andrea B. Puonz, Berlin, 23.2.1829.

73   Ebd., Stammbaum Puonz von Sils, von Dolf Kaiser.

74   Bühler, 335–336.

75   Ebd., 308–309.

76   Kaiser, Volk, 36–37.

77   ASB, Schenkung Liliana und Arno Vincenti, Dok. 74, Brief von Antonio Santi sen., Borgonovo, 10.11.1806.

78   «Dal 30 7br che prendemmo gli affari sott nostra responsabilità ieri solamente entrò in servizio di bottega una giovine engadinese certa Orsola Frizzoni di Celerina, et sino ad ieri ebbimo à suplire soli noi due al lavoro di bottega & faccende di casa, ora siamo meno imbrogliatti. Anna si può occupare un pò più della biancheria, cucina & certe cose altre casalinghe. […] Io mi occupo la mattina nel laboratorio & il resto della giornata in botega.» PrivatA Tognina, Ordner Frankreich, Brief von Edoardo Semadeni, Marseille, undatiert (zwischen Dezember 1890 und April 1891).

79   «Il principale è che sia compiacente con le pratiche, che sappia fare di conti e che sia fedele.» Ebd., Brief von Anna Semadeni, Marseille, 18.6.1891.

80   Bühler, 229–230. Prozessort und -jahr sind unklar; vermutlich Thusis 1873 oder Odessa 1875 (siehe BAR E 2200.86, Bd. 1, Nr. 31).

81   BAR E 2200.86, Bd. 1, Nr. 31; Bühler, 229–230.

82   BAR E 2200.86, Bd. 1, Nr. 31.

83   Ebd.

84   Ebd.

85   Bühler, 304.

86   Auskunft der Tochter von Elena Zanetti-Zanetti, Myriam Albrecht-Zanetti aus Chur-Masans, Juli 2004.

87   PrivatA Tognina, Ordner England, Foto des Swiss Café in Southampton (von Olinto Tognina geschätztes Datum: 1910).

88   Auskunft Dolf Kaiser, 5.2.2004.

89   Lechner, 32.

90   KAO, Schenkung Edith Kellenberger, Sils, Depot 1, Sela Vontobel, 13 K, Schachtel 3, Stammbaum Puonz von Sils, von Dolf Kaiser.

91   ASB, Schenkung Liliana und Arno Vincenti, Dok. 72, Briefe von Redolfo Santi, Modena, 5.12.1784, sowie Bergamo, 8.8.1785, 6.2.und 20.12.1786.

92   «[…] ò p. cio mi sono pensato di stare qui quatro ò sei ani in fine al meno che abbiamo pagato li nri debiti […].» Ebd., Brief von Redolfo Santi, Bergamo, 20.12.1786.

93   1806 beginnt der archivierte Briefwechsel zwischen Sohn Antonio Santi und seiner Mutter Maria Santi-Redolfi. ASB, Schenkung Liliana und Arno Vincenti, Dok. 74.

94   «Oussa vulainza scriver a noass Signuors schans vöglian acurder las Direcktiuns auncha per ses ans vollains vair che chans respondarayan, eau crai cha poassen esser containts cha stettens.» KAO, Schenkung Edith Kellenberger, Sils, Depot 1, Sela Vontobel, 13 K, Schachtel 3, Briefe von Andrea B. Puonz, Berlin, 24.4.1829; vgl. auch den Brief vom 28.8.1830.

95   Ebd., 29.6.1823, 28.5.1825 und 30.3.1830.

96   «Reguardo alla nova specolaziun est radschun cha essens battias avuonda, ma ün stu güder sia prosem per nus non la fainza […].» Ebd., 26.1.1829.

97   Ebd., 24.4.1829.

98   ASB, Schenkung Liliana und Arno Vincenti, Dok. 72, Brief von Redolfo Santi, Bergamo, 20.12.1786.

99   Ebd., 8.8.1785.

100 «Malegr il noass cher Pitin saja frisch am displescha cha saja saimper ün stuarnin et fatscha saglir il charinin [sic] am displescha cha non poassa at güder il govanter [sic] ma tü sest ch'eau forza non füs uschea paziaint cul stuornin sco tü ma uossa schal vain ün po pü grand schi forza chal vain pü chönsch […].» KAO, Schenkung Edith Kellenberger, Sils, Depot 1, Sela Vontobel, 13 K, Schachtel 3, Brief von Andrea B. Puonz, Berlin, 17.11.1827.

101 «[…] si ringraziate Iddio che ne avette di guadagnati ô pure che netirate tutti li anni […]» ASB, Schenkung Liliana und Arno Vincenti, Dok. 72, Brief von Redolfo Santi, Bergamo, 20.12.1786.

102 KAO, Schenkung Edith Kellenberger, Sils, Depot 1, Sela Vontobel, 13 K, Schachtel 3, Briefe von Andrea B. Puonz, Berlin, 14.8.1821 und 14.9.1827; ASB, Schenkung Liliana und Arno Vincenti, Dok. 72, Brief von Redolfo Santi, Bergamo, 6.2.1786. Ernst Lechner erwähnt diese beiden Tätigkeitsbereiche ebenfalls: «In Abwesenheit der Männer besorgten die fleissigen, sehr eingezogen lebenden Hausfrauen hier wie in anderen Gegenden [im Unterengadin, RP] alle häuslichen und landwirtschaftlichen Tätigkeiten (Lechner, 46).

103 KAO, Schenkung Edith Kellenberger, Sils, Depot 1, Sela Vontobel, 13 K, Schachtel 3, Brief von Andrea B. Puonz, Berlin, 1.9.1828.

104 Ebd., 14.9.1827 und 23.2.1829.

105 Ebd., 9.12.1828, 23.10.1829 und 18.7.1831.

106 «[…] in tendo poi che siette statta costretta a dover prendere quella porzione casa ma quanto à me credo sia statto una finta p. òbligarsi à prenderlà.» ASB, Schenkung Liliana und Arno Vincenti, Dok. 72, Briefe von Redolfo Santi, Bergamo, 6.2.und 20.12.1786.

107 KAO, Schenkung Edith Kellenberger, Sils, Depot 1, Sela Vontobel, 13 K, Schachtel 3, Briefe von Andrea B. Puonz, Berlin, 14.12.1827, 20.6. und 29.7.1828.

108 Ebd., 26.6.1820 und 20.2.1830.

109 Ebd., 10.12.1831.

110 «[...] In tendo poi che mi ditte che garda come che spendo i denari edio se vò dirvi che à putane non è ò mai spesò circa à voi Se ne avete dispendere è non guadagnarne Si ringraziate Iddio che ne avette di guadagnati ò pure che ne netirate tutti li anni, è mi maraviglio à essere ancorà pocca famiglia, è dirmi che avette di mantener la casà è percio mi penso chosa che farette sè avesti da venire à averne molti filgiuoli, ò p. cio mi sono pensato di stare qui quatro ò sei ani in fine al meno che abbiamo pagato li nri debiti p. che sè la famiglia ne cresse ò pavura che non li pagemò piu [...].» ASB, Schenkung Liliana und Arno Vincenti, Dok. 72, Brief von Redolfo Santi, Bergamo, 20.12.1786.

111 «Vus otars a que chi apera stais legrias [...] ma fe penitenzia cha vains da fer eir nus [...].» KAO, Schenkung Edith Kellenberger, Sils, Depot 1, Sela Vontobel, 13 K, Schachtel 3, Brief von Andrea B. Puonz, Berlin, 5.10.1821.

112 ASB, Schenkung Liliana und Arno Vincenti, Dok. 72, Brief von Redolfo Santi, Bergamo, 20.12.1786.

113 KAO, Schenkung Edith Kellenberger, Sils, Depot 1, Sela Vontobel, 13 K, Schachtel 3, Brief von Andrea B. Puonz, Berlin, 26.7.1823.

114 «Tü non post timaginer co penibel et carico cha que am pera auncha oussa et esser privo da voassa chera et ami fich agreabla compagnia ma noassa sort ais üna votta uschea et stuvains ans sotametter eis con la ferma spranza da pudair in poch ans giodair quella per saimper saiza [sic] esser oblio da vair das bandoner.» Ebd., Brief von Andrea B. Puonz, Berlin, 1.7.1831.

115 Ebd., 15.3.1833.

116 Ebd., 26.1.1829: «Uossa avaunt qualche temp vainza arfschia la chascha con aint ils salsitz, magrischetas et tschigrunets et charn püerch [...].» und ebd., 23.2.1829: «Il vinarz ais sto [...] fich bum [...].»

117 Ebd., 1.7. und 26.11.1832.

118 «Ma chera Chatarina tü non post crajer che incraschantüna ch'al mo laschô inavos; quantas non-brusas larmas ch'eau de spans et in che fadia et contuarbel ch'eau sun sto a perder ün uschea bun amich in uschea cuort temp, tasgür bain ch'als dis ch'eau de passanto in quista dolorusa ocasiun sun stos teribels per me [...].» Ebd., 27.9.1831 (Zitat) und 15.11.1831.

119 Ebd., 24.4.1832.

120 Ebd., 14.1. und 29.7.1828.

121 Ebd., 12.2. und 15.3.1833.

122 Ebd., Stammbaum Puonz von Sils, von Dolf Kaiser.

123 Ebd., Briefe von Andrea B. Puonz, Berlin, 25.4.1820, 28.8.1820, 12.2.1825, 20.6.1828, 1.9. und 11.10.1828.

124 Ebd., 1.9.1828, 18.11.1828, 1.6.1829 und 30.10.1832.

125 Ebd., 1.7.1822 und 14.9.1827; ebd., Stammbaum Puonz von Sils, von Dolf Kaiser.

126 Kaiser, Volk, 29.

127 Bühler, 273.

128 KAO, Schenkung Edith Kellenberger, Sils, Depot 1, Sela Vontobel, 13 K, Schachtel 4, Brief von Barzeles Mayer, Wien, undatiert (etwa 1840).

129 PrivatA Tognina, Ordner Spanien, Vertrag der Società Matossi e Comp. Bilbao, 1.9.1842.

130 Kaiser, Zuckerbäcker, 93.

131 ASB, Schenkung Liliana und Arno Vincenti, Dok. 74, Briefe von Antonio Santi sen., 3.12.1806, und von Anna Santi, 4.11.1806.

132 Anna Margherita Semadeni heiratete zuerst Pietro Rodolfo Lardi, der starb, als der zweite Sohn erst einjährig war. Zum Zeitpunkt des Briefeschreibens war sie in ihrer zweiten Ehe mit Lorenzo Lardelli verheiratet. Ihre starke Position ist wohl damit zu erklären, dass sie die Mutter der erwähnten Söhne, Lorenzo Lardelli hingegen nur der Stiefvater war (Auskunft Olinto Tognina, Poschiavo).

133 PrivatA Tognina, Ordner Spanien, Brief von Anna Lardelli, 16.5.1890.

134 ASB, Schenkung Liliana und Arno Vincenti, Dok. 74, Briefe von Antonio Santi, Marseille, 9.6. und 28.8.1806.

135 «[...] caratere cosj agitatto [...] unito le pungente parole Inverso una povera persona Confusa Jn un mare de pensiero». Ebd., Brief von Antonio Santi, Marseille, 28.10.1806.

136 Ebd., Brief von Maria Santi-Redolfi, Coltura, 24.9.1807.

137 «Maintenant mon cher», schrieb sie ihm, «je te dirais à propos de Rodolfo, qu'il est temps et que je demandes et desire, qu'on lui donne une part à la direction car enfin jusqu'à présent ce qu il a gagné est une derision, je ne m'en suis jamais plais, mais quand un jeune homme est depuis près de 7 ans dans une maison, et surtout dans celle de son defunt père, et qui'à fais son devoir comme bien d'autres, on peu après ce temps le mettre à la direction, ne connaissant pas le contenue de l'ecriture de la maison, je ne puis savoir ce qu'il y a, mais d'une maniere comme de l'autre s'il est indispensable d'avoir l'avis de la société, il est très facile de la demander à chacun.» PrivatA Tognina, Ordner Spanien, Brief von Anna Lardelli, Poschiavo, 16.5.1890.

138 ASB, Schenkung Liliana und Arno Vincenti, Dok. 74, Brief von Antonio Santi, 9.6.1806.

139 «[...] onde se lui acetta la proposizione potrai fare Estendere da persona legale la carta di vendita dandoti con questa tutta la facolta necesarie Et oportune che servire dovrà la presente come se fosse una procura [...].» Ebd., Brief von Maria Santi-Redolfi, Coltura, 25.12.1806.

140 «[...] dunque caro figlio fami intendere se hai bisogno di qualche denaro si In qualche maniera telo faro prevenire.» Ebd., Brief von Maria Santi-Redolfi, Coltura, 3.3.1807.

141 Ebd., Briefe von Maria Santi-Redolfi, Coltura, 19.12.1807 und 7.11.1808.

142 Ebd., 7.11.1808.

143 Ebd., 18.10.1806.

144 «[...] io ti consigliereij di vendere o pure sei poi affitare a qualche profitto pur presto che tu pote e poi con grande mio piacere di tirarti a casa altrimenti io moriro di malinconia. E cosi pasato

questi due ani anderai a bergamo un poco tu un poco L'Agostino viviremo liberi con Aiutto di Dio [...].» Ebd., Brief von Maria Santi-Redolfi, Coltura, 19.12.1807.

145 «J'ai été bien ennuyée de ne pouvoir vous écrire plustôt et de vous envoyer l'argent à son heure. Mais que voulez-vous on ne fait pas toujours comme l'on voudrait dans le commerce, car s'il ne dépendait que de moi je voudrait pouvoir vous donner tout. [...] Voilà déjà bientôt deux ans que nous sommes ici et je ne vois pas grand progrès, il vaut dire que cette année à été bien mauvaise tout le monde se plaint [...].» PrivatA Tognina, Ordner Frankreich, Brief von Henri Samaden, Patisserie-Confiserie H. Samaden, Mezières, 19.10.1909.

146 PrivatA Tognina, Ordner Spanien, Schuldvertrag vom 15.6.1903, bez. Café Suizo, Café del Suizo, Café Marina.

147 KAO, Schenkung Edith Kellenberger, Sils, Depot 1, Sela Vontobel, 13 K, Schachtel 3, Brief von Andrea B. Puonz, Berlin, 12.2.1833.

148 Sehr wahrscheinlich Gian Battista Frizzoni (1765–1823); Kaiser, Volk, 170.

149 KAO, Schenkung Edith Kellenberger, Sils, Depot 1, Sela Vontobel, 13 K, Schachtel 3, Brief von Andrea B. Puonz, Berlin, 1.12.1820.

150 Ebd., 24.4.1829.

151 Wohl Curô Perini aus Sils; Kaiser, Volk, 57.

152 KAO, Schenkung Edith Kellenberger, Sils, Depot 1, Sela Vontobel, 13 K, Schachtel 3, Briefe von Andrea B. Puonz, Berlin, 27.7. und 25.10.1832.

153 Ebd., 31.10.1820, 28.5.1825 und 25.10.1832.

154 Auskunft von Dolf Kaiser über seine Urgrossmutter Anna Juvna Tester-Sandri, 5.2.2004.

155 Puorger, 32.

156 Auskunft von Dolf Kaiser über seinen Grossvater Enri Tester, 5.7.2004.

157 PrivatA Tognina, Frankreich, Briefe von Christian Hosig, Quimper, Frühling 1896 und 10.3.1897.

158 Bühler, 412–414.

159 Fögl Ladin, Nr. 74, 29. 9. 1989, 5.

160 Kaiser, Volk, 76–77; Bühler, 429–434.

161 «Quel changement pour nous! C'était bien triste d'abandonner tous nos amis, et de devoir trouver une autre école, une autre langue et de la parenté qui n'avait pas d'amour pour nous les enfants ni pour notre maman.» StAGR IV 25 e 2, Hosig.

162 Auskunft Myriam Albrecht-Zanetti, Chur-Masans, über ihre Mutter Elena Zanetti, Juli 2004.

163 Lardelli, 13–15; Bühler, 359.

164 Bühler, 432.

165 Ziegler, Rolle der Frauen, 365.

166 Das war jedenfalls Andrea B. Puonz' Plan. KAO, Schenkung Edith Kellenberger, Sils, Depot 1, Sela Vontobel, 13 K, Schachtel 3, Brief von Andrea B. Puonz, Berlin, 15.3.1833.

167 ASB, Schenkung Liliana und Arno Vincenti, Dok. 74, Brief von Maria Santi-Redolfi, Bergamo, 31.5.1810.

168 PrivatA Tognina, Ordner Frankreich, Briefe von Anna Semadeni-Hosig oder Edoardo Semadeni, Marseille, 1890–1891.

169 Vgl. dazu Redolfi.

170 Bisher existiert leider nur eine Maschinenabschrift der Briefe; die Originale fehlen.

171 Bollettino della Società Storica Val Poschiavo, 11, April 2007, 3–28.

Abstract

L'emigrazione dei pasticcieri fu estremamente importante per lo sviluppo economico del Grigioni prima dell'avvento del turismo ed ha pertanto suscitato grande interesse fra i ricercatori e le ricercatrici. Questa curiosità si è tradotta in svariate pubblicazioni sulla diffusione, nelle più disparate nazioni europee, delle pasticcerie, dei caffè-ristoranti e delle caffetterie grigionesi gestiti da cerchie di familiari, amici o conoscenti. Questa documentazione illustra i percorsi professionali e le attività commerciali di grigionesi residenti all'estero, tuttavia fornisce ben pochi ragguagli sulla situazione delle donne in questo settore e, se lo fa, li contestualizza perlopiù con il matrimonio (per es. Kaiser, «Zuckerbäcker»; Andrzejewski; Sigerist; Bühler; Vassella. Nel frattempo Francesca Nussio ha pubblicato, dopo la lettura di una prima versione di questo studio, l'articolo: «‹Mia cara Alma›: uno sguardo sull'altra metà dell'emigrazione», in: Bollettino della Società storica Val Poschiavo, aprile 2007.). Soltanto Roman Bühler osa proporre, nella sua opera «Bündner im Russischen Reich», una breve analisi della situazione delle donne, in particolare in materia di statistica dell'emigrazione, salari e attività professionali («als Ladengehilfinnen und Kellnerinnen, manchmal auch als Geschäftsführerinnen», Bühler, 229). Alla pubblicazione di Bühler si aggiunge una nuova edizione commentata delle fonti a cura di Francesca Nussio « ‹Mia cara Alma›: uno sguardo sull'altra metà dell'emigrazione». Questo contributo intende rimediare a questa lacuna.

Questa volta l'attenzione non si è concentrata sull'espansione del settore, bensì sulla quotidianità professionale. Sono sorti i seguenti interrogativi: le mogli dei pasticcieri emigravano o restavano a casa? Quali ruoli, quali mansioni e quali possibilità di influsso avevano le mogli e quali i mariti? Le donne si occupavano esclusivamente dell'economia domestica o partecipavano anche all'attività commerciale? Le donne come hanno vissuto l'emigrazione dei pasticcieri?

La ricerca di fonti si è subito imbattuta in numerosi ostacoli. Tuttavia alla fine è stato possibile reperire circa 200 lettere nonché alcune fotografie e altri documenti che erano custoditi nell'Archivio storico Castelmur a Coltura in Bregaglia, nell'Archivio privato Tognina a Poschiavo e nel Kulturarchiv Oberengadin a Samedan. A questo materiale si sono aggiunti i documentari «Café Suizo» di Loris Fedele e Gianluigi Quarti e «Pastiziers» di Manfred Ferrari.

L'analisi delle fonti ha portato alla luce molte nuove informazioni. Al più tardi con la pubblicazione di Ernst Lechner si è venuti a conoscenza che fra le mogli dei pasticcieri ve ne erano sia di quelle che emigravano con il marito sia di quelle che restavano in patria mentre il marito lavorava all'estero. Ma molto più di questo non si sapeva sulle loro occupazioni.

Il presente studio riporta esempi che documentano come le mogli, che una volta sposate accompagnavano il marito nell'emigrazione, non si limitassero alle faccende domestiche, come si potrebbe invece supporre dalle carenti affermazioni contenute nella bibliografia sui pasticcieri. Soprattutto in piccole e medie imprese le donne si occupavano della vendita dei dolciumi nelle pasticcerie e nei caffè diretti dai loro mariti. E in questa loro funzione erano indispensabili, come sentenzia Anna Semadeni-Hosig 1890 sul fratello celibe: «In tutti i casi dovrebbe maritarsi perchè vedo che in un negozio è necessario più di tutto una donna» (Archivio privato Tognina, raccoglitore Francia, lettera di Anna Semadeni-Hosig, Marsiglia, 24.12.1890). Aveva cognizione di causa, in quanto lei stessa vendeva i dolciumi confezionati dal marito nella pasticceria Maison Semadeni a Marsiglia (Dati biografici: StAGR A I 21 b 2/45.2, Poschiavo, registro dei battesimi 1837–1921 nonché StAGR IV 25 e 2, Semadeni, genealogia). Le direttrici dei negozi erano aiutate dalle aiutodirettrici, i pasticcieri dagli aiutopasticcieri. Gli aiutanti di sesso maschile e femminile venivano reclutati in patria. Per le giovani grigionesi esisteva quindi una possibilità di guadagno nel settore della pasticceria. Questa esperienza professionale agevolava le donne che successivamente sposavano pasticcieri (per es. Ursula Hosig-Frizzoni) nell'inserimento quale responsabile di negozio. Anche le figlie di famiglie di pasticcieri facevano esperienza nella vendita. Sia per questa loro preparazione sia in vista di una possibile assunzione dell'attività commerciale queste ragazze erano candidate al matrimonio molto gettonate fra i collaboratori delle pasticcerie e dei caffè. Nelle case private delle famiglie di pasticcieri lavoravano impiegati locali.

Le donne grigionesi che restavano in patria, mentre i mariti lavoravano in una pasticceria o in un caffè all'estero, si dedicavano sopratutto, ma non solo, alle faccende domestiche e ai figli. Amministravano il patrimonio familiare e il reddito del marito e operavano investimenti. Al contempo provvedevano all'agricoltura e in parte svolgevano anche lavori a domicilio. Il loro margine d'azione e di decisione era parzialmente limitato dai mariti, anche se in misura diversa come si è potuto constatare nel caso di Catherina Puonz (1799–1849) di Sils e Maria Santi-Redolfi (1761–1820) di Coltura.

Per contro le vedove di pasticcieri disponevano di ampia competenza decisionale e si presentavano anche come donne d'affari indipendenti. Ne danno testimonianza esempi come quello di Maria Santi-Redolfi, che istruiva il figlio maggiore per lettera sulla conduzione della pasticceria di famiglia a Marsiglia. Esercitava il proprio potere anche tramite il denaro che iniettava nell'attività commerciale. Vedove, altre eredi come pure donne imparentate o senza legami di parentela partecipavano finanziariamente alle aziende organizzate in un sistema di compartecipazione, contribuendo così ad arginare le oscillazioni della congiuntura. Questo sorprendente impegno finanziario delle donne, importante per il settore, ha potuto essere desunto per la prima volta dalle fonti. Come aveva già accertato Roman Bühler, come donna e in particolare come vedova era anche possibile divenire dirigente d'impresa. Così all'inizio del XIX secolo Maria Santi-Redolfi guidava la pasticceria di famiglia a Bergamo, dove collaboravano anche la figlia minore e, dopo la sua morte, suo figlio maggiore. Inoltre oggi Carla Schucani (*1932), grigionese di quarta generazione, dirige la Pasticceria Sandri a Perugia. Le donne erano spesso coinvolte nell'emigrazione dei pasticcieri che spesso avveniva in singoli periodi della vita, come si è potuto evincere dalle fonti e dalla letteratura in materia. Viaggiavano in parte come co-migranti in cerchie familiari, in parte anche autonomamente con altre persone. Le giovani donne e le vedove emigravano sovente di propria iniziativa. Le mogli dei pasticcieri agivano quindi con maggiore autonomia rispetto alle donne studiate dalla specialista di migrazione Béatrice Ziegler, che si trasferivano oltreoceano viaggiando in clan familiari. A questo proposito, come per altre affermazioni sulle mogli dei pasticcieri, sarebbe auspicabile un'indicazione quantitativa, ma probabilmente, dato lo stato delle fonti, non sarà fattibile.

Lo studio mostra quindi per la prima volta che le donne erano coinvolte economicamente nel settore della pasticceria, illustrando le modalità di questa loro partecipazione, e che contribuirono in maniera determinante al successo di queste attività. Inoltre le lettere analizzate permettono di farsi un'idea delle vicissitudini personali. Da una lettera di Ursula Klainguti-Badrutt del 1834 traspare per esempio quanto il matrimonio avventato e l'emigrazione la rendessero insicura. Anna Semadeni-Hosig tematizza, in uno scritto del 1890, la sua iniziale difficoltà nell'intrattenersi in francese con la clientela, mentre dalle righe scritte da Andrea B. Puonz fra il 1820 e il 1833 emerge sia l'assistenza alla moglie Catherina sia l'amore e la gelosia. Per il resto nella corrispondenza di donne e uomini pasticcieri si menzionano le attività del tempo libero quali le visite ai parenti e le gite nonché eventi che segnano la vita come la nascita di un figlio o la morte del partner.

Abstract

L'emigraziun dals pastiziers è stada zunt impurtanta per la prosperitad economica dal Grischun avant il svilup dal turissem; perquai è ella stada da grond interess per la perscrutaziun. Quai è sa manifestà en pliras publicaziuns davart la derasaziun da las pastizarias, dals café-restaurants e cafés, organisads en raits famigliaras e colleghialas, en la gronda part dals pajais da l'Europa. Ellas rapportan bler davart las carrieras e l'activitad da fatschenta dals Grischuns a l'exteriur, dentant mo pauc davart la situaziun da las dunnas en quella branscha. Quellas vegnan sin il pli menziunadas en connex cun maridaglias (per exempel Kaiser, «Zuckerbäcker»; Andrzejewski; Sigerist; Bühler; Vassella. Francesca Nussio ha publitgà en il fratemp, suenter avair legì in'emprima versiun da quest studi, l'artitgel: «‹Mia cara Alma›: uno sguardo sull'altra metà dell'emigrazione», en: Bollettino della Società storica Val Poschiavo, avrigl 2007). Sulettamain Roman Bühler analisescha en si'ovra «Bündner im Russischen Reich» curtamain la situaziun da las dunnas, surtut en connex cun la statistica d'emigraziun, la dumonda da las pajas e las activitads professiunalas («als Ladengehilfinnen und Kellnerinnen, manchmal auch als Geschäftsführerinnen», Bühler, 229). A quella s'agiunta anc ina pli nova ediziun da funtaunas commentada da Francesca Nussio «‹Mia cara Alma›: uno sguardo sull'altra metà dell'emigrazione». La suandanta contribuziun duai damai gidar a serrar questa largia.

En il focus na dueva questa giada betg star la derasaziun da la branscha, mabain il mintgadi da fatschenta. Las suandantas dumondas èn vegnidas tractadas: Èn las dunnas dals pastiziers medemamain emigradas u èn ellas restadas a chasa? Tge rollas, incumbensas e pussaivladads da prender influenza avevan ellas, tgeninas lur umens? Eran las dunnas exclusivamain responsablas per il tegnairchasa u sa participavan ellas a l'activitad da gudogn? Tge rolla han ellas giugà entaifer l'emigraziun dals pastiziers?

La tschertga da funtaunas è stada a l'entschatta difficila. Ma la finala èn vegnidas a la glisch var 200 brevs ed intginas fotografias ed auters documents en l'Archivio storico Castelmur a Coltura en Val Bregaglia, en l'archiv privat Tognina a Poschiavo ed en l'Archiv cultural Engiadin'Ota a Samedan. Ulteriur material han furnì ils films documentars «Café Suizo» e «Pastiziers» da Loris Fedele e Gianluigi Quarti, resp. da Manfred Ferrari.

L'analisa da las funtaunas ha purtà numerusas novas enconuschientschas. Il pli tard dapi la publicaziun dad Ernst Lechner savev'ins ch'igl aveva dà tranter las dunnas dals pastiziers tant quellas ch'eran emigradas cun lur um, sco era quellas ch'eran restadas en la patria entant che lur um lavurava a l'exteriur. Ma bler dapli na savev'ins fin ussa betg davart las dunnas e lur activitads.

Il studi preschent mussa uss a maun d'exempels che las dunnas, ch'èn emigradas cun lur um suenter la maridaglia, n'eran betg responsablas sulettamain per il tegnairchasa privat, sco quai ch'ins pudess supponer sin fundament da la mancanza da funtaunas en la litteratura davart ils pastiziers. Anzi, ellas surpigliavan – surtut en ils manaschis pitschens e mesauns – la vendita da dultscharias en las pastizarias ed ils cafés manads da lur umens. Ed ellas eran là indispensablas, sco quai che per exempel Anna Semadeni-Hosig di il 1890 davart ses frar nunmaridà: «In tutti i casi dovrebbe maritarsi perchè vedo che in un negozio è necessario più di tutto una donna» (Archiv privat Tognina, ordinatur davart la Frantscha, brev dad Anna Semadeni-Hosig, Marseille, 24-12-1890). Ella saveva quai bain avunda, cunquai ch'ella vendeva sezza en la pastizaria Maison Semadeni a Marseille las dultscharias producidas da ses um (datas da vita: Archiv chantunal dal Grischun A I 21 b 2/45.2, Poschiavo, register da batten 1837–1921 ed Archiv chantunal dal Grischun IV 25 e 2, Semadeni, genealogia). Las patrunas vegnivan sustegnidas da las gidantras da butia, ils conditers dals gidanters pastiziers. Ils emploiads feminins e masculins vegnivan recrutads da la patria. En la branscha dals pastiziers devi damai ina pussaivladad da gudagnar daners per las giuvnas grischunas. Questa experientscha professiunala ha levgià pli tard a las dunnas maridadas cun pastiziers (per exempel ad Ursula Hosig-Frizzoni) la lavur sco patruna da la butia. Experientschas en la vendita faschevan era las figlias da las famiglias dals pastiziers. Per quest motiv, ma era pervia d'ina eventuala surpigliada da fatschenta, eran ellas candidatas da maridar attractivas per ils emploiads da pastizarias e cafés. En il tegnairchasa privat da las famiglias da pastiziers eran engaschads emploiads locals.

Las dunnas grischunas, che restavan en la patria entant che lur umens lavuravan en ina pastizaria u en in café a l'exteriur, s'occupavan en emprima lingia, dentant betg exclusivamain, dal tegnairchasa e da la tgira dals uffants. Ellas administravan la facultad da la famiglia e las entradas da l'um e faschevan las investiziuns necessarias. A medem temp eran ellas engaschadas en l'agricultura e surpigliavan per part era lavurs a chasa. Lur spazis d'agir e da decider vegnivan per part limitads da lur umens; dentant betg dapertut tuttina ferm, sco quai ch'ins ha per exempel pudì mussar tar Catherina Puonz (1799–1849) da Segl e Maria Santi-Redolfi (1761–1820) da Coltura.

Las vaivas da pastiziers percunter avevan ina gronda cumpetenza da decider e sa preschentavan era sco dunnas da fatschenta independentas. Quai han ins pudì cumprovar a maun d'exempels sco quel da Maria Santi-Redolfi, che deva instrucziuns en las brevs a ses figl vegl co ch'el haja da manar la pastizaria da famiglia a Marseille. Sia pussanza demonstrava ella era cun ils daners ch'ella investiva en la fatschenta. Vaivas, autras ertavlas, sco era dunnas parentas u betg parentadas sa participavan ultra da quai finanzialmain als manaschis organisads en sistems da participaziun e gidavan uschia a surmuntar las fluctuaziuns conjuncturalas. Quest engaschi finanzial surprendent da las dunnas – ed impurtant per la branscha – ha pudì vegnir cumprovà per l'emprima giada cun agid da las funtaunas. Sco quai che Roman Bühler aveva gia constatà, pudevan damai era dunnas e surtut vaivas daventar manadras da fatschenta. Uschia ha Maria Santi-Redolfi manà a l'entschatta dal 19avel tschientaner la pastizaria da famiglia a Bergamo, nua che era ses figl giuven ha lavurà, e suenter la mort da quel, ses figl vegl. Ultra da quai maina oz cun Carla Schucani (*1932) ina Grischuna en la quarta generaziun la Pasticceria Sandri a Perugia. Las dunnas eran participadas a l'emigraziun dals pastiziers che sa splegava savens durant singulas periodas da la vita, sco quai ch'ins ha pudì cumprovar cun las funtaunas e la litteratura davart ils pastiziers. Ellas eran per part en viadi cun la famiglia sco cunemigrantas, per part era en gruppas sco viagiaturas independentas. Las dunnas giuvnas e las vaivas emigravan savens or d'atgna iniziativa. Las dunnas dals pastiziers agivan damai a moda pli autonoma che las dunnas perscrutadas da la spezialista da migraziun Béatrice Ziegler, che faschevan il viadi surmar ensemen cun lur famiglia. Qua, sco tar autras indicaziuns davart las dunnas dals pastiziers, fissi d'avantatg d'avair in'infurmaziun quantitativa, ma quella n'è probablamain betg eruibla sin fundament da las stgarsas funtaunas.

Il studi mussa pia per l'emprima giada che las dunnas èn stadas involvidas economicamain en la branscha dals pastiziers e tge funcziuns ch'ellas avevan exactamain. En pli cumprova el ch'ellas han contribuì a moda decisiva al success da quella branscha. Las brevs examinadas dattan era numerusas invistas en experientschas ed eveniments persunals. D'ina brev dad Ursula Klainguti-Badrutt dal 1834 intervegn ins per exempel quant fitg che la maridaglia e l'emigraziun precipitada l'irritavan. Anna Semadeni-Hosig tematisescha il 1890 sias difficultads inizialas da conversar en franzos cun la clientella, e las lingias scrittas dad Andrea B. Puonz dal 1820 fin il 1833 expriman il quità e l'amur per sia dunna Catherina, ma era sia schigliusia.

Dal reminent raquintan las brevs da las dunnas e dals umens pastiziers era da lur occupaziuns dal temp liber, da las visitas da parents e d'excursiuns dal di, ma era d'eveniments emoziunals sco la naschientscha d'in uffant u la mort d'in partenari.

Quellen- und Literaturverzeichnis

Ungedruckte Quellen

Archivio storico della Bregaglia, Castelmur, Coltura/Stampa (ASB): Schenkung Liliana und Arno Vincenti, Castasegna: Dok. 72: Briefe von Redolfo Santi, 1784–1800. Dok. 74: Briefe von Antonio Santi und Maria Santi-Redolfi u.a., 1806–1811 (Kopien der Briefe befinden sich im Frauenkulturarchiv Graubünden).

Kulturarchiv Oberengadin, Samedan (KAO):
Schenkung Edith Kellenberger, Sils, Depot 1, Sela Vontobel, 13 K: Schachtel 3: Briefe von Andrea B. Puonz, 1820–1833, und Stammbaum Puonz von Dolf Kaiser. Schachtel 4: Briefe von Barzeles Mayer, etwa 1840 (Kopien der Briefe befinden sich im Frauenkulturarchiv Graubünden).
Schenkung Lisa Gachnang-Klainguti, Zürich: Nachlass Angelo Klainguti, Bever, Keller 3, 35e–f, N 19: Briefe von Ursula Klainguti-Badrutt und Gian Battista Klainguti, 1827–1836.

Privatarchiv Olinto Tognina, Café Semadeni, Poschiavo: verschiedene Briefe, Fotos und Verträge aus Frankreich, Spanien, England, etwa 1780–1920.

Schweizerisches Bundesarchiv, Bern (BAR): E 2200.86, Bd. 1, Nr. 31: Prozess Calgher in Odessa, 1873–1875.

Staatsarchiv Graubünden (StAGR):
A I 21 b 2/45.2 Poschiavo, Taufregister 1837–1921.
A I 21 b 2/57.1 Tauf-, Ehe- und Totenregister Stampa, 1726–1875.
FBr 6/108 b Jan Janssen: Schweizer Spuren in Kopenhagen, o. O., 2001 (mschr.) (dt. Übersetzung von: Schweiziske Spor i Kobenhavn – en historisk guide, Kopenhagen 2001).
IV 25 e 2 Semadeni, Genealogie.
IV 25 e 2 Hosig, Belles et tristes mémoires de Germaine Hosig (1897–1988).

Gedruckte Quellen

Kaiser, Dolf: Engadiner Zuckerbäcker in Marseille, in: Färber, Silvio; Margadant, Silvio; Semadeni, Silva (Hg.): Quellen, Funtaunas, Fonti zur Geschichte des Kantons Graubünden. 133. Jahrbuch der Historischen Gesellschaft von Graubünden 2003, Chur 2003, 93.

Olgiati, Nora Angelina: Little Foreigner, Leamington 1982.

Mündliche Quellen

Myriam Albrecht-Zanetti, Chur-Masans, Auskunft über ihre Mutter Elena Zanetti, Juli 2004.

Dolf Kaiser, Bever und Zürich, Auskunft vom 5.2.2004.

Jole und Giovanni Lardelli-Zala, Gespräch vom 12.5.2004.

Carla Schucani, Perugia, Auskunft vom 22.8.2007.

Filmquellen

Café Suizo. Una storia poschiavina. Dokumentarfilm von Loris Fedele und Gianluigi Quarti, ausgestrahlt von Radiotelevisione svizzera di lingua italiana (RTSI), Eldorado, 10.12.2001 (erhältlich bei RTSI).

Pastiziers. Zücher, aventüra ed increschantüm. Dokumentarfilm von Manfred Ferrari. Eine Koproduktion mit Televisiun Rumantscha, Chur 2004 (erhältlich in der Kantonsbibliothek Graubünden).

Literatur

Anderegg, Klaus u.a.: Zu Stand und Aufgaben schweizerischer historischer Wanderungsforschung, in: SZG 37, 1987, 303–332.

Andrzejewski, Marek: Schweizer in Polen. Spuren der Geschichte eines Brückenschlages, Basel 2002 (Basler Beiträge zur Geschichtswissenschaft, Bd. 174).

Bühler, Roman: Bündner im Russischen Reich. 18. Jahrhundert - Erster Weltkrieg. Ein Beitrag zur Wanderungsgeschichte Graubündens, Chur 2003 (2. korrigierte Aufl.).

Duranti, Massimo (Hg.): Le vitrine di Sandri. Arte e storia della più antica pasticceria umbra, Perugia 1999.

Graf, Ursula: Handelsfrauen, Ladentöchter, Dienstmädchen. Arbeitswelt und Lebenssituation der Frauen in Chur 1870–1945, in: Redolfi, Silke; Hofmann, Silvia; Jecklin, Ursula (Hg.): frauenArbeit. Beiträge zur Frauen- und Geschlechtergeschichte Graubündens im 19. und 20. Jahrhundert, Band 3, Zürich 2006, 105–144.

Hausen, Karin: Wirtschaftsgeschichte als Geschlechtergeschichte, in: Jenny, Franziska, u.a. (Hg.): Orte der Geschlechtergeschichte. Beiträge zur 7. Schweizer. Historikerinnentagung, Zürich 1994, 271–288.

Kaiser, Dolf: Fast ein Volk von Zuckerbäckern? Bündner Konditoren, Cafetiers und Hoteliers in europäischen Landen bis zum Ersten Weltkrieg. Ein wirtschaftsgeschichtlicher Beitrag, Zürich 1988 (2. Auflage).

Krauss, Marita und Sonnabend, Holger (Hg.): Frauen und Migration, Stuttgart, 2001.

Lardelli, Dora u.a.: Elvezia Michel 1887–1963, [Samedan o. J.].

Lechner, Ernst: Die periodische Auswanderung der Engadiner und anderer Bündner, Samedan 1909.

Möhr, Jakob: Auswanderung, in: BM 1916, Nr. 10, 329–344.

Nussio, Francesca: «‹Mia cara Alma›: uno sguardo sull' altra metà dell' emigrazione», in: Bollettino della Società Storica Val Poschiavo, 11. April 2007, 3–28.

Pieth, Friedrich: Die bündnerische Auswanderung vor 100 Jahren, in: BM 1944, Nr. 2, 55–66.

Puorger, Balser: Die Jostys und Tuors. Bündner in Heimat und Fremde, Chur 1919.

Redolfi, Silke: Das Bündner Zivilrecht und die Frauen, in: Hofmann, Silvia; Jecklin, Ursula; Redolfi, Silke (Hg.): frauenRecht. Beiträge zur Frauen- und Geschlechtergeschichte Graubündens, Bd. 1, Zürich 2003, 19–67.

Santi, Cesare: Emigrazione in Mesolcina e Calanca, in: Bollettino storico della Svizzera italiana, 103, 1991, 83–97.

Seglias, Loretta: Die Schwabengänger aus Graubünden. Saisonale Kinderemigration nach Oberschwaben, Chur 2004 (Quellen und Forschungen zur Bündner Geschichte, Bd. 13).

Sigerist, Stefan: Bündner Familien in Triest, in: JHGG, Jg. 2005, 2005, 7–25.

Vassella, Giovanni: «L'emigrazione Poschiavina», in: Il Grigione Italiano 1894, Nr. 3–16 (deutsche Fassung: Die Puschlaver im Ausland in älterer und neuerer Zeit bis zum Jahre 1893, in: BM 1920, Nr. 6, 157–180; Nr. 7, 189–209).

Ziegler, Béatrice: Die Rolle der Frauen im schweizerischen Auswanderungsprozess, in: SZG 34, 1984, 363–369.

Ziegler, Béatrice: Geschichte der europ. Wanderung nach Übersee. Vorlesung an der Universität Zürich, Wintersemester 2003/04 (Ms. Privatbesitz Béatrice Ziegler).

«Sobald man rumantsch geredet hat, war man wie zu Hause.» Von fremden Frauen im Münstertal

Von Marta Ostertag

Inhaltsverzeichnis

Das Münstertal, ein weltfernes Bergtal?

Zwölf Frauen erzählen von ihren Erfahrungen als Fremde im Münstertal. Sie kommen aus Spanien, Argentinien, Kosovo, Südtirol, Deutschland, Italien und dem Schweizer Unterland. Sie sind im Laufe des 20. Jahrhunderts ins Münstertal gezogen und arbeiten in der Landwirtschaft und im Dienstleistungssektor. Die Aussagen der befragten Frauen zeigen die vielseitigen Aspekte der erfahrenen Fremdheit auf, die von der Sprache, der Religion, der Arbeit, den Normen und dem Rollenverständnis, aber auch von sozialen Beziehungen, den Vorstellungen von Heimat und den eigenen Träumen und Hoffnungen beeinflusst werden. Dabei stellt sich für die Zugezogenen immer wieder die Frage nach der Bereitschaft zur Anpassung: Während es für die früher aus ländlichen Gegenden einwandernden Frauen selbstverständlich war, sich den örtlichen Verhältnissen anzupassen, ist die jüngere Generation zuziehender Frauen aus den Städten dank moderner Kommunikations- und Transportmittel nicht dazu bereit, sich örtlich festzulegen und Werte wie Gleichberechtigung und Selbstverwirklichung, mit denen sie aufgewachsen sind, für das Leben im Dorf aufzugeben.

Das Münstertal, dieses periphere Tal des Kantons Graubünden, wird in Wanderbüchern als «unberührtes, verträumtes Naturparadies» gepriesen und in der Literatur als «weltfernes Tal» beschrieben. Von der Schweiz aus nur über den Ofenpass zugänglich, scheint das Münstertal abgelegen. Doch vor Ort zeigt sich die Offenheit nach Süden und dass fremde Einflüsse seit je auf die Kultur und die Bevölkerung eingewirkt und sie geprägt haben. Die alten Münstertaler Häuser sind ein Gemisch aus Engadiner und Vinschgauer Bauart; ihre mit Sgraffito und farbigen Malereien verzierten Fassaden weisen auf den Einfluss Italiens hin. Die Münstertaler Tracht verbindet Farben und Formen aus dem Engadin mit dem österreichischen Dirndl, und die «Canedels cun spec» (Speckknödel) werden nach Südtiroler Rezept zubereitet. Hellrigl, Lechthaler, Pinggera, Schgör und Tschenett sind Familiennamen, die ihren Ursprung im Vinschgau haben. Deutsche Namen von Ammann bis Zimmermann und italienische von Balzano bis Zanoli sind überall anzutreffen – die Münstertaler sind nicht ausschliesslich Leute aus dem Münstertal. Von alters her sind Fremde ins Tal gekommen. Während die einheimische Bevölkerung zu Arbeits- oder Ausbildungszwecken ins Schweizer Unterland oder ins Ausland zog, kamen vom 17. bis 19. Jahrhundert vor allem Männer aus dem Engadin und dem Tirol ins Münstertal, seit dem 20. Jahrhundert mehr und mehr auch Frauen. Ein Blick auf die Bevölkerungsentwicklung seit 1850 zeigt, dass die Einwohnerzahl sogar um ein weniges zugenommen hat.[1] Detaillierte Daten über Geburtsortkategorien nach Geschlecht sowie Geburts- und Sterbezahlen, die zur Berechnung der Zu- und Abwanderungsrate nötig wären, sind für die Gemeinden des Münstertals erst ab 1970 erhältlich.[2] Allerdings wurde der Geburtsort der Gemeindeeinwohner (nicht nach Männern und Frauen getrennt) in den

Volkszählungen, die seit 1850 alle zehn Jahre vorgenommen werden, zum ersten Mal im Jahr 1860 festgehalten; und es zeigt sich, dass schon damals Zugezogene aus dem In- und Ausland im Münstertal gelebt haben.[3]

Manche dieser Zugezogenen sind für immer geblieben, darunter – wie die Statistik seit 1970 zeigt – erstaunlich viele Frauen. «Beinahe die Hälfte der im Münstertal lebenden Frauen sind Zugezogene», schätzt Magnus Schleich, Pfarrer in Fuldera.[4] Ein Blick auf die Tabelle im Anhang (Seite 104–105) bestätigt diese Aussage: Im Jahr 2000 sind in den meisten Dörfern im Münstertal fast 50 Prozent der Einwohnerinnen von auswärts zugezogen.

Meine Neugierde ist geweckt. Woher sind die Frauen ins Tal gekommen und warum? Kamen sie allein? Wie haben die gesellschaftlichen und wirtschaftlichen Veränderungen die Migration beeinflusst? Literatur, die sich mit der Migration im Münstertal beschäftigt, findet sich hauptsächlich zu den Themen Auswanderer, Grenzgänger und Pendler. Rahel Seraina Schreich hat 2005 eine Arbeit zu den Münstertaler Auswanderern vom 18. Jahrhundert bis zum Ersten Weltkrieg geschrieben.[5] Über den landwirtschaftlichen Grenzverkehr und die Arbeitspendler hat Sebastian Lentz 1993 einen Artikel verfasst.[6] Über die Grenzzone Münstertal-Vinschgau gibt es einen Band zur bündnerisch-tirolischen Nachbarschaft von 1499 bis 1999.[7] Wichtige allgemein gesellschaftliche Informationen zum Münstertal und dessen Entwicklung geben die Geschichtschronik von Duri Pinösch (2002) und das 2003 erschienene Buch von Crispin Foffa zur gesellschaftlichen, kulturellen, wirtschaftlichen und sozialen Entwicklung der Bevölkerung und Infrastruktur des Münstertals in der Zeit nach dem Zweiten Weltkrieg bis Ende des 20. Jahrhunderts.[8] Während die Abwanderung der Bevölkerung aus den Berggebieten immer wieder Gegenstand wissenschaftlicher Untersuchungen bildete, hat die Zuwanderung in die Bergtäler jedoch kaum Aufmerksamkeit auf sich gezogen. Besonders die Zuwanderung von Frauen ist nicht nur in Graubünden ein kaum bearbeitetes Feld. Zu den wenigen Untersuchungen, welche die Migration von Frauen in Graubünden thematisieren, gehört Marianne Fischbachers Studie von 1991 zu Domleschger Frauen und Männern, die während der Saison in der Bündner Hotellerie im Engadin arbeiteten.[9] Eine interessante Arbeit zu Frauen und Männern, die aus Südtirol unter anderem in die Schweiz ausgewandert sind, ist das 2002 erschienene Buch «Heimatfern» von Sabine Falch.[10] Sie nutzt die Methode der Oral-history (mündlich erfragte Geschichte), um die persönlichen Wahrnehmungen und Erfahrungen der Ausgewanderten zu erfassen.

Frauen in der Migrationsforschung

Bis vor wenigen Jahrzehnten wurden Frauen von der Migrationsforschung generell vernachlässigt. Der Mann galt als Prototyp des Migranten, als der für die Nahrung Sorgende, der dazu bereit war, dafür die Heimat zu verlassen und in die Fremde zu ziehen. Wo Frauen erwähnt wurden, geschah dies im Zusammenhang mit der Wanderung der Män-

Müstair gegen das Vinschgau in einer Aufnahme von 1911. Südliche Einflüsse und die Migration haben das Leben der Menschen im Münstertal seit je geprägt. Im katholischen Müstair waren die katholischen Südtirolerinnen als Arbeitskräfte in der Landwirtschaft bis in die 1960er Jahre besonders willkommen.

ner; die Frauen wurden dabei überwiegend als von den Männern «Abhängige», als passiv Mit- oder Nachziehende beschrieben.[11] Einen wesentlichen Anstoss zur stärkeren Berücksichtigung von Frauen gab zunächst die englischsprachige feministische Forschung in den 1980er Jahren. Sie wurde beeinflusst von den Aktivitäten der neuen Frauenbewegung in den 1970er Jahren und der damals an Bedeutung gewinnenden Arbeitergeschichte oder ganz allgemein der «Geschichte von unten», die sich nicht mehr nur auf gesamtgesellschaftliche Strukturen konzentrierte, sondern vermehrt auch kleinere Einheiten – ethnische Gruppen, Arbeiter, Familien – untersuchte.[12] In den 1990er Jahren sprach man von einer «neuen Migration». Diese «neue Migration» könne nicht mehr mit herkömmlichen neoliberalen oder marxistischen Theorien erklärt werden.[13] Die «neue Migration» sei vielseitiger. Sie umfasse die Arbeiterschicht und die Gebildeten, Menschen aus städtischen und aus ländlichen Gegenden, legal und illegal Migrierende, die bleiben oder wieder gehen. Floya Anthias stellt in ihrem Artikel fest, dass diese Vielseitigkeit neuer Wanderungsformen mit einer Feminisierung der Migration einhergeht: «[...] the diverstiy of these new forms of migration has [...] gone hand in hand with feminization.»[14] Neben persönlichen Interessen und gesellschaftlichen Zwängen habe vor allem die Globalisierung zur «Feminisierung der Migration» beigetragen, weil sie eine flexible Arbeitswelt schaffe, die nach temporären, billigen Arbeitskräften verlange. So fand der eigentliche Perspektivenwechsel, der die Frauen als Akteurinnen im Migrationsprozess anerkannte, erst in den 1990er Jahren statt, als die Anzahl allein migrierender Frauen aus Osteuropa und aus den Ländern der sogenannten Dritten Welt nicht mehr zu übersehen war. Gemäss den Volkszählungszahlen lebten bereits im Jahre 1970 mehr zugezogene Frauen als zugezogene Männer im Münstertal.[15] Dieser Umstand und die Tatsache, dass die frauenspezifische Migrationsforschung noch in ihren Kinderschuhen steckt, waren für mich Anlass und Motivation, einen Beitrag zu diesem Forschungsbereich zu leisten. Das Münstertal mit seiner regen Migrationsbewegung von Frauen und seiner offensichtlichen Durchmischung von Eigenem und Fremdem ist dazu als Untersuchungsgegenstand geradezu prädestiniert, zumal die Einwanderung von Frauen bisher noch nicht untersucht worden ist.

Zunächst sollen die gesellschaftlichen Hintergründe und die Rahmenbedingungen der Einwanderung ins Münstertal untersucht werden. In einem zweiten Teil wird nach den persönlichen Erfahrungen der Eingewanderten gefragt und der Begriff der Fremdheit beleuchtet. Fremdheitserfahrungen sind der Ausdruck einer Beziehung zwischen Menschen, die vom Verhältnis zwischen Herkunfts- und Ankunftsregion geprägt wird. Deshalb sind die gesellschaftlichen, wirtschaftlichen, politischen und religiösen Hintergründe und Entwicklungen im Migrationskontext wichtig für das Verständnis der Fremdheitserfahrungen der Zugezogenen.[16]

Die Einwanderung von Frauen ins Münstertal

Die Herkunftsorte der ins Münstertal migrierten Frauen lassen sich grob in vier Regionen einteilen: Südtirol, Veltlin, Schweizer Unterland und weiter entferntes Ausland. Im landwirtschaftlich geprägten Münstertal fanden die einwandernden Südtirolerinnen und Veltlinerinnen noch bis nach dem Zweiten Weltkrieg vor allem als Magd im Haus und auf dem Hof und im Gastgewerbe ein Auskommen. Die sich verändernden gesellschaftlichen und wirtschaftlichen Bedingungen in der zweiten Hälfte des 20. Jahrhunderts trugen dazu bei, dass später zunehmend mehr Frauen auch aus dem weiter entfernten Ausland – Spanien, Portugal, Ex-Jugoslawien usw. – im Gastgewerbe arbeiteten, während die zuziehenden Frauen aus dem Schweizer Unterland die Nischen des Dienstleistungssektors nutzten, um ihrem erlernten Beruf nachzugehen. Doch wie kam es zur Zuwanderung von Frauen ins Münstertal?

Gesuchte Arbeitskräfte: Mägde und Knechte aus dem Südtirol und dem Veltlin

Seit das Südtirol nach dem Ersten Weltkrieg an Italien übergegangen und während der faschistischen Zeit einer rücksichtslosen Italienisierungspolitik unterworfen war, sah es dort in Sachen Ausbildungs- und Arbeitsmöglichkeiten für die mehrheitlich deutschsprachige Bevölkerung schlecht aus. Jeder Beamte, jeder Lehrer, alle Polizisten und Fabrikarbeiter waren Italiener, während die Mehrheit der deutsch- und ladinischsprachigen Südtirolerinnen und Südtiroler bis nach dem Zweiten

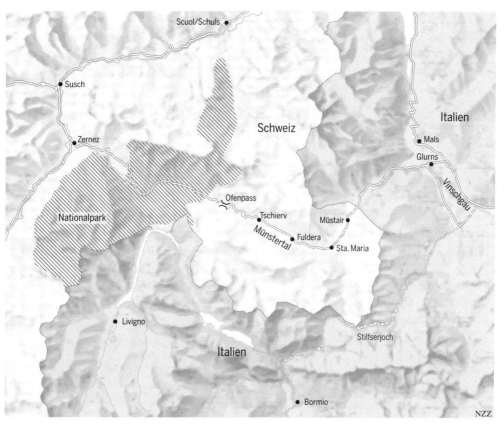

Das Münstertal

Weltkrieg in der Landwirtschaft arbeitete, da ihr der Zugang zu andern Berufen verwehrt wurde.[17] Der italienische Faschismus zerstörte in den 1920er Jahren auch das deutsche Schulwesen, das erst nach 1945 wieder aufgebaut werden konnte. So wurde noch in den 1970er Jahren über den Mangel an ausgebildeten Arbeitskräften im Südtirol geklagt.[18] Die Verarmung und die fehlende Aussicht auf eine Arbeit in einem andern Beruf bewirkten eine massive Abwanderung der deutschsprachigen Bevölkerung ins benachbarte Ausland. Leidlmair stellt fest, dass die Zahl der erwerbstätigen Frauen im landwirtschaftlichen Bereich seit 1910 viel stärker zurückgegangen sei als jene der Männer, und er folgert daraus: «Die Landflucht hat somit besonders die Frauen erfasst.»[19] Treibende Kraft für die Abwanderung der Südtirolerinnen war die Zukunftslosigkeit in der Heimat, aber auch die Nachfrage nach Arbeitskräften in der Fremde. Im Münstertal benötigte man bis weit ins 20. Jahrhundert hinein Mägde und Knechte, da das Tal noch lange von der Landwirtschaft geprägt war. Dazu kam, dass viele Männer und vor allem auch Frauen aus dem Münstertal für eine Saison oder dauernd in die durch den Bahnbau Ende des 19. Jahrhunderts aufstrebenden Kurorte Klosters, Davos, Arosa und St. Moritz gingen, wo sie in den Hotels und Restaurants Arbeit als Zimmermädchen, im Service oder in der Küche fanden. Dadurch entstand im Tal ein Mangel an Arbeitskräften in der Landwirtschaft. Diese Lücke wurde von zuziehenden Frauen ausgefüllt.

Die Zugehörigkeit zur katholischen Kirche war ein weiterer Grund, weshalb man Südtirolerinnen vor allem in Müstair willkommen hiess. Denn bis heute verläuft die konfessionelle Grenze zwischen Müstair und Sta. Maria. Solange sich die konfessionellen Gegner gnadenlos bekämpften, verhinderte diese Grenze Heiraten mit Frauen aus dem reformierten inneren Tal. Die Situation entspannte sich erst in der Nachkriegszeit mit dem Zweiten Vatikanischen Konzil, als auch gemischte Ehen den kirchlichen Segen erhielten. Bis dahin wurde aber kaum über die konfessionelle Grenze hinweg geheiratet. Die Abwanderung einheimischer Frauen verschärfte den Mangel an heiratsfähigen jungen Frauen zusätzlich. So blieb dem Müstairer Bauern oft nichts anderes übrig, als eine Katholikin von «draussen» zu heiraten, wenn er keine katholische Münstertalerin fand, die sich um Haus und Hof kümmerte.

Die Umstände des Zweiten Weltkriegs förderten auch die Auswanderung von Frauen und Männern aus dem Veltlin. Der Krieg hatte ein Drittel des Volksvermögens in Italien vernichtet. Die Arbeitslosigkeit nahm stets zu, während parallel dazu die Bevölkerungszahl wegen der Kriegsheimkehrenden, der Rückwanderer aus ehemaligen Kolonien und der steigenden Geburtsrate immer mehr anstieg.[20] Die prekäre Situation in Italien war denn auch die Stosskraft, die zur Auswanderung in die Schweiz beitrug.

Zusammenfassend lässt sich feststellen: Nach dem Ersten Weltkrieg kamen vor allem Südtirolerinnen, die aufgrund der faschistischen Italianisierungspolitik verarmt waren und im nahe gelegenen Münstertal Arbeitsmöglichkeiten fanden. Etwas später zogen auch Frauen aus dem Veltlin und dem Trentino ins Tal, die angesichts der katastrophalen Wirtschaftslage nach dem Zweiten Weltkrieg gezwungen waren, ein Auskommen als Magd für Haus und Hof oder als Dienstmädchen im Gastgewerbe zu suchen. Auch männliche Arbeitskräfte von auswärts wurden im Münstertal gebraucht, doch die Nachfrage nach Mägden und Dienstmädchen war grösser; und schliesslich kehrten die meisten Männer früher oder später an ihren Herkunftsort zurück, während viele Frauen ihr Leben lang blieben. Die im Vergleich mit den Herkunftsländern der Zugezogenen besseren Arbeits- und Lohnbedingungen im Münstertal mögen den Verbleib der Frauen im Tal unterstützt haben, eine weit wichtigere Rolle spielte aber die Eheschliessung: Von den in der vorliegenden Arbeit befragten zwölf Frauen haben acht Zugezogene einen Münstertaler geheiratet.

Ausländerinnen und Schweizerinnen: Arbeitsplätze im Tourismus

Im Münstertal entstanden erst in den 1970er Jahren aufgrund des wirtschaftlichen Aufschwungs und Wachstums neue Arbeitsplätze. Die Landwirtschaft wurde durch die Gesamtmelioration mit Güterzusammenlegung rationalisiert, während gleichzeitig ein intensiver Bauboom aufkam. Im ganzen Tal schossen Häuser und Ferienwohnungen aus dem Boden. In Tschierv setzte sich ein Initiativkomitee erfolgreich für den Bau

Das Dorf Tschierv in den 1960er Jahren mit Blick auf die Ofenpasshöhe Süsom Givè (2155 m ü. M.).

der Skiliftanlage Minschuns ein. Mit der Einführung grosser Postautotypen konnte die Fahrzeit Zernez–Müstair reduziert werden. Und der Ausbau und die Asphaltierung der Ofenpassstrasse halfen mit, eine gut befahrbare, wintersichere Verbindung Engadin–Münstertal–Südtirol zu schaffen. 1973 fand die Einweihung des Talmuseums, der «Chasa Jaura Val Müstair», statt. Zehn Jahre später wurde das Benediktinerinnenkloster St. Johann in Müstair von der UNESCO zum Weltkulturerbe erklärt.[21] Der Tourismus mit dem Dienstleistungssektor entwickelte sich rasch zum führenden Wirtschaftszweig im Tal und schuf neuartige Arbeitsplätze, die wegen der steten Abwanderung der einheimischen Bevölkerung sowohl von Zuziehenden aus dem Südtirol als auch aus dem Trentino und dem Veltlin besetzt wurden. «Gezielt hat man ausländische Arbeitskräfte angeworben», sagt Marco Fallet, Gemeindekanzlist von Müstair.[22] Man brauchte sie, die Männer auf dem Bau und die Frauen zunehmend im Dienstleistungssektor. Der Ausbau der Strassenverbindung förderte die Mobilität über die Grenze ins Südtirol und trug dazu bei, dass immer mehr Männer und Frauen als Grenzgänger und Grenzgängerinnen nur noch tagsüber im Münstertal arbeiteten, während sie im Südtirol wohnten, lebten und heirateten. Viel schlechter ausgebaut waren die Verbindungen ins Trentino und ins Veltlin. Eine der befragten Gesprächspartnerinnen marschierte in der Nachkriegszeit noch zu Fuss von Livigno aus ins Münstertal.[23] Einen solchen Weg legte man nicht täglich zurück, und man war entsprechend eher bereit, sich für längere Zeit im Tal niederzulassen.

Die partielle Offenhaltung des Flüelapasses im Winter und der Bau des Vereinatunnels in den 1990er Jahren machten das Münstertal leichter zugänglich für Menschen aus aller Welt. Die neu aufkommenden Arbeitsplätze im Dienstleistungssektor wurden immer mehr von Spanierinnen, Portugiesinnen, Frauen aus Ex-Jugoslawien und weiter entfernten Ländern besetzt.

Gleichzeitig lockte das Münstertal mit dem Ruf eines «unberührten, verträumten Naturparadieses» Naturfreunde aus den Städten im Schweizer Unterland, aus Deutschland, Frankreich und Holland an, Zuziehende, die nicht nur im Gastgewerbe oder in der Landwirtschaft arbeiteten.[24] Die aus städtischen Gebieten eingewanderten Frauen waren vielmehr bemüht, Nischen zu finden, um ihren erlernten Beruf ausüben zu können. Dadurch entstanden Alternativen zu den vom Abbau bedrohten herkömmlichen Arbeitsplätzen für Frauen, und der Arbeitsmarkt im Münstertal gestaltete sich vielfältiger. Heute leitet Inge Blaschke aus Deutschland das Talmuseum «Chasa Jaura» in Valchava. Die Postchauffeurin der Strecke Fuldera–Lü ist Schaffhauserin. Den Secondhandladen in Sta. Maria führt eine junge Südtirolerin. Die Luzernerin Ursula Goll ist Physiotherapeutin in Müstair. Andrea Könz aus Bern hat sich als Astrologin selbstständig gemacht, und die Führungen im Museum des Weltkulturerbes werden grossenteils von Südtirolerinnen geleitet.

Die zugezogenen Frauen sind aber nicht nur in den Nischen des Dienstleistungssektors tätig, sondern besetzen auch jene Ausbildungs- und Arbeitsplätze, die einst für die Münstertalerinnen geschaffen wurden, um ihrer Abwanderung ins Engadin und ins Schweizer Unterland entgegenzuwirken. Die Leitung der 1928 von Fida Lori (1897–1952) und Pfarrer Rudolf Filli (1876–1962) gegründeten Webstube in Sta. Maria hat heute eine Designerin aus Deutschland übernommen. Auch die Lernenden sind längst nicht ausschliesslich protestantische Münstertalerinnen, sondern vielfach Weberinnen aus dem Schweizer Unterland. Ähnliches gilt für das Kloster St. Johann, das während Jahrhunderten eine willkommene Institution war, an die kinderreiche katholische Eltern ihre Töchter schicken konnten und sie versorgt wussten. Heute leben elf Benediktinerinnen im Kloster: zwei Philippininnen, eine Schwester aus Deutschland, zwei Schwestern aus Südtirol (Taufers), zwei Schwestern aus dem Schweizer Unterland (St. Gallen und Luzern), zwei aus dem Bündner Oberland, die Priorin aus Zürich und eine Schwester aus Müstair. Selbst im 1934 gegründeten Kreisspital in Sielva, das sich mit 63 Angestellten zu einem der grössten Arbeitgeber im Tal entwickelt hat, arbeiteten lange Zeit Schwestern von Ingenbohl (Kanton Schwyz) als Pflegepersonal.[25] Auch Ärzte und Krankenschwestern wurden aus dem Schweizer Unterland oder aus Deutschland rekrutiert, weil es an Personal im Tal mangelte, da die im Schweizer Unterland ausgebildeten Münstertaler Männer und Frauen oftmals nicht zurückkehrten. Dass sich der wirtschaftliche Aufschwung, der die Schweiz der Nachkriegszeit prägte, erst mit Verzögerung im Münstertal bemerkbar machte, war wohl mit ein Grund, weshalb die Münstertaler und Münstertalerinnen zu Ausbildungs- und Arbeitszwecken ins Schweizer Unterland zogen, während sich im Tal der Tourismus nach und nach zum führenden Wirtschaftszweig entwickelte. So blieb die Nachfrage nach Arbeitskräften auch mit dem aufkommenden Dienstleistungssektor bestehen.

Zusammenfassend lässt sich sagen, dass die Entwicklung von der Landwirtschaft zum Tourismus als führendem Wirtschaftszweig bei gleichzeitigem Ausbau der Transport- und Kommunikationsmittel in der zweiten Hälfte des 20. Jahrhunderts Fremde anzog, die aus zunehmend weiter entfernten Regionen – aus Spanien, Portugal, Ex-Jugoslawien usw. – ins Münstertal kamen, weil sie hier besser bezahlte Arbeit als in ihrem Herkunftsland fanden. Gleichzeitig brachte der Tourismus Frauen aus dem Schweizer Unterland, aus Deutschland und Frankreich herauf. Ihre Gründe für die Niederlassung im Münstertal waren nicht die finanzielle Not und Zukunftslosigkeit im Herkunftsland. Die wenigsten kamen mittellos; viel eher brachten sie Geld ins Tal. Sie kamen aufgrund individueller Wünsche und freier Entscheidung; die Sehnsucht nach Natur, Bergen und Landleben oder die im Tal gefundene Liebe spielten dabei eine Rolle. Es sind Frauen, die fast alle mit einem erlernten Beruf heraufkamen und mit ihrer Tätigkeit den Münstertaler Arbeitsmarkt vielfältiger gestalteten, wenn es ihnen gelang, eine Praxis, ein Atelier oder ein Geschäft zu eröffnen.

So haben die gesellschaftlichen und wirtschaftlichen Entwicklungen im Münstertal nicht nur Arbeitsplätze geschaffen, die von zuziehenden Frauen aus ganz unterschiedlichen Herkunftsregionen mit unterschiedlichen Motiven und Bedürfnissen besetzt wurden, sondern die Zuziehenden haben umgekehrt auch die wirtschaftlichen und gesellschaftlichen Verhältnisse im Münstertal beeinflusst und zu einer Durchmischung von Eigenem und Fremdem beigetragen. Die zunehmende Mobilität brachte Zuziehende aus stets weiter entfernten Regionen ins Tal; sie schuf aber auch Ausweichmöglichkeiten. Das Kommen und Gehen ist üblich geworden, Beziehungen über Distanzen sind möglich, und Integration ist heute für manche eine Frage der individuellen Präferenz.

Wie es den eingewanderten Frauen im Münstertal ergangen ist, wird Gegenstand des zweiten Teils der Untersuchung sein. Um den Blick für die Fragestellung zu schärfen, ist eine theoretische Annäherung an das Thema Fremdheit und eine Klärung der Begrifflichkeiten nützlich.

Was ist fremd? Wer sind die Fremden? – Eine theoretische Annäherung

Das deutsche Wort «fremd» geht ursprünglich auf eine räumliche Abstandsbezeichnung zurück. Das althochdeutsche «fremidi» kann vom gemeingermanischen Adverb «fram» abgeleitet werden und bedeutet «vorwärts», «weiter» oder «von–weg». Erst sekundär kam dem Fremden die Bedeutung zu, die auf die Art und Weise zurückgeht, wie Menschen mit solchen Distanzen fertig werden. So verstand man unter «fremd» zunächst «entfernt» und erst später auch «unbekannt» und «unvertraut».[26] Neben dieser etymologischen Herleitung gibt es eine Vielzahl von vorwissenschaftlichen und wissenschaftlichen Definitionen des Fremden: das normativ und das kognitiv Fremde, die intra- und interkulturelle

Fremde, die ethnische Andersheit, die Aussenseiter und Ausgegrenzten, das Unbekannte als das Bedrohliche oder exotisch Reizvolle, das Ausländische oder Nichtdazugehörige, das zeitlich oder räumlich Entfernte, das Verdrängte, Rätselhafte oder Unheimliche.

Obwohl es eine ganze Reihe von Wissenschaften als ihre Aufgabe ansehen, Fremdes zu erforschen – darunter die Ethnologie, die Soziologie, die Geschichte, die Philosophie, die Philologie –, hat man es bis anhin versäumt, eine adäquate Definition zu formulieren, geschweige denn einen interdisziplinären theoretischen Ansatz zu entwickeln. Vielmehr bestimmen die einzelnen Wissenschaften ihre Fremdheitsbegriffe in enger Abhängigkeit von ihren Forschungszielen. In der Ethnologie gilt der Mensch aus andern Kulturen als Fremder. In der Rechtswissenschaft wird der Fremde auf der Grundlage der Staatsangehörigkeit definiert. Und die Soziologie versteht unter Fremdheit vor allem den Status des «Randseiters». Die sogenannten Klassiker der Fremdheitsforschung – zu ihnen zählen die Soziologen Georg Simmel, Robert E. Park und Alfred Schütz – sind Anfang des 20. Jahrhunderts zu finden.[27] Neue Konjunktur erlangte das Thema in den 1970er Jahren. Die Fülle der seither veröffentlichten Publikationen ist in einem Überblick kaum festzuhalten. Zu einer Klärung des vieldeutigen Begriffs «fremd» haben sie allerdings nicht beigetragen.

Das Fremde

In der Literatur werden «Differenz» und «Fremdheit» oft als Synonyme verwendet. Die genauere Betrachtung macht eine Unterscheidung aber sinnvoll: Während Differenz auf einer Skala von identisch – ähnlich – anders gemessen werden kann, ist Fremdheit keine objektive Grösse oder Eigenschaft, sondern eine Interpretation von Andersheit.[28] Es gibt in diesem Sinn keine fremden Personen, sondern Personen, die einem fremd sind. Fremdheit beschreibt die Beziehung des Betrachters zum Betrachteten, und sie beruht auf Wechselseitigkeit. Der Zuziehende ist in der Gastkultur genauso fremd, wie es die Einheimischen für den Zuziehenden sind. Doch was erscheint uns als fremd? Mecklenburg schreibt: «Fremd ist uns das *zeitlich* oder *räumlich* Ferne in der Regel gerade in dem Masse, wie es uns *kulturell* fremd ist.»[29] Es stellt sich demnach die Frage: Worin unterscheiden sich Kulturen? Kultur, definiert als die Art und Weise, wie die Menschen leben und was sie aus sich selbst und ihrer Welt machen, kann gemäss Maletzke verschiedenen Strukturmerkmalen zugeteilt werden. Gemeint sind Merkmale wie Religion, Sprache, Verwandtschaft, Werte und Normen usw. Diese Strukturmerkmale unterscheiden sich von Kultur zu Kultur, weil sie auf ihre ganz spezifische Weise kulturell überformt sind.[30] Ausgehend von diesen Überlegungen, ist Fremdheit eine Problematik des Drinnen und Draussen oder des Der-Kultur-zugehörig- oder des Von-der-Kultur-ausgeschlossen-Seins. Eine genauere Betrachtung zeigt allerdings, dass es zwischen diesem Drinnen und Draussen keine feste, ein für alle Mal geltende Trennungslinie gibt. Während Kultur früher als eine homogene, systematisch geordnete, örtlich festgelegte,

Viele Südtirolerinnen und Frauen aus dem Veltlin und dem Trentino machten nach dem Ersten Weltkrieg den Schritt über die Grenze, um im Val Müstair als Mägde ein Auskommen zu finden – einige von ihnen sind für immer geblieben. Im Bild das Zollhaus von Müstair in einer Aufnahme um 1950.

stabile Kategorie verstanden wurde, ist man sich in der Wissenschaft heute einig, dass Kultur als ein sich wandelndes, auf Austausch angelegtes, kohärentes, aber nicht widerspruchsfreies Regel- und Geltungskonstrukt begriffen werden muss. Fremdheit kann nicht mehr ausschliesslich nach kulturellen Determinanten bestimmt werden, die ein für alle Mal festgelegt sind, denn «was gestern noch exotisch war, ist heute bereits heimisch, und das ehedem Eigene gehört längst zum Alltag in der Fremde».[31] Will Fremdheit in ihrer sich verändernden Gestalt erfasst werden, ist es unabdingbar, die subjektive Perspektive des Betrachtenden mit einzubeziehen.

Damit erlangt der Begriff «fremd» eine doppelte Bedeutungsrichtung: das normativ Fremde (aufgrund kultureller Normen nicht Zugehörige) und das kognitiv Fremde (das aus subjektiver Perspektive als unbekannt Empfundene).[32] In diesem Sinn wird der Begriff in der vorliegenden Arbeit verwendet. Dabei geht es nicht um das objektive Erfassen des Fremden, wozu auch die Perspektive der Einheimischen mit einbezogen werden müsste. Die vorliegende Arbeit konzentriert sich vielmehr auf das individuelle Erfahren von Fremdheit durch die Zugezogenen und versucht, die Perspektive der «Anderen» nach ethnologischer Art zu erfassen. Zur Untersuchung der Fremdheitserfahrungen zugezogener Frauen im Münstertal wurde in der Methode genauso wie in der Analyse darauf geachtet, beiden oben erwähnten Bedeutungsrichtungen von «fremd» nachzugehen. Das heisst, es sind Kategorien sowohl des normativ Fremden (Religion, Sprache, Werte/Normen, Arbeitsformen usw.) als auch des kognitiv Fremden (Heimatgefühl, Träume usw.) in die Arbeit mit einbezogen worden. Sie erscheinen als Themen im unten folgenden Kapitel.

Während man in der neueren wissenschaftlichen Literatur wie erwähnt darum bemüht ist, die Beziehung zwischen fremd und eigen in ihre einzelnen Facetten aufzuspalten und zu analysieren, waren die Klassiker der Fremdheitsforschung vor allem damit beschäftigt, zunächst den Fremden zu erfassen. Eine der bekanntesten Definitionen des Fremden stammt von Georg Simmel: «Es ist hier also der Fremde nicht in dem bisher vielfach berührten Sinn gemeint, als der Wandernde, der heute kommt und morgen geht, sondern als der, der heute kommt und morgen bleibt – sozusagen der potentiell Wandernde, der obgleich er nicht weitergezogen ist, die Gelöstheit des Kommens und Gehens nicht ganz überwunden hat.»[33] Simmel unterscheidet den Fremden, der aus seiner Herkunft fortzieht und sich an einem andern Ort niederlässt, vom Händler und Touristen, dessen Anwesenheit vorübergehend ist – offensichtlich sind Letztere nicht das Problem, das wir mit den Fremden haben.

Wie gezeigt, kamen nicht nur Männer, sondern auch Frauen ins Münstertal. Während die zugezogenen Männer meist früher oder später in ihre Herkunftsregion zurückkehrten, haben viele Frauen im Tal geheiratet und sind ihr Leben lang geblieben. Folglich sind es im Münstertal die zugezogenen Frauen, die dem von Simmel beschriebenen Prototyp des Fremden entsprechen, der uns nahekommt und unserer vertrauten Welt doch nicht angehört. Die gut ausgebauten Verbindungen ins Südtirol haben aber die Mobilität verändert und das Pendeln über die Grenze gefördert, sodass sich viele junge Südtirolerinnen im Unterschied zu den früher Zugezogenen nur noch zu Arbeitszwecken tagsüber im Tal aufhalten. An ihrer Stelle sind Frauen aus weiter entfernten Regionen gekommen und haben sich vor Ort niedergelassen. Ganz nach Simmels Definition der Fremden konzentriert sich die vorliegende Arbeit in erster Linie auf jene Zugezogenen, die sich im Münstertal niedergelassen haben, und berücksichtigt jene Frauen nicht, die nur vorübergehend zum Zweck der Arbeit oder während der Ferien anwesend sind.

Die Erzählenden

In der Ausländerforschung und in politischen Debatten wird nicht über die Probleme von Fremden mit unserer Kultur diskutiert, sondern über diejenigen, die wir mit den Fremden haben. Wer sich wem anpasst oder anzupassen hat, ist keine Frage. Selten kommen die Fremden selbst zu Wort. In der vorliegenden Arbeit wird der Blickwinkel verändert. Von den persönlichen Erlebnissen der Frauen soll erzählt, aus ihrer Perspektive berichtet werden. Dabei geht es nicht um das objektive Erfassen von Fremdheit, wozu auch die Aussagen der einheimischen Bevölkerung hätten erfragt werden müssen, sondern um das Kennen- und Verstehenlernen subjektiver Erfahrungen von Fremden. Es sind Erlebnisse, die in der Wissenschaft bis anhin kaum untersucht worden sind. Die vorliegende

Arbeit betrachtet die Frauen als Akteurinnen und stellt ihre Zuwanderung ins Münstertal und ihre subjektiven Fremdheitserfahrungen ins Zentrum. Wie ist es den zugezogenen Frauen im Münstertal ergangen? Welche Hoffnungen und Ängste brachten sie mit? Welche Schwierigkeiten und Freuden erlebten sie? Was war ihnen fremd, und was wurde vertraut? Ihre Mühen und Freuden, ihre Gedanken und Erlebnisse waren in keinen schriftlichen Quellen zu finden. Für Tagebücher habe man neben der Arbeit im Haus, auf dem Hof oder im Gastgewerbe keine Zeit gefunden, und sonst sei man von niemandem nach Fremdheitserfahrungen gefragt worden – so die Aussagen vieler Informantinnen. Entsprechend war das mündliche Erfragen der Lebensgeschichten eine hilfreiche Methode, um die Erfahrungen und Ansichten fremder Frauen im Münstertal zu erfassen. Ihre biografischen Erzählungen, die während eines Feldaufenthalts im Münstertal erfragt wurden, liegen der vorliegenden Arbeit als Quellenmaterial zugrunde. Im Frühjahr 2005 wurden mit zwölf Frauen in Tschierv, Lü, Fuldera, Valchava, Sta. Maria und Müstair Gespräche geführt. Die Herkunftsregionen sind Argentinien, Deutschland, Italien (Südtirol und Livigno), Kosovo, Spanien und das Schweizer Unterland (Kantone Bern, Luzern, Thurgau, Zürich). Die Berücksichtigung der verschiedenen Herkunfts- und Ankunftsorte der Zugezogenen sollte ein möglichst vielfältiges Bild von Fremdheitserfahrungen hervorbringen. Um eine historische Tiefe zu erhalten, wurden vorwiegend ältere Frauen befragt, die aus der Erinnerung vom Wandel der Zeit zu erzählen wissen. Die Kontakte konnten vor Ort über die Beziehung der einheimischen Bevölkerung zu Fremden oder über den Verweis eingewanderter Frauen auf andere Zugezogene aus ihrem Bekanntenkreis geknüpft werden. Die zwölf geführten Gespräche erheben keinen Anspruch auf statistische Relevanz. Das Exemplarische steht im Vordergrund.

Die mit den Informantinnen geführten halbstrukturierten Interviews orientierten sich an einem Frageleitfaden, dessen Themenschwerpunkte die «Herkunft», die «Migration» und «in der Fremde» umfassten. Gezielt wurden Fragen nach kulturellen Differenzen (Religion, Sprache, Werte und Normen) und subjektivem Empfinden gestellt, um die doppelte Bedeutung des Begriffs «fremd» zu erfassen. Damit gelang es, nicht nur das faktisch als verschieden Beurteilte zu thematisieren, sondern auch das als fremd Empfundene aus der subjektiven Perspektive der Frauen zu erfassen.

Die gesammelten Tonbandaufnahmen wurden transkribiert, kodiert und thematisch geordnet. Ein reichhaltiges Material an Erlebnissen und Ansichten kam zusammen. Die unterschiedlichen Aussagen zu ähnlichen Themen machten es reizvoll, sie einander gegenüberzustellen. Um den Lesenden die Personen näherzubringen, sind die Interviews thematisch gebündelt, aber in ihrer Ausformung belassen worden. Die in Dialekt geführten Interviews wurden in die Standardsprache übersetzt. Wo es mir treffend schien, habe ich die Frauen in ihrer eigenen Sprache und mit den eigenen Worten sprechen lassen. Zwei Frauen wünschten anonym zu bleiben. Ihre Namen wurden geändert, ihre Kurzbiografien sind im nachfolgenden Kapitel nicht aufgezeichnet. Den Gesprächspartnerinnen danke ich für das Vertrauen. Jenen, die mich wunderbar aufgenommen, beherbergt und mir geholfen haben, danke ich von Herzen.

Die Biografien

Die zwölf befragten fremden Frauen sind mit einer Ausnahme alle in der Zeit nach dem Zweiten Weltkrieg ins Münstertal immigriert. Zum Zeitpunkt ihrer Einwanderung waren die meisten Zugezogenen jung, zwischen 20 und 30 Jahre alt. Bis auf vier Frauen heirateten alle Erzählenden einen Münstertaler. Die Mehrheit arbeitete – und arbeitet zum Teil heute noch – in der Landwirtschaft und in der Gastronomie. Die wenigsten haben den Wunsch, in ihre Heimat zurückzukehren.

Elvira Bass-Canto, geboren 1957, aufgewachsen in Villagarcia de Arosa (Galizien).

1979 vermittelte ihr die Schwester eine Stelle als Putzfrau im Hotel Diavolezza in Pontresina, wo sie Fredy kennenlernte. 1983 übernahmen die beiden von den Schwiegereltern das Restaurant La Vopa in Tschierv, das sie später verkauften. Heute führt Elvira die Pizzeria in Valchava.

Ljubica Čvorović-Rankić, geboren 1957 in Ĉenta (Kosovo); aufgewachsen in Belgrad.

Mit 19 kam sie nach Interlaken und arbeitete drei Jahre lang im Hotel Alpenruh. Über eine Freundin erhielt sie 1980 eine Stelle im Hotel Schweizerhof in Sta. Maria. 1985 heiratete sie Cican, der 1996 in die Schweiz nachgekommen war. Für die Zukunft planen sie, nach Bosnien zurückzukehren.

Veronika Fallet-Gander, geboren 1932; aufgewachsen in einer Bauernfamilie in Prad (Südtirol).

1953 kam sie ins Münstertal und arbeitete zunächst im Hotel Helvetia, später im Hotel Stelvio, dann auf Süsom Givé und im Hotel Chavalatsch. 1962 heiratete sie Benedict. Gemeinsam übernahmen sie die Landwirtschaft der Schwiegereltern in Müstair. Heute sind beide pensioniert und helfen da und dort dem Sohn auf dem Hof.

Elisabeth Florin-Hermatschweiler, geboren 1943, aufgewachsen in Zürich.

Sie arbeitete als kaufmännische Angestellte beim Filmverleih in Genf und später beim Buchverlag Ex Libris in Zürich. 1968 kam sie zur Hochzeit ihrer Freundin nach Tschierv und lernte Gian Duri kennen. 1970 heirateten sie und übernahmen den schwiegerelterlichen Hof in Tschierv. Nach 19 Jahren trennte sich Elisabeth von ihrem Mann; heute lebt sie allein in Tschierv und arbeitet als Arztgehilfin im Spital in Sta. Maria.

Ursula Goll-Gassmann, geboren 1958 in Kriens (Luzern).

Sie besuchte die Physiotherapieschule am Universitätsspital in Zürich. Als ihr Mann eine Stelle als Archäologe im Kloster St. Johann erhielt, zogen sie 1987 nach Müstair. Hier arbeitet sie als selbstständige Physiotherapeutin. Zeitweise leben sie wieder in Kriens.

Alice Hellrigl-Müller, geboren 1937, aufgewachsen in Wängi (Thurgau).

Sie arbeitete als Sekretärin bei der Firma Sutter in Münchwilen, wo sie Christian aus Sta. Maria kennenlernte. 1964 übernahmen sie von den Schwiegereltern das Hotel Alpina in Sta. Maria. Alice war Vizepräsidentin im Frauenverein in Sta. Maria und Mitglied der Kindergartenkommission; sie wurde 1994 als erste Frau in den Gemeinderat von Sta. Maria gewählt.

Andrea Könz-Meier, geboren 1959 in München; aufgewachsen in Burgdorf (Bern).

Sie kam nach dem Pharmaziestudium in Bern und Lausanne ins Engadin. Nach dem Tod ihres Mannes lernte sie Giancarlo kennen und zog mit den Kindern im Jahr 2000 zu ihm nach Müstair, wo sie heute selbstständig als Astrologin arbeitet.

*Gertrud Lechthaler-Wegmann, geboren 1929,
aufgewachsen als Arzttochter in Schluderns
(Südtirol).*

Während des Kriegs besuchte sie die deutsche Mädchenschule in Karlsruhe, arbeitete später in Mals bei der Feldpost und in Sterzing beim Telefondienst. Nach einem Hotelpraktikum in Trafoi (Vinschgau) kam sie als Haushälterin nach Appenzell. 1950 heiratete sie Franz und zog auf den schwiegerelterlichen Hof nach Müstair.

*Reingard Neunhoeffer, geboren 1940,
aufgewachsen in Miesbach (Bayern).*

Nach der Lehre als Handweberin in Tegernsee verbrachte sie einige Wander- und Lehrjahre im Tessin und in Worpswede (Norddeutschland). Die Tessiner Lehrmeisterin wies sie auf die Webstube in Sta. Maria hin, wo sie 1968 die Stelle als Leiterin übernahm und die «Tessanda» bis 2003 führte.

*Cristina Schorta-Bormolini, geboren 1933,
aufgewachsen in einer Bauernfamilie in Livigno
(Italien).*

1950 besuchte sie ihre Schwester in Lü. Dort wurde ihr eine Stelle als Haushälterin in Fuldera angeboten, wo sie drei Jahre lang tätig war. 1955 heiratete sie Adrian und zog zu ihm nach Lü. Sie hat elf Kinder geboren; zwei sind gestorben. Heute führt der Sohn den Hof.

Anna (1907) und Carla (1929) bleiben anonym.

Die Geschichten über Fremdheitserfahrungen

Zwölf Frauen erzählen, wie sie Fremdheit im Münstertal erfahren haben: über die ersten Eindrücke, die sozialen Beziehungen, die Religion, die Arbeit, die Sprache, die Familie, über Sitten, Normen und Rollenverständnis, über Heimat, über ihre Träume und Hoffnungen. Die durch das Gespräch ausgelösten Erinnerungen widerspiegeln subjektive Wahrnehmungen, gefiltert und geprägt von den Biografien der Erzählenden. Umso wichtiger erschien es mir, die Aussagen in ihrem lebensgeschichtlichen Kontext zu belassen, um sie für die Lesenden verständlich zu machen. Entstanden ist eine Zusammensetzung biografischer Ausschnitte zu verschiedenen Themen rund um die erfahrene Fremdheit. Die Themen ergaben sich zum einen aus der Frage nach kulturellen Differenzen und subjektivem Fremdempfinden und zum andern aus der Analyse der Gespräche. Neun Themen vermögen keinen Überblick über das Fremdempfinden zu geben, aber einen Einblick in dessen vielfältige Aspekte.

Erste Eindrücke – vier Häuser und ein Nahrungsmittelgeschäft, wie kann man hier leben?

Mit ersten Eindrücken sind jene Augenblicke der ersten Begegnung gemeint, die geprägt sind vom Zusammentreffen des unvertrauten Fremden mit dem mitgebrachten Eigenen: das naturnahe Leben auf dem Land verglichen mit der hektischen Stadt (Elisabeth), das kalte Klima in der Schweiz und die von Spanien so verschiedenen kulturellen Bräuche (Elvira) oder das Prozedere bei der Einreise in die vermeintlich reiche Schweiz (Vroni). Diese ersten Eindrücke widerspiegeln die verschiedenen Herkunftsregionen der Befragten, weil das als fremd Erlebte dem Vertrauten gegenübergestellt wird. So war die Herkunft ein wichtiges Kriterium für die Auswahl der nachfolgenden Aussagen.

Elisabeth
Es war Anfang März 1968, als Elisabeth mitten in der stockfinsteren, eiskalten Nacht endlich in Tschierv eintraf. In Gummistiefeln reiste sie an, weil es in Zürich geregnet hatte, aber sie kam ohne Wollsocken. Sie fror zum Gotterbarmen. Auch im Elternhaus ihrer Freundin, zu deren Hochzeit sie eingeladen war, wurde ihr nicht warm. Eisblumen fand sie am Zimmerfenster. Die Leintücher waren feucht vor Kälte. «Kein besonders ansprechendes Erlebnis», gesteht sie. Doch was sie weit mehr beeindruckte: «Ich hatte das Gefühl, in einer verkehrten Welt zu sein, die Menschen schauten alle so alt aus.» «Das ist die Schwester, das ist der Bruder», stellte man ihr einen um den andern vor. Elisabeth konnte es nicht glauben. Allesamt hätte sie mindestens eine Generation älter geschätzt. «Erstaunlicherweise haben die Leute aber auch später noch immer gleich ausgesehen.»
Zwischen Elisabeth und dem Bruder ihrer Freundin hatte es damals nicht wirklich gefunkt, «dafür war es wohl zu kalt». Aber sie würde wiederkommen, beschloss Elisabeth, im warmen, sonnigen Sommer. «Ich habe bald gemerkt, dass es hier schöner ist als im Unterland.»

Elvira
Von der galizischen Küste reiste Elvira 1979 direkt in die Bündner Berge nach Pontresina. Mitten im Winter. «Un frio que te mueres» (Eine Kälte zum Sterben). Die Schwester hatte ihr eine Arbeit im Hotel Diavolezza vermittelt, wo Elvira den Kellner Fredy kennenlernte. «A mi no me gustaba, para nada» (Mir gefiel er nicht, überhaupt nicht). Aber Fredy liess nicht locker. Eines Tages nahm er sie mit und zeigte ihr seine Heimat: Tschierv. «Vier Häuser und ein Nahrungsmittelgeschäft!», staunte Elvira und fragte sich ernsthaft, wie man hier leben konnte.[34] Nicht lange. 1983 übernahmen sie gemeinsam das Restaurant der Schwiegereltern in

Tschierv. «Me enamoré y quería estar donde estuvo el» (Ich habe mich verliebt und wollte sein, wo er war).

Es sei hart gewesen in Tschierv, wo alle Hirschfleisch assen. Ein Jahr lang ernährte sich Elvira ausschliesslich von «bocadillos» (belegte Brote): Bocadillos mit Huhn, Bocadillos mit Thon, Bocadillos mit Sardinen … «era horrible» (es war furchtbar). Furchtbar war auch, wie sich die Frauen kleideten. Weder hübsch noch feminin. Schlecht frisierte Haare. Wollsocken an den Füssen. «Era un otra vida, totalmente differente» (Das war ein anderes Leben, völlig verschieden). Heute lacht sie darüber. Aber damals war sie manchmal froh, wenn die Jugendlichen vom Tal ins Restaurant kamen und sie mit guter Stimmung aufheiterten.

Aus dem Besuch in Tschierv ist ein halbes Leben geworden. 24 Jahre. Jetzt zieht es Elvira zurück nach Spanien. Ihr fehlt das Meer, die Wärme, «diez meses de invierno y dos de frio, no te queda ninguno de calor» (zehn Monate Winter und zwei Monate Kälte, da bleibt kein Monat für den Sommer).

Vroni

Mit der Post, die zweimal am Tag verkehrte, fuhr Vroni 1953 von Prad (Südtirol) bis zur Grenze. Hier musste sie ihren Koffer, die Wäsche und alles, was sie dabeihatte, abgeben. «Nichts konnte man behalten, nicht einmal was man am Leib trug.» Alles wurde gedämpft und desinfiziert. Dann bekam sie die feuchten Kleider wieder, und man hiess sie ins Spital nach Sielva gehen. Zu Fuss die ganzen fünf Kilometer, wie Vroni betont. Hier wurden alle von draussen aus dem Südtirol durchleuchtet, bevor sie – wieder den ganzen Weg zu Fuss – zur Grenze zurückkehren konnten, um ihr Hab und Gut zu holen. Das war die Zeit der Maul- und Klauenseuche in Italien, sagt Vroni, da ist keiner ohne Schikane in die reiche Schweiz gekommen.[35] Heute gehe das ganz anders zu und her, «heute gibt es kein Prozedere mehr an der Grenze».

Das Fremde wirkt schrecklich und faszinierend zugleich. Die obigen Beispiele veranschaulichen, wie in der Fremde die eigene Weltvorstellung durcheinandergebracht wird, weil Gewohntes wegfällt, bisher Selbstverständliches hinterfragt wird. Unbekanntes verunsichert und birgt doch das Anziehende des Abenteuers in sich, das bei manchen Befragten dazu beitrug wiederzukommen. So haben die wenigsten Frauen jene ersten Eindrücke in der Fremde vergessen. Viele erinnern sich mit gemischten Gefühlen, berichten mit einem Lächeln von schwierigen Zeiten.

Soziale Beziehungen – man wird schnell aufgenommen, aber integriert …

Fremdheit ist keine Eigenschaft, sondern die subjektive Interpretation einer Beziehung, die einem raschen Bedeutungswandel unterliegen kann. Durch den Kontakt zu Einheimischen werden die Fremden zu Bekannten, vielleicht zu Freunden. Es ergeben sich Beziehungen, die über Ein- und Ausgrenzung in der Gesellschaft entscheiden. Aus den Aussagen der erzählenden Frauen wurde ersichtlich, dass die Integration kein einseitiger Prozess ist, sondern von der Beziehung zwischen Einheimischen und Zugezogenen abhängt, einer Beziehung, die vom gesellschaftlichen Verhältnis zwischen Herkunfts- und Ankunftsort mitgeprägt wird. Es ist nicht dasselbe, ob man aus dem verarmten Südtirol stammt oder aus der modernen Stadt kommt. Dies gilt sowohl für die Bereitschaft der Zuziehenden zur Anpassung als auch für ihr Ansehen bei den Einheimischen. Ob anpassen oder nicht, stand für die ältere Generation erzählender Südtirolerinnen nicht zur Debatte. «Man musste arbeiten, da dachte man an nichts anderes», so äussert sich eine der Befragten. Die ähnlichen landwirtschaftlichen und gesellschaftlichen Verhältnisse im Südtirol haben den Zuziehenden aus dieser Region das Anpassen erleichtert. Dennoch waren die Südtirolerinnen, die aus veramten Verhältnissen kamen, bei der Münstertaler Bevölkerung weniger angesehen als die Zuziehenden aus den modernen städtischen Gebieten, auch wenn diese oft zögerten, die dörflichen Sitten und Gebräuche ohne Wenn und Aber anzunehmen.

Ob Anpassen oder Ausscheren, die folgenden Aussagen illustrieren, dass sich die Zugezogenen die Frage doch immer wieder stellten: Bin ich integriert, oder bin ich es nicht? Eine Antwort wagten die wenigsten. Was heisst schon integriert sein? Vielmehr versuchten die Befragten anhand alltäglicher Erlebnisse die Beziehung zu den Einheimischen einzuschätzen und die Kontakte zu jenen zu festigen, die ihnen freundlich gesinnt waren.

Gertrud

Als Gertrud 1950 Franz heiratete und in sein Elternhaus nach Müstair kam, stellte sie fest, dass man ihr nicht gerade mit offenen Armen begegnete. «Wie ein Fremdkörper ist man behandelt worden.» Nein, sagt sie, die Südtiroler seien nicht gut angesehen gewesen. Manchmal dachte sie: «Hätte ich einen Protestanten vom inneren Tal geheiratet, wäre ich wohl besser aufgehoben gewesen.» Taleinwärts fand sie Rat und Unterstützung bei den Bauern, taleinwärts liess man sie ihr Vieh auf der Alp sömmern. Das Geld für die Sömmerung hätten die Müstairer Bauern schon gern gehabt, und auch um ihre Kuhglocken habe sie so manch einer beneidet. Als Gertrud und Franz den Hof aber aufgaben, entschieden sie: Wo man die Glocken vorher läuten gehört hat, sollen sie weiterhin läuten, und sie gaben sie einem Bauern nach Tschierv.

Sie habe sich gewiss bemüht, friedlich mit den Einheimischen zu leben, sagt Gertrud, und verdriessen lassen wollte sie sich nicht, aber es habe ihr in Müstair doch oft an Herzlichkeit gefehlt.

Cristina

Cristina will sich nicht beklagen. Sie sei von den Münstertalern gut aufgenommen worden, «dal principio» (von Anfang an). Im Winter kamen die Jungen des Dorfes am Abend oft an die Haustüre und riefen Cristina zum Schlitteln. Man hielt zusammen, sagt sie, es fuhr nicht jeder mit dem Auto irgendwohin. «Mi hanno proprio preso per una di loro» (Sie haben mich wirklich wie eine von ihnen aufgenommen).

Ein einziges Mal fühlte sich Cristina fremd, und sie hat, trotz der seither vergangenen Zeit, dieses eine Mal bis heute nicht vergessen: Zehn Jahre waren seit der Heirat mit Adrian vergangen, als sie gemeinsam beschlossen, sich im Dorf eine Unterkunft zu suchen, um ihr Haus in Lü von Grund auf zu renovieren. Sie begaben sich von Haus zu Haus. Sie klopften an jede Türe. Es nahm sie niemand auf. Schliesslich kamen sie bei Adrians Tante in ihrer kleinen Zwei-Zimmer-Wohnung unter, die sie mit der Familie des Sohns teilte. Drei Wintermonate hausten Cristina und Adrian im einzigen übrig bleibenden Raum, in der Waschküche. Mit Vorhängen teilten sie den Raum in Küche und Zimmer ein und versuchten es sich gemütlich zu machen, so gut es ging. Als Cristina ihre Tochter in der Waschküche zur Welt brachte, kam der Pfarrer vorbei. Noch heute lacht sie beim Gedanken daran, dass ihm die Hebamme den Zutritt untersagte: Nur zum Schauen brauche niemand einzutreten. «Aveva ragione» (Sie hatte recht), findet Cristina und fügt hinzu: «E l'unica cosa che posso dire che mi sono sentita straniera ma è una cosa che ancora oggi, se penso, mi fa male» (Das ist das einzige Mal, dass ich mich fremd gefühlt habe, aber es ist etwas, das mir noch heute weh tut, wenn ich daran denke).

Ursula

Ursula war überrascht, dass einen die Leute im Tal schon im Voraus kannten. Als sie und Jürg von Luzern nach Müstair zogen, wussten schon alle, dass Ursula Physiotherapeutin war und ihr Kind zu früh bekommen hatte. «Eigenartig. Aber irgendwie auch noch schön. Man wird schnell aufgenommen», sagt sie, «aber integriert … Man bleibt immer eine Unterländerin.» In den Gemeinderat oder als Schulratspräsident bzw. -präsidentin würde niemand aus dem Unterland gewählt. Ursula vermutet, dass es eine gewisse Angst ist, von den Unterländern beeinflusst zu werden. Sie hat nicht darunter gelitten. Im Gegenteil. «Ich geniesse Freiheiten, die eingeheiratete Frauen nicht haben, weil sie auf die Familie im Dorf Rücksicht nehmen müssen.» Auch beruflich seien sie von den Einheimischen nicht abhängig. Jürg ist Grabungsleiter im Kloster, und was Ursula betrifft, bleibt den Münstertalern nichts anderes übrig, als zu ihr zu kommen, weil sie die einzige Physiotherapeutin im Tal ist. Wenigstens füge sie den Menschen keinen Schmerz zu, sondern versuche ihn zu lindern, das trage zu einer guten Stimmung bei. Und schliesslich findet sie: «Wenn man nicht ganz dazugehört, dann akzeptieren sie es auch eher, wenn man manchmal anders reagiert, als sie es erwarten.»

Religion – erstaunlich, wie viel Macht die Kirche hier noch hat

Mit einer Ausnahme sind alle befragten Frauen katholischen oder protestantischen Glaubens, ähnlich wie die Einheimischen im Münstertal. Müstair ist das einzige katholische Dorf im Tal. Man könnte meinen, dass

Religion angesichts der konfessionellen Verwandtschaft von Zugezogenen und Einheimischen keinen Anlass zur Diskussion über Fremdheit gibt. Umso erstaunlicher ist es, wie viele Frauen das Thema dennoch zur Sprache brachten. Der jahrhundertealte Konfessionskonflikt im Münstertal hat seine Spuren hinterlassen und dazu beigetragen, dass Religion noch lange Zeit nicht Privatsache jedes Einzelnen war, was auch die Eingewanderten zu spüren bekamen.

Andrea

«Religion – da zeigt sich die Ironie des Schicksals!» Andrea wuchs im reformierten Kanton Bern katholisch auf. Zusammen mit dem Kind eines italienischen Gastarbeiters war sie in der Schule die einzige Katholikin. Eine Minderheit, eine Ausnahme. Als Andrea ins reformierte Guarda zog, ihren Mann heiratete und eine Familie gründete, zögerte sie nicht lange und liess ihre Kinder reformiert taufen – wie alle andern. «Doch wo verschlägt es mich später hin? Ins katholische Müstair.»

Rückblickend ist Andrea aber froh, dass ihre Kinder reformiert sind, auch wenn sie eine Minderheit bilden. Der katholische Alltag in Müstair ist ihr schlicht zu konservativ. «Ich staune, wie viel Macht die Kirche hier noch hat.» Eine Macht durch Tradition, meint Andrea und ist überzeugt, dass es der religiösen Erziehung zuzuschreiben ist, wenn es in Müstair mehr Ja-und-Amen-Sager gibt als anderswo. Und dennoch findet sie: «Die Spannung zwischen Tradition und neuen Ideen und Formen gefällt mir. Jeder ist gezwungen, sich immer wieder infrage zu stellen.»

Cristina

Niemand war gegen ihre Heirat, weder Cristinas Eltern noch Adrians Familie. Nur die Kirche hatte ein Problem. «Avevo sposato un protestante, e quella volta era più che un peccato» (Ich hatte einen Protestanten geheiratet [standesamtlich, MO], und damals war das mehr als eine Sünde). 17 Jahre lang durfte Cristina die katholische Kirche nicht betreten. Wäre den Eltern etwas zugestossen, hätte man sie nicht zu deren Beerdigung zugelassen. Gott sei Dank ist es nicht so weit gekommen, sagt sie, «Dio mi ha aiutato, avevo fortuna» (Gott hat mir geholfen, ich hatte Glück).

Und doch fehlte ihr manchmal das Katholische im reformierten Lü. Mit Wehmut dachte Cristina während der Begräbnisse ihrer beiden verstorbenen Kinder daran, wie man in Livigno Beerdigungen zelebrierte. Das waren keine einfachen, vor dem Haus abgehaltenen Anlässe, sondern feierliche Zeremonien mit vielen Blumen. Statt schwarzer Kleider trug das Kind weisse Seide – «come un angelo» (wie ein Engel). «Quella volta ho sentito che sono estera e che mi manca il mio paese» (Damals habe ich gespürt, dass ich Fremde bin und dass mir mein Dorf fehlt). Und dann war da noch, dass sie mit einem Mann zusammenlebte, ohne kirchlich verheiratet zu sein. Oft musste Cristina daran denken. Manchmal plagte sie das Gewissen. Aber nach 17 Jahren die Heirat nachzuholen, als das Konzil ökumenische Hochzeiten endlich erlaubte, dazu konnte sie sich dennoch nicht überwinden. «Il signore è sempre stato ancora lo stesso, il signore non ha cambiato» (Der Herrgott ist immer derselbe geblieben, der Herrgott hat nicht gewechselt).

Gertrud

«Die Bigotterie brachte mich manchmal fast zur Verzweiflung.» Eine ganze Messe lang stand Gertrud hinten in der Kirche, während die Einheimischen fromm knieten und eifrig beteten. Niemand wäre nachgerückt, um ihr auf der Bank Platz zu machen. Auch an der Fronleichnamsprozession marschierten die Frauen zu dritt nebeneinander, während Gertrud allein hinter ihnen herging. Damals kam ihr die Frömmigkeit abhanden, und sie beschloss: «Nein, mit euch will ich nicht in den Himmel kommen.» Seither boykottiert sie die Kirche. Mit dem Müstairer Pfarrer hat sie sich ausgesprochen: «Mit dem Herrgott habe ich kein Problem, aber mit dem Bodenpersonal.»

Dazugehören oder ausgeschlossen sein? Die obigen Aussagen veranschaulichen, dass sich die Frage der Integration auch im religiösen Bereich stellt. Doch während die Einbindung in die Gesellschaft von den realen Beziehungen zwischen Menschen abhängig ist, erlaubt die Religion auch eine nach eigenem Gutdünken bestimmte, je nach Herkunft gelebte Beziehung zu Gott. Eine Beziehung, die von den zuziehenden Frauen vor allem dann verteidigt wurde, wenn sich die Integration in die jeweilige konfessionelle Gemeinschaft im Münstertal schwierig gestaltete.

Arbeit – zum Arbeiten sind die von draussen besser als die von unten, und sie sind tüchtiger als die Hiesigen

Die Arbeit sichert den Menschen nicht nur den materiellen Lebensunterhalt, sondern verschafft dem Einzelnen auch einen sozialen Status, eine persönliche Identität und Beziehungen zu andern Menschen. Für fast alle Erzählenden war die Arbeit das wichtigste Instrument zur Integration in die Münstertaler Gesellschaft. Durch die Arbeit als Magd, Serviceangestellte, Physiotherapeutin oder Astrologin erlangten die Zugezogenen eine andere Rolle als die der Fremden; durch die Arbeit wurden sie zu nützlichen Mitgliedern für die Gesellschaft. Die nachfolgenden Erzählungen zeigen, dass es den älteren Frauen aus dem Südtirol und dem Trentino leichter fiel, sich als Magd im Münstertal anzupassen, weil die landwirtschaftlichen Verhältnisse im Herkunfts- und Ankunftsort zu jener Zeit ähnlich waren. Im Münstertal wurden noch bis weit ins 20. Jahrhundert hinein vor allem Mägde für Haus und Hof oder im Gastgewerbe gebraucht, während sich Arbeitsplätze im Dienstleistungssektor erst mit dem aufkommenden Tourismus ab den 1970er Jahren entwickelten. Schwieriger hatten es die Zuziehenden aus städtischen Gebieten, die ausnahmslos mit einer Ausbildung und einem erlernten Beruf ins Tal kamen. Sie waren gezwungen, Nischen zu suchen, um ihren Beruf ausüben zu können.

Anna

«Zum Arbeiten sind die von draussen [Südtirolerinnen] besser als die von unten [Unterländerinnen], und sie sind tüchtiger als die Hiesigen.» Wer könnte das besser wissen als Anna?

Anna kam gerade von der Arbeit, als der Fremde vor der Türe stand. Eine Haushälterin suche er und eine, die ihm auf dem Feld helfen könne. Die Eltern meinten: «Geh du, Anna, wir haben noch mehr Kinder, du bist die Älteste, kannst etwas lernen, und es tut nur gut, ein bisschen in der Fremde zu sein.» 1929 kam Anna ins Münstertal. Nach drei Jahren lernte sie Valentin kennen. «Der würde mir fast besser gefallen als der andere im Südtirol», gestand sie sich ein, «er ist schön gewachsen, und er besitzt etwas.» Sie blieb bei ihm. Aber der gemeinsame Weg mit Valentin war steinig und hart. Ihr Leben lang hat Anna hart gearbeitet. Weil Valentin krank war, musste sie im Haus und auf dem Feld alles selber machen. Bis sie die Schweine gefüttert hatte, die Kühe, die kleinen Kälber und die Hühner, bis sie am Brunnen gewaschen hatte, geflickt und gekocht … mein Gott, sie habe viel zu tun gehabt! «Heute sind es Frauen, früher waren wir arme Dirnen [mundartlich für Mägde, MO].» Anna hätte nicht gedacht, dass sie noch so alt würde, und wenn sie zurückdenkt, «dann war es nicht nur schön». Sie hätte draussen im Südtirol genug bekommen – nicht nur einen. Aber den Valentin, den hatte sie halt gern.

Reingard

1968 übernahm Reingard die Webstube in Sta. Maria. Nach einigen Lehr- und Wanderjahren in Bayern und im Tessin machte ihr die Reise ins abgelegene Bergtal keine Mühe. Sorgen bereitete ihr aber die Arbeits-stelle: Lehrmeisterin in der Weberei! Sie hatte keine Führungserfahrung. War sie der Aufgabe gewachsen? «Mein Vorteil war: Ich beherrschte die Kunst des Webens mit seinen verschiedenen Techniken, und das habe ich meinen Schülerinnen beigebracht.»

36 Jahre lang lehrte Reingard ihre Schülerinnen und leitete die Webe-rei, «ich war mit der Webstube sozusagen verheiratet». «Streng war es und nicht immer einfach», sagt sie rückblickend. Da die Weberei mit der Idee gegründet worden war, die Frauen im Tal zu behalten, war Reingard verpflichtet, jede aufzunehmen. Nur wenn genug Platz frei war, konnten auch Frauen vom Unterland heraufkommen, die mit neuen Farben frischen Wind in die Webstube brachten. «Die Münstertalerinnen kannten halt nichts anderes als Braun, Rot, Beige, weil sie immer dieselbe Tracht trugen.» Reingard weigerte sich von Anfang an, die Arbeitstracht der Weberinnen zu tragen. Nur dass sie vor Urzeiten eingeführt worden sei, um die sozialen Unterschiede zwischen den Frauen zu verdecken, war für sie noch lange kein Grund, ein Leben lang damit herumzulaufen. «Zu uni-form», sagt sie, «da kann man doch nicht aus sich heraus.» Reingard wurde von ihren Schülerinnen auch ohne Münstertaler Arbeitstracht akzeptiert. Eine wichtige Bestätigung, die sie brauchte, «dann wächst man leichter in die Gesellschaft hinein, und wenn man einmal da ist, schauen die Leute schon zu einem».

Sprache – sobald man rumantsch geredet hat, war man wie zu Hause

Die Sprache ist ein wesentlicher Teil der Kultur einer Gesellschaft. In ihr werden die Strukturen der Gesellschaft symbolisch gefasst, reproduziert und vermittelt.[36] Sie reduziert die Komplexität der Wirklichkeit, ordnet die Welt und macht sie überschaubar und handhabbar. Entsprechend hängt die Sprache einer bestimmten Gesellschaft aufs Engste mit der Weltsicht und dem Denken dieser Menschen zusammen. Verschiedene Sprachen bringen verschiedene Erlebnis- und Bedürfniswelten zum Ausdruck.

Keine der befragten Frauen ist mit Rätoromanisch aufgewachsen, und nur zwei hatten Romanischkenntnisse, als sie ins Münstertal kamen. Erstaunlicherweise bekundeten wenige der Zugezogenen Mühe, mit der ihnen fremden Sprache umzugehen, obwohl die grosse Mehrheit der Münstertaler Bevölkerung nach wie vor Jauer, den rätoromanischen Taldialekt, spricht.[37] Für die anfängliche Verständigung war es wohl eine grosse Erleichterung, dass die Mehrheit der Münstertaler zwei bis drei Sprachen spricht: rätoromanisch, deutsch, italienisch. Dass sich heute dennoch elf der zwölf befragten Frauen in Rätoromanisch verständigen können, zeigt, wie wichtig die Romanischkenntnisse für die Integration im Münstertal sind. Die nachfolgende Erzählung ist ein Beispiel dafür.

Vroni

«Am Anfang war es nicht leicht, nein, gar nicht leicht.» 1953 kam Vroni ins Hotel Helvetia nach Müstair, das damals nicht nur ein Restaurant, sondern zugleich ein Landwirtschaftsbetrieb war. Man musste sich ständig umziehen; schliesslich konnte man mit den Kleidern vom Stall nicht am Tisch servieren. «Aber das alles wäre ja noch gegangen.» Viel schlimmer fand Vroni, wenn ein Haufen Gäste im Saal sassen und nur noch «rumantsch» geredet wurde. «Dann war man fix und fertig. Man hat nichts verstanden und ist nur noch in der Ecke gehockt.» Oft war sie der Verzweiflung nahe und fragte sich: Wo bist du hingegangen? Einen ganzen Monat lang weinte Vroni jede Nacht. Dann fasste sie sich und beschloss: «So geht es nicht weiter, ich muss reden lernen.» Hart waren die ersten drei, vier Monate, aber erstaunlich die Ergebnisse: «Sobald man rumantsch geredet hat, war man wie zu Hause.»

Nach vier Jahren lernte Vroni Benedict kennen. «Von da an war sowieso alles anders», Vroni dachte kaum noch an zu Hause. – «Ja, wo einen die Liebe hinträgt …»

Familie – dass der Sohn eine Südtirolerin heiraten sollte, hatte die Schwiegermutter schon durchkalkuliert

Migration ist selten das Vorhaben einer einzelnen Person, sondern meistens ein Familienprojekt, das sich über Generationen hinziehen kann.[38] Oft beteiligen sich alle Familienmitglieder an der Entscheidung zur Migration einzelner Personen, oder es sind Familiennetzwerke, die eine Auswanderung erst ermöglichen, wie das nachfolgende Beispiel zeigt. Die wenigsten der befragten Frauen immigrierten im Familiennachzug oder in Begleitung ihres Mannes ins Münstertal. Vielmehr kamen sie allein, heirateten einen Einheimischen und zogen – früher vor allem – zu seiner Familie, ins Haus seiner Eltern. Dieses Zusammenleben sah von aussen nach Integration aus, verlief in Tat und Wahrheit aber selten reibungslos. Denn die Familie – als Ort, an dem die kulturellen Werte traditionellerweise von der Frau und Mutter von einer Generation zur nächsten übertragen werden – wurde zum Feld, auf dem die verschiedenen Wert- und Rollenvorstellungen von Einheimischen und Fremden ausgefochten werden mussten.

Gertrud

Oft stand Gertruds Mutter kurz vor der Verzweiflung. Wie sollte jede der sechs Töchter einen rechten Mann finden, wenn der Krieg im Südtirol eine Generation von Analphabeten hervorgebracht hatte, ohne Ausbildung, ohne Lehre, ohne Arbeit? Umso glücklicher war sie, als sich die Gelegenheit bot, die älteste Tochter mit einem Schweizer zu verkuppeln. Als Arzt war Gertruds Vater weit herum bekannt, und seine Beziehungen reichten bis ins Münstertal. Eines Tages erschien die Schwiegermutter aus Müstair in seiner Praxis – «der Himmel weiss, was ihr gefehlt hat» – und machte sich ziemlich wichtig. Dass ihr Sohn eine Südtirolerin heiraten sollte, hatte die zukünftige Schwiegermutter schon durchkalkuliert. Bei einer Münstertalerin hätte sie die Karten offenlegen müssen, und die Tatsache, dass die Familie schwer verschuldet war, wäre aufgeflogen. «Arbeiten konnte sie nicht, die Schwiegermutter, aber reden, so viel, dass selbst die Mutter mit ihrem Misstrauen umfiel.» Die Sache wurde zwischen den beiden Familien geregelt, und Gertrud und Franz übernahmen den völlig verschuldeten Hof in Müstair. Keine einfache Aufgabe. Statt die hohen Schulden einzugestehen, hatte die Schwiegermutter noch die ganze Verwandtschaft finanziert und unterstützt. Als die Karten schliesslich doch auf den Tisch gelegt wurden, hiess es «la schmaladida tudas-cha» (die verfluchte Deutsche) sei schuld daran, dass der Geldhahn zugedreht worden sei. «Nein, mit der Verwandtschaft meines Mannes war es nicht gut bestellt. Ein Notnagel war ich, mehr nicht.»

Eine so schwierige Integration in die Grossfamilie haben nicht alle Zugezogenen erfahren. Die jüngere Generation befragter Frauen lebt vor allem in Kleinfamilien, was es ihnen erlaubt, ihren Kindern die eigenen kulturellen Werte zu vermitteln. Die verschiedenen Interviews zeigen aber auch, dass die Zugezogenen vor allem um die Integration der Kinder bemüht sind und in diesem Sinne oftmals zum Beispiel das Romanische als Familiensprache wählen.

Sitten, Normen und Rollenvorstellungen – es wird viel geschwatzt und viel geschimpft

Jede Kultur hat eigene Vorstellungen davon, wie ein Mensch sich «richtig» oder «falsch» verhält. Sitten, Normen, Riten und Tabus legen die spezifischen Verhaltensmuster fest, während die Erwartungen der Gesellschaft an den Einzelnen diese Vorstellungen untermauern. Wer sich anders verhält, als die geltenden Rollenmuster vorschreiben, «fällt aus der Rolle». Er wird zur Anpassung aufgefordert oder muss mit dem Ausschluss aus der Gruppe rechnen. Anpassen oder ausscheren? Für die befragten Frauen war die Antwort nicht immer leicht. Denn genauso wie das Verhalten der Zuziehenden den Einheimischen oft fremd war, war es das Benehmen der Einheimischen für die Zuziehenden. Diese Wechselseitigkeit zeigt sich im folgenden Blick von aussen auf die Münstertaler Bevölkerung.

Alice
Eigentlich rieten Alice alle davon ab, ins Münstertal zu gehen. «Die kommen doch ins Unterland, was willst du dort? Man wusste, dass man einen Schritt zurückgeht.» Wasch- und Geschirrspülmaschinen, das kannte man im Münstertal der 1960er Jahre noch nicht. Und was Bräuche und Moralvorstellungen betrifft: «Die Münstertaler haben noch lange am Alten festgehalten.» Arm in Arm zu gehen, galt als verwerflich, solange man nicht verheiratet war, erzählt Alice, sie und Christian hätten es trotzdem gemacht. Hie und da hörte Alice die Leute schon sagen, dass er, der in Sta. Maria geboren war, besser eine von hier geheiratet hätte. «Aber sie hatten Freude, dass er zurückgekommen war.»
Christian wäre nie im Thurgau geblieben. Er hatte den Eltern versprochen, das Restaurant in Sta. Maria zu übernehmen. Zu Alice sagte er: Wenn du bereit bist, heraufzukommen, hat es einen Sinn, dass wir unsere Freundschaft pflegen. «So war er, also bin ich gekommen.»

Ursula
Etwas hat Ursula vom Unterland her nicht so gekannt: dass die Leute sehr neidisch aufeinander sind. Es interessiert sie, wann man heimkommt, was man macht, welches Auto man fährt und welche Kleider man trägt. «Man lebt hier viel enger aufeinander und sieht und schaut, was der andere hat.» Es wird viel geschwatzt, auch viel geschimpft, sagt Ursula, aber vieles hintenrum. Selten habe sie etwas direkt erfahren. «Daran musste ich mich sehr gewöhnen.»

Heimat – man braucht zwei bis drei Generationen, um heimisch zu werden

Heimat ist ein Modebegriff, und doch ist er nach seinem Inhalt schwer zu fassen. Heimat bezeichnet einen Ort, woher etwas stammt oder seinen Ursprung hat oder wo sich jemand wohlfühlt. Heimat beinhaltet die doppelte Bedeutung von Herkunft und subjektivem Zugehörigkeitsgefühl und ist das Gegenteil von Fremde. Doch wo hört Heimat auf, und wo beginnt die Fremde? Kann Fremde zur Heimat werden? Die wenigsten der zugezogenen Frauen im Münstertal wollen an ihren Herkunftsort zurückkehren. Die ihnen fremden Menschen, der ihnen fremde Ort, die ihnen fremde Sprache – vieles ist vertraut geworden, manches haben sie fest ins Herz geschlossen. Fast alle der befragten Frauen fühlen sich im Münstertal zu Hause. Doch von Heimat sprechen die wenigsten. – Was wäre, wenn Heimat einen Plural hätte?

Andrea

In München geboren, von dort nach Glarus gezogen, in Burgdorf aufgewachsen, in Bern und Lausanne studiert und dann ins Engadin gekommen ... Andrea konnte sich nie vorstellen, irgendwo in einer Heimatgemeinde kleben zu bleiben und schollengebunden ihr Leben zu fristen. Jahrelang lebte sie aus dem Koffer, «wie eine Zigeunerin». Der erste Ort, an dem Andrea das Gefühl hatte, «hier bin ich zu Hause», war Guarda. In Guarda fing sie an Wurzeln zu schlagen, wie sie es vorher nicht gekannt hatte. In Guarda wollte sie für immer bleiben. «Aber es hat wohl nicht so sein sollen.» Nach dem Tod ihres Mannes 1998 lernte Andrea Giancarlo aus Müstair kennen. Eine Freundschaft entwickelte sich, später eine Liebe. Sollte sie tatsächlich wieder umziehen? «Letztlich fiel es mir eben leichter, meine Wurzeln auszureissen und sie an einem andern Ort einzupflanzen, als ihm, der in Müstair geboren war und seine ganze Sippschaft hier hatte.» Andrea hat es nicht bereut. In Müstair fühlt sie sich zu Hause. Sie kann sich vorstellen, in Müstair alt zu werden. «Aber», sie lacht, «ich kann mir auch vorstellen, meine Koffer noch einmal zu packen.»

Carla

Heimat hat Carla nie kennengelernt. Sie vermisst es auch nicht. «Das hier ist mein Zuhause», sagt sie, «hier fühle ich mich wohl, aber Heimat ...». Carlas Mutter ist Deutsche, der Vater Ukrainer. Weil er den Kommunismus nicht akzeptieren konnte, lebte er nach dem Ersten Weltkrieg in Deutschland. Als Russland infolge einer Spionageaffäre viele Deutsche des Landes verwies, kam es zur Krise. Deutschland antwortete in gleicher Manier: Der Vater wurde aufgefordert, innert 24 Stunden das Land zu verlassen. Doch wohin? Als Antikommunist zurück nach Russland – unmöglich. 1937 siedelte der Vater nach Argentinien um, und zwei Jahre später zogen die Mutter und Carla nach. Carla ist in Argentinien aufgewachsen, sie hat die argentinische Staatsbürgerschaft bekommen, aber Argentinierin, «nein, das bin ich deshalb noch lange nicht».

Die Münstertaler kennen ihre Geschichte nicht, sagt sie, es interessiere sie auch nicht. Sie spreche hochdeutsch, also sei sie «Schwäbin» oder vielleicht «Papierlischweizerin», weil sie einen Schweizer geheiratet habe und sich habe einbürgern lassen. «Heimat, wo soll Heimat sein?» Nach der Scheidung von ihrem Mann arbeitete Carla einige Jahre in St. Moritz.

Eine Zeitungsannonce machte sie auf das Haus im Münstertal aufmerksam. Sie sah es sich an und verliebte sich Hals über Kopf. Schon möglich, meint Carla, dass sie das alte Haus gekauft habe, weil sie das Bedürfnis gehabt habe, Wurzeln zu schlagen. Heute weiss sie, dass man zwei bis drei Generationen braucht, um heimisch zu werden, «man bleibt irgendwie doch die Fremde».

Heimat ist für viele Befragte zu statisch, zu fest im Boden verankert und an zu viele Generationen geknüpft, als dass die Zugezogenen den Begriff für sich in Anspruch nehmen wollen. In den Interviews zeigt sich aber, dass sich manche den neuen Ort zum Zuhause gemacht haben, indem sie aktiv ihr Umfeld mitgestalteten. Sei es, dass sie im Gemeinderat politisierten, im Kirchenchor sangen oder in der Spitex aushalfen. Für viele Befragte wurde Heimat vor allem dann wichtig, als Kinder kamen. Es bildeten sich Freundschaften zu andern Familien. Man lernte das Schulsystem kennen und war an einem guten Lehrplan interessiert. Das Dazugehören erlangte zentrale Bedeutung, und das Mitgestalten wurde zum Bedürfnis. Im Kontakt, in der Auseinandersetzung und im Verändern wird das als fremd Empfundene zum Eigenen.

Träume und Hoffnungen – gewünscht hätte man sich schon, dass es in der Schweiz besser gegangen wäre

Alle zugezogenen Frauen sind mit gewissen Träumen und Hoffnungen ins Münstertal gekommen, mit der Hoffnung auf ein besseres Leben, auf eine gut bezahlte Arbeit, auf weniger städtische Hektik oder mit dem Traum von Heimat. Träume und Hoffnungen wirken massgeblich mit an der Entscheidung zur Auswanderung in die Fremde. Sie können jene Lücken füllen, die mit dem Zurücklassen des Bekannten entstehen. Sie sind Teil des subjektiven Bildes der Fremde und ein Grund, nicht am Herkunftsort zu bleiben.

Ljubica
Warum sie nicht in Jugoslawien bleiben und ein Leben führen könne wie alle andern? – Ungern liessen die Eltern Ljubica in die Fremde ziehen. Aber Ljubica entschied: «Ich will mehr vom Leben haben.» Sollte sie wie die Eltern in einem alten Haus wohnen, sich tagein, tagaus abmühen und sich dennoch nichts leisten können? Nein. Ljubica träumte von schönen Kleidern, einem schönen Haus und einem Garten mit vielen Blumen. Aber das alles braucht Geld. Also entschied sie, ins Münstertal zu kommen. Sie wusste, es ist nicht einfach. Sie wusste, sie muss nicht kommen – sie wollte es dennoch.
Seit 25 Jahren lebt Ljubica in Sta. Maria. Damit hat sie nicht gerechnet. Sicher nicht. «Alle glauben, in der Schweiz könne man viel verdienen – zum Sterben ist es viel, aber zum Leben zu wenig.» Würde sie noch einmal kommen, würde sie mehr sparen, um früher nach Jugoslawien zurückkehren zu können.

Vroni

Träume hatte Vroni keine, als sie nach Müstair kam. «Man ist im Leben immer so weitergegangen. Jetzt war ich hier und fertig.» Man musste arbeiten, da habe man an nichts anderes gedacht. Gewünscht hätte sich Vroni schon, dass es in der Schweiz besser gegangen wäre. Aber sie waren im Südtirol arm, und hier waren sie es halt auch. Da gab es keine Überraschungen.

Heute zögert Vroni nicht zu widersprechen, wenn jemand von der reichen Schweiz schwärmt. Das Wenige, das man von der Rente bekomme, müsse man fünfzigmal versteuern. «Nein, das ist keine reiche Schweiz. Im Südtirol leben sie besser!»

Gesagtes und nicht Gesagtes

Die befragten Frauen kamen zwischen 1926 und 2000 ins Münstertal. Für manche liegen die Erinnerungen an ihre Einwanderung weit zurück, andere sind gerade erst angekommen. Rückblickend nehmen die Erlebnisse oft eine neue Gestalt an. Sie werden gestrafft oder ausgeschmückt, von andern Erlebnissen überlagert oder verdrängt. Wovon haben die Frauen erzählt, worüber geschwiegen?

Immer wieder drehten sich die Erzählungen um jenen Moment der Ankunft im Münstertal und das Entdecken des Unbekannten in der Fremde. Fremdes Essen, fremde Kleider, fremdes Klima, fremde Sprache, Sitten und Menschen – alles war es wert, wahrgenommen zu werden, überall lauerten Überraschungen. Keine der befragten Frauen hat diese Erlebnisse vergessen. In die Fremde ziehend, hatten sie den Kreis ihrer Selbstverständlichkeiten verlassen. Bekanntes wurde mit Unbekanntem vertauscht, das sortiert und geordnet werden musste, wollte man sich in der fremden Welt zurechtfinden, heimisch werden. Was den Frauen damals fremd war, ist ihnen heute meist vertraut. Die Zeit war ein wichtiger Integrationsfaktor.

Im Gegensatz zum konkreten Unbekannten äusserten sich die Erzählenden viel zurückhaltender über ihre subjektiven Gefühle und ihre Beziehung zu den Einheimischen – vor allem, wenn sie schwierig war. «Man hatte keine Zeit, um über Träume und Gefühle nachzudenken. Man musste arbeiten, da dachte man an nichts anderes» (Vroni). Oft wurden das Heimweh und die Abenteuerlust in der Fremde zurückgedrängt, weil der Kampf ums Dasein den Alltag prägte. Aber auch das Wissen der Erzählenden darum, dass ihre Aussagen publiziert würden, und ihr Wunsch, sich das Leben mit den Menschen im Tal nicht zu erschweren, waren sicher ein Grund, nicht alles Erlebte mitzuteilen. Schriftliche Aufzeichnungen eines Tagebuchs oder persönliche Briefe wären hier aufschlussreiche, weiterführende Quellen.

Auffallend ist, dass die befragten Frauen über Fremdheit nie im Allgemeinen, abstrakt und losgelöst von ihrer eigenen Geschichte erzählten. Fremdheit wurde vielmehr an ganz konkreten wichtigen und weniger wichtigen, alltäglichen und ausserordentlichen Situationen festgemacht:

in der Kirche, wenn einem auf der Kirchenbank kein Platz gemacht wurde oder wenn man aufgrund unterschiedlicher Konfessionen nicht heiraten durfte; bei der Arbeit, für die man geschätzt wurde, weil man tüchtiger als die Einheimischen war; oder im Umgang mit den Menschen, deren Sprache und Verhalten einen zur Verzweiflung brachte, weil man sie nicht verstehen konnte. In diesen konkreten Situationen lassen sich Gefühle herauslesen, kann man die Beziehung zu den Einheimischen erkennen und hört von den Gedanken der Frauen über das Fremdempfinden. Gleichzeitig sind diese Erfahrungen zeitlich beschränkt, fixiert am Moment. Sie lassen sich weder abstrahieren noch verallgemeinern oder verewigen. Sie widerspiegeln das Wechselhafte des Fremden, das bereits morgen vertraut und heimisch werden kann.

Schluss und Ausblick

Zwölf Frauen, die im Laufe des 20. Jahrhunderts ins Münstertal gekommen sind, erzählen in der vorliegenden Arbeit, wie sie Fremdheit erfahren haben. Woher und warum sind sie ins Münstertal eingewandert? Mit diesen Fragen befasst sich der erste Teil der Arbeit, der auf schriftlichen Quellen und Aussagen von Zeitzeuginnen und Zeitzeugen basiert. Die Herkunft der befragten Frauen lässt sich in vier Regionen einteilen: Südtirol, Veltlin, Schweizer Unterland und weiter entferntes Ausland. Die Zuwanderung aus verschiedenen Regionen hängt vor allem mit den gesellschaftlichen und wirtschaftlichen Entwicklungen im Herkunftsland und am Zielort zusammen. Stosskräfte für die aus dem Südtirol und dem Veltlin ins Münstertal zuwandernden Frauen waren die Not und die Aussichtslosigkeit, welche die faschistische Italianisierungspolitik und später der Zweite Weltkrieg geschaffen hatten. Mangelnde Arbeitsmöglichkeit und geringer Verdienst waren auch ausschlaggebend für die später aus südeuropäischen Ländern – Spanien und Ex-Jugoslawien – zuziehenden Frauen. Dagegen waren die Gründe für die Abwanderung von Frauen aus dem Schweizer Unterland, aus Deutschland und Frankreich nicht wirtschaftlicher Art; sie kamen vielmehr aufgrund individueller Wünsche und freier Entscheidung: Überdruss an städtischem Leben und städtischer Hektik, Lust auf Abenteuer und Veränderung.

Einer der wichtigsten Gründe, der viele Frauen ins Münstertal brachte, blieb dennoch die Aussicht auf Arbeit. Die kontinuierliche Abwanderung der Münstertalerinnen hinterliess einen Mangel an Arbeitskräften, der wie ein Sog auf die Zuwanderung wirkte. Arbeit gab es für die zuziehenden Frauen in der Landwirtschaft und im Gastgewerbe. Der wirtschaftliche Aufschwung und der Wandel von der Landwirtschaft zum Tourismus in den 1970er Jahren schufen Arbeitsplätze – vor allem im Dienstleistungssektor –, die mit gezielter Anwerbung von ausländischen Arbeitskräften besetzt wurden. Der rasche Ausbau der Transport- und Kommunikationsmittel machte das Münstertal zugänglich für zuziehende Frauen aus weiter entfernten Regionen – aus Spanien, Portugal und Ex-Jugoslawien –, die hier vor allem im Gastgewerbe tätig waren und einen besseren Verdienst fanden als in ihrem Herkunftsland. Mit dem Tourismus kamen schliesslich auch Fremde aus den Städten des Schweizer Unterlandes und aus dem Ausland – Deutschland, Frankreich, Holland – herauf. Sogkraft für ihre Zuwanderung war nicht die Aussicht auf Arbeit, im Gegenteil; die befragten Frauen, die ausnahmslos mit einer Berufsausbildung ins Tal kamen, waren gezwungen, Nischen zu schaffen oder zu finden, um ihrem erlernten Beruf nachzugehen. Als Motivation wirkten vielmehr der Wunsch nach Naturnähe und Ruhe, die Begeisterung für das Tal oder die Liebe zu einem Münstertaler.

Von den in der vorliegenden Arbeit befragten Frauen migrierte keine als passiv Mitwandernde, Abhängige des Mannes, Hüterin von Haus und Heim – sie entsprechen somit nicht dem Bild der Migrantin, das die Wissenschaft lange Zeit gezeichnet hat. Mit einer Ausnahme migrierten alle Befragten allein, als selbstständige und für sich selbst und später für ihre Familie verantwortliche Frauen.

Der zweite Teil der Arbeit beschäftigt sich mit den Fragen, wie es den zugezogenen Frauen im Münstertal ergangen ist und wie sie Fremdheit erlebt haben. Als Quelle dienen die mündlich erfragten Lebensgeschichten. Die Aussagen der zugezogenen Frauen zeigen, dass sich die Zuwanderung zu verschiedenen Zeiten, aus unterschiedlichen Herkunftsregionen und aus verschiedenen Gründen auf die Fremdheitserfahrungen auswirkte. Es ist nicht dasselbe, ob man aus dem verarmten, ländlichen Südtirol stammt oder aus der modernen Stadt kommt. Dies gilt sowohl für die Bereitschaft der Zuziehenden zur Anpassung als auch für ihr Ansehen bei den Einheimischen. Die ähnlichen landwirtschaftlichen und gesellschaftlichen Verhältnisse erleichterten der älteren Generation zuziehender Frauen aus dem Südtirol und dem Veltlin das Anpassen. Im Münstertal wurde genauso gearbeitet wie im Herkunftsland – auf dem Hof und im Haus, wo noch vieles von Hand gemacht werden musste. Dennoch waren die Zuziehenden auf die Arbeit angewiesen und froh, überhaupt ein Auskommen gefunden zu haben. Trotz ihrer Bereitschaft zur Anpassung waren die aus verarmten Verhältnissen kommenden Südtirolerinnen bei der Münstertaler Bevölkerung weniger angesehen als die aus den modernen Städten zuziehenden Frauen, auch wenn diese oft mehr Mühe hatten oder nicht bereit waren, sich den ländlichen Verhältnissen anzupassen.

Die Erzählungen der zugezogenen Frauen machen deutlich, dass die Arbeit eines der wichtigsten Instrumente zur Integration in die Münstertaler Gesellschaft war. Durch die Arbeit wurden die Zuziehenden nützlich für die Gesellschaft, durch die Arbeit erlangten sie einen sozialen Status, Kontakte und Beziehungen zu den Einheimischen. Auch das Erlernen der rätoromanischen Sprache öffnete vielen Befragten die Türe zum engeren Kontakt und Austausch mit der Münstertaler Bevölkerung; rätoromanisch wurde in der Familie vor allem auch dann gesprochen, wenn Kinder vorhanden waren. Die Rollenvorstellungen der Männer und Frauen im Münstertal richteten sich noch bis weit ins 20. Jahrhundert hinein nach bestimmten Normen, die von den örtlichen Verhältnissen geprägt waren und sich im Kampf ums Überleben bewährt hatten. Die Arbeitsteilung im Haus und auf dem Hof und wie man sich im privaten und öffentlichen Raum zu benehmen hatte, wurde innerhalb der Grossfamilie tradiert und kontrolliert. Für die früher zuziehenden Frauen war es selbstverständlich – wenn auch nicht konfliktfrei –, dass sie sich den örtlichen Verhältnissen anpassten und sich in die eingeheirateten Familien integrierten. Was einem fremd war, musste zu eigen gemacht werden, da wurde nicht lange hinterfragt. Mit ganz andern Werten wuchs die jüngere Generation eingewanderter Frauen in den Städten auf: Gleichberechtigung und Selbstverwirklichung – Werte, die für Modernität standen. Obwohl einige Frauen ins Münstertal kamen, weil sie der städtischen Zivilisation müde waren, brachten sie just deren Geist und Normen mit und zeigten sich nicht bereit, diese für das Leben im Dorf aufzugeben. Im Gegensatz zur älteren Generation lebt die jüngere Generation zugezogener Frauen vor allem in Kleinfamilien, die es eher erlauben, sich der Kontrolle über die vorgegebenen ländlichen Rollenmuster zu entziehen und Haushalt und Kindererziehung nach eigenem Gutdünken zu gestalten.

Solche Veränderungen werden von den einen befragten Frauen als frischer Wind im Münstertal gelobt, vor allem bei der älteren Generation zugezogener Frauen lösen sie aber auch Skepsis und Unsicherheit aus. «Früher war es schöner als heute. Die Jugend hielt zusammen, es fuhr nicht jeder mit seinem Auto irgendwohin» (Cristina). Obwohl es vor 50 Jahren wohl länger dauerte, bis die Fremden im Tal akzeptiert waren, gab die Aussicht auf das Eingebunden- und Aufgehobensein in einer Gemeinschaft vielen zugezogenen Frauen der älteren Generation einen gewissen Halt, gerade weil man ohne Auto und manchmal sogar ohne Telefon oft nur geringen Kontakt zur eigenen Familie und zum Herkunftsort hatte. Ganz anders die jüngere Generation. Die modernen Transport- und Kommunikationsmittel ermöglichen es: Man kann kommen und gehen, ist nicht ortsgebunden und «geniesst mehr Freiheiten, wenn man nicht ganz dazugehört» (Ursula). So waren die früher zugewanderten Frauen viel stärker auf den guten Kontakt zu den Münstertalern im Dorf angewiesen, wollten sie einer Gemeinschaft angehören, soziale Beziehungen aufbauen und mit Hilfe und Unterstützung rechnen können. Demgegenüber ist es den meisten jüngeren Frauen gelungen, Freundschafts- und Verwandtschaftsbeziehungen zum Herkunftsort zu erhalten. Die Bindungen und Zugehörigkeiten haben sich gelockert und vervielfältigt. Sie sind nicht mehr ausschliesslich auf den geografischen Boden und die örtliche soziale Gruppe fixiert, sondern halten über Distanzen und werden entlang neuer Kategorien wie Beruf, Interessen, Hobbys usw. neu definiert.

Die vorliegende Arbeit legt den Fokus auf die Perspektive der zuzogenen Frauen und ihre Erfahrungen von Fremdheit. Spannend wäre auch die Untersuchung der Frage, wie die rege Migration den gesellschaftlichen Wandel im Münstertal beeinflusst und wie die Zuwanderung neue Gepflogenheiten und neue Wert- und Rollenmuster ins Tal gebracht hat und bringt. Die zuziehenden Frauen haben die Lücken gefüllt, die der Sog der kontinuierlichen Abwanderung der einheimischen Bevölkerung hinterlassen hat. Es drängt sich aber auch die Frage auf, ob die zukünftige Migration nach den gleichen Mustern ablaufen wird. Wer wird in Dörfer ziehen, in denen die Infrastruktur zunehmend abgebaut, das Postamt geschlossen wird, die Schule und der Kindergarten an einen andern Ort verlegt werden und es keinen Lebensmittelladen mehr gibt?

Anmerkungen

1 Von 1850 1483 auf 1605 Einwohnerinnen und Einwohner im Jahr 2000. Vgl. Eidgenössische Volkszählungen und HBG, Bd. 4, 334–335.
2 Gemäss kantonalem Amt für Wirtschaft und Tourismus in Chur, Herbst 2005.
3 Fuldera: 79; Lü: 27; Müstair: 89; Santa Maria: 129; Tschierv: 34; Valchava: 84. Vgl. die Daten der Eidgenössischen Volkszählungen nach Kantonen und Gemeinden. Zu berücksichtigen ist, dass die Volkszählungen die ständige Wohnbevölkerung an einem bestimmten Datum (immer im Dezember) erfassen. Die temporäre Zuwanderung von Grenzgängern und Saisonniers im Baugewerbe, in der Tourismusbranche und in Landwirtschaftsbetrieben sind darin nicht enthalten. Zur Bevölkerungsentwicklung in Graubünden vgl. Bollier, 115–146.
4 Gespräch vom Mai 2005 in Fuldera.
5 Schreich, Rahel Seraina: Süllas passidas da l'emigraziun jaura dal 18 avel tschientiner fin a la prüma guerra mundiala, Sta. Maria und Chur 2004/05.
6 Lentz, Sebastian: Landwirtschaftlicher Grenzverkehr und Arbeitspendler in der Grenzzone des Münstertals (Graubünden/Schweiz), in: Loose, Rainer (Hg.): Der Vinschgau und seine Nachbarräume, Bozen 1993.
7 Südtiroler Kulturinstitut u. a. (Hg.): Calven 1499–1999. Bündnerisch-Tirolische Nachbarschaft, Bozen 2001.
8 Foffa, Crispin: Val Müstair. Gesellschaftliche, kulturelle, wirtschaftliche und soziale Entwicklung der Bevölkerung und der Infrastruktur des Val Müstair in der Zeit nach dem Zweiten Weltkrieg bis zum Ende des zwanzigsten Jahrhunderts, Müstair 2003; Pinösch, Duri: Val Müstair. Münstertal. Geschichtschronik, Sta. Maria 2002 (2. erw. Aufl.).
9 Fischbacher, Marianne: So ging man eben ins Hotel. Domleschger Hotelangestelle im Engadin der Zwischenkriegszeit, Chur 1991 (Beiheft zum BM, Nr. 1).
10 Falch, Sabine: Heimatfern. Die Südtiroler Arbeitsmigration der 1950er und 1960er Jahre, Innsbruck 2002.
11 Hahn, 77.
12 Ebd., 77–96.
13 Die neoliberale Theorie geht davon aus, dass Individuen in erster Linie aus ökonomischen Gründen zur Verbesserung ihrer Lebensbedingungen migrieren. Die marxistische Theorie sieht in den Migranten – vor allem in den Männern und deren Familien – das Subproletariat, das aufgrund der kapitalistischen Ungleichheit zur Migration gezwungen wird. Vgl. Anthias, 18–19.
14 Ebd., 20.
15 Vgl. Tabelle im Anhang, Seiten 104–105. Leider weisen die Volkszählungen erst ab 1970 geschlechtsspezifische Angaben über die Herkunft der Einwohnerinnen und Einwohner im Münstertal auf.
16 Für die wirtschaftlichen, religiösen und politischen Hintergründe der Zuwanderung der Frauen stützt sich diese Studie auf die oben erwähnte Literatur und auf quantitative Quellen wie die Eidgenössischen Bevölkerungsstatistiken.
17 Falch, 18.
18 Dazu hatten auch Option und Umsiedlung von 1939 ihren Beitrag geleistet. Als in diesem Jahr die deutschsprachigen Südtiroler und Südtirolerinnen aufgrund eines Abkommens zwischen dem Deutschen Reich und Italien gezwungen waren, sich für einen der beiden Staaten zu entscheiden, optierten zwischen 76 und 82 Prozent für Deutschland, doch wurde nur ein geringer Teil umgesiedelt, darunter vor allem Arbeiter und Angestellte. Alle übrigen Deutschlandoptanten betrachtete die Regierung bis zum Inkrafttreten des Autonomiestatuts von 1948 als Ausländer ohne staatsbürgerliche Rechte. Vgl. Falch, 13–14.
19 Leidlmair, 106.
20 Boscardin, 26–27.
21 Pinösch, 120–147.
22 Gespräch vom 21.4.2005 in Müstair.
23 Auskunft von Cristina am 16.6.2005 in Lü.
24 Dies zeigen die Erwerbstätigkeiten folgender zwischen April und Juni 2005 vor Ort getroffener Frauen: Inge Blaschke (Valchava), Andrea Könz (Müstair), Ursula Goll (Müstair).
25 Foffa, 21.
26 Hogrebe, 357.
27 Simmel, 509–512; Park, 881–893; Schütz, 137–197.
28 Mecklenburg, 81–82.
29 Ebd., 82.
30 Maletzke, 32.
31 Bräunlein, I.
32 Mecklenburg, 81.
33 Simmel, 509.
34 Gemäss Schweizerischer Volkszählung zählte Tschierv im Jahr 1980 134 Einwohner und Einwohnerinnen. Vgl. Bundesamt für Statistik, Volkszählung 2000, 201.
35 Zur Maul- und Klauenseuche im Münstertal konnte in der Literatur nichts gefunden werden. Im Festvortrag zum 100-jährigen Bestehen der Gesellschaft Bündner Tierärzte vom 25. August 2001 von Andrea Meisser ist nachzulesen, dass 1950 im Misox und in Präz, 1956 im Avers und 1957 in Flims Seuchenfälle vorkamen. Im Jahr 1965 wurde der ganze Viehbestand des Kantons Graubünden gegen MKS schutzgeimpft. Vgl. http://meisser.info/pdf/am-01-08-25.pdf (Stand Mai 2008).
36 Ricker, 53.

37 «Jau» bedeutet «ich», und «jauer» bezeichnet die Münstertaler und Münstertalerinnen genauso wie ihren Dialekt. Zusammen mit dem Unterengadinischen wird Jauer zum Vallader gezählt. Das Vallader und das Putèr (Oberengadin) gehören den ladinischen Sprachen an. Das Ladinische ist ein Rest der früher weiter verbreiteten romanischen Sprache des Alpenraumes und wurde auch in weiten Teilen des Südtirols gesprochen, bis die deutschsprachigen Bayern aus dem Norden das Romanische zurückdrängten. Zur tatsächlichen sprachlichen Grenze kam es aber erst nach der Reformation, als jeder, der sich im Vinschgau des Ladinischen bediente, verdächtigt wurde, mit dem reformierten Feind auf der andern Seite der Grenze zu konspirieren. Vgl. Schreich, Süllas passidas, 2; Holtus, 854–871.

38 Fuhrer, 11.

Abstract

«Quasi la metà delle donne residenti nella Valle Monastero è costituita da immigrate» azzarda Magnus Schleich, parroco di Fuldera (conversazione del maggio 2005 a Fuldera). Uno sguardo alla statistica conferma questa sorprendente dichiarazione. Mentre l'emigrazione dalle regioni di montagna costituisce spesso l'oggetto di studi scientifici, l'immigrazione – soprattutto delle donne – non ha destato finora pressoché alcuna attenzione. Questo lavoro contribuisce a colmare questa lacuna. Da dove e perché le donne sono giunte in valle, come se la sono passata in Valle Monastero e come hanno vissuto il fatto di essere forestiere? Interviste su testimonianze di vita hanno permesso di registrare affermazioni e esperienze di dodici donne immigrate in valle nel corso del XX secolo. Provenivano dalla Spagna, dall'Argentina, dal Kosovo, dall'Alto Adige, dalla Germania, dall'Italia e dall'Altopiano svizzero e si sono espresse su quanto hanno provato ad essere forestiere.

I cambiamenti fondamentali che la Valle Monastero ha conosciuto nel XX secolo sono stati influenzati anche dall'immigrazione delle donne. Il costante abbandono della valle da parte delle donne autoctone ha prodotto una carenza di forze lavorative, uno stato di cose che ha attirato in valle chi era desideroso e disposto ad immigrare. Le donne provenienti da un impoverito Alto Adige e dalla Valtellina trovavano lavoro soprattutto nell'agricoltura e nella ristorazione. La ripresa economica e il passaggio dall'agricoltura al turismo negli anni '70 del XX secolo hanno creato impieghi nel settore dei servizi che, grazie ad un reclutamento mirato, sono stati occupati da lavoratori stranieri. Il potenziamento delle vie di comunicazione e dell'infrastruttura turistica hanno reso la Valle Monastero accessibile anche a immigranti da regioni più lontane. Si trattava di gente che non immigrava per ragioni economiche, ma che sceglieva la Valle Monastero perché ne apprezzava la tranquillità e la bellezza del paesaggio. La diversa provenienza delle donne immigrate, le differenti motivazioni alla base di questo loro trasferimento e il momento dell'arrivo in valle hanno avuto effetto anche sul modo di percepire il loro status di forestiere. Per la prima generazione di immigrate era ovvio – benché non privo di conflitti – adattarsi alle condizioni locali e, in caso di matrimonio, integrarsi nella famiglia d'adozione. Per contro la generazione più recente è cresciuta nelle città con valori come le parti opportunità fra i sessi e la realizzazione personale e non era disposta a rinunciarvi per darsi alla vita di paese. Contrariamente alla generazione più vecchia la nuova generazione di donne immigrate vive soprattutto in famiglie di piccole dimensioni, il che consente loro di sottrarsi al controllo sulle idee tradizionali dei ruoli maschili e femminili.

Pure la crescente mobilità ha avuto un influsso sulle esperienze da forestiere delle donne intervistate. Le prime donne immigrate dovevano fare molto più affidamento sui buoni rapporti con gli indigeni, se volevano appartenere alla comunità e sentirsi integrate, poiché prive di auto e talvolta persino di telefono avevano scarsi contatti con la propria famiglia e il proprio paese d'origine. I moderni mezzi di trasporto e di comunicazione hanno allentato questi vincoli. Molte giovani donne sono riuscite a mantenere, malgrado la distanza, le amicizie e i rapporti con i parenti. Non hanno più definito la loro appartenenza esclusivamente in funzione del luogo geografico, si sono orientate su nuove categorie come la professione, gli interessi e gli hobby.

Lo studio mostra che la migrazione delle donne nella Valle Monastero non è la conseguenza del ricongiungimento familiare, come la ricerca in questo campo ha a lungo supposto. Nessuna delle intervistate è venuta come migrante passiva, dipendente da un uomo o custode del focolaio domestico. Quasi tutte sono immigrate da sole, responsabili di se stesse e perlopiù alla ricerca di lavoro. La valle si è servita anche di manodopera maschile estera. La maggior parte di questi uomini è, chi prima chi dopo, rientrata in patria, mentre molte donne si sono sposate in valle, dove sono rimaste per tutta la vita. Per un ulteriore studio sarebbe interessante esaminare come l'intensa migrazione abbia influenzato il mutamento sociale in Valle Monastero e come l'immigrazione abbia portato in valle nuove consuetudini, nuovi valori e nuovi modelli di ruolo. Di fatto le donne che si sono trasferite in Valle Monastero hanno colmato le lacune che il costante esodo della popolazione indigena aveva lasciato dietro di sé. C'è però anche da chiedersi se la futura migrazione seguirà le medesime modalità. Chi si trasferirà ancora in villaggi, nei quali l'infrastruttura viene via via smantellata, l'ufficio postale chiuso, dove la scuola e la scuola dell'infanzia vengono spostate in altri luoghi e non c'è più alcun negozietto di generi alimentari?

Abstract

«Bunamain la mesadad da las dunnas che vivan en la Val Müstair èn oriundamain d'ordaifer», manegia Magnus Schleich, plevon a Fuldera (discurs il matg 2005 a Fuldera). In sguard sin la statistica cumprova questa constataziun surprendenta. Entant che la depopulaziun dals territoris da muntogna è adina puspè l'object da perscrutaziuns scientificas, è l'immigraziun – surtut quella da las dunnas – enfin ussa strusch vegnida tractada. La preschenta lavur emprova da serrar in pau questa largia cun respundar a las suandantas dumondas: danunder vegnan e pertge èn las dunnas idas a star en la Val Müstair, co han ellas passentà lur vita là e co han ellas resentì l'esser ester? Cun agid d'interrogaziuns oralas èn sa cristallisadas las biografias da dudesch dunnas immigradas en la Val Müstair en il decurs dal 20avel tschientaner; ellas eran oriundas da la Spagna, da l'Argentinia, dal Cosovo, dal Tirol dal Sid, da la Germania, da l'Italia e da la Svizra Bassa.

Las midadas fundamentalas en la Val Müstair durant il 20avel tschientaner han era influenzà l'immigraziun da las dunnas. L'emigraziun cuntinuada da las dunnas da la val aveva creà ina mancanza da forzas da lavur, che ha attratg numerusas dunnas prontas dad ir a lavurar en in auter chantun u pajais. Lavur devi per las dunnas oriundas da regiuns povras sco il Tirol dal Sid e la Vuclina surtut en l'agricultura e la gastronomia. Il svilup economic e la midada da l'agricultura al turissem ils onns 1970 han creà plazzas da lavur en il sectur da servetschs; quellas vegnivan occupadas cun recrutar a moda sistematica forzas da lavur estras. Cun amplifitgar las vias da traffic e l'infrastructura economica è la Val Müstair ultra da quai daventada accessibla per persunas da regiuns pli allontanadas, che n'immigravan betg per motivs economics, mabain sa decidevan per ina vita en la Val Müstair, perquai ch'ellas appreziavan p.ex. il ruaus e las bellezzas da la cuntrada.

La derivanza da las dunnas immigradas, ils differents motivs per l'immigraziun ed il mument da l'arrivada han era influenzà la moda da sa sentir estras. Per la generaziun pli veglia da las dunnas interrogadas sa chapiva quai da sasez – era sch'i deva conflicts – da s'adattar a las relaziuns localas e da s'integrar en la famiglia en cas d'ina maridaglia. La generaziun pli giuvna percunter è creschida si en citads cun valurs sco l'egualitad tranter dunnas ed umens e la pussaivladad da realisar sasezzas, e n'era betg pronta da renunziar a questas valurs per ina vita en ina vischnanca. Cuntrari a la generaziun pli veglia viva la generaziun giuvna surtut en pitschnas famiglias, quai che lubescha plitost a las dunnas da viver a moda autonoma, senza stuair sa suttametter a las ideas tradiziunalas da las rollas dad umens e dunnas.

Era la mobilitad creschenta ha gì in'influenza sin las experientschas da las dunnas estras. Las dunnas immigradas pli baud eran bler pli dependentas da bunas relaziuns cun ils indigens, sch'ellas vulevan appartegnair ad ina cuminanza ed esser integradas en quella. Senza auto e mintgatant schizunt senza telefon avevan ellas savens mo pauc contact cun l'atgna famiglia ed il lieu d'origin. Ils meds da transport e da communicaziun moderns han schluccà quests lioms. A bleras dunnas pli giuvnas èsi, malgrà las grondas distanzas, reussì da mantegnair las relaziuns cun lur amias ed amis e la parentella. Ellas na defineschan lur appartegnientscha betg pli unicamain sur il lieu geografic, mabain s'orienteschan a novas categorias sco la professiun, ils interess u ils hobis.

Questa retschertga mussa che l'immigraziun da dunnas en la Val Müstair n'è betg la consequenza d'ina arrivada successiv da la famiglia, sco quai che la perscrutaziun da la migraziun ha supponì ditg a la lunga. Naginas da las dunnas interrogadas n'èn arrivadas sco immigrantas passivas, dependentas da l'um, sco chasarinas e mammas. Bunamain tut las dunnas interrogadas èn migradas sulettas, eran responsablas per sasezzas e per gronda part a la tschertga da lavur. En la val duvrav'ins era forzas da lavur masculinas d'ordaifer. Ils blers lavurants èn però returnads baud u tard en lur patria, entant che numerusas dunnas han maridà en la val ed èn restadas là lur entira vita. Interessanta da perscrutar fiss era la dumonda, co che la migraziun cuntinuada ha influenzà las midadas socialas en la Val Müstair e co ch'ella ha purtà novas disas, novas valurs e novs models da rollas en la val. Las dunnas immigradas han numnadamain serrà las largias che la depopulaziun cuntinuada dals indigens ha laschà enavos. Examinar stuess ins era la dumonda, schebain la migraziun futura suonda il medem schema u betg. Tgi va anc a star en vischnancas, nua ch'ins minimescha adina pli fitg l'infrastructura, nua ch'ins serra l'uffizi postal, transferescha la scola u scolina en in auter lieu e nua ch'i na dat naginas butias da victualias pli?

Quellen- und Literaturverzeichnis

Ungedruckte Quellen

Amt für Wirtschaft und Tourismus Graubünden (Hg.): Space-Time Research, Communes-Ménages-Personnes harm. 70_80_90_2000, Table 1, Geburtsort-Kategorie nach Zähljahr und Geschlecht für Personen pro Münstertaler Gemeinde, Chur 2004 (Statistiken).

Gedruckte Quellen

Bundesamt für Statistik (Hg.): Décès par communes 1969–2004, Neuchâtel 2004.

Bundesamt für Statistik (Hg.): Eidgenössische Volkszählung 2000. Bevölkerungsentwicklung der Gemeinden 1850–2000, Neuchâtel 2002.

Bundesamt für Statistik (Hg.): Naissances par communes 1969–2004, Neuchâtel 2004.

Eidgenössisches Statistisches Amt: Eidgenössische Volkszählung 1970, Bd. 3.18, Kanton Graubünden, Bern 1974 (Statistische Quellenwerke der Schweiz, Heft 502).

Mündliche Quellen

Elvira Bass-Canto (*1957), Interview vom 30.5.2005.

Ljubica Čvorović (*1957), Interview vom 22.6.2005.

Marco Fallet (*1955), Interview vom 26.4.2005.

Veronika Fallet-Gander (*1932), Interviews vom 21.4. und 26.4.2005.

Elisabeth Florin-Hermatschweiler (*1943), Interviews vom 10.6. und 17.6.2005.

Crispin Foffa (*1925), Interview vom 18.4.2005.

Ursula Goll-Gassmann (*1958), Interview vom 1.6.2005.

Chantal Grond-Goeroux (*1946), Interview vom 26.5.2005.

Alice Hellrigl-Müller (*1937), Interviews vom 12.5. und 24.5.2005.

Andrea Könz-Meier (*1959), Interview vom 23.5.2005.

Gertrud Lechthaler-Wegmann (*1928), Interviews vom 27.4. bis 30.5.2005.

Reingard Neunhoeffer (*1940), Interviews vom 12.5. und 9.6.2005.

Magnus Schleich (*1949), Interviews vom Mai 2005.

Cristina Schorta-Bormolini (*1933), Interviews vom 16.6. und 28.6.2005.

Hans-Peter Schreich-Stuppan (*1950), Interview vom 15.4.2005.

Literatur

Anthias, Floya: Methaphors of Home: Gendering new migrations to Southern Europe, in: Anthias, Floya and Lazaridis, Gabriella (Hg.): Gender and migration in Southern Europe. Women on the move, Oxford 2000, 15–47.

Bollier, Peter: Der Bevölkerungswandel, in: HBG, Bd. 3, Chur 2000, 115–146.

Boscardin, Lucio: Die italienische Einwanderung in die Schweiz mit besonderer Berücksichtigung der Jahre 1946-1959, Basel 1962.

Bräunlein, Peter J. und Lauser, Andrea: Grenzüberschreitungen, Identitäten. Zu einer Ethnologie der Migration in der Spätmoderne, in: Bräunlein, Peter J., und Lauser, Andrea (Hg.): Ethnologie der Migration, Bremen 1997 (Kea. Zeitschrift für Kulturwissenschaften, 10), I–XVIII.

Egloff, Nicolai und Ludwig, Heiner: Die Debatte über das Ende der Industriegesellschaft, in: Ludwig, Heiner, und Gabriel, Karl (Hg.): Gesellschaftliche Integration durch Arbeit. Über die Zukunftsfähigkeit sozialkatholischer Traditionen von Arbeit und Demokratie am Ende der Industriegesellschaft, Münster [2000] (Studien zur christlichen Gesellschaftsethik, Bd. 2), 15–40.

Falch, Sabine: Heimatfern. Die Südtiroler Arbeitsmigration der 1950er und 1960er Jahre, Innsbruck 2002 (Innsbrucker Forschungen zur Zeitgeschichte, Bd. 17).

Fischbacher, Marianne: So ging man eben ins Hotel. Domleschger Hotelangestelle im Engadin der Zwischenkriegszeit, Chur 1991 (Beiheft zum BM, Nr. 1).

Foffa, Crispin: Val Müstair. Gesellschaftliche, kulturelle, wirtschaftliche und soziale Entwicklung der Bevölkerung und der Infrastruktur des Val Müstair in der Zeit nach dem Zweiten Weltkrieg bis zum Ende des zwanzigsten Jahrhunderts, Müstair 2003.

Fuhrer, Urs und Uslucan, Haci-Halil: Immigration und Akkulturation als ein intergenerationales Familienprojekt: eine Einleitung, in: Fuhrer, Urs, und Uslucan, Haci-Halil (Hg.): Familie, Akkulturation und Erziehung. Migration zwischen Eigen- und Fremdkultur, Stuttgart 2005, 9–16.

Gustin, Claudio: Beziehungen über die Grenze zwischen Münstertal und Vinschgau, in: Südtiroler Kulturinstitut u.a. (Hg.): Calven 1499–1999. Bündnerisch-Tirolische Nachbarschaft [Bozen] 2001, 247–254.

Hahn, Sylvia: Wie Frauen in der Migrationsgeschichte verloren gingen, in: Husa, Karl; Parnreiter, Christof; Stacher, Irene (Hg.): Internationale Migration. Die globale Herausforderung des 21. Jahrhunderts?, Frankfurt am Main 2000 (Historische Sozialkunde, 17: Internationale Entwicklung), 77–96.

Hogrebe, Wolfram: Die epistemische Bedeutung des Fremden, in: Wierlacher, Alois (Hg.): Fremdheit. Leitbegriffe und Problemfelder kulturwissenschaftlicher Fremdheitsforschung, München 1993, 355–369.

Holtus, Günter; Metzeltin, Michael; Schmitt, Christian: Lexikon der romanistischen Linguistik, Bd. 3: Die einzelnen romanischen Sprachen und Sprachgebiete von der Renaissance bis zur Gegenwart, Tübingen 1989.

Huth-Hildebrandt, Christine: Das Bild von der Migrantin. Auf den Spuren eines Konstrukts, Frankfurt am Main 2002 (Wissen und Praxis, 104).

Kofman, Eleonore u.a.: Gender and migration theory, in: Kofman, Eleonore u.a. (Hg.): Gender and international migration in Europe. Employment, welfare and politics, New York 2000, 21–34.

Leidlmair, Adolf: Bevölkerung und Wirtschaft in Südtirol, Innsbruck 1958 (Tiroler Wirtschaftsstudien, Folge 6).

Lentz, Sebastian: Landwirtschaftlicher Grenzverkehr und Arbeitspendler in der Grenzzone des Münstertals (Graubünden/Schweiz), in: Loose, Rainer (Hg.): Der Vinschgau und seine Nachbarräume, Bozen 1993, 289–309.

Liver, Peter: Landeskundliche und verfassungsgeschichtliche Einleitung, in: Schorta, Andrea (Hg.): Die Rechtsquellen des Kantons Graubünden. Erster Teil: Der Gotteshausbund, Bd. 3: Münstertal, Aarau 1983, 1–36.

Maletzke, Gerhard: Interkulturelle Kommunikation. Zur Interaktion zwischen Menschen verschiedener Kulturen, Opladen 1996.

Mecklenburg, Norbert: Über kulturelle und poetische Alterität, in: Krusche, Dietrich, und Wierlacher, Alois (Hg.): Hermeneutik der Fremde, München, 1990, 80–102.

Müller, Otto: Das Bündner Münstertal. Eine landeskundliche Darstellung, Diss. Zürich, Richterswil 1936.

Park, Robert E.: Human migration and the marginal man, in: American Journal of Sociology 33, 1928, 881–893.

Pinösch, Duri: Val Müstair. Münstertal. Geschichtschronik [St. Maria] 2002 (2. erw. Aufl.).

Ricker, Kirsten: Migration, Sprache und Identität. Eine biografieanalytische Studie zu Migrationsprozessen von Französinnen in Deutschland, Bremen 2000.

Schreich, Rahel Seraina: Süllas passidas da l'emigraziun jaura dal 18avel tschientiner fin a la prüma guerra mundiala, Heimatkundearbeit Bündner Lehrerseminar Chur, St. Maria 2004/05.

Schreich-Stuppan, Hans-Peter: Geheimnisvolles Münstertal in Sagen und Legenden. La Val Müstair misteriusa in sias dittas e legendas, Valchava 2004.

Schütz, Alfred: Grundzüge einer Theorie des Fremdverstehens, in: Alfred Schütz: Der sinnhafte Aufbau der sozialen Welt. Eine Einleitung in die verstehende Soziologie, Frankfurt am Main 1974, 137–197.

Simmel, Georg: Exkurs über den Fremden, in: Simmel, Georg: Untersuchungen über die Formen der Vergesellschaftung. Gesammelte Werke, Bd. 2, Berlin 1968 (5. Aufl.), 509–512.

Südtiroler Kulturinstitut u.a. (Hg.): Calven 1499–1999. Bündnerisch-Tirolische Nachbarschaft. Vorträge der wissenschaftlichen Tagung im Rathaus Glurns vom 8. bis 11. September 1999 [Bozen] 2001.

Verdorfer, Martha: Die Nähe der Fremde. Lebensgeschichtliche Erfahrungen an der Grenze, in: Südtiroler Kulturinstitut u.a. (Hg.): Calven 1499–1999. Bündnerisch-Tirolische Nachbarschaft [Bozen] 2001, 255–261.

Einwohner und Einwohnerinnen der Val Müstair 1970–2000
nach Gemeinden, Geburtsort und Geschlecht

Volkszählungsjahr	1970	1980	1990	2000
Bezirk Val Müstair				
EinwohnerInnen total	1468	1599	1632	1605

Fuldera

Einwohnergeburtsort:	m/f	m/f	m/f	m/f
Gleiche Gem., gleicher Kt.	38/40	35/27	35/28	38/25
Andere Gem., gleicher Kt.	9/18	10/17	11/20	13/21
Andere Gem., anderer Kt.	2/0	3/1	2/3	4/3
Im Ausland	2/7	1/6	2/4	3/8
Ohne Angabe	0/0	0/0	0/0	0/0
Total	51/65	49/51	50/55	58/57
Zugezogene	13/25	14/24	15/27	20/32

Lü

Einwohnergeburtsort:	m/f	m/f	m/f	m/f
Gleiche Gem., gleicher Kt.	28/23	15/11	22/11	24/16
Andere Gem., gleicher Kt.	10/2	15/7	6/6	2/9
Andere Gem., anderer Kt.	1/2	2/0	3/2	2/1
Im Ausland	0/2	2/4	0/4	1/3
Ohne Angabe	0/0	0/0	0/1	2/2
Total	39/29	34/22	31/24	31/31
Zugezogene	11/6	19/11	9/12	7/15

Müstair

Einwohnergeburtsort:	m/f	m/f	m/f	m/f
Gleiche Gem., gleicher Kt.	266/246	262/220	270/225	255/222
Andere Gem., gleicher Kt.	14/32	45/57	49/67	33/61
Andere Gem., anderer Kt.	15/19	27/41	30/42	32/43
Im Ausland	17/36	20/35	27/41	33/56
Ohne Angabe	0/0	0/0	0/1	7/3
Total	312/333	354/353	376/376	360/385
Zugezogene	46/87	92/133	106/150	98/160

Sta. Maria

Einwohnergeburtsort:	m/f	m/f	m/f	m/f
Gleiche Gem., gleicher Kt.	103/100	106/98	92/90	71/75
Andere Gem., gleicher Kt.	33/53	36/60	43/62	33/55
Andere Gem., anderer Kt.	16/19	21/28	26/31	21/26
Im Ausland	4/17	8/27	6/19	18/24
Ohne Angabe	0/0	0/0	0/0	1/3
Total	156/189	171/213	167/202	144/183
Zugezogene	53/89	65/115	75/112	73/108

Tschierv

Einwohnergeburtsort:	m/f	m/f	m/f	m/f
Gleiche Gem., gleicher Kt.	37/34	50/36	37/33	45/33
Andere Gem., gleicher Kt.	19/18	9/23	25/24	23/20
Andere Gem., anderer Kt.	1/2	3/2	7/6	4/8
Im Ausland	6/10	4/7	4/11	8/12
Ohne Angabe	0/0	0/0	0/0	1/0
Total	63/64	66/68	73/74	81/73
Zugezogene	26/30	16/32	16/41	36/40

Valchava

Einwohnergeburtsort:	m/f	m/f	m/f	m/f
Gleiche Gem., gleicher Kt.	65/46	70/49	53/48	62/40
Andere Gem., gleicher Kt.	18/26	35/41	30/40	21/38
Andere Gem., anderer Kt.	1/1	3/5	11/11	12/9
Im Ausland	1/9	4/11	2/9	3/11
Ohne Angabe	0/0	0/0	0/0	2/4
Total	85/82	112/106	96/108	100/102
Zugezogene	20/36	42/57	33/60	38/62

Abkürzungen: m: Männer; f: Frauen; Gem.: Gemeinden; Kt.: Kanton
Quelle: Eidgenössische Volkszählungen

Eine fremde Forscherin im Münstertal: Eugenie Goldstern (1884–1942), Pionierin der europäischen Ethnografie

Von Silvia Hofmann

Eugenie Goldstern.

*Was wir heute über die Münstertaler Volkskultur des 19. und des frü-
hen 20. Jahrhunderts wissen, verdanken wir der ursprünglich aus Odessa
stammenden Wiener Ethnografin Eugenie Goldstern. Sie bereiste 1919
und 1920 das Val Müstair und den oberen Vinschgau und erforschte die
charakteristischen Haustypen, die genossenschaftlichen Arbeitsformen,
die Bräuche, Gerätschaften und kunsthandwerklichen Erzeugnisse. Eugenie Goldstern wurde 1942 von den Nazis im polnischen Izbica ermordet.*

«Verlässt man die Eisenbahn in Zernez (Engadin) und schlägt die
schöne Strasse zu dem Ofenpass ein, so befindet man sich bald mitten in
der wilden abwechslungsreichen Landschaft des schweizerischen Natio-
nalparks. Nach stundenlangem Wandern in unübersehbar weitem, fast
menschenleerem Waldgebiet erreicht man endlich die Passhöhe, von der
man in ein freundliches, anmutiges Tal blickt, dessen weissschimmernde
Häusergruppen von Wiesen und Wäldern umgeben sind. Es ist das bündnerische Münstertal […].»[1] Im Frühherbst 1919 unternimmt Eugenie
Goldstern diese stundenlange Wanderung von Zernez ins Münstertal.[2] Sie
ist 35 Jahre alt und im Begriff, an der Universität Fribourg ihren Doktor-
titel in Humangeografie zu erlangen. Auf der Suche nach Zeugnissen
archaischer alpiner Kultur reist und wandert Eugenie Goldstern durch die
französischen, italienischen und schweizerischen Alpen. Sie lernt in den
wenigen Jahren ihrer volkskundlichen Recherchen allein in der Schweiz
das Wallis, die Waadt, die Kantone Freiburg und Bern, vor allem aber
auch den Kanton Graubünden von der Surselva bis ins Engadin kennen.
Die Erforschung der Haustypen, Bräuche und Gerätschaften des Münstertals wird, zusammen mit dem Material aus dem savoyischen Bessans,
Grundlage ihrer Dissertation in der jungen Disziplin der Ethnografie sein.
Und ihre Schenkung von in Graubünden gesammelten Spinnrocken und
Talglampen bildet den Grundstock der Sammlung zur Volkskunde des
schweizerischen Alpenraums im Schweizerischen Alpinen Museum Bern.[3]
Eugenie Goldstern ist eine Pionierin.

1884 wird sie als 15. Kind in die reiche jüdische Kaufmannsfamilie
Goldstern-Kittower in Odessa geboren. Odessa, die Stadt am Schwarzen
Meer, ist mit rund 400 000 Einwohnern die viertgrösste Stadt des Russischen Reichs und einer der grössten Handelshäfen. Ein Drittel der
Bevölkerung Odessas sind Jüdinnen und Juden. Theater, Oper, Kaffeehäuser – Odessa ist zur Zeit der Belle Époque eine glanzvolle Metropole,
das «Klein-Paris» des Ostens. Vielleicht verkehren die Goldsterns in den
Kaffeehäusern der Bündnerkolonie: im luxuriösen Café Fanconi zum Beispiel, das von der Samedanerin Margeritha Fanconi-Squeder geführt
wird, oder im Hotel d'Europe des Safiers Jeremias Gredig.[4]

Die Umgangssprache bei Goldsterns ist Deutsch, denn Eugenies Vater
Abraham stammt aus Lemberg. Die deutsche Kultur ist im diktatorischen
Zarenreich Synonym für Freiheit, und Eugenie wächst auf mit der Lektüre
von Lessing, Schiller und Humboldt. Sie und ihre älteren Schwestern
begeistern sich für Rahel Varnhagen (1771–1833), die erste emanzipierte
Jüdin und berühmte Berliner Salonnière. Eugenies Brüder schliessen sich

als Studenten revolutionären Zirkeln an und müssen emigrieren. Zwei von ihnen studieren Chemie in der Schweiz.[5]

Im Juni 1905 läuft der Panzerkreuzer «Potemkin» in Odessa ein; die Matrosen, die ihre Offiziere getötet haben, drohen, die Stadt zu bombardieren. Am 28. Juni richtet das Militär bei der Niederschlagung des Aufstands unter der Bevölkerung ein schreckliches Massaker mit Hunderten von Toten an. Die seit vier Monaten andauernden Pogrome gegen die jüdische Bevölkerung erreichen im August einen Höhepunkt. Die Familie Goldstern-Kittower verlässt Odessa und zieht nach Wien.

Die junge Eugenie Goldstern interessiert sich für Volkskunde und Ethnografie und besucht die Vorlesungen des einzigen Wiener Fachdozenten Michael Haberlandt (1860–1940). Weil sie in Wien keinen universitären Abschluss machen kann, schreibt sie sich an der Universität in Neuenburg ein.[6] 1912 reist sie in die Schweiz und lässt sich u.a. von der Urethnografie des Basler Prähistorikers Leopold Rütimeyer (1856–1932) inspirieren. Dieser hat mit seinem Vergleich von Maskenritualen in Afrika und im Lötschental den Anstoss zu einer humanistischen Sicht der Volkskunde gegeben, die nicht mehr zwischen «Zivilisierten» und «Barbaren» unterscheidet.[7] 1913 bricht Eugenie Goldstern auf nach Bessans, einem auf 1743 Meter ü.M. gelegenen ganzjährig bewohnten Dorf in Hochsavoyen. Sie verbringt den ganzen Winter dort und lebt mit den Menschen in deren urtümlichen Stallwohnungen. Eugenie Goldstern betreibt «avant la lettre» ihre Forschungen als teilnehmende Beobachterin – eine Forschungsmethode, die Jahrzehnte später zum wissenschaftlichen Standard wird –, spricht mit den Leuten, nimmt an ihren Festen teil, fotografiert, zeichnet und schreibt. Eugenie Goldstern gehört damit zu einer kleinen Gruppe von volkskundlichen Avantgardisten, deren Vorbild Arnold van Gennep (1873–1957) ist, ihr Lehrer und Professor an der Universität Neuenburg.[8]

Die mit Fotoapparat und Notizbuch ausgerüstete und stets allein reisende Frau ist den Behörden ein Dorn im Auge, und kurz vor Ausbruch des Ersten Weltkriegs entgeht Eugenie Goldstern nur knapp der Verhaftung als Spionin. Sie muss zurück nach Wien. Doch dort haben sich die Verhältnisse verändert. Die Volkskunde ist zu einem Instrument nationalistischer und chauvinistischer Propaganda geworden; es gibt keinen Platz mehr für Eugenie Goldstern. Da sie kein Visum für die Schweiz erhält, kann sie ihre Forschungen im Wallis und in Graubünden erst ab 1918 wieder aufnehmen. Vom Münstertal aus will sie ins Veltlin, doch Italien lässt sie nicht einreisen. So unternimmt sie eine Wanderung ins Unterengadin. In Scuol brummt ihr der Landjäger eine Busse auf; etwas derart «Exotisches» wie eine alte Gegenstände sammelnde Dame kann er nicht einordnen, und sie besitzt nachweislich kein Hausiererpatent.[9]

Die mit Karten, Zeichnungen und über hundert Fotografien illustrierte Forschungs- und Doktorarbeit Eugenie Goldsterns über das Münstertal erscheint 1922 unter dem Titel «Hochgebirgsvolk in Savoyen und Graubünden» in einem Ergänzungsband der «Wiener Zeitschrift für Volkskunde» und beschreibt in vergleichender Weise die Haustypen des Val

Eine Bauernfamilie beim Kornschneiden in Tschierv um 1920. Es war diese bäuerliche Arbeits- und Lebenswelt der Münstertaler Bevölkerung, die die Wiener Forscherin Eugenie Goldstern faszinierte und mit ihrer Dissertation von 1922 dem Vergessen entriss.

Müstair und des Obervinschgaus. Daraus schliesst Goldstern auf die Wirtschaftsformen der bäuerlichen Bergbevölkerung; insbesondere legt sie den Fokus auf die genossenschaftlich organisierte Arbeit. Die gemeinsame Bewirtschaftung der Alpen und Weiden, die Einbindung der ganzen Dorfbevölkerung in die Verantwortung für das Gemeinwesen beeindrucken sie tief. Die auf den sogenannten Tesseln (Kerbhölzer, rätoromanisch «tesla») mittels charakteristischer Einkerbungen festgehaltene «Buchhaltung» von Arbeitsleistungen der einzelnen Familien oder der von den Alpen gelieferten Butter und Käselaibe, die Eugenie Goldstern bereits im Wallis und in Hochsavoyen gefunden hatte, interpretiert sie als archaische Form der Demokratie, die es in dieser Form nur im alpinen Raum gebe.

Breiten Raum nehmen die Schilderungen der reich verzierten Hausfassaden, der geschnitzten Fensterrahmen und der ästhetischen Gestaltung der Gerätschaften ein, der Stickereien, Webtextilien und Holzspielzeuge für die Kinder. So findet sie im Münstertal zwei ganz aussergewöhnliche Objekte, die sogenannten Knochenschlitten. Diese urtümlichen Schlitten sind mit Kufen aus Pferde- oder Ochsenschienbeinen gebaut, und ihr Holzsitz ist in feiner Kerbschnitzarbeit mit Stern- und Rosettenmotiven verziert. Zwar sind sie längst nicht mehr in Gebrauch (sie stammen aus der ersten Hälfte des 18. Jahrhunderts), doch Goldstern zeigt in ihrer Arbeit auf, dass sich die Urformen des Knochenschlittens in Osteuropa bereits im Neolithikum nachweisen lassen. Besondere Aufmerksamkeit widmet Goldstern der rätoromanischen Bezeichnung des Schlittens. Im Münstertal und Unterengadin nennt man sie «josla» oder «jousla», ein Wort, das sie von Rätoromanisch «öss» oder «ossa» herleitet, was wiederum Knochen bedeutet.

Goldstern dokumentiert die romanischen Hausinschriften ebenso wie zahlreiche Bräuche und Rituale. Die Alpabfahrt wird akribisch und lebendig beschrieben, der «Chalandamarz» (mit dem Wortlaut des Chalandamarzlieds), der Brauch des Wurststehlens oder der «mazzola», bei der die Jugend des Dorfs vor einem Haus, in dem zwei Frauen streiten, «ein ohrenbetäubendes Konzert [aufführen], begleitet von Pfeifen, Johlen, Peitschenknallen, zuweilen stundenlang [...]. Die zänkischen Weiber werden durch dieses Strafverfahren der Münstertaler Jugend wohl für eine Zeitlang von ihrer Streitsucht geheilt.»[10]

Goldsterns Beschreibungen sind nicht frei von wertenden Kommentaren. So schreibt sie etwa in der Einleitung zum Kapitel über die Volkskunst: «Obwohl viele der schönsten Erzeugnisse einheimischer Volkskunst dem Münstertale von den Antiquitätenhändlern bereits entrissen worden sind, hat dieses Tal dennoch so manches aus seiner guten alten Zeit bis heute bewahrt.»[11] Der technologische Fortschritt und die gesellschaftlichen Veränderungen bedeuten für Goldstern zugleich eine unwiederbringliche Zerstörung der ursprünglichen Strukturen und Zeugnisse. Als fremde Frau und als Ethnografin verfügt sie jedoch über den gewissermassen objektiveren «Blick von aussen» und vermittelt uns ihre Perspektive für das «Echte» und «Unverfälschte». Selbstverständlich ist diese Haltung im Kontext der noch jungen Ethnografie zu verstehen;

Als junge Ethnologin bereist Eugenie Goldstern 1919 und 1920 das Val Müstair. Ihren Zeichenblock und ihren Fotoapparat trägt sie immer mit sich, um Haustypen, bäuerliche Gerätschaften, das Kunsthandwerk oder Bräuche – wie hier den Brauch des «Spannens» bei der Verlobung im Münstertal – zu dokumentieren.

vielleicht spricht daraus aber auch eine ganz persönliche Nostalgie Eugenie Goldsterns, die als junge Frau durch die Emigration ihrer Familie unvermittelt aus einer grossbürgerlichen und behüteten Existenz herausgerissen worden war.

Ihre wissenschaftliche Leistung ist in der volkskundlichen Forschung der damaligen Zeit kaum anerkannt und rezipiert worden, weder in Österreich noch in der Schweiz. Im Gegenteil, Eugenie Goldsterns wissenschaftliche Karriere wird in Wien aktiv behindert und verunmöglicht.[12] Obwohl sie Mitglied des Vereins für Volkskunde ist, muss sie für die Publikation ihrer Doktorarbeit über Bessans und das Münstertal in der «Wiener Zeitschrift für Volkskunde» einen Betrag von 50 000 Kronen vorschiessen. Die «Kollektion Goldstern» im Wiener Museum für Volkskunde umfasst 1921 284 Objekte aus dem Wallis, Hochsavoyen und dem Münstertal, und für deren Instandhaltung und fachgerechte Aufbewahrung stiftet Eugenie Goldstern weitere 90 000 Kronen. Dazu kommen 200 000 Kronen aus ihrer Hand, die im Jahresbericht des Museums als «Druckkostenzuschüsse» deklariert sind. «Eugenie Goldstern stiftet der Wiener Volkskunde in dieser schwierigen Nachkriegszeit also eine Viertelmillion Kronen. Im gleichen Jahr weist die Öffentliche Hand für die sieben grossen Landesmuseen ein Budget von 400 000 Kronen aus.»[13]

Gleichzeitig beschäftigt sich die österreichische Volkskunde mit der Erforschung der Rassen- und Völkerpsychologie, und Eugenie Goldsterns ehemaliger Professor, Michael Haberlandt, publiziert 1920 das antisemitische Buch «Die Völker Europas und des Orients».[14] 1924 veröffentlicht Eugenie Goldstern ihre letzte wissenschaftliche Arbeit unter dem Titel «Alpine Spielzeugtiere. Ein Beitrag zur Erforschung des primitiven Spielzeugs».[15] Trotz ihrer akademischen Verbindungen in die Schweiz und nach Frankreich ist sie in Wien isoliert, und sie zieht sich zurück. Die nächsten Jahre hilft sie im florierenden Sanatorium ihres Bruders Samuel mit. Als unverheiratete Frau ohne Brotberuf hat sie selbst innerhalb ihrer Familie einen schweren Stand. Auch ihre ausgewiesenen Fähigkeiten als Wissenschaftlerin und als Pionierin der europäischen Ethnografie finden in der Familie keinerlei Anerkennung.

Am 10. November 1938, nach der «Reichskristallnacht», wird die Familie Goldstern aus ihrem Sanatorium gejagt, ihr Vermögen wird eingezogen. Samuel Goldstern stirbt wenige Tage danach an einem Herzinfarkt, seiner Witwe gelingt die Flucht nach Frankreich, ihr Sohn wird nach Dachau deportiert und ermordet. Nur Eugenie bleibt bei ihrem betagten Bruder Sima zurück. Am 14. Juni 1942 wird sie vom Wiener Aspang-bahnhof aus mit Hunderten anderer Jüdinnen und Juden nach Lublin in Ostpolen deportiert. 51 Personen müssen dort den Zug verlassen, darunter auch Eugenie Goldstern.[16] Sie werden ins «Arbeitslager» Izbica transportiert. Dort werden sie vermutlich am 17. Juni 1942 erschossen. Eugenie Goldberg ist 58 Jahre alt geworden.

Nachtrag

Im Jahr 2004 wurde die «Sammlung Eugenie Goldstern» im Wiener Museum für Volkskunde zum ersten Mal überhaupt ausgestellt.[17] Damit verbunden war eine breite wissenschaftliche Auseinandersetzung mit der Sammlung und der pionierhaften Forschungsarbeit Eugenie Goldsterns. Möglich wurde dies durch zwei vorausgehende Initiativen. 1967 war der Zürcher Volkskundler Arnold Niederer (1914–1998) zusammen mit Studentinnen und Studenten zu einer Exkursion nach Bessans in Hochsavoyen aufgebrochen und hatte sich mit den Arbeiten Eugenie Goldsterns befasst.[18] 1999 erschien im Wiener Mandelbaum Verlag die erste – und bisher einzige – Biografie über Eugenie Goldstern von Albert Ottenbacher. Diese löste in Wien eine heftige Debatte über die ungebrochenen akademischen Karrieren von ehemals antisemitischen und nazistischen Professoren nach 1945 aus.

Inzwischen ist Eugenie Goldstern auch in Frankreich «wiederentdeckt» worden. Das Musée national des Civilisations de l'Europe et de la Méditerranée in Marseille hat zusammen mit dem Österreichischen Museum für Volkskunde die Ausstellung «Eugenie Goldstern. Etre ethnologue et juive dans l'Europe alpine des deux guerres» entwickelt. Seit 2007 wurde sie in Chambéry und Grenoble gezeigt. 2009 wird sie in Marseille zu sehen sein.

Aus heutiger Sicht ist Eugenie Goldsterns Forschungsarbeit im Münstertal von unschätzbarem Wert. Sie hat unmittelbar nach dem Ersten Weltkrieg eine reiche und differenzierte Volkskultur in Wort und Bild festgehalten, die zum grössten Teil versunken ist. Eine Würdigung ihrer Forschungsreisen und wissenschaftlichen Arbeiten über das Münstertal sowie eine Ausstellung ihrer dort gesammelten Gegenstände in Graubünden steht noch aus.

Anmerkungen

1   Goldstern, Hochgebirgsvolk II, 69.
2   Nach eigenen Angaben hält sich Eugenie Goldstern zweimal im Münstertal, Engadin und Obervinschgau auf, nämlich 1919 und 1920; s. ebd., 70. Es wären weitere Recherchen, insbesondere die Auswertung der Korrespondenz und der Gästebücher erforderlich, um ihre Reisen zeitlich zu rekonstruieren.
3   Die Goldstern-Sammlung des Schweizerischen Alpinen Museums verzeichnet 21 Objekte aus dem Münstertal.
4   Bühler, 154–156, 163, 294.
5   Ottenbacher, 20.
6   Eugenie Goldstern hat eine russische Matura, die in Österreich nicht anerkannt ist, in der Schweiz jedoch zum Universitätsstudium berechtigt. Bereits im 19. Jahrhundert haben zahlreiche Russinnen in der Schweiz studiert.
7   Rütimeyer, Leopold: Ur-Ethnographie der Schweiz. Ihre Relikte bis zur Gegenwart mit prähistorischen und ethnographischen Parallelen, Basel 1924.
8   Genneps Arbeit über die «Rites de passage» gehört zu den einflussreichsten in der Ethnologie. Gennep ist Professor an der Universität Neuenburg. Er verliert während des Ersten Weltkriegs seinen Lehrstuhl und muss wegen Zuwiderhandlungen gegen die Neutralität die Schweiz verlassen.
9   Faksimile des Briefs von Eugenie Goldstern an Professor Girardin in Fribourg, worin sie den Vorfall schildert und ihn um Hilfe bittet; in: Ottenbacher, 74–75.
10 Goldstern, Hochgebirgsvolk II, 107.
11 Ebd., 107.
12 Ottenbacher, 85.
13 Ebd., 85.
14 Ebd., 86.
15 In: Wiener Zeitschrift für Volkskunde, 29, 1924, Hefte 3–4, 45–71. Die letzten Forschungsreisen führen Eugenie Goldstern nach Polen und Galizien, wo sie Vergleichsobjekte zur alpinen Volkskultur findet.
16 Faksimile «Erfahrungsbericht des Leutnants der Schutzpolizei Johann Frischmann über die Deportation»; in: Ottenbacher, 112–113. In diesem Zug wurden 1000 Gefangene deportiert. Die als «arbeitsfähig» eingestuften wie Eugenie Goldstern mussten den Zug in Lublin verlassen. Die andern 949 Gefangenen wurden im Vernichtungslanger Sobibor ermordet.
17 29. August 2004 bis 13. Februar 2005; Katalog s. Österreichisches Museum für Volkskunde, Ur-Ethnographie.
18 Österreichisches Museum für Volkskunde, Ur-Ethnographie, 8.

Quellen- und Literaturverzeichnis

Quelle im Internet

http://www.univie.ac.at/biografiA/daten/text/bio/goldstern_e.htm, Stand 23.6.2008.

Literatur

Bühler, Roman: Bündner im Russischen Reich. 18. Jahrhundert – Erster Weltkrieg. Ein Beitrag zur Wanderungsgeschichte Graubündens, Chur 2003 (2. korrigierte Aufl.).

Goldstern, Eugenie: Hochgebirgsvolk in Savoyen und Graubünden. Ein Beitrag zur romanischen Volkskunde. I. Bessans. Volkskundliche monographische Studie über eine savoyische Hochgebirgsgemeinde (Frankreich); II. Beiträge zur Volkskunde des bündnerischen Münstertales (Schweiz), Wien 1922 (Wiener Zeitschrift für Volkskunde, Ergänzungsband 14).

Goldstern, Eugenie: Alpine Spielzeugtiere. Ein Beitrag zur Erforschung des primitiven Spielzeugs, in: Wiener Zeitschrift für Volkskunde, 29, 1924, Hefte 3–4, 45–71.

Österreichisches Museum für Volkskunde (Hg.): Ur-Ethnographie. Auf der Suche nach dem Elementaren in der Kultur. Die Sammlung Eugenie Goldstern, Wien 2004 (Kataloge des Österreichischen Museums für Volkskunde, 85).

Ottenbacher, Albert: Eugenie Goldstern. Eine Biografie, Wien 1999.

Dalla contemplazione all'azione. Il Monastero di Poschiavo e il suo ruolo nella società locale

Di Daniele Papacella

Indice

Introduzione

Un lungo percorso nel silenzio è quello della comunità del Convento di Santa Maria Presentata di Poschiavo. Creata all'inizio del Seicento, raccoglie in un primo momento sotto un unico tetto alcune donne che vivevano spontaneamente una loro vocazione religiosa. L'istituzione si apparta poi progressivamente dalla vita del villaggio. A inizio Settecento un'alta muraglia e lo statuto di clausura perfezionano la separazione. Questo passo porta a un importante cambiamento interno: le suore non sono più indigene, ma provengono dalla Valtellina. Con la separazione politica del 1797, oltre che estranee alla quotidianità della Valle, le suore diventano straniere anche sulla carta. A inizio Novecento, dopo un secolo di vessazioni dovute ad un clima politico ostile agli ordini religiosi, l'istituzione abbandona la clausura e si dà una sua missione in ambito sociale; un passo che permette alla comunità di rinascere. Eppure, attraverso le voci delle protagoniste di oggi, preoccupate per l'attuale crisi delle vocazioni, si percepisce una forte identificazione con gli oltre tre secoli di storia della comunità femminile e una volontà di perseguire la via in sintonia con il proprio passato.

L'istituzione, la Valle e le tracce nella storia

«Credo che un ciclo si stia chiudendo; abbiamo dato tanto alla società in questi decenni, adesso è arrivato il tempo di recuperare la nostra tradizione», ripete più volte la Madre superiora, suor Maurizia Giuliani (*1934).[1] La sua considerazione è seria e non è dovuta solamente alla rarefazione delle vocazioni, di cui anche l'istituzione poschiavina soffre. Per suor Maurizia, anche un istituto monastico deve riflettere periodicamente sul proprio ruolo in un mondo che cambia. Non è la prima volta che la comunità femminile si trova al varco, di fronte alla necessità di cambiare. Cosciente dei processi di trasformazione sociale in corso, la superiora rievoca il passato creando una sorta di filo rosso che congiunge il presente alla storia secolare dell'istituzione. Lei stessa suggerisce la necessità di una rivisitazione ciclica della propria funzione nel rispetto della tradizione; quasi il futuro fosse già scritto nella storia del monachesimo femminile in Val Poschiavo. Dopo 45 anni di vita in Convento – di cui dieci come Superiora – la testimonianza, ma anche i dubbi e le speranze di suor Maurizia, sono più di un'opinione; sono un eccellente documento della storia recente del Monastero agostiniano di Poschiavo. Nel suo racconto il presente si fonde a tratti con il passato; nelle sue parole si intrecciano dei «facevamo», dei «il nostro compito era», anche se le vicende raccontate superano di gran lunga la sua età anagrafica; anche le forme impersonali – i «si pativa la fame», o «di problemi ce ne sono sempre stati» – rivelano una profonda identificazione con l'istituzione. C'è una coscienza storica in quello che dice, un senso di continuità collettivo.

Negli oltre trecento anni della sua storia, il Monastero di Santa Maria Presentata di Poschiavo ha cambiato più di una volta mandato e ordinamento. Il suo percorso può essere suddiviso in cinque fasi distinte. Eretto nel Seicento dapprima come Casa di Sant'Orsola, dopo soli cinquant'anni è stato trasformato in un'istituzione agostiniana di clausura. Un secolo dopo, con l'invasione francese di fine Settecento, inizia un terzo periodo difficile; un nuovo clima politico e istituzionale incrina la tradizione monastica. Solo con una successiva svolta, avvenuta all'inizio del Novecento, il Monastero riesce a chiudere decenni di conflitti con il mondo esterno, assumendo un ruolo attivo dapprima nella vita della Valle di Poschiavo e poi superando anche gli stretti limiti locali. I recenti sviluppi all'interno della comunità annunciano un'ulteriore fase di transizione. Negli ultimi due decenni il Monastero si è ritirato dai compiti sociali assunti nel corso del Novecento e, una volta di più, la comunità femminile deve ripensare il suo ruolo.

In tutte queste fasi e come ogni attore della storia, anche la storia della comunità agostiniana di Poschiavo si sviluppa in un contesto preciso. Nel caso specifico, il suo destino è definito, da un canto, da una gerarchia ecclesiastica da cui l'istituzione dipende, e contemporaneamente dal mondo laico circostante. Il contatto con il clero maschile e l'evoluzione del cattolicesimo sono momenti determinanti anche nella vita per certi aspetti indipendente di una comunità monastica femminile, che dispone di una propria organizzazione e di proprie costituzioni scritte. Allargando lo sguardo si incontra poi la società poschiavina che gravita intorno al Monastero. In questo caso, il contesto storico è diverso da quello in cui si trova la maggior parte delle istituzioni paragonabili. Da un punto di vista confessionale, la Valle di Poschiavo non è omogenea: dalla Riforma in poi, cattolici e protestanti condividono infatti lo stesso territorio. Questa situazione carica di conflittualità ha creato, più che altrove, una coscienza della diversità e ha, di riflesso, attribuito al Convento un ruolo tutto particolare.[2]

Negli ultimi trent'anni la ferita immateriale dovuta alla divisione confessionale si è rimarginata, ma in passato ha definito tanta parte della quotidianità locale, caratterizzando relazioni personali e decisioni politiche. Sul cammino della società di Valle hanno poi influito cangianti ragioni ideologiche ed economiche.

Ricostruire l'interazione fra Convento e società non è facile, soprattutto per quella fase che non è più parte immediata della memoria vivente. Fino al Novecento le fonti sono infatti scarne e la voce delle donne è praticamente sempre filtrata dal clero maschile. Solo i documenti vescovili, là dove gli scambi epistolari fra livelli gerarchici di una stessa istituzione hanno prodotto materiali scritti, lasciano trasparire a tratti un contatto diretto. Gran parte delle vicende interne al Convento non ha invece trovato una forma cartacea, legata com'era agli aspetti quotidiani di una convivenza caratterizzata dall'incontro di personalità diverse. Attraverso un ampio ventaglio di fonti scritte e orali, come grazie ad un confronto puntuale con la letteratura specifica esistente, questo contributo cerca di ricostruire le vicissitudini del Convento e la storia delle donne che l'hanno abitato, concentrandosi in particolare sugli ultimi due secoli, periodo in cui la comunità monastica è passata, grazie ad una presa di coscienza interna e al confronto con la società all'esterno, da una fase di declino ad una rinascita che porta all'assunzione di nuovi ruoli all'interno della società. Le fonti rinvenute per questa ricerca[3] e la ricerca storica fin qui disponibile[4] permettono solo una ricostruzione incompleta degli eventi. Purtroppo, solo dalla seconda metà dell'Ottocento l'interazione tra comunità religiosa e società civile – o ancora più spesso con le autorità politiche e ecclesiastiche, dominate da figure maschili – ha lasciato delle testimonianze scritte che permettono di leggere con più incisività questa relazione. Le pagine che seguono cercheranno di mettere in evidenza alcune di queste tracce. La memoria delle protagoniste di oggi ha permesso di leggere con maggiore incisività questa esperienza. Anche la loro testimonianza è dunque una fonte importante che ha permesso di rileggere il percorso dell'istituzione.

Le origini
Dalla Casa di Sant'Orsola del 1629 alla clausura agostiniana del 1684

Il nostro percorso inizia nella sala di lettura del nuovo Monastero, edificato alla fine degli anni Sessanta ai margini del villaggio. Dalla parete un grande quadro domina lo spazio. I tratti grossolani e naïf sono di un pittore itinerante del Diciassettesimo secolo. Anche l'iconografia è corrente: si riconosce Sant'Orsola, la principessa bretone vissuta presumibilmente nel Quarto secolo e promessa in sposa ad un re pagano, che la leggenda vuole vittima – con il suo seguito di 11 000 vergini – dell'ira di Attila, il condottiero unno. Nella tela poschiavina il suo sguardo semplice corrisponde in qualche modo all'animo delle prime destinatarie, anche se il mare ormai sbiadito e le navicelle che circondano la figura della santa esulano dal paesaggio alpino della Valle di Poschiavo. Più che nella qualità della sua fattura, il valore del quadro risiede nell'immaginario simbolico che vi si concentra. Suor Maurizia, come tutte le sue consorelle, rende ossequio alla figura con un breve, quasi impercettibile gesto ogni volta che vi passa davanti. Agli ospiti che visitano il Convento si mostra il quadro come un cimelio; Sant'Orsola è presentata come modello e, soprattutto, come riferimento di un ordine religioso che ha lasciato il segno anche nel percorso di fede delle suore di Poschiavo. La tela, infatti, ornava la prima cappella del pio istituto e faceva probabilmente parte degli arredi originari, acquistati dall'istituzione al momento della sua nascita.

La data ufficiale della fondazione risale al 18 novembre 1629, quando il vescovo di Como Lazzaro Caraffino (1590 ca.–1665) stese la sua dichiarazione inaugurale. Nasceva così, seguendo modelli già applicati altrove nella Diocesi di Como, la Casa dedicata appunto a Sant'Orsola. Nel processo di riforme della Chiesa del Seicento, anche a Poschiavo prendeva piede un ordine religioso minore, quello delle orsoline, promosso da

Il Borgo di Poschiavo intorno al 1860. Vicino al campanile romanico di San Vittoere si scorge il Monastero con il caratteristico campanile a cipolla della cappella.
Poschiavo um 1860. In der Nähe des romanischen Turms der Kirche San Vittore ist das Kloster mit dem charakteristischen Zwiebelturm der Kapelle zu sehen.

Angela Merici (1475–1540), una terziaria francescana di Brescia. Alcuni anni più tardi, nel 1636, sedici donne valposchiavine, perlopiù di estrazione contadina, presero il velo in presenza del vescovo.[5] Malgrado l'ordine non imponesse i voti perpetui, il rito solenne organizzato a Poschiavo rispecchiava nei suoi atti simbolici gli onori del monachesimo tradizionale: ad ogni donna vennero consegnati una candela accesa, il cordiglio monacale, un giglio e la corona. Con la cerimonia di fronte alla comunità cattolica, riunita nella chiesa di San Vittore, per la prima volta nella Valle, delle donne ottenevano un riconoscimento pubblico per la loro scelta di vita.[6]

L'ordine delle orsoline, come altre iniziative spirituali laiche e dunque esterne al clero della Chiesa romana, era nato nel Cinquecento per rispondere a bisogni nuovi della società. Alle donne coinvolte erano assegnati compiti assistenziali ed educativi. In diretta opposizione alle tradizionali forme monastiche, l'ordine non imponeva il pagamento di una dote d'entrata, non prevedeva né i voti, né la vita comunitaria, né la clausura.[7] Un ordine dunque che rispondeva anche alle vocazioni di donne non sposate o vedove, anche povere, che volevano donare la propria vita al servizio e alla devozione, e che presupponeva delle infrastrutture organizzative minime. La riunione delle donne in una sede vicinissima alla chiesa matrice del Borgo rispondeva però anche al bisogno di disciplinamento della Chiesa postridentina: in Valle alcune donne vivevano infatti già prima del 1629 in un ordine religioso non precisato dalle fonti, probabilmente seguendo una vocazione spontanea in un contesto familiare. In una delle prime lettere del sacerdote di Poschiavo Paolo Beccaria (1587–1665), che annunciava al vescovo il desiderio di creare un Monastero in Valle in base al modello comasco, si legge: «Havendo alcune delle nostre giovini di Poschiavo desiderose di servire Dio in stato religioso fatta fare humile instanza all'Illustrissimo e Reverendissimo Monsignore Lazzaro Carafino Vescovo di Como come Ordinario del Luogo di puotirsi unire insieme in un Collegio al modo di quelle di St. Leonardo di Como.»[8] Più che il desiderio preciso delle donne coinvolte, la loro riunione in una nuova comunità è un elemento che sottolinea la ricerca da parte della Chiesa istituzionale di un rapporto più vincolante per le donne e per la popolazione. Attraverso nuove istituzioni, in particolare le congregazioni aperte anche ai laici, ma anche grazie a nuove cerimonie, la Chiesa accrebbe la sua capacità di aggregazione e il clero, moderatore di queste rinnovate forme di religiosità, acquisì una maggiore influenza sulla popolazione.[9] La fondazione della Casa di Sant'Orsola avvenne proprio nel momento più difficile della convivenza fra cattolicesimo e protestantesimo – nella Valle di Poschiavo come in tutto il territorio delle Tre Leghe – quello dei cosiddetti «Torbidi grigioni». Possiamo dunque leggere in questa fondazione poschiavina, voluta dalla gerarchia ecclesiastica comasca, una forma di controllo sulla vita di queste donne.[10]

Dai primi decenni del Cinquecento, un confine simbolico, quello della fede, divideva infatti la Repubblica alpina, amplificando la necessità di definire la rispettiva identità e fomentando i conflitti fra le due confessioni. A questo elemento si aggiunse, ad inizio Seicento, una costellazione internazionale tesa, che diede origine a dei conflitti aperti in Valtellina e Val Chiavenna, territori sudditi dei Grigioni. Dopo i sanguinosi attacchi contro la comunità protestante in Valtellina, nel luglio 1620 – il cosiddetto «Sacro Macello»[11] – e nell'aprile 1623, ci furono delle vere e proprie azioni di guerriglia anche a Poschiavo e Brusio. In Valtellina si arrivò praticamente all'eliminazione del protestantesimo, mentre nella Valle di Poschiavo, libero Comune dello Stato delle Tre Leghe, la presenza si riaffermò, anche se in maniera mutilata rispetto alle origini. Ma fu solo venti anni dopo i sanguinosi eventi, nel 1642 e nel 1644, che l'intervento di due arbitri inviati dalle Leghe riuscì a ricreare una forma di convivenza fra le comunità di Valle attraverso una serie di disposizioni normative.[12] In questo lasso di tempo le due comunità si riorganizzarono al loro interno e la creazione della Casa per le figlie di Sant'Orsola era un passo in questa direzione. In una Valle logorata da conflitti confessionali, una inequivocabile ortodossia era un bisogno ritenuto pressante dalle autorità diocesane e dal clero cattolico locale. Si trattava dunque di una risposta alla presenza evangelica nella Valle, ma non solo.[13]

Sotto la guida spirituale del sacerdote sondriese Paolo Beccaria (1587–1665), donne di tutte le età – vedove e giovani, donne entrate in comunità senza dote, perché di estrazione contadina e provenienti dalle contrade minori della vallata – trovarono un posto nella Casa di Sant'Orsola. Contemporaneamente tutta la Chiesa si rinnovava; il manifesto di questo mutamento è il barocco che ridefinisce l'architettura degli edifici sacri locali. Anche le tre case contigue, acquistate per dare una sede alle orsoline, vengono riattate e unificate in un'unica struttura. Il grande quadro conservato nella sala di lettura del nuovo Monastero, dedicato alla Santa patrona dell'ordine, fa parte di questo programma. Ma questa primitiva organizzazione non durò a lungo.

Dopo alcuni lustri, nel 1684, la Casa di Sant'Orsola passò infatti sotto la regola di Sant'Agostino.[14] Si tratta di un cambiamento che avvenne nello stesso periodo anche in altri luoghi, per esempio a Morbegno. In altre località invece, come a Mendrisio e Bellinzona, le comunità femminili tennero fede all'ordine delle orsoline, pur rivedendo ripetutamente gli ordinamenti.[15] Anche se non isolato, il cambiamento d'ordine partì probabilmente dall'interno della comunità, che avvertiva il bisogno di una codificazione migliore della vocazione ed era confrontata a crescenti necessità finanziarie.[16] Ma altrettanto forti sembrano essere stati gli stimoli esterni, provenienti dal clero e dalla Diocesi stessa, che tendevano ad un'organizzazione migliore delle varie comunità.

Probabilmente fu l'esempio di Morbegno a fare scuola. Lì già nel 1675 la Casa di Sant'Orsola era diventata un Convento agostiniano.[17] Anche a Poschiavo si optò per quest'ordine che godeva di un prestigio maggiore. La regola dell'ordine di Sant'Agostino si riallacciava ad una tradizione monastica secolare e prevedeva la pronuncia dei voti perpetui, non conosciuta dall'ordine precedente. La nuova regola richiedeva, oltre ai tre voti solenni – povertà, castità e obbedienza – anche la clausura.[18] Questo passaggio, sostenuto dalla presenza di predicatori gesuiti, avrebbe cambiato completamente il carattere dell'istituzione. L'ideale semplice delle orsoline aveva attratto soprattutto donne del posto, giovani e meno giovani, provenienti da famiglie che disponevano di poche risorse e che non potevano garantire all'istituzione le entrate necessarie al sostentamento delle religiose. Le riforme parziali, avvenute nei decenni precedenti il passaggio alla regola agostiniana, non erano riuscite a risolvere questi problemi e probabilmente nemmeno a soddisfare le aspirazioni del clero e il bisogno di riconoscimento sociale e di perfezione spirituale delle donne coinvolte. Con il passaggio al nuovo ordine cambiò anche la dicitura: non si trattava più di una «casa», ma di un vero e proprio «monastero». Progressivamente la comunità assunse un nuovo volto.

La clausura
Dalla nuova regola alla crisi di fine Settecento

Suor Maurizia si assenta un attimo, poi rientra portando alcuni raccoglitori di piccolo formato. Vi sono contenute le schede di tutte le suore che hanno vissuto fra le mura del Convento poschiavino. Sono poco più di 240 i necrologi raccolti dal 1629, data di fondazione dell'istituto. Ancora oggi, quasi le vite fossero intessute nell'anno liturgico, le brevi biografie delle suore scomparse vengono lette durante le funzioni del mattino. Nella rilettura odierna c'è un flusso, un senso di continuità: non c'è differenza fra una sorella scomparsa poco tempo fa e una vissuta nel Settecento, la sequenza è dettata dal giorno dell'anniversario della morte.

A volte le notizie sono poche, altre schede offrono invece una dovizia di dettagli, che non stanno necessariamente in rapporto con il ruolo gerarchico ricoperto. Ogni scheda rispecchia piuttosto il carattere dell'anonima mano che l'ha scritta. Vi si leggono gli estremi biografici e le tappe principali della vita monastica – l'entrata in Convento, la professione, i compiti assunti nella comunità – ma ben poche informazioni su quanto ha preceduto l'esperienza religiosa o le vicende esterne all'istituzione. La storia, anche quella del Convento, è spesso relegata in secondo piano; il mondo esterno sfuma a favore di più o meno eloquenti aggettivi che definiscono l'esperienza di fede. Eppure, si capisce che alla fine del Seicento qualcosa è cambiato. Un'analisi attenta rivela infatti un mutamento sociale direttamente legato al nuovo ordinamento agostiniano.

La dote, introdotta come condizione per entrare in Convento, sembra intervenire alla stregua di una ghigliottina sociale.[19] Dal Settecento fino all'alba del Ventesimo secolo, solo una minima parte delle religiose era originaria della Valle di Poschiavo. La maggior parte veniva dalla vicina Valtellina, come testimoniano i cognomi Palazzi, Merizzi, Quadri, Venosta o Morelli.[20] Fra le poschiavine si trovano suor Maria Orsola Minghini e la vestiaria suor Marianna Mengotti. Dai cognomi delle 23 consorelle censite nel 1717 si può dedurre che la loro estrazione sociale era elevata.[21] Con questo mutamento cambia anche il rapporto diretto con la Valle: le famiglie sono lontane, i compiti di assistenza sociale vengono meno e lasciano il posto ad una spiritualità più severa, caratterizzata dalla clausura. Quest'ultima non risulta particolarmente rigida nella formulazione poschiavina, ma impone pur sempre il silenzio verso l'esterno. Rimane nella costituzione un compito più concreto, quello dell'educazione aperta oltre i confini confessionali. Il mandato è da ritenersi legato alla volontà di riconquista del terreno perso al protestantesimo. In realtà – le fonti lo dimostrano – a passare qualche stagione nel Convento erano singole «educande» provenienti dagli stessi ambienti sociali e geografici delle suore.[22]

Parallelamente a questo sviluppo, anche l'architettura segnala l'adeguamento alle nuove necessità. Con la costruzione di un'ala ad est, agli edifici originari vengono aggiunti il chiostro e le celle; un'alta muraglia circonda il perimetro. Nasce la struttura ancora visibile oggi. I lavori

Malgrado la clausura, le monache uscivano puntualmente per sequire le funzioni solenni in San Vittore, situato a pochi metri di distanza dal Monastero. L'immagine risale al 1890 circa.
Trotz der Klausur verliessen die Schwestern das Kloster, um in der nahe gelegenen Kirche San Vittore den Gottesdienst zu besuchen. Aufnahme um 1890.

erano già iniziati nella fase di transizione, nel 1667, per adattare la struttura ai bisogni delle inquiline. Ma tredici anni dopo, nel 1681, il problema della funzionalità dell'edificio si proponeva ancora agli occhi del vescovo Ciceri (1616–1694): «Diverse celle et officine cominciate si lascino per adesso nello stato che si trovano per la scarsezza de redditi, che non permette di fare il passo più lungo della gamba.»[23] Solo nel luglio 1701 si registra: «[…] havendo fatto agiuntare quasi tutte le celle già da 27 anni ordite, et ora si habitano con comodità e consolatione delle bone Religiose.»[24] Malgrado l'iniziale scarsità di mezzi e i ritardi, il programma era chiaro: ogni sorella doveva avere una sua cella; la stagione delle camerate, degli spazi provvisori adatti allo spirito semplice delle figlie dei contadini locali era finita. Lo statuto di conversa, introdotto con le nuove costituzioni, creò poi anche una differenziazione di classe, che ricalca le divisioni esistenti nella società del tempo.

Finita la transizione, nel Settecento, il Convento visse il periodo di maggiore splendore. Il non meglio noto sacerdote Francesco Badilatti annotava nel 1717: «Ancor arreca stupore: l'essersi in sì pochi anni cotanto avanzato il Venerando Monastero, in fabriche maestose, in numero e nobiltà di persone, delle più scelte famiglie di Valtellina, e d'altrove, com'anche per il gran cumulo di ricchezze.» Da questo testimone del tempo sappiamo inoltre che alla crescita di beni e proprietà fu posto un limite dalle autorità delle Tre Leghe: «Ch'è stato necessitato l'eccelso Principe nella pubblica Dieta interporre solenne decreto et impedirgli gl'acquisti d'altre possessioni, altrimenti quelle Nobili Signore sarebbero divenute fra poco Principesse.»[25]

Eppure oggi poco lascia trasparire il benessere che fu: suor Maurizia scuote la testa, per lei questa testimonianza del passato non trova conferma nella memoria, in quello che le sorelle anziane le hanno raccontato. Parlando del passato anche le altre suore pensano a rinunce e difficoltà, piuttosto che a debordante ricchezza. A conferma della percezione, forse soggettiva, la Madre superiora indica le cassepanche sparse per i corridoi; saranno una trentina quelle conservate nel vecchio e nel nuovo Monastero. Si tratta di classici mobili locali, quasi tutti sono di semplice fattura; contenevano le doti che le novizie portavano con loro: soprattutto tessuti e beni personali delle «spose di Cristo». Ma di ricchezza, di argenteria e suppellettili antiche non c'è traccia; di proprietà terriere al di fuori dei confini della Valle rimane solo un vago ricordo: «Sì qualcosa c'era, ma cos'è successo?»

Dopo decenni di stabilità, nel 1797 l'invasione francese della Valtellina cambiò le carte in tavola, determinando innumerevoli cambiamenti nella società. La Valtellina, Bormio e Chiavenna, dopo trecento anni di sudditanza, si staccarono dallo Stato delle Tre Leghe. L'espansione dell'armata rivoluzionaria francese portò, infatti, ad una ridefinizione dei confini e degli ordini politici. In un primo momento furono proprio il clero cattolico e i maggiorenti dei territori sudditi a vedere di buon occhio l'emancipazione dal regime grigione, ma poi la radicalità delle riforme imposte dal nuovo ordine repubblicano e soprattutto l'invasione delle truppe napoleoniche portarono a cambiamenti inaspettati. I notabili valtellinesi si aspettavano molto dall'aggancio al sud lombardo e cattolico; gli alberi della libertà eretti sulle piazze di numerose località valtellinesi erano intesi come liberazione dal giogo delle famiglie aristocratiche grigioni. Gli stessi notabili non si aspettavano però lo stravolgimento autoritario e centralista della Repubblica cisalpina, di cui gli ex-territori sudditi entrarono a far parte come Distretto dell'Adda e dell'Oglio nel 1797.[26]

Anche per la Valposchiavo ci fu un cambiamento radicale: opponendosi all'aggancio a sud rimase legata al nord, ma in una costellazione completamente nuova. Per trecento anni la vallata era stata al centro geografico di uno Stato indipendente, centro di ricchi commerci e scambi. In vece nella nuova Repubblica elvetica, di cui i Grigioni facevano ormai parte come Cantone, si era ritrovata periferia estrema di uno Stato ancora da definire. L'opposizione non poté comunque evitare l'arrivo in forze

Il complesso conventuale: sul lato ovest la parte originale e ad est l'aggiunta settecentesca con le celle.
Eine Aufnahme des alten Klosters mit dem ursprünglichen Bau im Westen und dem Anbau mit den Klosterzellen aus dem 18. Jahrhundert.

delle truppe prima napoleoniche, poi dell'alleanza monarchica che le combatteva: per non meno di tre anni truppe di vario colore si susseguirono sul territorio della Valposchiavo, impossessandosi di quanto era disponibile.

Anche per le istituzioni religiose il cambiamento fu radicale: il «22 messidoro dell'anno VI» (10 luglio 1798) della Rivoluzione, pochi mesi dopo averne decretato la chiusura forzata, il Direttorio Esecutivo della Repubblica cisaplina incamerava i beni degli istituti ecclesiastici del Dipartimento dell'Adda e dell'Oglio. Analogamente alle proprietà dei grigioni, anche i beni ecclesiastici vennero incamerati dalle nuove autorità cisalpine.[27] I conventi femminili di Morbegno e Como, riferimento primo per l'istituzione poschiavina, vennero dunque chiusi. Il Convento di Santa Maria Presentata a Poschiavo sopravvisse perché ubicato in quello che ormai era territorio elvetico. Tuttavia subì delle mutilazioni importanti: tutte le ricchezze accumulate in Valtellina erano inesorabilmente perse; il nuovo confine politico, tracciato a sud della frazione di Campocologno, creò un isolamento da quello che era il bacino di provenienza delle vocazioni. Il Convento – trasformatosi in poco più di un secolo in un'espressione dell'esclusività sociale dei notabili valtellinesi e del loro rapporto privilegiato con la Chiesa cattolica – sprofondò in una lunga crisi, proprio perché rappresentava un modello sociale strenuamente combattuto prima dai fautori della Rivoluzione francese e poi dal liberalismo della Rigenerazione.

«La soppressione napoleonica» – scrive Saverio Xeres riferendosi all'istituzione gemella di Morbegno – «chiuderà brutalmente, ma in qualche modo inevitabilmente, un'epoca di instabile equilibrio tra un ceto ecclesiastico ancora potente e una società ormai diversamente orientata. Del resto il sogno di quelle donne valtellinesi si era già spento da tempo tra le alte mura di un monastero.»[28] L'intervento esterno non fece dunque che accelerare uno sviluppo della società locale che auspicava forme diverse di spiritualità, più vicine a quelle sostenute nella prima ora e in tutta semplicità dalle orsoline. Ma per l'istituzione di clausura, che per definizione cerca una distanza dalla quotidianità spicciola della società civile, il cambiamento – anzi il ritorno ad un ideale originario ormai lontano – doveva dimostrarsi particolarmente laborioso.

La sfida liberale
L'isolamento sociale e lo scontro con l'élite politica dell'Ottocento

Suor Maria Luca Dörig (1936–2008) è la segretaria e archivista del Monastero. Con una mano sostiene il mento, l'altra è posata sull'anca; guarda sospirando le poche scatole che conservano la memoria dell'istituzione, quasi cercasse una risposta ad un secolo difficile. Persona coscienziosa e mite, la suora sospira, sembra quasi soffrire con le sorelle di un tempo, esposte alle bizze di un mondo travolto dalle idee in movimento. L'Ottocento non è stato un periodo facile, reitera più volte; con lo sguardo cerca conferma nello scaffale, spera di trovare i documenti che spieghino le ragioni della sua affermazione. Tutto sembra però avere un denominatore comune: «Klostervögte», i balivi del Convento, li chiama. Con questo termine da epoca feudale, la suora di origini appenzellesi evoca una simbologia oscura, che riassume però il conflitto con il mondo esterno in quest'epoca. L'Ottocento è per il Convento una stagione di ricerca della propria legittimazione. La nuova Svizzera tutta, reduce dagli sconvolgimenti portati dalle truppe rivoluzionarie francesi, è costretta a vivere a piccoli passi un'altra rivoluzione: quella liberale. Nuovi valori, propugnati da un'élite maschile, cambiano la percezione della cosa pubblica, ponendo nuove basi per lo sviluppo economico e per i diritti civili. Che senso può avere – sembra si chiedessero gli attori politici del tempo pensando alla vita monastica – una vita dietro ad una grata? In alcuni cantoni, continuando l'azione rivoluzionaria, si procedette alla chiusura di numerosi conventi. Nei Grigioni non si arrivò a soluzioni estreme, ma l'operato dei monasteri fu tenuto sotto controllo. Anche nel caso poschiavino le fonti indicano come le suore agostiniane, di fronte alla crescente ostilità esterna, abbiano dovuto cercare delle risposte ai quesiti e alle rivendicazioni dell'epoca.

Suor Maria Luca sa che una scelta di vita conventuale non è facile da spiegare; non lo è oggi come non lo era nell'Ottocento, quando il prestigio delle istituzioni religiose cominciava ad essere messo in discussione da un nuovo spirito che si voleva innovatore e, soprattutto, razionale. Ancora oggi, la rinuncia alla famiglia o la volontà di dedicarsi a missioni come l'assistenza ai malati o l'insegnamento si scontra con l'incomprensione di molte persone, per non parlare della difficoltà a spiegare la scelta della vita monastica in quanto tale, il voto di ubbidienza che limita le libertà individuali, il fatto di legare la vita ad un'istituzione gerarchica.

Le difficoltà che costellarono tutto l'Ottocento si svilupparono all'esterno del Convento poschiavino, in un mondo in evoluzione che si allontanava inesorabilmente dalla tradizione secolare in cui le istituzioni monastiche erano nate. Dopo un ritorno effimero alla situazione esistente prima della Rivoluzione francese – la cosiddetta Restaurazione – le tensioni si riaccesero negli anni Trenta del secolo. In quel periodo in tutta la Svizzera avanzava il pensiero liberale; anche a Poschiavo. Appena ripresosi dalla grande crisi, il villaggio venne sorpreso da una catastrofe naturale di grandi dimensioni: l'alluvione del 1834. La necessità di sistemare gli argini del fiume e di bonificare le terre inondate creò nel Borgo di Poschiavo l'humus per le nuove idee liberali.[29] Il trauma subito con la perdita della Valtellina lasciò spazio ad una nuova identità politica tutta elvetica: lo spirito del progresso che toccava molti cantoni, attecchì anche a livello locale, coinvolgendo una ristretta, ma influente cerchia di personalità del Comune. Tommaso Lardelli (1818–1908) – uno fra gli esponenti di spicco del nuovo spirito, insegnante, ispettore scolastico e fautore dello sviluppo urbanistico della Valle – descriveva così il rinnovamento in corso: «Nel Comune, sia per la scossa ricevuta dalle alluvioni del 1834, sia per impulso generale nel nostro Cantone di stabilire migliori comunicazioni tra una vallata e l'altra, sia per la crescente corrente politica e patriottica che a noi rifletteva dall'interno della patria, anche Poschiavo dovette abbattere poco a poco le vecchie abitudini [...] ed aprire le sue porte al progresso.»[30] Per la prima volta dopo secoli di divisioni e rivalità, «un bel nucleo della gioventù poschiavina ardita e intelligente, sì riformata che cattolica» si ritrovava in un ideale politico.[31] Esponenti delle due comunità religiose scoprivano un dialogo negli ideali comuni, rappresentati dal nuovo Stato federale, nato nel 1848, dominato dalle forze riformiste e progressiste. Le opportunità offerte dalla nuova Costituzione, come la libertà di associazione e di commercio, sostenevano questi uomini nei loro intenti, nella volontà di contrastare la miseria, la fame e le catastrofi naturali che periodicamente colpivano la Valle.[32] Tra gli interventi più visibili si possono citare le opere pubbliche, come i nuovi argini o la strada del passo, sostenute a partire dalla metà dell'Ottocento dal Cantone dei Grigioni.[33]

In questo periodo il Convento tace. Discosto, anche se posto al centro del villaggio, continua il suo cammino solitario. La corrispondenza con la curia conferma come la comunità seguisse con apprensione gli eventi e ne subisse le conseguenze. Con la nuova Costituzione cantonale del 1854 e poi con la legge sui monasteri del 1862, il controllo sugli istituti religiosi venne infatti rafforzato, indebolendo ulteriormente quella tradizione di indipendenza e di distacco dalla quotidianità spicciola della Valle. Retaggio rivoluzionario, già dal 1802 ogni Convento grigione aveva un amministratore delegato dal governo; secondo il caso il «balivo» non era nemmeno cattolico. Ogni nuova entrata era ormai sorvegliata e legata una volta di più ad una dote elevata, i beni erano gestiti dall'amministratore pubblico. Il traguardo evidente era quello di limitare l'influenza delle istituzioni monastiche, frenare ogni sviluppo e, forse, a lungo termine ridurre il Convento ad un corpo esangue da eliminare senza troppe difficoltà.[34] Nel 1852, la superiora Maria Paola da Prada (1800 ca.–1857) scriveva infatti in tono apprensivo al vescovo di Como: «Stante le attuali nostre critiche circostanze in cui ci troviamo per parte del governo cantonale, istigato d'alcuni suoi membri massime di Poschiavo, la nostra soppressione probabilmente sarà certa [...] se non vicina, non tanto lontana.»[35]

A metà Ottocento le suore si sentivano davvero abbandonate, tanto da auspicare un «traslocamento a Tirano, ed ivi metterci un altro Convento».[36] Il traguardo era quello di evadere dagli stretti parametri posti dalle autorità grigioni e al contempo aggirare le limitazioni protezionistiche del governo austro-ungarico che tendevano ad evitare che i capitali – nel caso concreto le doti d'entrata – lasciassero il territorio valtellinese.[37] Suor Maria Giuseppina de Campi (1803–1882) – che tra il 1847 e il 1865 ricoprì più volte il mandato triennale di superiora – provò ripetutamente a rendere appetibile alla curia la sua proposta di insediarsi nella cittadina in Valtellina di cui era originaria, ma senza successo. Uno spostamento oltre il confine non trovò infatti il sostegno della curia comasca; una decisione in questo senso, scriveva il vescovo Carlo Romanò (1789–1855), «supera le mie facoltà».[38] Malgrado le autorità austriache offrissero, rispetto a quelle svizzere, una politica più accondiscendente verso le istituzioni ecclesiastiche, le righe di risposta redatte dal vescovo suggeriscono che l'apertura di un nuovo Convento fosse impensabile. Anche la Lombardia, dove i moti del 1848 avevano lasciato il loro segno, non era più un terreno fertile per il monachesimo. Eppure la situazione a Poschiavo è descritta con toni drammatici: «Son già anni che non ci ebbe alcuna professione» – scriveva suor Maria Paola da Prada (1800 ca.– 1857) – e la comunità, idealmente quantificata nelle costituzioni a 33 suore, era ridotta a «18 fra coriste e converse e sono anziane di età».[39] Ci voleva un'altra soluzione che permettesse alle sorelle di ritrovare un ruolo e soprattutto una fonte di sostentamento. La contabilità dell'istituzione era infatti perennemente in rosso, perché – oltre ad essere state escluse dall'accordo di risarcimento fra Grigioni e Austria per la Confisca avvenuta in epoca napoleonica[40] – mancavano anche le «educande», cioè le ragazze che a pagamento passavano alcuni anni fra le mura dell'istituzione.

Una soluzione per garantire la sopravvivenza si imponeva più che mai, anche perché il conflitto fra modernità e fedeltà alla tradizione, il cosiddetto «Kulturkampf», stava esplodendo fuori dalle mura. Il liberalismo sembrava infatti portare un dialogo fra protestanti e cattolici, ma spostava il conflitto dall'opposizione fra confessioni all'opposizione fra forze e idee politiche. Il cattolicesimo poschiavino – ancora legato alla Diocesi di Como e simbolo del vecchio regime inviso ai liberali – non era però completamente chiuso al vento innovatore che aveva cominciato a spirare anche sulla Valle grigione.

Con il canonico Benedetto Iseppi (1824–1859), il rinnovamento trovò un fervente sostenitore tra il clero di Poschiavo. La sua predica dedicata al «Progresso», inteso come riscoperta dei valori evangelici e sfida per gli uomini del tempo presente, fu accolta con calore da una buona parte della popolazione. Nel sermone del primo gennaio 1853, egli sosteneva il ruolo civile della religione, asserendo che «l'intelligenza vuol vedere e conoscere». «Progresso benedetto!» – continuava don Iseppi – «quanto bene hai portato agli uomini, quanti miglioramenti nelle arti, nelle scienze, nelle relazioni sociali, nella legislazione dei popoli».[41] Per il giovane sacerdote poschiavino era necessario un cambiamento profondo della società per evitare gli abusi del passato: «Voi che gridate sempre: alla vecchia, alla vecchia! Se aveste più profonde cognizioni del passato, se aveste letto la storia [...] forse diverreste un po' più ragionevoli e discreti nel giudicare.» Don Iseppi si riferiva alle superstizioni del passato; l'esempio più concreto era la persecuzione delle streghe.

Furono soprattutto i riformati, dunque gli antagonisti di sempre, ad essere positivamente colpiti dalla parola del canonico coadiutore della prevostura di San Vittore, che annunciava, come riferisce Tommaso Lardelli, il «progresso cristiano e religioso, ispirato da capo a fondo dalle più sincere verità evangeliche».[42] Ma anche le sorelle del Convento si chinarono – probabilmente non solo di propria iniziativa – sulla necessità di ridefinire il proprio mandato: con un atto coraggioso, sostenuto dal prevosto Carlo Franchina (originario del Bergamasco, muore a Poschiavo nel 1883), svilupparono una strategia per riconquistare un ruolo nella società locale. Con 17 sì e un solo no, il 18 giugno 1855 il capitolo conventuale decise di «abbracciare l'istituto delle figlie della carità», un ordine molto recente che aveva ottenuto l'approvazione pontificia nel 1828.[43] Il modello proposto dalla fondatrice, la veronese Maddalena di Canossa (1774–1835), assomigliava molto all'ideale originario delle orsoline: cura degli ammalati e impegno educativo rivolto alle ragazze. Ma l'ordine era nato in una stagione completamente diversa da quello delle origini dell'istituzione poschiavina: la Chiesa cattolica dell'Ottocento si trovava infatti in una fase di risveglio religioso e missionario. Quella canossiana era una fra le molte nuove istituzioni apostoliche, di antica o recente fondazione, coinvolte nel processo di riorientamento spirituale della Chiesa. Anche a Poschiavo si volevano contrastare le critiche alle suore «che poco o nulla prestano al bene della società, vedendosi di mal occhio da taluni la vita contemplativa», come metteva a verbale la superiora Maria Giuseppina de Campi. Per questo si voleva agire «conformandosi alle mire delle scolastiche e sanitarie autorità» e aprendosi agli incarichi di utilità pubblica.[44] Ma un cambiamento tanto radicale non si poteva fare in tempi brevi; le consultazioni interessarono il nunzio apostolico a Lucerna e raggiunsero il Vaticano; ma a Roma, papa Pio IX non entrò in materia. Il cambiamento sarebbe stato troppo radicale e soprattutto avrebbe comportato l'abbandono di un'alta tradizione monastica di prim'ordine a favore di una congregazione terziaria, un passo che sarebbe stato «lo stesso che sopprimerlo».[45] Il Vaticano lasciò però aperta la porta a «concessioni relative alla clausura al fine di facilitare alle medesime religiose la scuola dei fanciulli».[46] Le suore diedero dunque atto ad una semplice revisione delle costituzioni, tenendo fede alla regola agostiniana. Già gli ordinamenti del 1710 permettevano degli strappi alla clausura, raccogliendo in parte l'eredità delle origini; dopo un lavoro di riformulazione, nel dicembre del 1855, il Monastero aveva un suo ordinamento aggiornato.[47] La velocità del cambiamento cercava di rispondere alle forti tensioni che rimanevano all'ordine del giorno in paese, ma non rappresentava che una sorta di cerotto ad una situazione ormai intricata.

Fra i più temuti oppositori del Convento si conta il giurista e politico Prospero Albrici (1822–1883). Nel suo ruolo di influente politico locale e, con le spalle coperte dal governo cantonale, non mancava di sottolineare il suo astio contro un cattolicesimo che riteneva opprimente.[48] L'azione del colto Albrici, coadiuvato da altri esponenti progressisti, non si limitò a puntare il dito contro quelle che, in sintonia con le sue idee progressiste, riteneva essere delle lacune nell'impegno sociale delle monache. Particolare è infatti il suo gesto d'amore dal forte retrogusto di provocazione: il 23 ottobre 1866 Prospero Albrici sposa Luigia Patrizi (1842–1912), una donna di vent'anni più giovane di lui, originaria di Morbegno. La Patrizi aveva rifiutato di sposare un altro uomo ed era stata costretta ad entrare in Convento dalla famiglia. Ma al termine del noviziato si era rifiutata di pronunciare i voti perpetui. Sposando un influente uomo politico locale che credeva in alti ideali di libertà individuale e conosceva il valore della protesta sociale e politica, la giovane donna trovava la strada per evadere dalle mura del Convento.[49]

La passione per Luigia Patrizi era probabilmente nata nel periodo in cui l'Albrici era amministratore del Convento. Durante la sua attività, affiancato dal medico Daniele Marchioli (1818–1901), aveva infatti attentamente analizzato la situazione finanziaria dell'istituzione, formulando poi limiti stretti al noviziato e – nel quadro dell'introduzione dell'obbligo scolastico – auspicando un ruolo attivo del Convento nell'educazione delle ragazze cattoliche, un compito fino ad allora praticamente ignorato in Valle. Ma le suore erano completamente impreparate ad un simile compito: da due secoli ospitavano giovani «educande», tuttavia il traguardo primario del soggiorno non era l'istruzione. Alle poche ragazze, provenienti dalle migliori famiglie valtellinesi, si trasmettevano la disciplina, il cucito e le pratiche religiose, collegate al massimo a qualche rudimento di lettura e scrittura necessario ai compiti quotidiani. Ma queste basi non bastavano per reinventarsi insegnanti e mettersi di fronte ad una classe di figlie di contadini locali; in più le nuove direttive sulla scuola pubblica tendevano a creare nuovi standard educativi e didattici che richiedevano una formazione specifica.[50]

La Comunità evangelica disponeva già dal 1825 di una nuova sede scolastica e da subito aveva assunto degli insegnati che disponevano di una formazione adeguata. Inoltre, il protestantesimo propugnava da sempre almeno un'alfabetizzazione minima generale – dunque anche per le donne – affinché il concetto teologico della «sola scriptura» come fonte di conoscenza e base della fede potesse essere applicato. Questo era il metro per i liberali cattolici che prendevano diretto esempio dalla nuova Svizzera, forgiata dal pensiero nato in gran parte nei cantoni riformati. Già pochi anni dopo i loro coetanei evangelici, nel 1830 i giovani maschi cattolici del Borgo poterono contare su una struttura adeguata gestita in primo luogo da sacerdoti: l'Istituto Menghini.[51] Anche se le ambizioni verso la formazione delle ragazze erano modeste, il terreno da recuperare era molto. L'élite locale vedeva una sola soluzione: affidare questo compito alle suore. Un primo tentativo di rispondere alla richiesta fu quello di chiamare delle suore da Menzingen.[52] L'istituto di ispirazione francescana, fondato dal frate cappuccino grigionese Teodosio Florentini (1808–1865) nel 1844, era appunto nato per diffondere l'istruzione nelle campagne svizzere, assicurando una chiaro indirizzo morale di impostazione cattolica allo sviluppo delle scuole pubbliche. Da Menzingen, la prima suora-insegnante arrivò nel 1854. Si trattava di suor Serafina Landthaler (1826–1903), che rimase a Poschiavo per cinque anni.[53] La sua presenza, però, creò un certo scompiglio tra le suore poschiavine, visto che non voleva o non sapeva adattarsi alla quotidianità del Monastero. Come alternativa, nel giro di alcuni anni il Convento fece seguire un corso di abilitazione all'insegnamento a tre educande valtellinesi. Il corso fu tenuto da un insegnante della scuola riformata. Con questa operazione si cercò di raggiungere il numero di maestre necessarie per poter progressivamente rinunciare ai costi e agli impegni legati alla presenza delle suore svizzero-tedesche. Ma i conflitti non scemarono: ben presto l'aula allestita in un parlatorio non risultava più adeguata e nel 1861, con un intervento forzato, altri locali del Monastero vennero strappati all'uso privato del Convento ed adibiti all'insegnamento, «senza badar punto alle monache».[54] All'azione, benedetta dall'autorità cantonale, partecipò la solita élite liberale che irruppe nel silenzio della clausura con muratori e falegnami.[55]

Poi c'era la questione dei costi: le suore – e con loro l'amministratore cantonale, il riformato Pietro Pozzi (1803–1859) – ritenevano di non avere i mezzi per sostenere gli oneri del servizio, ma il consiglio scolastico cattolico non sembrava voler concedere loro dei contributi pubblici. Fino ad allora tutte le spese di utilità pubblica non erano legate alle tasse, ma a donazioni e fondi legati alle parrocchie; gli allievi contribuivano solo con la legna per riscaldare le stanze. In assenza di un sistema fiscale moderno, capace di raccogliere le necessarie risorse, ogni nuova spesa fissa rappresentava dunque una sfida. In questo caso sembra che l'élite non abbia voluto accollare all'erario cattolico un compito educativo a favore delle giovani donne, anche perché l'utilità dell'istruzione femminile non era indiscussa. Il Pozzi, che aveva difeso le suore, fu sostituito nel 1858 con un amministratore più accondiscendente; il prescelto fu il fratello di Prospero, Pietro Albrici (1789–1870).[56]

Anche nella seconda metà dell'Ottocento, la situazione economica della Valle rimaneva difficile: l'aumento numerico della popolazione annientava infatti i progressi raggiunti negli anni precedenti. I miglioramenti nel campo sanitario e nell'alimentazione avevano portato progressivamente ad un aumento demografico notevole: nel 1860, il Comune di Poschiavo contava 2741 abitanti, cinquanta anni dopo la popolazione aveva raggiunto le 3656 unità.[57] L'aumento non poneva solamente dei problemi logistici alle scuole; tutto il sistema politico e economico doveva essere aggiornato per poter accogliere le nuove bocche da sfamare. Benché fossero stati fatti degli sforzi per migliorare lo sfruttamento del territorio, l'economia locale non riuscì ad assorbire la nuova disponibilità di forza-lavoro e a soddisfare le necessità. La situazione portò sempre più giovani ad emigrare; presente già da secoli, il fenomeno migratorio assunse negli ultimi decenni dell'Ottocento una nuova connotazione di massa.[58] La tradizionale e in molti casi fortunata emigrazione di mestiere – in particolar modo quella dei pasticceri attivi nelle grandi città europee che coinvolgeva soprattutto i riformati – non bastava più a rispondere alle mutate necessità. Ma, complice anche il nuovo spirito, le ondate migratorie della seconda metà dell'Ottocento toccarono anche gruppi interi di contadini cattolici, provenienti dalle frazioni minori della Valle.[59] Nuove mete alimentarono le speranze dei giovani in cerca di fortuna. Soprattutto l'America e l'Australia divennero destinazione di molti emigranti.[60]

A Poschiavo, come nel resto della Confederazione, oltre ad una maggiore mobilità, la seconda metà del secolo portò notevoli cambiamenti anche a livello sociale. Nuove associazioni popolari interconfessionali diffondevano i nuovi ideali: la filarmonica permetteva per la prima volta un libero accesso alla musica e propagava «suoni laici» che nulla avevano a che fare con la musica sacra, conosciuta dai più in precedenza; la società filodrammatica offriva spazio alla commedia e al divertimento in un proprio teatrino e – fatto importante – fin dall'inizio le attività sul palco e in sala erano aperte sia a donne che a uomini. Dapprima limitata ai soli maschi, la società di ginnastica sosteneva prestazioni fisiche non finalizzate al lavoro, che dovevano destare qualche sospetto fra i conservatori non solo cattolici. Questi movimenti portarono allo sviluppo di una coscienza collettiva diversa, in contatto ideale con quanto avveniva al nord delle Alpi. Il ruolo della Chiesa non era più insostituibile e incontestato.[61]

Le diatribe – o, come si legge nella corrispondenza fra suore e vescovo, «le molte e gravi vessazioni a cui trovansi esposte le religiose»[62] – fra consiglio scolastico cattolico e Monastero sono dunque solo una fra le tante spie del cambiamento sociale profondo che si stava verificando in Val Poschiavo. Pure un occhio esterno alla Valle registra la situazione particolarmente tesa. Un non meglio noto messo vescovile, il cappuccino fra Giustino, arrivato a Poschiavo da Locarno, scriveva infatti in un suo rapporto non datato: «Non vidi mai le colombe date in balia di tali sparvieri, né sotto incubo così opprimente», auspicando un intervento repentino a favore delle suore.[63] Tuttavia, è interessante rilevare che si tratta del solo esempio in cui le suore hanno il ruolo di protagoniste. Per la prima volta si parla di loro anche a livello politico e non solo negli ambienti religiosi, e il loro contributo è ritenuto particolarmente importante. La novità è dunque in qualche modo di rilievo, anche se rapporti e controrapporti indicano l'incapacità dei fronti di avvicinarsi per trovare una soluzione consensuale. Dal canto suo, il vescovo di Como – ancora detentore di un primato nei confronti delle suore – intervenne più volte in loro favore, ma dovette arrendersi alle esigenze della politica.[64]

Assumendo la gestione della scuola femminile, le suore – e con loro la gerarchia cattolica – si erano dunque chinate alla volontà liberale, ma non senza aver combattuto, difendendo le proprie posizioni. Anzi, alla fine fu la comunità monastica stessa ad abbracciare chiaramente la missione sociale, sventando così la soppressione del Monastero. Una svolta che, ancora per anni, non si sarebbe dimostrata veramente liberatoria. Sui temi morali, infatti, la Diocesi di Como – in linea con le posizioni della Santa Sede – richiamava ancora all'ordine: la scuola sì, ma per tenere le allieve vicine alla tradizione romana. Anche per i contenuti teologici valevano le posizioni ortodosse di sempre: il sacerdote Iseppi, simbolo ideologico del rinnovamento, pagò a duro prezzo il coraggio progressista dimostrato nei primi anni Cinquanta. La curia vescovile di Como non apprezzò infatti l'iniziativa del giovane sacerdote e ancora meno il successo delle sue prediche che, in forma stampata, avevano trovato diffusione ben oltre i confini di Valle. La Diocesi gli impose la firma di un documento di abiura, il ritorno all'ortodossia e il trasferimento forzato in una piccola comunità d'oltralpe. L'allontanamento del curato suscitò immediatamente l'ira della dirigenza politica del Comune. Con una raccolta di firme, i sostenitori di don Benedetto chiesero al governo cantonale e federale la separazione della Valle dalla Diocesi di Como. Malgrado la maggioranza della comunità si fosse espressa per una permanenza all'interno dei confini diocesani secolari, si arrivò alla separazione. Nel 1870, pochi anni dopo la creazione delle Diocesi di Lugano e Basilea che perseguivano lo stesso scopo di eliminare l'autorità di vescovi stranieri sul territorio elvetico, anche la Valle di Poschiavo divenne territorio pastorale del vescovo di Coira.[65] Si trattava dunque di un'ulteriore vittoria progressista, sostenuta dalle istituzioni federali e cantonali.

Anche il Convento passò definitivamente sotto l'autorità del vescovo grigione; un passo forse non voluto, ma che ebbe dei risvolti positivi per

La nuova sede inaugurata nel 1972: Caccia Dominioni evoca l'architettura rurale suddividendo la grande struttura in più elementi.
Das neue Kloster wurde 1972 eingeweiht. Mit der Aufteilung in kleinere Strukturelemente erscheint der Bau von Architekt Caccia Dominioni ländlich inspiriert.

Accenti architettonici

Nel Ventesimo secolo, il Monastero di Poschiavo è – con i comuni, l'azienda idroelettrica e la ferrovia – fra i più importanti committenti di opere edili in valle. Dimostrando una sensibilità per l'importanza delle costruzioni pubbliche, le monache si rivolgono ad architetti con una solida reputazione per la realizzazione degli incarichi. Così nel 1925 viene costruito un primo edificio scolastico per le scuole comunali cattoliche del Borgo. Realizzato dai fratelli Emil (1878–1935) e Walther Sulser (1890–1983), questo edificio dalla spiccata funzionalità e dalle linee semplici, tipiche del periodo fra le due guerre, sorge all'interno del perimetro del vecchio Monastero. Con l'abbattimento di parte della cinta muraria che per secoli ha separato la vita monastica da quella laica, si dimostra anche fisicamente l'apertura dell'istituzione alla società civile. Gli stessi architetti – Emil che si ritira definitivamente a Poschiavo fino alla morte e Walther che contemporaneamente è artefice di un coraggioso restauro interno della Cattedrale di Coira – realizzano nel biennio 1928–1929 anche il nuovo ospedale e ricovero in zona San Sisto. Malgrado la notevole volumetria, questo

progetto è caratterizzato da un tratto discreto e rispettoso delle proporzioni. In seguito a dei lavori di ampliamento realizzati negli anni Sessanta dall'architetto locale Mario Semadeni, l'ospedale ha perso la sua discreta armonia architettonica. Abbattuta nel 2005, l'ala costruita dal Semadeni è stata sostituita da un nuovo edificio, mentre la struttura degli anni Venti è stata restaurata con cura, riottenendo l'aspetto originale.

Ma la decisione più coraggiosa, da un punto di vista architettonico, le suore la prendono alla fine degli anni Sessanta. Dopo l'affossamento di numerosi progetti per ammodernare il convento storico, ritenuti insoddisfacenti, le agostiniane decidono di abbandonare il centro del villaggio per trasferirsi in una nuova sede ai margini di Poschiavo. L'incarico viene attribuito all'architetto lombardo Luigi Caccia Dominioni (1913), conosciuto per gli innumerevoli interventi architettonici per la Chiesa e per committenti privati, ma anche nel mondo del design industriale. La novità dell'intervento sta nell'elaborazione di un programma articolato che integra il territorio e una riflessione sulla vita conventuale. Per le monache di Poschiavo, l'architetto realizza un complesso abitativo che

la contiguità della curia e delle autorità cantonali. Inoltre, piano piano, anche a livello locale il radicalismo liberale cominciava a lasciare spazio ad un pragmatismo politico.[66]

Oggi questa difficile stagione della storia del Convento è ormai dimenticata. Gli amministratori imposti dalla politica cantonale, gli ostinati responsabili delle strutture scolastiche, l'astio di singoli esponenti della politica locale sono un fatto lontano, confinato ad un periodo della storia in cui lo scontro con la tradizione incarnava il tentativo di eman-

Una foto di gruppo degli anni Settanta con tre suore e una postulante; l'architetto italiano ha curato personalmente anche l'arredo della cucina del nuovo Monastero.
Ein Gruppenbild aus den 1970er Jahren mit drei Schwestern und einer Postulantin. Der italienische Architekt hat sogar die Küchengeräte persönlich ausgewählt.

rispecchia la geografia della Valle: come le montagne racchiudono i villaggi, una serie di corpi disposti a ferro di cavallo racchiudono un chiostro aperto verso sud. Inoltre, attingendo alle nuove disposizioni liturgiche emanate pochi anni prima dal Concilio vaticano II, la cappella rompe con la tradizione introducendo una disposizione laterale dei banchi. Il programma decorativo, curato da Francesco Somaini (1926) infrange i limiti imposti dalla sala di culto e raggiunge gli altri locali dell'edificio per il tramite di un mosaico i cui raggi si dipanano partendo dall'altare. L'edificio, realizzato fra il 1969 e il 1972, rappresenta una rottura con l'architettura tradizionale, superata per radicalità solo dal vicino edificio scolastico comunale, costruito negli stessi anni. A differenza di quanto avviene per le scuole che si avvalgono del cemento a vista e di rigide forme geometriche, per il monastero si utilizzano in gran parte forme e materiali locali, come i tetti spioventi ricoperti in pietra.

Allo stesso Caccia Dominioni è poi affidato nei primi anni Ottanta il compito di elaborare i piani preliminari della nuova casa anziani. Questo edificio si inserisce nel perimetro del vecchio Monastero, sostituendo la scuola degli anni Venti e una serie di edifici rurali ormai non più necessari alla vita conventuale. Analogamente a quanto fatto per il convento nuovo, l'architetto scompone la volumetria in più corpi, permettendo l'inserimento del grande edificio nel tessuto urbanistico del borgo. A lato della struttura, gli architetti Marco Gervasi e Daniel Wyss realizzano una nuova sede della scuola dell'infanzia.

Gli incarichi attribuiti dal Monastero dimostrano una certa sensibilità per l'architettura. La scelta degli architetti grigionesi Sulser e di quello lombardo Caccia Dominioni non è un frutto del caso. Tutti e tre arrivano a Poschiavo con un'esperienza consolidata sia nell'edilizia residenziale che ecclesiastica e ospedaliera. In loro favore depone anche la vicinanza alla Chiesa cattolica: è sicuramente stato il vescovo diocesano Georg Schmid von Grünegg a suggerire alle suore i fratelli Sulser, mentre all'origine dell'arrivo di Caccia Dominioni in Val Poschiavo c'è il contatto con i Servi di Maria di Tirano.

Fonti: Leza Dosch: Sulser, in: Isabelle Rucki e Dorothee Huber (ed.): Architektenlexikon der Schweiz. 19./20. Jahrhundert, Basel 1998, 524–525; Fulvio Irace e Paola Marini; Luigi Caccia Dominioni. Case e cose da abitare, Venezia 2002.

cipazione da un sistema sociale e economico ormai superato dai fatti. L'istituzione monastica, unitamente alle analoghe istituzioni religiose del Cantone, ha sofferto particolarmente, ma non tanto perché femminile, ma piuttosto perché rappresentava un baluardo di un ordine ritenuto obsoleto. Non a caso il Convento dei padri benedettini di Disentis, come gli altri monasteri nel Cantone, si ritrovò in una situazione analoga.[67] «Nella vita bisogna sapersi adattare», afferma suor Maria Luca con il tono solenne di una verità inesorabile; adattarsi fa anche un po' parte di quella promessa perpetua, di quel voto che le lega all'istituzione e alla Chiesa per tutta la vita. E anche se c'è voluto del tempo, la capacità di adattamento – manifestatasi concretamente nella riflessione sul proprio ruolo e nell'apertura alla formazione – si è dimostrata una delle carte vincenti del Convento poschiavino.

La svolta
La presa di coscienza per i mutamenti sociali del XX secolo

«Bisogna fare qualcosa, non si può stare con le mani in mano quando la gente è nel bisogno», afferma suor Maurizia. Con il suo spirito intraprendente è interprete odierna dello spirito che ha caratterizzato l'azione del Monastero nei primi decenni del Novecento. Mentre racconta della sua esperienza e della storia dell'istituzione, la madre non sta ferma un attimo, ha sempre qualcosa da fare: risponde personalmente al telefono, segue alcuni operai impegnati in una riparazione, indirizza un'altra suora nel lavoro quotidiano. La madre generale in carica dal 1995 è una donna d'azione che mette mano personalmente ai lavori più o meno pesanti della giornata e, con la sua attività instancabile, è figlia della rivoluzione avvenuta all'inizio del Novecento. Al momento della sua entrata in Convento, nel 1961, al timone dell'istituzione c'era ancora la generazione di suore che aveva forgiato il cambiamento e, per molti versi, hanno definito la sua vita all'interno della comunità fino ad oggi.

Nei primi decenni del secolo, la Valle si trasformava velocemente, vivendo un'intensa fase di industrializzazione. Se nell'Ottocento erano stati i poschiavini stessi a volere il progresso e lo avevano finanziato in gran parte con quanto arrivava dall'emigrazione indigena, in questa fase la prospettiva cambia: furono innanzitutto capitali internazionali, gestiti da finanzieri svizzero-tedeschi, a rendere possibili opere di portata mai vista per la vallata alpina. All'inizio del Novecento, con la costruzione degli impianti idroelettrici (1904)[68] e della Ferrovia del Bernina (1908–1912),[69] arrivano dapprima centinaia di lavoratori soprattutto italiani. Dopo la chiusura dei cantieri, i contadini locali si trasformano in impiegati, dando inizio ad un inesorabile tramonto della civiltà agraria.[70] In questo nuovo contesto e seguendo un nuovo spirito che coinvolgeva tutta la Diocesi di Coira, il Monastero poschiavino smise di reagire alle rivendicazioni esterne e iniziò a pianificare attentamente il suo compito nelle mutate condizioni sociali e politiche. Iniziava così una parabola ascendente di opere che rivoluzionò l'istituzione e la sua immagine nella Valle.

Figura di spicco, motore del nuovo corso e prima superiora a portare il titolo di «madre generale», è suor Agnese Fasani (1877–1952). Questa consorella, originaria di Mesocco, è una voce ancora presente nella memoria della comunità; è lei che ha perorato anche fuori dal Convento un programma impressionante di rinascita dell'istituzione. Il messaggio che sembra aver lasciato è univoco: la stagione della reazione era finita, bisognava agire, diventare protagoniste del proprio destino. Il nuovo corso suscitò ben presto l'interesse di molte giovani, che vedevano concreta-

La protagonista del cambiamento: suor Agnese Fasani (1877–1952), Madre Generale dal 1919 al 1934 e poi ancora dal 1937 al 1952.
Sie läutete die grosse Wende im Kloster ein: Agnese Fasani (1877–1952), Generaloberin des Klosters von 1919 bis 1934 und von 1937 bis 1952.

mente l'utilità della scelta di fede come servizio alla società. Anche grazie alla nuova forza numerica e alla crescente disponibilità di suore con una formazione professionale, l'istituzione poté offrire alla Chiesa le risorse umane e le capacità per svolgere nuovi compiti, rafforzando la missione sociale e morale del cattolicesimo grigione.

Parallelamente, i conflitti con le autorità politiche scemarono: fuori dalle mura del Convento i leoni liberali andavano infatti estinguendosi. Ancora prima del primo conflitto mondiale i principali attori che avevano definito buona parte della storia locale del secolo precedente erano morti e, ironia della sorte, proprio i loro ideali democratici impedivano ai possibili successori l'accesso al potere comunale: con il voto maschile universale, fortemente voluto dai progressisti, la maggioranza nelle istituzioni del Comune era passata in mano conservatrice. Grazie alla democrazia partecipativa moderna – subentrata al sistema censitario durato secoli – quella maggioranza ancora agraria, che poco aveva a che fare con il mondo e il pensiero progressista della ristretta élite liberale, entra nelle istituzioni statali, definendone le sorti. Con la svolta ai vertici del Comune e del Cantone si erano inoltre notevolmente smorzate le polemiche anticattoliche e dunque scemarono progressivamente anche i problemi per il Monastero.[71] Questo contribuì ad abbattere gli stretti limiti alle nuove vocazioni. In pochi decenni, il Convento accolse un numero di nuove entrate mai visto prima: nel 1871 le suore erano 13, con quattro converse e due postulanti la comunità era composta da 18 persone; nel periodo fra le due guerre il numero era già salito a 34; nel Dopoguerra il numero di suore attive per l'istituzione era addirittura triplicato, raggiungendo le

Suor Carmelina Lardi, una fra le prime insegnanti diplomate della scuola elementare femminile. La foto è del primo Dopoguerra, particolare è l'uniforme più volte rammendata. Schwester Carmelina Lardi war eine der ersten diplomierten Lehrerinnen der Mädchenschule. Speziell: Sie trägt eine mehrmals geflickte Schwesterntracht. Bild um 1925.

64 unità.[72] Le nuove forze ridefinirono la struttura sociale della comunità conventuale: la casta dei notabili, che per due secoli aveva dato le suore al Monastero, non esisteva più; le suore provenivano da ceti medio-bassi e portavano con sé una visione diversa della società. Come testimonia il registro delle professioni, dall'inizio del Ventesimo secolo aumenta dapprima il numero delle suore della Valle, poi le nuove leve arrivano anche dalle altre valli del Cantone. La presenza valtellinese – prima parte dominante della comunità – diminuì: il confine politico e diocesano era ormai una realtà concreta e si dimostrava in tutta la sua portata.[73] Lo statuto di conversa cadde in disuso e con le costituzioni degli anni Venti venne abolito definitivamente, eliminando le differenze di ruolo all'interno della comunità.[74] Questa disparità era già stata criticata alla fine dell'Ottocento da un inviato vescovile che condannava senza mezzi termini il «benedetto livello» della diversità sociale che faceva sorgere «delle invidie, dei desideri contrari al voto di povertà».[75] Il processo avvicinò progressivamente la comunità monastica poschiavina alla struttura sociale dei movimenti religiosi ottocenteschi come quelli promossi dal padre Teodosio Florentini o dalle canossiane, analizzati con attenzione nei decenni precedenti; abbracciarne gli ideali missionari era ormai solo un piccolo passo. Grazie all'abolizione della dote d'entrata, già a inizio secolo la composizione sociale della comunità conventuale era mutata, l'estrazione e la provenienza geografica delineavano una maggiore varietà e un avvicinamento al territorio fuori dalle mura del Convento. Di riflesso, anche le posizioni ideologiche sostenute dal capitolo conventuale si adeguavano a quelle della società cattolica grigione. La volontà di migliorare la condizione e l'educazione religiosa della popolazione locale era ormai il primo contenuto della missione. All'insegnamento, istitu-

Realizzato alla fine degli anni Venti, il nuovo ospedale è l'opera più controversa ralizzata dalla suore poschiavine.
Ende der 1920er Jahre gebaut, war das neue Spital in Poschiavo das am meisten umstrittene Projekt der Poschiaviner Schwestern.

zionalizzato da un accordo ufficiale nel 1902, si aggiunse così ben presto anche la cura degli ammalati; un passo ben accetto dalla curia vescovile, che accordò ripetutamente delle deroghe alla clausura.[76] Le suore volevano «rendersi più utili e più adatte ai tempi moderni» applicandosi anche in questo settore e, come si legge in più documenti, dando seguito al «desiderio della gente di paese».[77] In un primo tempo le suore uscivano puntualmente per assistere i malati nelle case; poi, nel 1914, il Comune allestì un primo ospedaletto in località La Rasiga e durante l'epidemia di grippe del 1918 si aggiunse un lazzaretto provvisorio a Le Prese, in riva al lago. Con un ulteriore strappo alle regole della clausura, il vescovo Georg Schmid von Grüneck (1851–1932) acconsentì che alcune suore si occupassero dell'assistenza nelle due strutture.[78] Come testimonia un messaggio alla curia della vice superiora suor Angelica Crameri (1872–1920), la svolta era anche garante dell'auspicato rinnovamento: «Ora dobbiamo dirlo che questa iniziativa ci fruttò già cinque postulanti ed altre ancora che aspirano, ciò che altrimenti sarebbe impossibile.»[79] Inoltre – e questo fatto non è da ritenersi secondario – per la società cattolica l'intervento delle religiose nell'assistenza pubblica era più che benvenuto; così il medico Giuseppe Marchesi (1874–1947) annotava: «È un fatto che dove ci sono Suore, la cura corporale degli infermi è molto più perfetta e coscienziosa, dal lato poi religioso tutti sanno quanto bene esse fanno agli infermi colla loro assistenza spirituale.»[80]

Ma la fede e la buona volontà raggiunsero ben presto i limiti: in pochi anni, la necessità di una professionalizzazione della medicina si acuì enormemente. Infatti, durante i lavori di costruzione di dighe, condotte forzate, ponti e binari, raggiunsero la Valle un gran numero di lavoratori stagionali, creando – visti anche i rischi legati ai cantieri – nuove necessità sul fronte dell'assistenza medico-sanitaria. Se la tisi dei minatori rimaneva esclusiva delle cliniche specialistiche d'altitudine, come quelle di Davos e Arosa, incidenti sul lavoro o malattie contagiose richiedevano misure urgenti sul posto. Fu soprattutto l'epidemia di grippe del primo dopoguerra a esigere soluzioni adatte ai tempi e il Convento, prima così incompreso nella sua essenza legata alla tradizione della preghiera silenziosa, si offriva come strumento per affrontare l'emergenza. Per mesi le colonne del settimanale locale «Il Grigione Italiano» elencarono il triste bilancio della malattia infettiva, costata la vita ad alcune centinaia di convalligiani.[81] In un dibattito di cui si conservano poche tracce, si pianificava dunque una struttura comunale all'altezza delle nuove necessità; fondi e energie dovevano convergere nel grande progetto che si prospettava complesso. Le Forze Motrici Brusio promisero un contributo notevole per l'edificazione, dimostrando un senso per la propria responsabilità civile.[82]

Dietro le grate del Convento si seguivano con attenzione i dibattiti; già coinvolte nella quotidianità dell'assistenza sanitaria, le suore volevano avere una responsabilità diretta nel futuro ospedale partecipando alla sua pianificazione. È in questa fase che compare una voce nuova nel dibattito: «Bisogna ascoltare tutte le campane», si legge infatti in una prima notizia anonima finita sul tavolo del vescovo di Coira, ma bisogna ascoltare «soprattutto la campanella di Mesocco».[83] La calligrafia curata e l'indicazione geografica tradiscono l'autrice: si tratta di suor Agnese Fasani, suora originaria del villaggio mesolcinese. Questa donna risoluta inaugura una gestione completamente nuova all'interno del Convento: se prima ogni lettera ufficiale era redatta o almeno controfirmata da un sacerdote o dall'amministratore cantonale, la nuova madre – eletta superiora a 42 anni nel 1919 – è la prima che impugna direttamente carta e penna per scrivere alle autorità; tratta direttamente con gli impresari, dimostrando di non aver nessuna paura di toccare una quotidianità spicciola che costella la realizzazione della propria missione.

Guardando delle vecchie foto, suor Maurizia indica un libro in mano a suor Agnese: «Quella aveva sempre un breviario sotto braccio», dice ridendo, quasi la foto ritraesse una figura di santa con l'obbligato attributo. Suor Maurizia ricorda bene questa madre superiora: «Ero poco più di una ragazzetta, quando l'ho incontrata per la prima volta. Mi ha squadrata dalla testa ai piedi. Allora non pensavo ancora alla possibilità di andare in Convento, ma lei mi chiese cosa volessi fare da grande.» Senza ulteriori dibattiti sembra sia stato definito un destino. Dopo una formazione infermieristica, una specializzazione in anestesia e a 25 anni passati, Irene – figlia di contadini di San Carlo – diventava suor Maurizia e metteva le nozioni imparate oltralpe al servizio della comunità monastica.

Anche suor Agnese, nata Antonia Fasani, era arrivata in monastero nel 1901 con una, per una donna del tempo, solida formazione in tasca: un diploma di insegnante di scuola elementare. Suor Roswitha Casper (1923) la ricorda come una donna «[...]molto energica ma buona. Non faceva

In Val di Campo le suore gestiscono per decenni una colonia estiva offrendo un'attività ai figli degli impiegati.

In Val di Campo führen die Schwestern während vieler Jahrzehnte eine Sommerkolonie für Kinder von Arbeiter- und Angestelltenfamilien.

tanti complimenti, ma ciò che voleva dire, lo diceva con carità e persuasione. Insomma una donna con i piedi per terra e il cuore e lo sguardo rivolto in alto.»[84] Il suo necrologio la descrive in modo analogo come «[...] personalità fatta di timidezza e grandi ardimenti, di tenerezza materna e di virilità nel segnare la via rettilinea, la volontà di Dio».[85] Evidentemente era stata la sua «virilità», o forse solo il suo coraggio di guardare dritto negli occhi gli uomini con le responsabilità decisionali a rendere così incisiva la sua azione. Se l'aggettivo che una consorella le ha assegnato risulta curioso, sembra circoscrivere bene i tratti inediti di una suora che all'inizio del Novecento sapeva bene qual era la strada da percorrere per la sua istituzione, dimostrando di avere i proverbiali pantaloni. Visto il risultato risicato della sua prima elezione alla guida della comunità, si può ritenere che all'interno della comunità i progetti e soprattutto l'interventionismo di suor Agnese non fossero, almeno in un primo tempo, indiscussi.[86]

«Aprire l'ospedale è stata una cosa da matte» – commenta con ironia oggi suor Maurizia – «così senza preparazione ed esperienza ...» e nel suo commento rivivono i dubbi di alcuni commentatori del tempo. Infatti, anche nella Poschiavo di inizio Novecento non si confidava appieno nelle capacità della comunità monastica di guidare da sola una struttura sanitaria: «Sono dell'avviso che nello stato presente delle cose il passo è pericoloso» – scriveva per esempio il canonico Giovanni Vassella (1861–1922) al vescovo – «le suore non sono preparate a questo genere di vita e anche se fossero preparate, poche sono le suore abili e sane.» Alcune suore erano state inviate per dei periodi di tirocinio all'Ospedale della Croce di Coira, ma questa non era ritenuta una qualifica necessariamente sufficiente per la gestione di un ospedale. «Ma ci vuole una porzione di incoscienza anche per fare del bene», aggiunge oggi suor Maurizia, plaudendo al coraggio dimostrato da chi l'ha preceduta.

La rinascita
Un nuovo ruolo nella società e la conquista di nuovi spazi

Prima ancora di affrontare concretamente la costruzione dell'ospedale, il Monastero risolse due problemi: da una parte fu rivista l'organizzazione interna e dall'altra si trovò una soluzione per la sede scolastica del Borgo. Con le nuove costituzioni, entrate in vigore nel 1926, la comunità monastica diventava una congregazione di diritto diocesano, scomparvero i voti solenni e il capitolo fu sostituito da un consiglio più agile.[87] Nello stesso anno venne poi inaugurato un edificio scolastico cattolico nel capoluogo di Valle, liberando le sale del Convento dai banchi e dalle giovani allieve. La pressione verso una soluzione adeguata era cresciuta dall'inizio del secolo: già nel 1905 le frazioni di Annunziata e San Carlo avevano infatti ottenuto un edificio scolastico moderno. Era arrivato il tempo in cui anche i cattolici del Borgo dovevano poter disporre di aule adatte alle necessità didattiche. Per la realizzazione di quest'impresa, le suore vendettero una serie di appezzamenti agricoli e cedettero parte del perimetro dell'orto del monastero; una trentina di metri della muraglia che per secoli aveva diviso materialmente il paese dalla vita conventuale veniva abbattuta.[88] Nel nuovo edificio le classi primarie femminili e maschili vennero unite, abbandonando parzialmente la discriminazione delle ragazze nell'insegnamento. Vi trovò spazio pure la scuola materna, creata sempre su iniziativa delle suore nel 1914.[89]

Grazie alla capacità organizzativa dimostrata con la costruzione dell'edificio scolastico, la via verso l'ospedale era appianata. Ma al momento della presentazione pubblica dei progetti, la Comunità riformata, che rappresentava allora ancora un terzo della popolazione, alzò il tono. Si annunciava lo «stupore» per l'iniziativa: quali competenze portavano queste donne nella cura dei malati e chi conferiva loro il diritto di curare tutti?, si chiedeva nella corrispondenza con le autorità ecclesiastiche cattoliche.[90] Ma il problema era soprattutto di ordine religioso; improvvisamente si propagava infatti la possibilità di curare anche moralmente i malati, ma in maniera cattolica. Fin tanto che le suore si occupavano, secondo le ancora vigenti regole di segregazione confessionale, dell'educazione dei giovani cattolici non c'erano problemi. Ma l'ospedale sarebbe stato solo uno per tutta la Valle e sarebbe diventato, riferiscono i documenti, una struttura «di carattere pronunciatamene confessionale».[91] Anche le autorità comunali si dimostrarono in un primo tempo restie a sostenere l'iniziativa definita essenzialmente «privata». «Prevedendo certi ostacoli che potrebbero sorgere per la realizzazione, causa il carattere piuttosto religioso del medesimo» – si legge nel verbale del Consiglio comunale del febbraio 1918 – «[si è] deciso frattanto di nominare una commissione.»[92] Agli interventi a favore dell'iniziativa del Monastero, il Consiglio rispondeva poi con maggiore chiarezza: «Non essendo per nulla intenzione del Consiglio comunale di appoggiare un'opera che abbia il carattere prettamente confessionale, vogliamo [...] conciliare tutti i giusti desideri dell'intera popolazione.»[93] Un ospedale era necessario, ma si volevano valutare tutte le opzioni consultando anche il vicino Comune di Brusio.

Il caso non è isolato nei Grigioni: mutamenti economici e sociali mai visti prima stavano ridisegnando il Cantone dei Grigioni e la Svizzera intera. Soprattutto sul versante cattolico, la crescita demografica imponeva delle migrazioni interne: dalle valli e dai cantoni montani famiglie intere migravano verso i centri industrializzati alla ricerca di fortuna. Utilizzando proprio le libertà conquistate dallo Stato liberale, queste nuove comunità della diaspora trasportavano i propri valori e li difendevano anche in territori confessionalmente diversi. Manifesto più evidente di questo fenomeno è la costruzione di nuove chiese e, appunto, di strutture sociali. In quegli anni le istituzioni cattoliche sorgevano un po' ovunque; anche nella – fino ad allora – protestantissima Coira, i cattolici avevano ormai una loro scuola e il loro peso politico cresceva. I cattolici, perdenti al momento della creazione dello Stato federale del 1848, chiedevano un loro spazio.[94] Anche a Poschiavo il «Kulturkampf» passava ad una sua fase non di rivincita – vista la situazione di maggioranza del

Foto di gruppo scattata negli anni Cinquanta. Da sinistra a destra quattro consorelle di origine poschiavina: suor Ursula Passini, suor Rita Lanfranchi, suor Tarcisia Marchesi, suor Veronica Giuliani.
Ein Gruppenfoto aus den 1950er Jahren. Von links nach rechts vier Schwestern aus dem Puschlav: Ursula Passini, Rita Lanfranchi, Tarcisia Marchesi, Veronica Giuliani.

cattolicesimo locale – ma di recupero del terreno perso nel cammino verso la modernità, adottando nuove modalità, per esempio affidando compiti importanti al Monastero.

Dopo i tentennamenti iniziali, il Comune di Poschiavo – dominato dalle forze conservatrici – compì un passo decisivo respingendo le critiche provenienti dagli oppositori. «Dopo lunga e accalorata discussione prendendo atto della posizione presa dalla Corporazione riformata», le istituzioni locali sposarono progressivamente la causa delle suore. «Riguardo all'ospedale privato del ven. Monastero» – si legge nei verbali del luglio 1927 – «il Consiglio Comunale, paludendo all'encomiabile impresa, si espresse in massima [...] nel senso di appoggiarla moralmente e finanziariamente.»[95] La pia istituzione non destava più alcun sospetto e il progetto privato rispondeva inoltre alle necessità, senza impegnare troppo il Comune. In questo pragmatismo si può forse leggere un'inerzia, un modo per evitare al Comune ulteriori compiti, ma soprattutto un sostegno spesso solo sottinteso, almeno al livello delle fonti, all'azione del Convento. Ma se a livello politico la via era libera, l'istituzione doveva fare anche i suoi conti: un progetto simile costava e molto. Ad aggravare la situazione si aggiunse la decisione delle Forze Motrici Brusio, allora gestite esclusivamente da protestanti, di cancellare il contributo promesso per la realizzazione dell'opera. Il credito era destinato al Comune, si spiega nella corrispondenza con le suore, e non si vedeva la necessità di sostenere un'opera strettamente privata.[96]

Suor Agnese si dimostrò cosciente del problema: una parte della popolazione rimaneva ostile al progetto e, conseguenza inevitabile, anche il finanziamento si dimostrava più arduo del previsto. Dopo aver nuova-

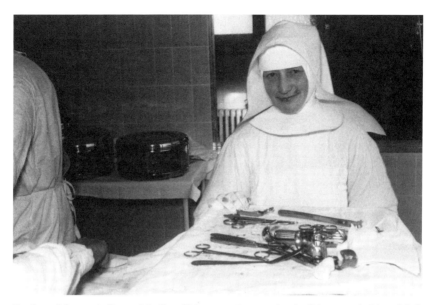

Dagli anni Sessanta l'ospedale San Sisto garantisce anche degli interventi chirurgici di base. Nell'immagine suor Matilde Mengotti.
Seit den 1960er Jahren garantiert das Spital San Sisto auch eine chirurgische Grundversorgung im Tal. Im Bild Schwester Matilde Mengotti.

mente consultato il vescovo di Coira, con cui intratteneva un rapporto particolarmente cordiale, scrisse una lettera conciliante alla Comunità riformata. In questa assicurava cure imparziali, niente unzioni o riti indesiderati ai degenti non cattolici, rispetto della diversa fede.[97] Se le assicurazioni ruppero l'opposizione più marcata, non riuscirono a intaccare lo scetticismo di fondo. Contributi finanziari da parte riformata non ne arrivarono. In uno dei soliti bigliettini, «la sua sempre devotissima Suor Agnese» tornò dunque a consultare il vescovo Schmid von Grüneck che propose una soluzione vincente: analogamente a molti progetti in atto nella Chiesa cattolica, il vescovo indisse una colletta in tutta la Diocesi. Nel messaggio non si fa accenno alle difficoltà locali, ma l'esortazione era forte e i risultati non si fecero attendere: grazie alla solidarietà nord-alpina, l'opera poteva essere portata a compimento nel 1929.[98]

Il sostegno pubblico che il Monastero si conquistò progressivamente con le sue opere è visibile dagli anni Quaranta in poi anche sulle colonne del settimanale locale, che in questa stagione è redatto in prima linea da sacerdoti, poi da redattori di ispirazione cristiano-democratica.[99] Se prima le suore erano poco presenti sulle colonne del «Grigione italiano», nel Dopoguerra si leggono commenti che inneggiano alla «tanto meritoria operosità sociale e religiosa, svolta regolarmente da questa comunità, con tenace abnegazione, per il bene del prossimo e a maggior gloria di Dio».[100]

Ma perché i riformati si opposero al progetto? Suor Maurizia ha una risposta: «La paura della supremazia, forse». La Superiora dunque riconosce che il problema allora non era da sottovalutare e aggiunge che «è necessario trovare una convivenza giusta; la fiducia è una cosa da conquistare». Anche suor Maria Luca è cosciente del problema, ma si appella alla lettera scritta allora da suor Agnese. La conosce praticamente a memoria, sembra quasi sia diventata il canone da rispettare: imparzialità e rispetto della diversità sono le massime che una suora deve seguire nella sua attività medico-sanitaria. «Ho lavorato per 25 anni all'ospedale» – continua suor Maurizia – «e non ho mai avuto problemi.» Ricorda piuttosto l'insegnamento delle consorelle che la esortavano a non praticare favoritismi, anche se ammette che la pratica poteva anche essere diversa. «È facile slittare in modelli conosciuti» – continua la Superiora – «ma ci ha fatto sicuramente anche bene conoscere i protestanti, anche perché hanno una certa cultura un po' più alta rispetto alla nostra di allora.» A livello religioso sottolinea poi la centralità della «conoscenza della Parola di Dio, un elemento importante per la fede che il Concilio Vaticano II ha riconquistato anche per noi cattolici». Ma poi ricorda, sottolineando l'importanza che ha per lei il cammino fatto in questi settant'anni: «Un ospedale non è una questione solo religiosa, ma sociale e umanitaria. Noi abbiamo la nostra linea, ma c'è spazio e rispetto.»

Dopo le due grandi opere realizzate nel Borgo di Poschiavo iniziò una lunga serie di impegni assunti dalle suore agostiniane. Grazie alle relazioni ancora strette di Suor Agnese con la sua terra d'origine, il Convento poschiavino espanse le sue attività dapprima in Mesolcina. A Soazza, ma anche a Grono, nacquero a ridosso della Seconda guerra mondiale delle case di riposo, istituite in case private donate appositamente; a Mesocco le suore aprirono poi un ambulatorio. Nel 1957 si aggiunse una casa a Bellinzona e poco più tardi un'altra anche a Locarno: l'impegno superò così i confini del Cantone e della Diocesi. Ad aver favorito lo sbarco in Ticino c'è da un lato la lingua in comune e dall'altra la differenza degli ordini femminili presenti sul territorio, maggiormente rivolti alla vita contemplativa.[101] Questo fatto lasciò uno spazio alla dinamicità dell'istituzione poschiavina.

Con l'arrivo di un medico specializzato, il solettese Theo Hasler (*1932), dal 1962 l'ospedale poschiavino fece un ulteriore salto di qualità, sviluppando una propria sezione chirurgica. Lo spazio risultava però limitato o, con le parole delle protagoniste, «per una medicazione bisognava fare i salti mortali per poterci stare». Con un ampliamento dell'edificio, l'ospedale raggiunse i cento letti.

Con la costruzione della Casa anziani a Poschiavo, nel 1984, questa attività raggiunse il suo apice. In tutta la Svizzera italiana il monastero era assurto ad attore di primo piano a livello sociale, ma anche economico. Addirittura nella Valle di Poschiavo il numero dei posti di lavoro offerti nelle strutture sanitarie superava quello degli impiegati pubblici, posizionando l'istituzione per importanza direttamente dietro la Ferrovia retica e le Forze Motrici Brusio. Le opere edili commissionate in quasi ottant'anni di lavoro sono altrettanto rilevanti, confermando l'importanza assunta dall'«azienda Monastero». Ma di cifre e costi reali non si parla: «Non vogliamo vantarci» – afferma suor Maurizia che non intende svelare

Suor Maurizia Giuliani, figlia di contadini, Madre generale e interprete della stagione dell'impegno della comunità monastica su più fronti.
Schwester Maurizia Giuliani, Bauerstochter, Generaloberin und Lenkerin des vielseitigen Engagements der Schwesterngemeinschaft.

le sue carte, mettendo a nudo i bilanci complessivi della holding della salute costruita con il sudore della fronte di tre generazioni di suore – «abbiamo fatto quello che andava fatto e quando andava fatto.» Poi ricorda che «le monache hanno sempre lavorato gratuitamente e» – sì, di questo è orgogliosa – «hanno sempre integrato gli artigiani locali contribuendo al bene complessivo della società locale». E continua con un certo compiacimento: «Poi abbiamo l'orto che ci dà molto, sappiamo risparmiare pur vivendo bene. Dalle piccole cose nascono le cose grandi, ed è con i centesimi che si fanno i milioni.» Anche il Corpus Catholicum, il parlamento cattolico cantonale deputato al controllo finanziario del Monastero, avrebbe espresso più volte l'ammirazione per la diligenza finanziaria dell'istituzione. Grazie alla presenza delle suore e al frontalierato che contribuisce a mantenere il livello salariale basso, si è riusciti per decenni a tenere il deficit sotto controllo anche senza contributo pubblico. «Per risparmiare facevamo tutto il possibile» – spiega suor Maurizia – «niente sprechi, le economie arrivavano fino alle porzioni ridotte nei piatti di chi non aveva appetito.» Il consolidato sistema delle donazioni e delle collette funzionò fino al 1968, anno in cui il Cantone dei Grigioni firmò una convenzione che garantiva la copertura del crescente deficit.

Ma la gestione delle opere sparse in due cantoni occupava ormai tutte le risorse. In cinquant'anni, il Monastero si era completamente trasformato: da piccola comunità di clausura, formata da donne che con l'ambiente circostante avevano poco o niente a che fare, si era arrivati ad un'onnipresenza nella quotidianità non solo della Valle. Ed è così che suore-insegnanti hanno lasciato la loro impronta su generazioni di allievi; le tonache bianche delle suore-infermiere accompagnano ancora oggi la degenza di anziani e malati. Ma in tanta frenesia questa stagione – ammettono le nostre interlocutrici protagoniste degli ultimi decenni in cui la storia si fonde con l'esperienza personale – ha messo in ombra alcuni aspetti della vocazione monastica. Certo, gli esercizi spirituali hanno sempre fatto parte della quotidianità, ma per decenni la riflessione sulla fede è forse stata un po' negletta, focalizzando l'azione sull'aiuto al prossimo.

La fine di una stagione
La riflessione sulla vocazione e il ritiro dalla vita pubblica

È il Concilio Vaticano II (1962–1965) ad inaugurare un processo di riflessione che toccò tutti i livelli della gerarchia cattolica, raggiungendo anche il Monastero poschiavino. All'interno della comunità agostiniana questa trasformazione si può leggere a due livelli. Da un lato il nuovo corso è visibile ed ha espressioni concrete anche nell'esteriorità: con una nuova divisa, introdotta nel 1967, le suore si scrollano di dosso una parte della lunga tradizione che, con i colletti inamidati, rappresentava un residuo di quella rigidità che per duecento anni aveva dominato lo spirito della clausura. A Poschiavo non si avanza quanto in altre comunità mona-stiche nordalpine – dove si rinuncia all'abito in determinate situazioni, relegandolo ai momenti ufficiali e sacri – ma il nuovo taglio fa delle concessioni alle necessità quotidiane, concedendo la necessaria mobilità fisica alle molteplici funzioni svolte. Ma il segno ancora più evidente è la costruzione del nuovo monastero ai margini del villaggio. La struttura settecentesca, pianificata per 33 suore, non corrispondeva più agli stan-dard necessari alla vita moderna e, soprattutto, non offriva lo spazio necessario ad una comunità vistosamente cresciuta. Un lavandino per piano, le infrastrutture sanitarie inalterate dalla costruzione originaria, una cucina fatiscente: l'edificio aveva bisogno da decenni di un riattamento profondo. Ma più volte si era rimandato ogni intervento, privilegiando l'espansione delle attività assistenziali. Alcuni progetti di restauro non convinsero inoltre il capitolo. «I piani si potevano girare come si voleva» – suggerisce suor Maurizia – «una casa pensata per una trentina di consorelle non poteva ospitare la grande comunità.» Solo nella seconda metà degli anni Sessanta si trova il coraggio di costruire una nuova struttura. Per la realizzazione si abbandona il centro del Borgo, trovando uno spazio a sud; malgrado la comunità monastica non sia mai stata così vicina alla popolazione, l'edificio sorge lontano, quasi voglia simboleggiare un nuovo distacco. Il progetto dell'architetto lombardo Luigi Caccia Dominioni (*1913) taglia inoltre i ponti con la tradizione architettonica, pur rifacendosi a modelli secolari della tradizione monastica.

D'altro canto, la revisione è anche interiore; un nuovo bisogno di spiritualità in una quotidianità dominata dal lavoro, prende forma progressivamente. «Per decenni la missione sociale è stata al centro del nostro interesse e la spiritualità ne ha sofferto; anche dentro le mura si trasmetteva poco della tradizione agostiniana», ammette la Superiora. Dopo l'introduzione delle nuove costituzioni, riviste nel 1975 e approvate ufficialmente nel 1985, le suore hanno fatto dei passi concreti per, come recita un articolo della Carta, «rinsaldare la fede e per raggiungere una maggiore maturità individuale». Il contatto con la piccola comunità dei Servi di Maria di Tirano – fra cui si nomina soprattutto padre Egidio Merlo (1922–1998), ma anche il frate anticonformista Camillo de Piaz (*1918) – contribuisce alla riscoperta delle fonti agostiniane. Questa è forse una delle principali novità, visto che in passato, soprattutto per le comunità monastiche femminili, lo studio biblico e filosofico non era ritenuto una priorità all'interno degli esercizi di fede. Questa nuova volontà ha portato anche alcune suore a frequentare i centri di studio teologici italiani, rilanciando – a quasi due secoli dalla nascita del confine politico – un contatto umano e istituzionale verso il sud lombardo. «Sono esperienze interessantissime in cui bisogna anche partecipare attivamente, per esempio scrivendo la propria posizione su temi fondamentali della fede», riferisce suor Maurizia. Ma prendere la parola in questioni morali «non è facile»; è un'uscita in pubblico che richiede una buona dose di coraggio per delle persone che non hanno mai avuto una vera formazione teologica e non vi sono abituate.

Con le nuove costituzioni non si punta però solo alla spiritualità, ma si riconferma anche la missione sociale, aprendo anche una porta all'impegno ben oltre i confini nazionali. L'articolo 14 recita infatti: «Pur non avendo una tradizione in proposito, la congregazione, nella visione oggettiva dell'ideale agostiniano, accetta, secondo le possibilità, anche l'attività missionaria.»[102] Il sacerdote poschiavino Filippo Menghini (1920–2000) in missione in Colombia si fa promotore di questa nuova vocazione; il primo progetto nato da questa collaborazione trova forma con l'arrivo al monastero di cinque postulanti sudamericane nel 1981. Dopo un periodo di introduzione alla vita monastica, quattro ritornano in patria rinunciando alla vocazione; rimane in Valle solo suor Patrizia che assume un compito in Casa anziani. Ma il passo oltre oceano era fatto, oggi a Cauca, nella regione colombiana di Pupajan, il Monastero di Poschiavo ha un suo centro: Casa Betania.

L'iniziativa cercava di rispondere anche alla rarefazione delle vocazioni, fenomeno legato al processo di secolarizzazione della società. Ma parallelamente, dagli anni Ottanta fino ad oggi, è iniziata un'ulteriore profonda trasformazione, non solamente dovuta alla mancanza di nuova linfa. Negli ultimi anni c'è stata una sola nuova entrata, questo problema preoccupa la madre, anche se non le piace darlo a vedere. Dopo aver gestito per decenni numerose opere sociali, le suore hanno infatti iniziato a ritirarsi dall'educazione, come dalla gestione dell'ospedale, cedendo i compiti agli enti pubblici. Anche fuori la presenza è stata progressivamente abbandonata. Il primo passo era avvenuto con l'unificazione delle scuole poschiavine, realizzata nei primi anni Settanta. Nella scuola confessionalmente mista, le suore mantengono solo un ruolo marginale; per anni si sono occupate delle lezioni di religione o di economia domestica, senza essere però più titolari di una classe.[103]

Nel 1992 il popolo del Cantone dei Grigioni approva poi una nuova Legge sulla scuola popolare e sulla scuola dell'infanzia. La nuova normativa ha istituzionalizzato il settore dell'educazione prescolastica: almeno un anno di scuola dell'infanzia è obbligatorio per tutti i bambini, tutti i comuni sono inoltre tenuti a garantire i salari delle insegnanti che devono disporre delle qualifiche necessarie. La maggior parte dei comuni del Cantone era già in regola da tempo, ma non il Comune di Poschiavo che – retaggio secolare e forse inerzia o oculatezza finanziaria – lasciava in gran parte la gestione delle scuole dell'infanzia a enti privati. A Prada, Le Prese, Sant'Antonio e San Carlo erano i genitori che con rette, collette e altri stratagemmi garantivano il finanziamento delle strutture. Ad assicurare l'insegnamento erano in molti casi le suore. Nel Borgo di Poschiavo rimaneva inoltre ancora la secolare separazione confessionale: il Monastero da un lato, la Comunità evangelica dall'altro gestivano un proprio corso per i bambini dai cinque ai sette anni. Con l'entrata in vigore della nuova legge, il Monastero delega la gestione dell'edificio appositamente costruito al centro del Borgo una decina di anni prima al Comune. Parallelamente le suore si ritirano completamente dall'insegnamento a tutti i livelli, segnando la fine dell'impegno didattico nelle scuole locali.

Analogo e contemporaneo il destino che tocca l'ospedale: vista la necessità incombente di un ampia ristrutturazione, le suore cedono ai comuni di Poschiavo e Brusio la struttura. Con la votazione del dicembre 1992 i cittadini accettano il passaggio di consegne; le suore ancora attive diventano impiegate della nuova fondazione.[104]

La Casa anziani, realizzata nel 1984, rimane l'ultimo baluardo di una missione, sviluppata in quasi cento anni di lavoro. Quattro suore vi sono ancora attive; risiedono proprio accanto alla struttura, nel vecchio Monastero. A loro sono infatti riservati alcuni spazi nella parte più antica dell'edificio storico della comunità, così in pochi passi possono raggiungere il rispettivo posto di lavoro. L'edificio è stato accuratamente restaurato alla soglia del nuovo millennio; oggi vuole essere uno spazio di incontro, di studio e di preghiera. Le suore non vogliono intromettersi nei dibattiti che vi si tengono, anche se si soffermano di quando in quando a parlare con gli ospiti, interessandosi di quanto avviene nell'antico refettorio e nelle sale di riunione. Benché siano lontane dal resto della comunità, a loro piace abitare fra le vecchie mura: «Qui sono stata novizia e ho passato begli anni», afferma suor Maria Luca. E questo ritorno al centro del villaggio è carico di valore simbolico; è una sorta di riconquista delle origini. Anche nel nuovo monastero, concepito per una sessantina di consorelle, ci sono stati dei cambiamenti: oggi sono rimaste in 18 a vivere nell'ampia struttura. Un'ala è addirittura stata liberata; oggi ospita comitive e famiglie per le vacanze, un'offerta salutata da un grande interesse dei turisti che visitano la Valle. Suor Maurizia, per così dire la

L'ultimo grande progetto del Convento: la nuova Casa anziani di Poschiavo. L'edificio sostituisce la scuola degli anni Venti e una serie di edifici agricoli all'interno del perimetro del Vecchio Monastero.
Das letzte grosse Projekt des Klosters: das Altersheim in Poschiavo. Das Gebäude steht am Ort der alten Schule aus den 1920er Jahren. Der Bau erforderte den Abbruch einer Vielzahl von landwirtschaftlichen Gebäuden des alten Klosters.

padrona di casa, invidia un po' le consorelle tornate al centro del villaggio e l'idea di ritornare con tutta la comunità nella sede storica, lì dove tutto è più intimo, la stuzzica. Ma poi ritorna alla serietà che si confà ad una superiora: il suo compito quotidiano non è sognare, ma conciliare tutte le sfaccettature dell'azione della comunità mediando fra desiderio e realtà, fra azione e contemplazione. Le lunghe giornate negli ospedali o nelle scuole non sono infatti più il centro della vita comunitaria, visto che la maggior parte delle suore è ormai in pensione. La quotidianità va dunque rivista e organizzata con saggezza e mano mediatrice. Che fare per garantire il futuro? Si è arrivati alla fine di un tragitto?

Conclusione
Verso la riscoperta della contemplazione

«Essere suora vuol dire lavorare, aiutare il prossimo», afferma suor Maurizia; le si può credere, visto che ha dedicato la sua vita monacale alla cura dei malati all'ospedale di Poschiavo. Ma poi si corregge da sola: «Non basta aiutare il prossimo per essere suora, ci vuole una motivazione straordinaria, quella della fede.» Anche se i problemi di una quotidianità spicciola e episodica continuano ad invadere il silenzio dei lunghi corridoi dell'edificio al margine sud del capoluogo di Valle, il suo racconto è intriso dalla volontà di accedere a valori alti. Le citazioni della regola di Sant'Agostino e le esortazioni morali costellano il suo discorso; la sua visione pragmatica della vita non esclude la preghiera, momento di riflessione che scandisce la quotidianità nel Convento. Anche il passato dell'istituzione fa parte della sua quotidianità: con la lettura delle vite delle sorelle scomparse, la comunità evoca una continuità che dura ormai da oltre tre secoli.

L'istituzione era nata nel Seicento come assemblea di donne che volevano assistere il prossimo; in una seconda fase, si erano tagliati i ponti con la società a favore di una contemplazione più perfetta. Nel Novecento le suore hanno riscoperto e affinato la prima missione. Prima di questa svolta, nell'Ottocento, il destino del Monastero di Santa Maria Presentata sembrava segnato; la fine di una visione di vita contemplativa, limitata dalla clausura, si scontrava con il nuovo razionalismo della Svizzera moderna. L'aiuto esterno più volte invocato non arrivò. Solo il risoluto passo avanti, operato dalle suore stesse dopo la Prima guerra mondiale, ha permesso di dare nuova linfa all'istituzione. In meno di cento anni, la piccola comunità di suore, prima ritirata fra le alte mura della clausura, ha dato vita ad un ventaglio notevole di attività sociali e di assistenza. Lo hanno fatto occupando spazi che si sarebbero poi dimostrati classici dell'attività femminile del Novecento. Ma oltre a questo aspetto, il cambiamento è di evidente rilevanza sociale: prima che le istituzioni politiche risolvessero i nuovi quesiti posti dal passaggio della società rurale a società moderna, le religiose hanno reinventato il proprio ruolo diventando dispensatrici di educazione e di cure. Con accorta dinamicità e soprattutto grazie alla propria iniziativa, le suore si sono fatte protagoniste della crescita della Valle. Il supporto della Chiesa cattolica, essa stessa coinvolta in un processo di rinascita dopo un secolo difficile, ha avuto un ruolo importante in questo sviluppo, ma non decisivo, se paragoniamo l'istituzione a quelle ticinesi. Più simile invece è l'azione che si riscontra nel resto del Cantone. Così anche le domenicane di Cazis e, in misura minore, le benedettine di Müstair hanno modificato le loro costituzioni nel Novecento, aprendo una breccia nella clausura e assumendo così un ruolo più attivo, soprattutto nella scuola. Il loro impegno è però di portata nettamente minore rispetto a quello poschiavino.

La strada percorsa ha permesso a queste donne di ritagliarsi uno spazio per niente scontato in una società a lunghi tratti ancora definita dal patriarcato. Al di fuori della famiglia – modello che rimane vincolante nella visione della società, non solo cattolica – le «spose di Cristo» hanno potuto svolgere dei compiti qualificati e di responsabilità sociale. Il Convento è diventato una forza economica, che offre servizi fondamentali e posti di lavoro e dunque responsabile anche per la vita di numerose famiglie.

«Noi protagoniste della storia locale?», chiede con un sorriso suor Maurizia e replica senza aspettare una risposta: «Una volta una donna protestante mi ha addirittura detto che noi siamo femministe, che la nostra azione è modello per le donne ...» Ammette però di non averci mai riflettuto, né prima né dopo l'osservazione. Certo le suore sono politicamente attente, vanno a votare, durante il pranzo ascoltano il giornale radio, nella sala di lettura ci sono anche alcuni quotidiani, puntualmente si interviene sulla stampa locale per ribadire i propri valori, ma non si vuole un ruolo più attivo nella politica; unica eccezione è il mandato nel consiglio pastorale parrocchiale. «La donna deve fare il suo compito, l'uomo ne ha un altro», spiega suor Maurizia; rinunciare al matrimonio non è una scelta di libertà, ma un passo in linea con una tradizione secolare che non sta in opposizione al primato della famiglia come cardine della società, difeso dalla morale cattolica. Per questo non vuole parlare di emancipazione, ma di scelta di vita che non si sottrae alla responsabilità: «Io sono una donna, e do il mio contributo», è la sua semplice sentenza. L'abito nero sottolinea la diversità ed è manifesto che testimonia anche all'esterno il voto di sottomissione all'istituzione ecclesiastica. Ieri come oggi, questa la lettura delle nostre testimoni, la vestizione monacale significa la rinuncia cosciente ad una parte di individualità e testimonia la volontà di sottomissione ad alti ideali di fede vissuti collettivamente.

Con la nuova sede, che portò all'abbandono del microcosmo del vecchio Monastero nato nel Seicento accanto alla prepositurale di San Vittore, la trasformazione era compiuta. Ma il passo, che denota un orgoglio e un coraggio conquistato con il lavoro, si è scontrato con un ulteriore processo sociale: la secolarizzazione. Con un certo ritardo rispetto alle zone urbane, anche nella Valle di Poschiavo l'osservanza dei precetti religiosi e la capacità aggregativa della Chiesa hanno perso colpi. Nel Convento, la maggior parte delle monache ha già raggiunto l'età della pensione; il tentativo di ringiovanire l'organico attingendo alle vocazioni in Sudamerica non è stato un fallimento, vista la creazione di una filiale in Colombia, ma non ha portato l'effetto sperato alla casa madre di Poschiavo.

All'inizio del nuovo millennio, la piccola comunità si ritrova dunque nuovamente a dover riflettere sulla sua essenza. Suor Maria Luca e suor Maurizia indicano la nuova necessità: «Riscoprire i valori essenziali della fede, questo è il nostro nuovo compito», si dicono ambedue convinte. Oggi le consorelle sembrano dunque voler recuperare la seconda tappa del passato, quella della contemplazione, attingendo nuovamente alla tradizione del Monastero. Una volta di più l'iniziativa interna potrebbe portare a soluzioni originali: non attraverso il clero locale, ma grazie alla ricerca attiva del contatto con i centri di formazione italiani le suore hanno saputo dare inizio al nuovo corso. Oggi nel Vecchio Monastero si tengono conferenze su temi religiosi, il monastero offre quindi uno spazio ancora aperto per la riflessione. Nuovi studi e i fatti di cronaca danno loro ragione: il bisogno di spiritualità ritorna. Ma suor Maurizia non vuole precipitare e conclude: «Iniziamo a dormire la notte, domani ci vedremo meglio.»

Annotazioni

1 Interviste con suor Maurizia Giuliani e Maria Luca Dörig il 21 e 22 febbraio e il 5 e 6 luglio del 2004.
2 Vedi sul tema: Papacella, Parallele.
3 Per le origini del Convento, le fonti si limitano ad annotazioni frammentarie conservate in AVC. A livello locale non è stato possibile trovare ulteriori materiali. Più avanti nel tempo le fonti si infittiscono e permettono una lettura più ampia della ricezione dell'azione dell'istituzione.
4 La storia del Monastero è già stata studiata da più persone. Vi si sono dedicati con metodo e affidabilità soprattutto Comolli e Bellettati.
5 Donne organizzate in comunità nella Valle di Poschiavo prima della creazione del Convento di Santa Maria Presentata (1629). Il vescovo Scaglia annotò i seguenti nomi in uno dei suoi rapporti sulle visite pastorali del periodo tra il 1622 e il 1625: Terra (Poschiavo): Anna Iseppi, superiora, Catarina d'Anna, Lucia Zanoli; Aino: Madalena di Lorenzo Margotti, Margarita de Mangotti, Domenica de Mangotti, Maria de Menghini, Margarita de Mini; Pedemonte: Antoniola de Dorigli, Giovanna de Dorigli, Margarita de Dorigli, Domenica de Dorigli, Cattarina de Dorigli, Orsola de Dorigli (vedova); Cologna: Domenica della Bigogna, Orsola de Bontognalli; Prada: Catarina del Soldo, Domenica de Rossi, Madalena della Costa, Anna de Mengotti, Dominica della Costa; Alto: Agnese delle Rive (vedova), Anna de Tesoldini. ADC, Visite pastorali 41, 225–226, volume rilegato.
6 Bellettati, 249–252.
7 Ferraris, 371.
8 ADC, Cantoni svizzeri/Poschiavo, lettera del 12 agosto 1629.
9 Guzzi, 244.
10 Trocoli-Chini, 39.
11 Il termine «Sacro Macello» è stato coniato dallo storico dell'Ottocento Cesare Cantù. Vedi Cantù.
12 Tognina, Comun grande, 139.
13 Trocoli-Chini, 39.
14 Comolli, 100.
15 Ferraris, 378.
16 Bellettati, 256.
17 Perotti, 125–148.
18 Giuliani, 177–178.
19 Dalla regola, documento riprodotto in Comolli, 33: «Le vergini che vorranno entrar [...] habbino da offerir, e portare in detto luogo tutto quello di proprio che hanno.»
20 Al momento della Confisca napoleonica, nel 1797, il Convento fu fra i danneggiati di maggior rilievo all'interno della comunità poschiavina. Le doti che le giovani donne portavano con sé all'interno della comunità monastica, comprendevano anche degli appezzamenti nelle zone di provenienza; vedi Dermont, 50.
21 ADC, Cantoni svizzeri/monasteri, 15.
22 Lo conferma per esempio la Visita pastorale del vescovo Giuseppe Oliati (1660–1735) del 1717 in ADC, Visite pastorali CXXII/1.
23 ADC, Visite pastorali/Ciceri 1681.
24 ADC, Cantoni svizzeri/monasteri 15.
25 Badilatti, 1928, 50.
26 Papacella, Le istituzioni, 29–30.
27 Gusmeroli, 218–230.
28 Xeres, introduzione a Gusmeroli, 11.
29 Semadeni/Lardi, Das Puschlav, 74–78.
30 Lardelli, 97.
31 Ibidem.
32 Semadeni/Lardi, Das Puschlav, 93–95.
33 Sullo sviluppo della rete viaria del Cantone dei Grigioni vedi: Simonett, 65.
34 La legge cantonale sui conventi è del 1861, ma le pressioni erano già forti – evidentemente anche a Poschiavo – dal periodo successivo alla Guerra del Sonderbund. Gasser, 232.
35 AVC, Frauenkloster, lettera del 30 novembre 1852.
36 Ibidem.
37 Bellettati, 257.
38 AVC, Frauenkloster, lettera del 9 dicembre 1852.
39 Ibidem.
40 Pur trovandosi nella lista dei danneggiati dalla Confisca, il Monastero di Poschiavo non risulta negli inventari dell'accordo di risarcimento, concluso nel 1862, Dermont, 137–145.
41 La predica di don Benedetto Iseppi, «Il Progresso», è pubblicata integralmente con cenni storici e un'ampia appendice documentaria da Zanetti, 18–30.
42 Lardelli, 108.
43 AVC, Frauenkloster, la madre superiora Giuseppina de Campi al vescovo di Como, 18 giugno 1855.
44 AVC, Frauenkloster, la madre superiora Giuseppina de Campi al vescovo di Como, dicembre 1855.
45 AVC, Frauenkloster, commento del vescovo di Como alla sentenza del Vaticano del 27 agosto 1856.
46 AVC, Frauenkloster, lettera della Sacra Congregazione episcoporum et regularium, datata Roma 24 aprile 1856.
47 Comolli, 18.
48 Lardelli, 83.

49 Wanner-Vassella, 162.

50 Metz, 214.

51 Tognina, Appunti, 101.

52 Comolli, 19.

53 Comolli, 62, nota 186.

54 AVC, Frauenkloster, lettera di Maria Giuseppa Vincenza De Campi al vescovo di Como, 11 giugno 1856.

55 Lardelli.

56 Comolli, 22.

57 I dati sulla popolazione del Comune sono tratti dal CD-rom di Fonti e materiali della Storia dei Grigioni, Vol. IV.

58 Alcuni dati sull'emigrazione locale, soprattutto della seconda metà del XIX secolo, sono stati elaborati da Bordoni.

59 Bühler, 79–91.

60 Sull'emigrazione dei pasticceri: Kaiser.

61 Papacella, Qui niente di nuovo, 7–14.

62 AVC, Frauenkloster, lettera di Maria Giuseppa Vincenza De Campi al vescovo di Como, 11 giugno 1856.

63 AVC, Frauenkloster, Rapporto di fra Giustino, cappuccino del Convento della Madonna del Sasso di Locarno, datato 1892

64 Comolli, 22–23.

65 Per la storia della separazione della Valle dalla diocesi di Como vedi Gosatti.

66 Papacella, Qui niente di nuovo, 16

67 Gasser, 228–229.

68 Sulla nascita, la costruzione degli impianti e gli sviluppi imprenditoriali delle Forze Motrici Brusio: Rüegg.

69 Sulla costruzione della Ferrovia del Bernina, poi integrata nella Ferrovia Retica: Caminada.

70 Semadeni, in: Puschlav e in: Obrist, Bauen, ha proposto l'analisi più attenta del periodo, sottolineando l'importanza dell'afflusso di capitali dall'estero e dalla Svizzera.

71 Papacella, Qui niente di nuovo, 6–10.

72 AVC, Frauenkloster, Elenco delle religiose, 1871; Bornatico, in: «Il Grigione Italiano», 26 aprile 1972.

73 Tonati, 19.

74 L'ultima conversa, che non disponeva dei voti solenni e dunque di minore prestigio all'interno della comunità, scompare nel 1904, Bellettati, 260.

75 AVC, Frauenkloster, rapporto di un non meglio noto fra Giustino, cappuccino definito di origine poschiavina, proveniente dal Convento della Madonna del Sasso di Locarno, datato 1892.

76 AVC, Frauenkloster, una serie di documenti dal 1910 alle riforme delle costituzioni del 1925 testimonia la flessibilità dimostrata da Coira.

77 AVC, Frauenkloster, lettera al vescovo di Coira del 4 agosto 1910.

78 AVC, Frauenkloster, glossa del vescovo Gerog Schmid von Grüneck che permette la cura degli ammalati alle nuove suore, rimane la clausura notturna «secundum constitutionem». Anche: Giuliani, Ospedale, 8.

79 AVC, Frauenkloster, lettera al vescovo di Coira del 6 maggio 1916.

80 AVC, Frauenkloster, il medico Marchesi chiede al vescovo di poter disporre di ulteriori suore per le cure all'ospedaletto, 31 gennaio 1918.

81 Il settimanale di Valle riporta per settimane e settimane durante il 1918 i nomi dei decessi legati all'epidemia.

82 AVC, Frauenkloster, notizia senza data, anni '20.

83 AVC, Frauenkloster, notizia senza data, probabilmente 1919–1920.

84 In margine alle interviste svolte con suor Maria Luca e suor Maurizia, suor Roswitha Camper ha scritto un breve ricordo di Suor Agnese.

85 ASMP, Libro dei necrologi, Agnese Fasani (23 luglio 1877–9 novembre 1952).

86 Il voto del capitolo è in linea di principio segreto e, a risultati scrutinati, le schede vengono distrutte. L'esito di questo particolare scrutinio è però commentato in più messaggi finiti sul tavolo del vescovo che aveva accompagnato l'elezione; AVC, Frauenkloster, corrispondenza 1919.

87 Bellettati, 260.

88 AVC, Frauenkloster, un faldone conserva la serie di lettere in cui le suore chiedono al vescovo il permesso di vendere numerosi appezzamenti. Il traguardo delle domande, distribuite cronologicamente fra il 1908 e il 1932, è quello di disporre di liquidità per gli investimenti edilizi.

89 Tognina, Appunti, 96–125.

90 I riferimenti si riscontrano nel plico della corrispondenza in AVC, Frauenkloster.

91 AVC, Frauenkloster, Lettera della comunità riformata al Monastero del 4 giugno 1927.

92 ACP, Verbale del Consiglio comunale del 28 febbraio 1918, 64.

93 ACP, Comunicazioni ufficiali, copia della lettera al sacerdote di Campocologno Paolo Simonet, 14 marzo 1918.

94 Sul nuovo orgoglio cattolico: Altermatt; sul fenomeno delle istituzioni: Brentini, 15–22; sul caso grigione nel contesto liturgico e ecclesiastico: Brunold, 69–164.

95 ACP, Comunicazione della decisione del Consiglio Comunale del 16 luglio 1927.

96 AVC, Frauenkloster, Copia della lettera delle Forze Motrici Brusio con la decisione viene rigirata al Vescovo di Coira; la lettera è datata 31 maggio 1927.

97 Copia senza data in AVC, Frauenkloster.

98 Per la colletta furono realizzati numerosi volantini pubblicitari, anche il quotidiano locale riporta i testi e l'appello a donare per la costruzione dell'ospedale. Copie di tutti gli stampati in ASMP.

99 Crameri, 12.

100 Bornatico in: «Il Grigione italiano», 26 aprile 1972, 3.
101 Bellettati, 192.
102 Giuliani, Regola, 178.
103 Tognina, Appunti, 96–125.
104 Le indicazioni delle votazioni sono state fornite dalla cancelleria comunale di Poschiavo.

Abstract

Dieser Beitrag rekonstruiert die historische Entwicklung des Klosters Santa Maria Presentata in Poschiavo und versucht, die Geschichte der Schwestern, die im Kloster gelebt haben, nachzuzeichnen. Besonderes Augenmerk gilt den beiden letzten Jahrhunderten, während denen die Klostergemeinschaft eine Phase des Niedergangs überwand und durch die Übernahme neuer gesellschaftlicher Aufgaben einen Aufschwung erlebte. Anhand schriftlicher und mündlicher Quellen und einer punktuellen Auswertung der Fachliteratur entwirft der Beitrag ein Profil der Klostergeschichte und stellt die Ergebnisse den Aussagen der heutigen Schwestern gegenüber: Praktisch jeden Tag lesen die Schwestern die Viten der verstorbenen Klosterfrauen und schlagen so eine Brücke zwischen den Zeiten. Sie verbindet drei Jahrhunderte Geschichte; eine lange Wegstrecke, die grösstenteils durch Schweigen gekennzeichnet ist, denn die Stimme der Schwestern ist während beinahe zwei Jahrhunderten durch die Feder der Priester und bischöflichen Gesandten überlagert worden. Erst seit der zweiten Hälfte des 19. Jahrhunderts besitzen wir durch die Interaktion zwischen Klostergemeinschaft und Gesellschaft – vor allem den von Männern beherrschten politischen und kirchlichen Behörden – schriftliche Zeugnisse, die uns einen authentischeren Einblick in die Innenwelt und die Aussenbeziehungen des Klosters erlauben.

Das offizielle Gründungsdatum des Klosters Santa Maria Presentata ist der 18. November 1629. Damals treten 16 Frauen in eine «Casa di Sant'Orsola» ein. Sie entstammen grösstenteils der unteren sozialen Klasse, darunter Witwen und junge Frauen ohne Familie, die ihre Berufung ohne Ordensanbindung in ihren Privathäusern gelebt hatten. Die religiöse Zeremonie in der Kirche San Vittore ist der erste öffentliche in der Lokalgeschichte verzeichnete Akt, bei dem Frauen eine Hauptrolle spielen. Ausschlaggebend für die Gründung des Klosters war die Intention der katholischen Kirche, im Zuge der Gegenreformation die Gläubigen zu disziplinieren – in diesem Fall besonders die gläubigen Frauen –, was in einem Tal, wo Katholiken und Protestanten nebeneinander leben, von besonderer Bedeutung ist. Der neue religiöse Orden hat ein klares soziales Mandat, aber die beschränkten Geldmittel erschweren schon bald die Arbeit. 1684 ändert die Casa di Sant'Orsola ihren Namen und nimmt die Regel des heiligen Augustinus an, eine Regel von höherem Ansehen. Die Mitgift, eingeführt als Bedingung zum Eintritt ins Kloster, scheint die Wirkung einer sozialen Guillotine zu haben: Nach 1684 stammen die Schwestern nämlich nicht mehr aus dem Tal, sondern kommen aus den bessergestellten Familien des Veltlins. Die Einführung der Klausur führt ausserdem zu einer klaren Abgrenzung vom Dorf. Diese Änderungen vollziehen sich auch in andern Klöstern der Diözese Como, zum Beispiel in Morbegno. Damals erlebt das Kloster in Poschiavo seine Blütezeit, es häuft viel Besitz im Veltlin an, ein lokaler Zeuge nennt die Nonnen «principesse» (Fürstinnen), obschon sich ihr Leben hinter hohen Mauern abspielt. Im napoleonischen Zeitalter kommt es dann aber zu einer tief greifenden Zäsur: Die Frauenklöster von Morbegno und Como, erste Referenz für das Kloster in Poschiavo, werden geschlossen, ihre Güter werden konfisziert, genau wie jene der einstigen Machthaber. Seiner Güter beraubt, überlebt das «Convento di Santa Maria Presentata» in Poschiavo, da es nunmehr auf helvetischem Gebiet liegt. Mit der politischen Trennung der bündnerischen Untertanenländer im Jahre 1797 sind die aus dem Süden stammenden Schwestern nicht nur Fremde in der Gesellschaft des Tals, sondern nunmehr auch Fremde auf dem Papier.

Als Vermächtnis der Revolution erhält im Jahre 1802 jedes bündnerische Kloster einen von der Regierung gesandten Verwalter; je nachdem ist der «balivo» (Klostervogt) nicht einmal katholisch. Auch während der Restauration lässt der Druck auf das Kloster nicht nach. Das 19. Jahrhundert wird für den Konvent zu einer Zeit der Rechtfertigung. Die neue Schweiz erlebt Schritt für Schritt eine weitere Revolution, nämlich die liberale. Neue Werte, von einer männlichen Elite auch auf lokaler Ebene verbreitet, verändern die Wahrnehmung der öffentlichen Aufgaben und legen Grundlagen für die wirtschaftliche Entwicklung und die bürgerlichen Rechte. Daraus resultieren die neue Kantonsverfassung von 1854 und das Gesetz über die Klöster aus dem Jahre 1862, welche die Kontrolle über die religiösen Institutionen verstärken und die klösterliche Tradition der Unabhängigkeit und Abgrenzung vom einfachen Alltagsleben im Tal weiter schwächen. Die Klostergemeinschaft verfolgt die Entwicklung mit Besorgnis – und leidet unter den Folgen. Unter dem politischen Druck und den Restriktionen gibt es kaum mehr Klostereintritte. Doch jetzt beginnen die Schwestern zu reagieren, nun vernimmt man zum ersten Mal ihre Stimme, auch wenn die gewählten Massnahmen nicht sofort zum Erfolg führen. Am 18. Juni 1855 spricht sich das Klosterkapitel zu einem Übertritt zum Institut der Barmherzigen Schwestern aus, einem noch jungen Orden, der 1828 die päpstliche Approbation erhalten hat. Das von der Gründerin Maddalena di Canossa (1774–1835) von Verona initiierte Ordensmodell gleicht stark dem ursprünglichen Ideal der Ursulinen: Krankenpflege und Mädchenerziehung. Der Orden von Canossa ist eine der zahlreichen kirchlichen Institutionen, die in den Prozess der geistlichen Neuorientierung der katholischen Kirche mit einbezogen sind. Auch in Poschiavo will man der Kritik und der Angst begegnen, die Schwestern würden «wenig oder nichts zum Wohl der Gesellschaft beitragen und wegen ihrer kontemplativen Lebensweise böse Blicke auf sich ziehen», wie es die Oberin Giuseppina de Campi formuliert. Deshalb wollen die Schwestern handeln, sich den Aufgaben der Gemeinnützigkeit öffnen. Der Wunsch interessiert den päpstlichen Nuntius in Luzern und erreicht auch den Vatikan, aber Papst Pius IX. geht nicht darauf ein. Die Veränderung wäre zu radikal und würde vor allem den Abschied von einer angesehenen monastischen Tradition bedeuten. Mit dem gewährten Erlass der Klausur können die Schwestern nun jedoch erzieherische Aufgaben wahrnehmen. Das Kloster gibt dem politischen Druck nach und erteilt den

Mädchen aus dem Dorf hinter den sonst verschlossenen Klostermauern Schulunterricht, obwohl die spezifische Ausbildung dazu fehlt.

Doch erst Anfang des 20. Jahrhunderts kann das Kloster im Zuge einer Neuorientierung die jahrzehntelangen Konflikte mit der liberalen Gesellschaft hinter sich lassen. Die Klostergemeinschaft ist mehr denn je gezwungen, nach Lösungen für ein Weiterbestehen zu suchen, zumal der Konflikt zwischen Modernität und Traditionsbewusstsein, der sogenannte Kulturkampf, ausserhalb der Klostermauern zu explodieren droht. Um das Überleben zu sichern, verändert sich die Gemeinschaft: Während sich anfangs alles auf den Raum innerhalb der Klostermauern konzentrierte, gehen die Nonnen nun täglich hinaus, um im Spitalbereich oder als Lehrerinnen zu arbeiten. Einem neuen Geist folgend, der in der ganzen Diözese Chur spürbar ist, hört das Kloster auf, den Forderungen von aussen Beachtung zu schenken, und beginnt, seine Aufgabe unter den veränderten sozialen und politischen Bedingungen sorgfältig zu planen. Mit den neuen Konstitutionen, die 1926 in Kraft treten, wird die Klostergemeinschaft zu einer diözesanrechtlichen Kongregation. Die feierlichen Gelübde und die Klausur verschwinden. Die zentrale Figur, die Antriebskraft der neuen Ausrichtung und die erste Oberin, die den Titel «madre generale» trägt, ist Schwester Agnese Fasani (1877–1952), die im Alter von 42 Jahren 1919 zur Oberin gewählt wird. Sie greift als Erste selbst zu Papier und Stift, um den Behörden zu schreiben, sie verhandelt mit den Unternehmern und der Öffentlichkeit. Unter ihrer Führung können die Schwestern eine Reihe von Bereichen besetzen, die im Zuge der gesellschaftlichen Umwälzungen entstanden waren, und spielen erstmals eine aktive Rolle im Leben der Talschaft. Diese Strategie bringt auch wieder mehr Klostereintritte: Auf ihrem Höhepunkt in den 1960er Jahren zählt die Gemeinschaft über 60 Schwestern, was den Bau eines neuen Klosters am Rande des Dorfes nötig macht. Doch die Offensive zur Eroberung des Sozialen verläuft nicht ohne Konflikte. Vor allem die Protestanten stehen der grossen Präsenz der Schwestern in den sozialen Institutionen zunächst eher unwillig gegenüber, während die Ordensschwestern den Katholiken als moralische Unterstützung bei der Krankenpflege («katholisch heilen») und in der Erziehung willkommen sind.

Von 1929 an führen die Schwestern das Spital des Tals sowie die Kindergärten und ab 1984 auch ein Altersheim. In der katholisch-konfessionellen Schule, einer lokalen Eigenart, die sich bis in die 1970er Jahre halten konnte, sind die Kosterfrauen auf allen Unterrichtsstufen präsent. Dank diesem vielseitigen Engagement ist das Kloster jahrzehntelang der drittgrösste Arbeitgeber im Tal nach der Rhätischen Bahn und den Kraftwerken.

Bereits nach den ersten Erfolgen im Tal beginnt die Expansion: In Soazza, aber auch in Grono werden nach dem Zweiten Weltkrieg Erholungsheime in eigens dafür gestifteten Privathäusern gegründet; in Mesocco eröffnen die Schwestern ein Ambulatorium. Im Jahr 1957 kommt noch ein Haus in Bellinzona hinzu, wenig später eines in Locarno; die Verpflichtungen des Klosters gehen damit über die Grenzen des Kantons und der Diözese hinaus. Die Orientierung in Richtung Tessin hängt einerseits mit der Sprache zusammen, liegt andererseits aber auch in den Unterschieden zu den andern in der Region ansässigen Frauenorden, die meist das kontemplative Leben pflegen. Auch in Chur sind die Schwestern von Poschiavo tätig, die bald im benachbarten Ausland wirken und mit der Gründung einer Mission in Kolumbien Anfang der 1980er Jahre schliesslich den Atlantik überwinden.

Die jüngsten Entwicklungen, die sich innerhalb der Gemeinschaft abzeichnen, künden neuerdings einen Wandel an. Ein Grossteil der sozialen Aufgaben, welche die Schwestern im 20. Jahrhundert erfüllten, werden nach und nach von den öffentlichen Institutionen übernommen: Mit der Vereinheitlichung der konfessionellen Schulen geht der Lehrauftrag zu Ende, das Spital wird an die Gemeinden abgetreten, ebenso die Erholungsheime und Kurhäuser ausserhalb des Tals. Die Hauptursache des Wandels ist in der drastisch gesunkenen Anzahl der Klostereintritte zu suchen. Die meisten der 18 Schwestern sind bereits im Pensionsalter, und die Frauengemeinschaft muss ihre Rolle einmal mehr überdenken.

Während dieser hektischen Zeit habe die Gemeinschaft einige Aspekte der klösterlichen Berufung vernachlässigt, sagen die Schwestern heute. Gewiss waren die Exerzitien stets ein Teil des Alltagslebens, aber das Nachdenken über den Glauben stand jahrzehntelang im Schatten des Dienstes am Mitmenschen. Seit einigen Jahren versuchen die Schwestern im Kontakt mit den religiösen Gemeinschaften Italiens das Glaubensstudium wieder ins Zentrum zu stellen, und sie denken sogar über die Werte der Klausur nach, also über die eigene Tradition als wahres Mittel der Kontemplation.

Das Kloster in Poschiavo wurde im 17. Jahrhundert als Gemeinschaft von Frauen gegründet, die dem Nächsten helfen wollten; in einer zweiten Phase der Klosterentwicklung brach die Ordensgemeinschaft die Brücken zur Gesellschaft ab und widmete sich ganz der religiösen Kontemplation. Im 20. Jahrhundert entdeckten und verfeinerten die Schwestern wieder ihre ursprüngliche Mission. Nun scheinen sie sich erneut auf die Klostertradition besinnen zu wollen.

Abstract

Questa contribuziun reconstruescha il svilup istoric da la claustra Santa Maria Presentata a Poschiavo ed emprova da preschentar l'istorgia da las dunnas che han vivì là dapi la fundaziun fin al temp dad oz. En il center stattan ils dus davos tschientaners, pia la perioda, durant la quala la communitad claustrala ha surmuntà ina fasa da declin per pudair far part d'ina renaschientscha e surpigliar ina nova rolla a l'intern da la societad. Sin fundament d'ina gronda quantitad da funtaunas scrittas ed oralas che fan la punt a la litteratura specifica existenta, skizzescha la contribuziun in profil istoric e confrunta la percepziun da questa istorgia cun las perditgas da las soras dad oz: mintga di legian las mungias las vitas da las soras defunctas e creeschan uschia ina punt a travers il temp. I sa tracta da trais tschientaners d'istorgia; ina lunga perioda caracterisada per gronda part dal silenzi, damai che la vusch da las mungias vegn moderada dals sacerdots e dals mess episcopals per bunamain dus tschientaners. Pir a partir da la segunda mesadad dal 19avel tschientaner procura l'interacziun tranter la cuminanza religiusa e la societad civila – u anc pli savens cun las autoritads politicas ed ecclesiasticas dominadas dad umens – per perditgas scrittas che permettan da leger questa relaziun cun dapli perspicacitad.

La data uffiziala da la fundaziun da l'instituziun è ils 18 da november 1629. Quel di sa reuneschan 16 dunnas en ina «Casa di Sant'Orsola». I sa tracta per gronda part da persunas da las classas socialas bassas, tranter las qualas sa chattan vaivas e mattas senza famiglia che han sentì ina vocaziun spontana a chasa. La ceremonia religiusa en la baselgia da San Vittore è l'emprim act public en l'istorgia locala che preschenta las dunnas en la rolla principala. Decisiva per la fundaziun da l'institut è, durant il temp da la Cuntrarefurmaziun, la voluntad da la baselgia catolica da disciplinar la vita dals cartents ed en quest cas surtut la vita da las dunnas cartentas – in element d'impurtanza speziala en ina val, nua che catolics e protestants vivan ensemen. L'urden religius ha in cler mandat social, ma la situaziun finanziala è stretga e difficultescha la lavur. L'onn 1684 mida la Casa di Sant'Orsola num e surpiglia las reglas da Sontg Augustin, in urden cun in aut prestige. La dota che vegn introducida sco premissa per entrar en la claustra para d'avair l'effect d'ina guillotina sociala: las soras na vegnan betg pli da las vals, mabain da las famiglias pli bainstantas da la Vuclina. L'introducziun da la clausura porta en pli ina clera separaziun en la vita dal vitg. I sa tracta d'ina midada che pertutga en la medema perioda era las autras claustras da la diocesa da Como, sco p.ex. Morbegno. Durant questa fasa prosperescha l'instituziun grazia a ritgs possess che pon vegnir acquistads en Vuclina ed ina perditga locala numna las mungias schizunt «princessas», malgrà che mirs auts las zuppan dal vitg. La perioda napoleonica munta dentant ina cesura: las claustras da dunnas da Morbegno e Como, lieus da referiment impurtants per l'instituziun puschlavina, vegnan serradas. Lur bains vegnan confiscads sco quels dals suverans. Senza ils agens stgazis surviva la claustra Santa Maria Presentata a Poschiavo, perquai ch'ella sa chatta oramai sin territori helvetic. Ma cun la separaziun politica da las terras subditas dals Grischuns l'onn 1797 na vegnan las soras dal sid betg mo alienadas da la vita dal mintgadi en las vals, ma daventan era estras sin il palpiri.

Sco ierta da la Revoluziun survegn mintga claustra grischuna il 1802 in administratur da la Regenza. Tut segund n'è il «balivo» (avugà ecclesiastic) gnanc catolic. Era durant la Restauraziun na ceda betg la pressiun sin l'instituziun. En il 19avel tschientaner vegn il convent sfurzà da giustifitgar sia existenza; la nova Svizra fa pass a pass experientschas cun in'autra revoluziun: quella liberala. Novas valurs che vegnan propagadas d'ina elita dad umens era al nivel local, midan la percepziun dals fatgs publics e furman ina nova basa per il svilup economic ed ils dretgs civils. Consequenzas da quest moviment èn la nova Constituziun chantunala dal 1854 e la lescha davart las claustras dal 1862 che rinforzan la controlla sur las instituziuns religiusas ed indebleschan anc pli fitg la tradiziun d'independenza e da distatgament dal mintgadi simpel da la val. La cuminanza claustrala persequitescha ils eveniments cun gronda preoccupaziun e senta lur consequenzas: pervi da la pressiun politica e la restricziun d'admissiun a la claustra datti adina damain vocaziuns.

Ma ussa cumenzan las mungias a reagir, uss aud'ins lur vusch per l'emprima giada, era sche tschertas mesiras n'han betg immediat success. Ils 18 da zercladur 1855 decida il chapitel da la claustra numnadamain da «s'unir a l'institut da las figlias da la misericordia», in urden fitg giuven che vegn approvà dal papa il 1828. Il model proponì da la fundatura Maddalena di Canossa (1774–1835) da Verona sumeglia fitg l'ideal original da las ursulinas: tgira dals malsauns ed educaziun da las mattas. Las figlias da la misericordia represchentan ina da pliras instituziuns ecclesiasticas ch'èn involvidas en il process da reorientaziun spirituala da la baselgia catolica. Era a Poschiavo vul ins s'opponer a la critica che las mungias «na fetschian pauc u nagut dal bun per la societad ed attirian egliadas nauschas pervi da lur vita contemplativa», co che la superiura Giuseppina de Campi ha exprimì. Per quest motiv vul ins agir e surpiglia incaricas d'util public. Las consultaziuns interessan il nunzi apostolic a Lucerna e cuntanschan il Vatican; ma papa Pio IX n'entra betg en chaussa. La midada fiss memia radicala e muntass surtut la fin d'ina gronda tradiziun monastica. Grazia al relasch da la clausura pon las mungias dentant surpigliar incaricas educativas; ins dat suenter a la pressiun politica e las mattas dal vitg pon vegnir instruidas ordaifer ils mirs da la claustra, era sche las mungias n'han nagina scolaziun da magistras specifica.

Pir al cumenzament dal 20avel tschientaner po la claustra schliar ils conflicts cun il mund extern. Ina soluziun per garantir la survivenza è necessaria pli che mai, era perquai ch'il conflict tranter modernitad e fiduzia a la tradiziun, l'uschenumnà «Kulturkampf», buglia da l'autra vart dals mirs da la claustra. Per pudair exister vinavant sto la cuminanza pia sa midar: a l'entschatta è concentrà tut sin la vita a l'intern dals mirs, suenter la midada cumenzan las mungias a bandunar mintga di lur dachasa per tgirar glieud malsauna u dar scola. En accord cun in nov spiert che cumpiglia l'entira diocesa da Cuira, chala la claustra puschlavina da reagir sin las pretensiuns externas e cumenza a planisar cun quità sia incumbensa sut las novas cundiziuns socialas e politicas. Cun las novas constituziuns, en vigur dapi il 1926, daventa la cuminanza claustrala ina congregaziun dal dretg diocesan, ils vuts e la clausura spareschan. La persuna-clav, la directura da la nova via e l'emprima superiura che porta il titel «mamma generala» è sora Agnese Fasani (1877–1952). Ella vegn elegida sco superiura il 1919 en la vegliadetgna da 42 onns ed è l'emprima che scriva directamain a las autoritads; ella negoziescha cun ils interprendiders e la publicitad. Sut sia direcziun pon las soras occupar differents champs ch'èn sa furmads tras il svilup da la societad e giugar per l'emprima giada ina rolla activa en la vita da la Val Puschlav. Cun l'elecziun da sora Agnese Fasani crescha era puspè il dumber da las entradas en claustra: ils onns sessanta ha la cuminanza passa 60 soras e la construcziun d'ina nova claustra a l'ur dal «Borgo» daventa necessaria. La campagna per conquistar la societad na passa betg senza conflicts; surtut ils protestants considereschan l'emprim cun ina tscherta sceptica la gronda preschientscha da las soras en las structuras socialas, entant ch'ils catolics vesan las activitads da las soras sco cumplettaziun morala da las curas e da l'educaziun.

Dapi il 1929 mainan las soras l'ospital da la val, las scolinas e dapi il 1984 anc ina chasa d'attempads; en la scola catolica èn ellas preschentas sin tut ils stgalims, quai grazia ad ina particularitad locala che dura fin l'entschatta dals onns settanta. Cun quest engaschament en plirs champs è la claustra per decennis la pli impurtanta emploiadra suenter la Viafier retica e las ovras electricas.

Suenter la Segunda Guerra mundiala ed ils emprims success en la val cumenza l'expansiun: a Soazza, ma era a Grono vegnan fundadas chasas da reconvalescenza en chasas privatas regaladas aposta per quest intent; a Mesocco avran las soras in ambulatori. L'onn 1957 vegn vitiers ina chasa a Bellinzona ed in pau pli tard anc ina a Locarno: l'engaschament surpassa uschia ils cunfins dal chantun e da la diocesa. Il pass en il Tessin ha da far d'ina vart cun la lingua cuminaivla e da l'autra vart cun la differenza dad auters urdens da dunnas en la regiun che tgiran per gronda part la vita contemplativa. Era a Cuira èn las soras preschentas grazia a la disponibilitad dal persunal, ed al cumenzament dals onns otganta surmuntan ellas sco davos pass ils cunfins dal pajais e l'ocean per fundar ina missiun en Columbia.

Ils svilups recents che vegnan concretisads a l'intern da la cuminanza annunzian in'ulteriura fasa da transiziun. La gronda part da las in-cumbensas socialas ch'èn stadas en ils mauns da las soras durant il 20avel tschientaner vegnan surpigliadas cuntinuadamain da las instituziuns publicas: cun unifitgar las scolas confessiunalas va l'engaschament didactic a fin, l'ospital vegn suttamess a las vischnancas, il medem vala per las chasas d'attempads e da cura ordaifer la val. Il motiv principal è la regressiun dramatica da las vocaziuns. Las bleras da las 18 mungias èn oramai en pensiun e la cuminanza da dunnas sto puspè ina giada reponderar sia rolla.

Tenor las protagonistas dad oz ha la cuminanza marginalisà varsaquants aspects da la vocaziun claustrala durant quest temp hectic. Senza dubi han ils exercizis spirituals adina fatg part da la vita da mintgadi, ma per decennis n'è la reflexiun davart la cardientscha betg stada uschè impurtanta sco l'agid al conuman. Ils davos onns han las soras empruvà cun sustegn da las instituziuns religiusas talianas da puspè metter en il center il studi da la cardientscha. Ed ussa repondereschan ellas schizunt la valur da la clausura, pia lur vaira tradiziun, sco instrument da contemplaziun.

L'instituziun è vegnida fundada en il 17avel tschientaner sco reuniun da dunnas che vuleva gidar il proxim; en ina segunda fasa èn vegnidas ruttas las punts cun la societad a favur d'ina contemplaziun pli perfetga; en il 20avel tschientaner e cun agid da las forzas da la cuminanza han las soras rescuvrì e perfecziunà lur missiun originala. Ussa paran ellas da vulair far il medem e vegnan danovamain enavos a la tradiziun da la claustra.

Cronologia delle opere promosse dal Monastero agostiniano poschia-
vino

1926: Apertura del nuovo edificio per la scuola elementare nel perimetro del vecchio Monastero.

1929: Apertura dell'Ospedale San Sisto, l'edificio sostituisce una struttura provvisoria allestita in una casa privata in località la Rasiga.

1931–1966:
Alcune suore si occupano di una residenza per anziani a Soazza, in Mesolcina. Si tratta di una casa privata donata al monastero e riattata per lo scopo.

1939–1982: Le suore gestiscono una scuola di economia domestica a Roveredo. Il corso formativo è indirizzato alle ragazze che hanno finito la scuola dell'obbligo.

1940: La famiglia Carisch, originaria della Valposchiavo ma attiva a Milano con una propria casa editrice musicale, dona al Monastero un maggese in Val di Campo. Secondo il volere dei donatori, la casa di Buril deve servire da residenza di vacanza per le suore attive all'ospedale.

1949–1969: Alla residenza di Soazza si aggiungono due ulteriori «legati» in Mesolcina: le case Viscardi e Cadrobbio. Ambedue vengono trasformate in residenze per anziani.

1950: L'originaria casa contadina di Buril, in Val di Campo, viene ampliata e trasformata in una colonia di vacanze estive per i figli dei lavoratori. A chiedere questo cambiamento è la parrocchia per voce di don Arturo Lardi. Negli anni Ottanta, le suore si ritirano dalla programmazione annuale delle colonie estive. La casa rimane però a disposizione di gruppi e comitive per soggiorni in montagna.

1957–2004: Grazie ad una donazione viene aperta una vera e propria casa anziani a Bellinzona, nei locali di Villa Mariotti. In vista di un necessario ampliamento la residenza è stata ceduta all'ente pubblico.

1962–1970: A Mesocco, villaggio natale della superiora Agnese Fasani, viene aperta un'infermeria nella casa che la tradizione vuole abbia ospitato l'arcivescovo di Milano Carlo Borromeo. La struttura, poi trasformata in casa anziani comunale, porta il nome del santo della Controriforma.

1962–1987: Analogamente a quanto avvenuto a Bellinzona, anche a Locarno le suore di Poschiavo assumono la gestione di una casa per anziani. La struttura viene rilevata da privati alla fine degli anni Ottanta.

1965–1985: Senza esserne proprietarie, alcune suore sono attive presso la casa anziani Bodmer di Coira.

1981: Dopo aver occupato per due decenni l'ex edificio scolastico cattolico situato presso il vecchio Monastero, la scuola materna passa in una nuova sede, realizzata dagli architetti Marco Gervasi e Daniel Wyss. Nel 1992, la scuola dell'infanzia diventa comunale e interconfessionale, le suore si ritirano dall'attività didattica.

1983: Costruzione della nuova casa per anziani a Poschiavo. La gestione è tuttora nelle mani del Monastero.

1991: I comuni di Poschiavo e Brusio si assumono la gestione dell'ospedale San Sisto; le suore concentrano la loro attività nella casa per anziani.

1998: Grazie alle modifiche apportate negli anni Settanta alle Costituzioni del Monastero, le suore possono iniziare un'attività missionaria in Colombia. A promuovere sul posto le attività è il sacerdote poschiavino Filippo Menghini. Già negli anni Ottanta, alcune giovani colombiane assolvono il loro noviziato a Poschiavo: la maggior parte ritorna poi in patria.

2000: Dopo trent'anni di abbandono, viene riaperto il vecchio Monastero. L'accurato riattamento ha permesso di creare un centro per convegni e incontri. In una parte della struttura risiedono le suore che lavorano nell'adiacente casa anziani. Contemporaneamente, un'ala del nuovo convento, rimasta libera, è stata adibita a ostello per famiglie e scolaresche.

Fonti e bibliografia

Fonti inedite

Archivio Comunale Poschiavo (ACP): singoli interventi nei verbali di Consiglio e Giunta.

Archivio Monastero Santa Maria Presentata Poschiavo (ASMP).

Archivio vescovile della Diocesi di Como (ADC): fascicoli cantoni svizzeri/monasteri.

Archivio vescovile Coira (AVC): fascicoli Frauenkloster e Poschiavo 271.

Fonti edite

Il Grigione italiano, settimanale edito a Poschiavo dal 1853.

Almanacco del Grigioni italiano, edito a Poschiavo dal 1919 (AGI).

Interviste

Questo contributo è nato grazie a quattro incontri con suor Maurizia Giuliani (1934), Madre generale, e con suor Maria Luca Dörig (1936–2008), segretaria e archivista del Monastero. Gli appuntamenti sono avvenuti il 21 e 22 febbraio e il 5 e 6 luglio del 2004 al Monastero di Poschiavo. Il dialogo si è basato sul canovaccio dell'articolo ed è stato fissato sotto forma di appunti. Alcune altre consorelle hanno partecipato scrivendo personalmente alcuni appunti. Il 14 e il 17 marzo del 2005 è seguita un'intensa discussione sul risultato che ha portato alla redazione finale dell'ottobre 2005. Suor Maria Luca Dörig è scomparsa dopo una breve malattia nella primavera del 2008.

Bibliografia

Altermatt, Urs: Cattolicesimo e mondo moderno, Locarno 1996.

Badilatti Francesco: Breve racconto della Miracolosa Madonna detta Santa Maria di Poschiavo, Manoscritto del 1717, in: AGI 1928, 47–55; 1929, 34–42.

Bellettati, Daniela: Le Agostiniane della Svizzera italiana, in: HS. Abteilung IV: Die Orden mit Augustinerregel, Bd. 6: Die Augustiner-Eremiten, die Augustinerinnen, die Annunziatinnen und die Visitandinnen in der Schweiz, Basel 2003, 185–275.

Bordoni, Stefania: Evoluzione dell'emigrazione poschiavina dal 1850 al 1980, in: QGI 52, 1983, No 2, 125–141; No. 3, 226–241; No. 4, 341–356; QGI 53, 1984, No. 1, 55–72.

Bornatico, Remo: Inaugurazione del nuovo Convento di Poschiavo 26 aprile 1972, in: Supplemento al settimanale «Il Grigione Italiano» No. 17, 26 aprile 1972.

Brentini, Fabrizio: Bauen für die Kirche. Katholischer Kirchenbau des 20. Jahrhunderts in der Schweiz, Luzern 1994 (Brückenschlag zwischen Kunst und Kirche, 4).

Brunold, Ursus: Zur Ausstattung katholischer Kirchen in Graubünden 1850–1930, in: JHGG, Jg. 1984, 1985, 69–164.

Bühler, Roman: Bündner im Russischen Reich. 18. Jahrhundert - Erster Weltkrieg. Ein Beitrag zur Wanderungsgeschichte Graubündens, Chur 2003 (2. korrigierte Aufl.).

Caminada, Paul: Der Bau der Rhätischen Bahn, Zürich 1980.

Cantù, Cesare: Il Sacro Macello di Valtellina. Episodio della riforma religiosa in Italia. Le guerre religiose del 1620 tra cattolici e protestanti, tra Lombardia e Grigioni, Bormio 1999 (Collana storica, 2). (Ristampa dell'Edizione 1832).

Cappelli, Ivan e Manzoni, Claudia: Dalla canonica all'aula. Scuole e alfabetizzazione nel Ticino da San Carlo a Franscini, Pavia 1997 (Fonti e studi del Dipartimento Storico Geografico).

Comolli, Roberto Benigno: Origine e sviluppi del Monastero di Poschiavo, Poschiavo 1971.

Crameri, Flavia: Tra modernità e valori tradizionali, in: «Il Grigione italiano», inserto per i 150 anni del settimanale di Valle, luglio 2003, 12.

Dermont, Gieri: Die Confisca. Konfiskation und Rückerstattung des bündnerischen Privateigentums im Veltlin, in Chiavenna und Bormio (1797–1862), Chur 1997 (Quellen und Forschungen zur Bündner Geschichte, 9).

Ferraris, Francesca: La compagnia di Sant'Orsola. I casi di San Leonardo di Como, Sant'Orsola di Mendrisio e Santa Maria di Loreto di Bellinzona, in: Archivio Storico della Diocesi di Como, 1997, 371–395.

Gasser, Albert: Chiese, Stato, e società, in: Società per la ricerca sulla cultura grigione e Pro Grigioni Italiano (ed.): Storia dei Grigioni, Vol. 3, L'Età Contemporanea, Bellinzona 2000, 225–243.

Giovanoli, Diego: Sedi di culto in Val Poschiavo. [Materiali storico-architettonici], Coira 1995.

Giuliani, Sergio: La regola di Sant'Agostino e il convento di Poschiavo, in QGI 53, 1984, No. 2, 177–178.

[Giuliani, Sergio]: Ospedale San Sisto Poschiavo, Poschiavo 1960.

Gosatti, Verena: Storia delle separazione di Poschiavo e Brusio dalla diocesi di Como, in: QGI 48, 1979, No. 3, 197–213; No. 4, 255–275.

Gusmeroli, Elisa: Il Monastero della Presentazione. Donne, vergini, monache nella Valtellina del Sei-Settecento, Morbegno 2003.

Guzzi, Sandro: Logiche della rivolta rurale. Insurrezioni contro la Repubblica elvetica nel Ticino meridionale (1798–1803), Bologna 1994.

Kaiser, Dolf: Fast ein Volk von Zuckerbäckern? Bündner Konditoren, Cafetiers und Hoteliers in europäischen Landen bis zum Ersten Weltkrieg. Ein wirtschaftsgeschichtlicher Beitrag, Zürich 1985.

Lardelli, Tommaso: La mia Biografia con un po' di Storia di Poschiavo nel secolo XIX scritta nel mio 80mo anno, Poschiavo 2000.

Leonhardi, Georg: Das Poschiavino-Thal. Bilder aus der Natur und dem Volksleben. Ein Beitrag zur Kenntniss der italienischen Schweiz, Leipzig 1859.

Massera, Sandro: Napoleone Bonaparte e i Valtellinesi, Breve storia di una grande illusione, Sondrio 1997 (Collana storica della Banca Piccolo Credito Valtellinese, 9).

Metz, Peter: Sviluppo della scuola, in: Società per la ricerca sulla cultura grigione e Pro Grigioni Italiano (ed.): Storia dei Grigioni, Vol. 3, L'Età Contemporanea, Bellinzona 2000, 207–223.

Obrist, Robert; Semadeni, Silva; Giovanoli, Diego: Construir – Bauen – Costruire. Val Müstair, Engiadina bassa, Oberengadin, Val Bregaglia, Valle di Poschiavo. 1830–1980, Zürich 1986.

Papacella, Daniele: All'origine del Convento di Santa Maria Presentata, in: Bollettino della Società Storica Val Poschiavo 5, Aprile 2001, 5–16.

Papacella, Daniele: Appunti su una convivenza difficile. Comunità cattolica e protestante nella Valle di Poschiavo dala Riforma alla fine delle Tre Leghe, in: Archivio storico della Diocesi di Como, 2001, 345–370.

Papacella, Daniele: Introduzione, in: Lanfranchi Arno; Daniele Papacella; Cristina Vasella: «Qui niente di nuovo». Lettere di don Giovanni Vassella (1861–1922), Poschiavo 2003 (Collana di storia poschiavina, 2), 1–30.

Papacella, Daniele: Le istituzioni tradizionali in conflitto con la razionalità illuminista. La Valle di Poschiavo tra il 1797 e il 1803, in: QGI 72, 2003, No. 4, 27–45.

Papacella, Daniele: Parallele Glaubensgemeinschaften. Die Institutionalisierung interner Konfessionsgrenzen im Puschlav, in: Jäger, Georg u.a. (Hg.): Konfessionalisierung und Konfessionskonflikt in Graubünden, 16.–18. Jahrhundert. Akten der historischen Tagung des Instituts für Kulturforschung Graubünden, Poschiavo 30. Mai bis 1. Juni 2002, Zürich 2006, 251–273.

Perotti, Duilio: Il monastero claustrale femminile della Presentazione in Morbegno (1675–1798), in: Archivio storico della Diocesi di Como 1991, No. 5, 125–148.

Rüegg, Walter: Die ersten fünfzig Jahre Kraftwerke Brusio. 1904–1954, Bern 1954.

Semadeni, Silva; Hämmerle, Andrea; Simonett, Jürg: La periferia si sveglia, in: Partito socialista svizzero (a cura di): Solidarietà, dibattito, movimento. 100 anni del Partito socialista svizzero, Lugano 1998, 165–197.

Semadeni, Silva e Lardi, Otmaro: Das Puschlav - Valle di Poschiavo, Bern 1994 (Schweizer Heimatbücher, 194).

Simonett, Jürg: Trasporti, arti e mestieri, industria, in: Società per la ricerca sulla cultura grigione e Pro Grigioni Italiano (ed.): Storia dei Grigioni, Vol. 3, L'Età Contemporanea, Bellinzona 2000, 61–88.

[Tonati, Suor Pia]: Il Monastero di Poschiavo 1629–1929. Opuscolo commemorativo, Poschiavo 1929.

Tognina, Riccardo: Appunti di storia della Valle di Poschiavo, Poschiavo 1971.

Tognina, Riccardo: Il Comun grande di Poschiavo e Brusio, Poschiavo 1975.

Troccoli-Chini, Marina e Lienhard, Heinz: La Diocesi di Como (fino al 1884), in HS: Sezione I: Arcidiocesi e diocesi. Vol. 6: La diocesi di Como. L'arcidiocesi di Gorizia. L'amministrazione apostolica ticinese, poi diocesi di Lugano. L'arcidiocesi di Milano, Basilea 1989, 25–206.

Wanner-Vassella, Vera: Das Puschlav. Zur wechselvollen Geschichte eines eigenständigen Tales, Küsnacht 2001.

Xeres, Saverio: Prefazione, in: Gusmeroli, Elisa: Il Monastero della Presentazione. Donne, vergini, monache nella Valtellina del Sei-Settecento, Morbegno 2003, 9–12.

Zanetti, Bernardo: Omaggio alla veneranda memoria di Benedetto Iseppi (1824–1859) e Giovanni Luzzi (1856–1948), Berna 1990.

«Während der Dauer ihrer Schwangerschaft liess sie es sich nicht nehmen, an der Bsatzig in St. Peter mitzutanzen.» Unterschiedliche Beurteilung von Müttern und Vätern ausserehelicher Kinder

Von Ursula Jecklin

Inhaltsverzeichnis

Einleitung

«Es ist nichts [...] ehrwürdiger, als eine Mutter unter vielen Kindern», stellte Goethe fest, und in der Bibel steht geschrieben: «Sie [die Frau, UJ] wird selig werden dadurch, dass sie Kinder gebiert.»[1] Sowohl in der bürgerlichen Gesellschaft als auch in der Kirche galt also die Mutterschaft lange Zeit als Hauptaufgabe und höchste Ehre für die Frauen; allerdings nur, wenn sie in der Ehe gelebt wurde. Für ledige Mütter und ihre Kinder sah die Sache ganz anders aus. Weit mehr als die Zeugung eines unehelichen Kindes galt nämlich eine aussereheliche Schwangerschaft bis über die Mitte des 20. Jahrhunderts hinaus als Fehltritt und Schande; sie entsprach nicht den bürgerlichen Moralvorstellungen. Sie beeinflusste das Schicksal von Mutter und Kind ein Leben lang, grenzte sie aus und stempelte sie häufig zu Fremden in der eigenen Gesellschaft. Im Folgenden soll der unterschiedlichen Beurteilung von Müttern und Vätern ausserehelicher Kinder in Graubünden im 19. und 20. Jahrhundert nachgegangen werden. Dabei wird untersucht, wie sehr die unterschiedliche Wahrnehmung das Leben und den Alltag lediger Mütter und ihrer Kinder beeinflusste und wieweit sie sich in der Bündner Rechtsprechung spiegelte.

Die in der Surselva aufgewachsene Maria Häfeli-Cahannes (1915–2001) kommt in ihrer 1989 erschienenen «Cronica della famiglia Sep e Mengia Cahannes» auf die Umstände der ausserehelichen Geburt ihrer Mutter zu sprechen. Dabei schildert sie auch deren Auswirkung auf ihr eigenes Leben und auf das ihrer Geschwister: «Ein uneheliches Kind haben und nicht heiraten, das war eine Schande, ein Makel, der am Sünder oder besser gesagt an der Sünderin und ihrem Kind ein Leben lang haften blieb. Selbst ein vorbildlicher Lebenswandel konnte den ‹Fehltritt› nicht ungeschehen machen. – Unsere Grossmutter, die in Paul Maissen verliebt war, einen gut aussehenden jungen Mann von gutem Benehmen, wird schwanger. Der Bräutigam muss sich dem moralischen Druck der Umgebung beugen. Er wird psychisch krank. Barla Catrina und Paul Maissen verzichten deshalb auf eine Ehe [...]. Wir Kinder mussten in unserer Jugend oft unter Mutters Haltung in moralischen Fragen leiden. Das Unrecht, das sie ertragen musste, ohne sich wehren zu können, und das von klein auf, hatte tiefe Spuren hinterlassen. Sie hatte Angst, ja panische Angst, wenn wir ins Theater, Tanzen oder Schlitteln gehen wollten; immer mussten die Brüder uns begleiten und früh mit den Mädchen nach Hause zurückkehren. Eigentlich gönnte sie uns gerne ein Vergnügen, selber hatte sie viel Humor, doch die Angst vor einer Entgleisung war tief in ihr Inneres eingebrannt. Ihre Devise: ‹Der erste Kuss gehört dem Bräutigam, vorher wird nicht herumgespielt› hat uns Mädchen Jahrzehnte begleitet, und häufig mussten wir ein schlechtes Gewissen haben. Als neun- bis zehnjähriges Mädchen erwachte in mir die erste schüchterne Bewunderung für den kleinen Knecht von Luis Schlosser. Er tränkte die Kühe am Brunnen und ich wusch jeden Abend Strümpfe oder putzte Fenster, um dem Knaben mit den blauen Augen und den blonden

Locken zusehen zu können. Eines Abends, mitten in der schönen Stunde, steht die Mutter, der mein grosser Eifer beim Fensterputzen doch aufgefallen war, mit der Birkenrute vor mir. Sie schlägt mir die Rute ins Gesicht: ‹Dir will ich zeigen, den Knaben schöne Augen zu machen, dir werde ich die Flausen gründlich austreiben …› […]. Die ungerechtfertigte Strafe hat in meiner Einstellung Liebesdingen gegenüber Narben hinterlassen. Vielleicht war dieses Erlebnis sogar der Grund dafür, weshalb ich erst nach meinem vierzigsten Lebensjahr den Schritt in die Ehe gewagt habe.»[2] An Maria Häfeli-Cahannes' Schilderungen lässt sich in aller Deutlichkeit ablesen, wie gross die Ächtung lediger Mütter und ihrer Kinder im 19. und 20. Jahrhundert gewesen sein muss und wie rigide sich eine Gesellschaft verhalten konnte, die von den Frauen vor der Ehe strikte sexuelle Enthaltsamkeit forderte. Das Stigma einer ausserehelichen Geburt prägte nicht nur das Leben von Mutter und Kind; es wirkte sich auch noch auf das Leben der Nachkommen – vor allem der weiblichen – aus. Zwar wurde im erwähnten Fall auch auf den werdenden Vater gesellschaftlicher Druck ausgeübt, vermutlich aber eher im Hinblick auf eine nicht genehme Eheschliessung als wegen der Zeugung eines ausserehelichen Kindes. Im obigen Beispiel machte erst dieser Druck aus einer ausserehelich Schwangeren eine ledige Mutter. In der Regel hatte dagegen die Zeugung eines ausserehelichen Kindes kaum Auswirkungen auf das weitere Leben der Männer; im für sie «schlimmsten Fall» mussten sie Unterhaltszahlungen leisten. Nur allzu oft hatten jedoch die ledigen Mütter allein die ganze finanzielle Last für sich und ihre Kinder zu tragen.

Im 19. Jahrhundert war in der Schweiz das Rechtsverhältnis zwischen ausserehelich geborenen Kindern und ihren Eltern kantonal unterschiedlich geregelt. Während etwa in Appenzell Innerrhoden und im Wallis das aussereheliche Kind in seiner Beziehung zum Vater dem ehelichen praktisch gleichgestellt war, wurden in Kantonen, die sich wie zum Beispiel das Tessin oder die Waadt nach dem Code Napoléon richteten, Vaterschaftsklagen grundsätzlich nicht zugelassen.[3] Die Feststellung einer Vaterschaft gegen den Willen des Vaters war damit nicht möglich; eine Alimentationsklage galt als reine Zivilklage.

Am Beispiel der Stadt Chur, deren Verhältnisse gut dokumentiert sind, wird im Folgenden untersucht, wie in Graubünden das Verhältnis zwischen ledigen Müttern, ihren ausserehelichen Kindern und deren Erzeugern vor und nach der Einführung des Schweizerischen Zivilgesetzbuches (ZGB), das 1912 in Kraft trat, rechtlich geregelt wurde und wie sich diese Regelung auf das Leben der Betroffenen auswirkte. Folgenden Fragen soll dabei nachgegangen werden: Wie sahen die Lebensumstände lediger Mütter aus? An welchen Grundsätzen und Vorstellungen orientierten sich die Richter bei ihrer Urteilsfindung? Lässt sich bei Vaterschaftsklagen ein männliches Argumentationsmuster erkennen? Kann allenfalls ein Wandel in der gesellschaftlichen Beurteilung ausserehelicher Geburten festgestellt werden? Neben Gesetzestexten aus dem 19. und 20. Jahrhundert standen mir für die Zeit vor der Einführung des ZGB vor allem die Protokolle des Vermittleramts, des Kreisgerichts und der

Vormundschaftsbehörde – allerdings ohne die dazugehörenden Akten – als Quellen zur Verfügung.[4] Für eine detaillierte Auswertung konzentrierte ich mich im Wesentlichen auf Dokumente der Jahre 1890 bis 1907. Für die Zeit nach der Einführung des ZGB konnte ich die noch ungeordneten städtischen Fürsorgeakten der 1930er bis 1950er Jahre sowie die Protokolle des Bezirksgerichts Plessur der entsprechenden Zeit einsehen. Beide Bestände erlauben interessante Einblicke in die rechtliche und moralische Beurteilung ausserehelicher Mutter- bzw. Vaterschaft und zeigen, wie fatal die Folgen einer ausserehelichen Geburt für Mütter und Kinder sein konnten.[5]

Bis heute fehlt eine umfassende Forschungsarbeit zum Thema der ledigen Mütter oder der ausserehelichen Kinder in der Schweiz. Für Graubünden verfasste Silke Redolfi 1989 eine unveröffentlichte Studie zur Situation der ledigen Mutter im 19. Jahrhundert, in der sie vor allem auf die Rechtslage und die Stellung unverheirateter Mütter eingeht. Am Rande wird die Thematik von Ivo Berther in seinem Beitrag «Die ‹schwarze Lawine› und der Bauch der Frau» im zweiten Band der Frauen- und Geschlechtergeschichte Graubünden angeschnitten, ebenso in der Publikation «Geburtszeiten. Geschichten vom Kinderkriegen in Graubünden, 1950–2000», herausgegeben von Ursula Brunold-Bigler und Ruth-Nunzia Preisig. In den 1940er Jahren beschäftigten sich Adela Luzi und Hans Meuli in ihren Diplomarbeiten an der Sozialen Frauenschule Zürich mit der Problematik der ausserehelichen Kinder.[6]

Für andere Kantone liegen zum Teil umfassendere Untersuchungen vor. Marianna Alt und Eva Sutter referierten 1984 am Zweiten Historikerinnentreffen in Basel über die Situation lediger Mütter in der Stadt Zürich.[7] Sie interpretierten unter anderem die Entwicklung der Illegitimität im Zusammenhang mit den sich rasch wandelnden Lebensbedingungen um die Wende zum 20. Jahrhundert und gingen auf die Lebensumstände und die Arbeitsbedingungen unverheirateter Mütter sowie auf die Rechtsprechung ein. Annamarie Ryter leistete mit ihrer Arbeit «‹Als Weibsbild bevogtet›. Zum Alltag von Frauen im 19. Jahrhundert» einen Beitrag zum Thema aussereheliche Schwangerschaft und ledige Mütter im Kanton Baselland. Ebenfalls Illegitimität zum Forschungsgegenstand, diesmal bezogen auf die Verhältnisse im Kanton Zürich, hat die Dissertation «‹Ein Act des Leichtsinns und der Sünde›. Illegitimität im Kanton Zürich: Recht, Moral und Lebensrealität (1800–1860)» von Eva Sutter. Die vierteilige Arbeit behandelt die Entwicklung der Illegitimität im 19. Jahrhundert, ihre rechtliche Regelung durch Kirche und Staat, die Politik und die Auswirkungen der Ehebeschränkungen sowie Beziehungsaspekte, das heisst Beziehungen vom Kennenlernen bis zum Beziehungsbruch. Ein umfangreiches Quellen- und Literaturverzeichnis schliesst die Studie ab.

Die «Behandlung unehelicher Paternitätsfälle» (1822–1830)

Vor dem Ende des Freistaates Gemeiner Drei Bünde gab es in der Stadt Chur nur wenige gesetzliche Bestimmungen zur Regelung ausserehelicher Vaterschaften.[8] Nach dem städtischen Ehegesetz durften ledige Heiratswillige noch im 18. Jahrhundert nur mit Zustimmung der Eltern oder des Vormunds eine Ehe eingehen. Wurde eine unbescholtene Frau mit gutem Leumund von einem ledigen Mann schwanger, weil er ihr nachgestellt und sie überredet hatte, so war er verpflichtet, ihre Ehre wiederherzustellen und sie zu heiraten, in diesem Fall auch ohne elterliche Einwilligung. Voraussetzung für eine solche Heirat war, dass die Frau ihre Schwangerschaft innerhalb einer Frist von zwei Monaten bekannt machte. Konnte aber der Mann nachweisen, dass ihr Lebenswandel doch nicht so untadelig war, verlor sie das Anrecht auf Heirat und konnte nur noch Unterhalt für das Kind beanspruchen. Die Höhe des Betrags wurde von Bürgermeister und Rat entsprechend den jeweiligen Umständen und dem Vermögen festgesetzt. Ebenso wurde verfahren, wenn der Mann beweisen konnte, dass er von der Frau «angelockt, angereizt und verführt» worden sei. Um vorzeitigen Beischlaf zu verhindern, war ein verlobtes Paar verpflichtet, sich innerhalb von drei Monaten nach erfolgtem Eheversprechen öffentlich kirchlich trauen zu lassen.

Im Falle von Ehebruch wurde ein Mann, der nicht in Amt und Würden stand, beim ersten Mal mit 20, beim zweiten Mal mit 40 und beim dritten Mal mit 60 Pfund gebüsst. Gehörte er dem Kleinen oder Grossen Stadtrat an, so wurde er zusätzlich vom Amt ausgeschlossen, beim ersten Mal für mindestens zwei Jahre, im Wiederholungsfall dauernd.

Beging ein lediger Mann das «Laster der Unzucht», wie sexuelle Handlungen ausserhalb der Ehe genannt wurden, wurde er beim ersten Mal mit 10, beim zweiten Mal mit 20 und beim dritten Mal mit 30 Pfund gebüsst. Für das gleiche Vergehen hatten ledige und verheiratete Frauen jeweils die halbe Busse zu bezahlen; vorausgesetzt, sie waren nicht ebenso schlecht beleumdet wie «öffentliche Huren», das heisst wie Dirnen, die sich jedem preisgaben. Solche Frauen wurden als abschreckendes Beispiel mit einem Strohkranz auf dem Kopf durch die Churer Reichsgasse geführt und hatten für eine halbe Stunde auf der Steinbank beim Kirchturm St. Martin zu stehen. Hintersässinnen, das heisst Frauen ohne Churer Bürgerrecht, wurden anschliessend aus dem Gebiet der Stadt ausgewiesen.

Aus den Gerichtsakten schliesslich geht zudem hervor, dass die Hebammen im Auftrag der Behörden ausserehelich Schwangere während der Geburtswehen über die Vaterschaft zu verhören hatten, wenn nicht eindeutig feststand, wer der Kindsvater war.[9]

1822 beschäftigte sich der erst 1803 in die Eidgenossenschaft integrierte Kanton Graubünden zum ersten Mal gesetzgeberisch mit dem Thema der Vaterschaftsklage. Er erliess ein «Gesetz über Behandlung unehelicher Paternitätsfälle» (Paternitätsgesetz von 1822), das folgende Punkte regelte:[10]

17.

Gesetz
über Behandlung unehlicher Paternitätsfälle.

Abscheid des Großen Raths vom Jahr 1822 pag. 15.

1) Der Richter des Ortes, wo ein fleischliches Vergehen begangen worden ist, und also auch abgestraft wird, hat auch über die daher rührenden Paternitäts- und Entschädigungsklagen abzusprechen. Andere Gerichtsbehörden, bei welchen entweder eine solche Klage von Seiten der Geschwängerten anhängig gemacht, oder durch deren Niederkunft Anlaß zur Untersuchung der Vaterschaft gegeben wird, sind daher verbunden, dem competenten Richter davon Kenntniß zu geben, und die Sache zur fernern Behandlung zuzuweisen.

Ist der angebliche Vater nicht kanntlich, so wird die richterliche Behörde jede Entscheidung über die Vaterschaft bis auf die Niederkunft der Geschwängerten einstellen.

2) Eine geschwängerte Weibsperson soll, sobald sie diesen ihren Zustand wahrnimmt, und in jedem Fall spätestens vor Ende des fünften Monats, die Schwangerschaft und die Zeit des Ursprungs derselben, eines Theils entweder einer obrigkeitlichen Person oder aber dem Pfarrer ihres Wohnortes, andern Theils dem Vater des Kindes anzeigen, oder diesem leztern amtlich anzeigen lassen.

3) Bei nicht einbekannter Vaterschaft, ist die Geschwängerte pflichtig, zur Zeit der einbrechenden Geburts-

schmerzen, den Richter ihres dannzumaligen Aufenthaltsortes von ihrer bevorstehenden Niederkunft in Kenntniß zu setzen, welcher alsdann zwei Ortsbeamte beauftragt, sich zu ihr zu begeben, und sie während den Geburtsschmerzen in Gegenwart der Hebamme auf ihr Gewissen zu zweienmalen um den Vater des Kindes zu befragen, auch ihre Aussage schriftlich mit den Unterschriften der Beamten und der Hebamme versehen, dem Richter einzuhändigen.

4) Sollte nach Erschöpfung aller zuläßlichen Erwahrungsmittel (worunter aber keine Art der Tortur begriffen werden darf) aus der geführten Untersuchung noch keine Gewißheit zu erheben seyn, so bleibt es dem richterlichen Ermessen anheim gestellt, ob dem einen Theil der Bestätigungs- oder dem andern der Reinigungseid, oder aber keinem von beiden ein Eid anzuvertrauen sey; in keinem Fall soll der Eid beiden Theilen auferlegt werden; der vom Richter anvertraute und förmlich geschworene Eid hat als voller und entscheidender Beweis des Beschwornen zu gelten.

5) Ein im Lande befindlicher Fremder, zwischen dessen Vaterland und unserm Canton keine Reciprocität statt hat, kann, im Fall einer gegen ihn eingelegten Anzeige von bewirkter Schwängerung mit persönlichem Haft belegt werden, bis er für die allfälligen Entschädigungs- und Unterhaltungskosten Sicherheit leistet.

6) Die Geschwängerte verliert ihr Recht auf die Paternitätsklage gegen einen nicht kanntlich gestellten Vater,

a) wenn sie nicht vor Ablauf des fünften Monats ihrer Schwangerschaft die ihr auferlegte Voranzeige gemacht hat,

1822 beschäftigte sich der Kanton Graubünden zum ersten Mal gesetzgeberisch mit dem Thema ausserehelicher Vaterschaften.

Für die Aburteilung eines fleischlichen Vergehens, wie ausserehelicher Beischlaf zu jener Zeit genannt wurde, war der Richter des Ortes zuständig, an dem die Straftat stattgefunden hatte. Der gleiche Richter hatte auch die daraus resultierende Paternitätsklage zu behandeln. Sollte eine andere Gerichtsbehörde bereits Untersuchungen zur Feststellung der Vaterschaft eingeleitet haben oder war an einem andern Ort Klage eingereicht worden, so waren diese Untersuchungsergebnisse bzw. diese Klage an den zuständigen Richter, das heisst an den Richter am Ort der Straftat, weiterzuleiten. Eine ausserehelich Schwangere war verpflichtet, ihre Schwangerschaft vor Ablauf des fünften Monats der Behörde oder dem Pfarrer und dem Kindsvater anzuzeigen. Wenn nicht feststand, wer der Vater war, konnten zwei vom Gericht bestimmte Beamte in Anwesenheit der Hebamme ein sogenanntes Geniessverhör durchführen, das heisst ein Verhör «während der Geburtsschmerzen». Allerdings durften dabei weder Tortur noch Folter angewendet werden.[11] Blieb auch dieses Verhör erfolglos, lag es im Ermessen des Richters, eine der beiden Parteien einen Bestätigungs- bzw. Reinigungseid schwören zu lassen, der dann als entscheidender Beweis für die Vaterschaft galt.[12]

Gemäss dem Gesetz verlor eine ledige Mutter das Recht auf eine Klage gegenüber einem nicht geständigen Vater, wenn sie es unterliess, innerhalb der vorgegebenen Frist ihre Schwangerschaft anzuzeigen oder die Behörden rechtzeitig über ihre Niederkunft zu informieren, oder wenn sie während der Empfängniszeit mit zwei oder mehr Männern Umgang gehabt hatte. Im letzteren Fall wurde das Kind Angehöriger der mütterlichen Heimatgemeinde, und alle involvierten Männer hatten Beiträge an die Alimente zu leisten.[13]

Der Richter hatte sowohl den Entschädigungsbeitrag an die Kindbettkosten als auch die Höhe und Dauer der Alimente zu regeln. Die Mutter durfte dabei nicht verpflichtet werden, dem Vater ihr Kind vor dem zwölften Altersjahr zu überlassen; sollte es jedoch länger als zwölf Jahre in ihrer Obhut verbleiben, hatte sie dafür allein die Kosten zu übernehmen. Wenn eine Mutter nicht im Stande war, für den Unterhalt des Kindes zu sorgen, so haftete der Vater unbedingt gegenüber der Gemeinde. Konnten beide Elternteile nicht für ihr aussereheliches Kind aufkommen, war die jeweilige Gemeinde für dessen Unterhalt verantwortlich.

Gegenüber der Mutter war ein aussereheliches Kind erbberechtigt wie ein eheliches. Hingegen blieb es dem Richter überlassen, ob er dem Kind bis zu seiner Selbstständigkeit einen gewissen Unterstützungsbeitrag aus einer allfälligen Erbschaft des Vaters zusprechen wollte.

Schliesslich konnte ein der Vaterschaft verdächtigter Fremder, mit dessen Heimatland kein Abkommen auf Gegenrecht in Paternitätsfällen bestand, in Haft gesetzt werden, bis er für allfällige Entschädigungs- und Unterhaltskosten Sicherheit geleistet hatte. Dagegen wurden alle aus Vaterschaftsklagen entstandenen Rechtsfälle von eidgenössischen Ständen und andern Staaten anerkannt, wenn diese bereit waren, Gegenrecht zu halten.

Die im Paternitätsgesetz von 1822 festgehaltene demütigende Pflicht einer Schwangeren zur Selbstanzeige sowie die frühe Meldefrist ermöglichten der Obrigkeit eine Überwachung der ausserehelich Schwangeren und erschwerten eine Abtreibung oder Kindstötung. Obendrein erhielten die Behörden dadurch Zeit, den Kindsvater zu ermitteln. Das in Chur schon früher übliche Verhör einer Gebärenden während der Niederkunft wurde mit der kantonalen Regelung noch verschärft, indem die Befragung durch Beamte in Anwesenheit der Hebamme und nicht mehr durch die Hebamme allein durchgeführt wurde.[14] Auch wenn es nicht ausdrücklich erwähnt wird, ergibt sich aus dem Gesetz, dass bei anerkannter oder zugesprochener Vaterschaft die väterliche Heimatgemeinde für das aussereheliche Kind zuständig war. Andernfalls folgte es dem Heimatrecht der Mutter.

Interessant und offenbar nicht allgemein üblich war, dass alle involvierten Männer hafteten und Alimente zu bezahlten hatten, wenn mehrere von ihnen für eine Vaterschaft in Frage kamen.[15] Diese Bestimmung macht deutlich, dass die Finanzierung der Unterhaltskosten als wichtiger angesehen wurde als die Feststellung der Vaterschaft. Es handelte sich dabei um einen ökonomischen Entscheid, der vermutlich in erster Linie zum Schutz der Heimatgemeinden gedacht war, sich aber auch zugunsten der ledigen Mutter auswirkten konnte.

Schon 1830 wurde das Paternitätsgesetz von 1822 revidiert und in «Gesez über Gerichtsstand und Behandlung unehelicher Paternitätsfälle» (Paternitätsgesetz von 1830) umbenannt.[16] Inhaltlich änderte sich nur wenig. Es wurden verschiedene Präzisierungen aufgenommen und ein Teil der Artikel ausführlicher formuliert. Im Zusammenhang mit dem Gerichtsstand für die Vaterschaftsklage wurde nun eine Klägerin an das Gericht des Wohn- bzw. Heimatortes des Beklagten verwiesen, wenn die «fleischliche Vermischung» mit einem Bündner ausserhalb des Kantons stattgefunden hatte. Die Frist für die Selbstanzeige einer Schwangeren wurde um zwei auf sieben Monate verlängert, und im Zusammenhang mit dem Geniessverhör wurde es den Verhörenden untersagt, die Gebärende einen Eid leisten zu lassen, da damit dem Ermessen des Richters vorgegriffen worden wäre. Eine Schwangere verlor auch nicht mehr automatisch das Recht auf eine Vaterschaftsklage, wenn sie es unterliess, rechtzeitig ihre Schwangerschaft oder die bevorstehende Niederkunft bekannt zu machen. Allerdings machte sie sich dadurch verdächtig und konnte deswegen vom Richter bestraft werden. Ein in einem Vaterschaftsprozess Beklagter war als Vater anzusehen, wenn die Niederkunft zwischen dem siebten und dem zehnten Monat nach dem angegebenen Beischlaf erfolgte und die Klägerin während dieser Zeit nicht noch mit andern Männern intim gewesen war. Noch immer konnte der Richter in letzterem Fall die Kosten für den Unterhalt des Kindes und auch für das Kindbett auf die beteiligten Männer aufteilen. Gegenüber dem Paternitätsgesetz von 1822 sollte eine Frau neu nur noch zum Bestätigungseid zugelassen werden, wenn sie über einen guten Leumund verfügte und auch sonst zuverlässig war. Bevor eine der beiden Parteien den Eid ablegen durfte, musste sie vom Pfarrer über die Wichtigkeit und die Bedeutung der Eidleistung belehrt und entsprechend ermahnt werden.[17] Da der Eid als entscheidender Beweis galt, hatte er mit erhobenen drei Fingern und deutlich nachgesprochener Eidesformel in Anwesenheit der andern Partei und nicht nur als sogenanntes Handgelübde zu erfolgen. Das Gesetz schloss mit der Bestimmung, dass das ausssereheliche Kind eines auswärtigen, das heisst kantonsfremden Vaters das Heimatrecht der Mutter erhalten solle, falls keine Aussicht auf dasjenige des Vaters bestand.

Die wichtigste Neuerung im Paternitätsgesetz von 1830 betraf zweifellos den Bestätigungseid, den eine Klägerin nun nur noch ablegen durfte, wenn sie über einen guten Leumund verfügte. Eine vergleichbare Einschränkung für den vom Beklagten abgelegten Reinigungseid fehlte dagegen im Gesetz. Damit wurde die Klägerin gegenüber früher empfindlich schlechter gestellt, war doch in einem Vaterschaftsprozess der Eid für die Frau oft das einzige Beweismittel.

Zwei Vaterschaftsfälle: Bernhard H. und Dora H.

Ab 1812 finden sich in den Churer Gerichtsprotokollen zahlreiche Urteile sogenannter Paternitätsfälle. Die Einträge sind allerdings meist sehr kurz gehalten, da oft nur die Namen der Beteiligten und das Strafmass verzeichnet wurden.[18] Folgende zwei Beispiele, die dank zusätzlichem Quellenmaterial etwas ausführlicher dokumentiert sind, sollen verdeutlichen, wie sich Anfang bzw. um die Mitte des 19. Jahrhunderts die Geburt eines ausserehelichen Kindes auf das Leben einer Mutter und eines Vaters auswirken konnte. Die Fälle betreffen je einen Churer Bürger und eine Churer Bürgerin, die aus ähnlichen Verhältnissen stammen.

Bernhard H. (1820–1822)[19]

Mit Schreiben vom 13. Oktober 1820 teilte die Glarner Regierung dem Kleinen Rat von Graubünden mit, dass sich Sylvia W. von Schwanden im Spital in St. Gallen aufhalte und seit 20 Wochen schwanger sei. Als Kindsvater habe sie Bernhard H., Schustergeselle von Chur, angegeben, der ihr die Ehe versprochen habe. Ein Eheversprechen galt als verbindliche Absichtserklärung, vor allem, wenn es vor Zeugen erfolgte und mit der Übergabe eines Ehepfands, zum Beispiel einer Münze, verbunden war.[20] Auf diese Anzeige hin wurde Bernhard H. verhört und gab zu Protokoll, es stimme, dass er Sylvia W. in St. Gallen kennengelernt habe. Ein Nebengeselle aus Preussen habe sie miteinander bekannt gemacht. Als ihre Herrschaft verreist gewesen sei, habe sie ihn und seinen Kollegen ins Haus gelockt, ihnen zu trinken gegeben und ihn dazu verleitet, sich «zu unglücklicher Stunde» mit ihr zu vergehen. Es sei bei diesem einen Mal geblieben. Er vermute übrigens, Sylvia W. sei damals schon schwanger gewesen, und zwar vom Ladendiener des Herrn Tschudi, der im gleichen Haus wie Sylvia W. wohne. Die Ehe habe er ihr nie versprochen; er hätte dies auch nicht tun können, da er verheiratet sei. Sylvia W. wurde am 15. Dezember in Glarus verhört. Sie sagte aus, dass sie Bernhard H. in St. Gallen kennengelernt habe und dass er sich ihr gegenüber als ledig und vermögend ausgegeben habe. Er habe ihr die Ehe versprochen und gesagt, er wolle sich in Glarus einkaufen und sich dort mit ihr niederlassen. Aufgrund dieser Versprechen habe sie sich mit ihm eingelassen, und es sei mehrfach zu «unerlaubtem Umgang» gekommen. Sie versicherte, sonst mit niemandem intim gewesen zu sein, auch nicht mit dem Ladendiener des Herrn Tschudi. Sie wünschte, dieser wäre der Vater, «damit ihr Kind besser und in der Heimat versorgt würde», doch treffe es nicht zu. Als sie Bernhard H. ihre Schwangerschaft mitgeteilt und auf ein Ehepfand gedrängt habe, habe er zugesagt, alles zu tun, wozu er verpflichtet sei, nur habe er zurzeit gerade kein Geld. Darauf habe er seine Stelle in St. Gallen aufgegeben und sei zu einem Schuhmacher nach Herisau gezogen. Im März 1821 teilte Glarus der Bündner Regierung mit, dass Sylvia W. am 4. März einen Knaben geboren habe, der auf den

Namen Bernhard getauft worden sei. Die Glarner übergaben den Bündnern die gerichtliche Aburteilung des Falls, von dem drei Kantone (Glarus, Graubünden, St. Gallen) betroffen waren. Der Kleine Rat [die Exekutive, heute Regierungsrat genannt, UJ] wiederum beauftragte damit die Behörden der Stadt Chur und ermächtigte sie, in Zukunft direkt mit Glarus zu verkehren. Chur liess sich Zeit mit dem Vaterschaftsprozess; Glarus musste zweimal mahnen, bis es am 12. Oktober 1821 zu Verhandlungen vor dem Stadtvogteigericht kam. Im Namen der persönlich anwesenden Sylvia W. klagte Altratsherr Jenni als ihr Vertreter vor Gericht auf Bezahlung von Alimenten und auf Erstattung der Kindbettkosten. Obwohl Bernhard H. zugeben musste, sich mit Sylvia W. eingelassen zu haben, versuchte er mit allerlei Ausflüchten, die Vaterschaftsanerkennung zu verhindern. Auf die Frage nach der Zeit des Beischlafs gab er dann aber «ein Monat nach Ostern bis Ende Juni 1820» an. Damit war der Fall für das Gericht klar. Bernhard H. wurde wegen Ehebruchs zu einer Busse von 50 Pfund verurteilt, Sylvia W. wegen Unzucht zu einer solchen von 5 Pfund.[21] An die Kindbettkosten hatte er 16 und an die Reisekosten 8 Franken zu bezahlen; die jährlichen Alimente bis zum 15. Altersjahr wurden auf 16 Franken festgesetzt. Ein halbes Jahr später meldete sich Glarus noch einmal bei der Bündner Regierung. Der Landesstatthalter klagte, dass Sylvia W. weder Entschädigung noch Alimente erhalten habe, und drohte, das Kind, das in dürftigen Umständen lebe, «an die Vater Gemeinde zu senden», wenn Bernhard H. seinen Verpflichtungen nicht nachkomme. Nur wegen des Heimatscheins von Chur habe der Knabe Aufenthalt in Schwanden erhalten; auf keinen Fall dürfe er den Glarner Armengütern zur Last fallen. Hier brechen die Akten ab; das weitere Schicksal von Sylvia W. und ihrem Kind bleibt im Dunkeln. Auch über den weiteren Verbleib von Bernhard H. ist nichts bekannt.

Für die eine Generation jüngere Dora H. hatte die Geburt eines ausserehelichen Sohnes andere Konsequenzen als für ihren Namensvetter.

Dora H. (1853–1854, 1866)[22]

Dora H. war die Tochter des Churer Bürgers Otto H., städtischer Brunnenmeister, und der Susanne, geborene J. 1833 wurde sie als drittes und jüngstes Kind geboren. Beide Eltern starben recht früh. Dora scheint nach dem Tode des Vaters im Jahre 1848 Unterkunft bei ihrem Onkel, dem Ratsstellvertreter Hugo H., gefunden zu haben. Als sie mit 19 Jahren aussereheliche schwanger wurde, duldete ihr Onkel sie nicht länger in seinem Haushalt, und sie wurde vorübergehend im Armenhaus untergebracht. Im November 1852 wurde sie von einem Knaben entbunden. An der im Januar 1853 stattfindenden Verhandlung vor dem Kreisgericht wurde der zu der Zeit noch in Chur wohnhafte Glasergeselle Kurt R. von Rottweil zum Vater erklärt. Wegen Unzucht, wie ausserehelicher Beischlaf damals genannt wurde, bestrafte das Gericht Kurt R. mit 20, Dora H. mit 10 Franken. Im Weiteren wurde Kurt R. zur Bezahlung von 20

Die Korrektionsanstalt Realta um 1930. Neben einer Arbeitserziehungsanstalt für sogenannte Korrektionelle wurde zwischen 1923 und 1965 auch eine Arbeiterkolonie für Frauen und Männer geführt, die laut einer Beschreibung aus dem Jahre 1932 «einer gewissen Aufsicht oder doch Anleitung bedürfen, um sich im Leben zurechtzufinden, und die bei völliger Freiheit dem Vagantentum oder dem Alkoholismus verfallen würden». Bei der Aufhebung der Frauenabteilung 1949 lebten noch vier Frauen in der Arbeitserziehungsanstalt und 14 in der Arbeiterkolonie.

Franken an die Kindbettkosten und zu jährlichen Alimenten von 30 Franken bis zum zwölften Altersjahr des Kindes verurteilt. Der Glasergeselle aus Rottweil scheint sich bald nach der Gerichtsverhandlung aus Chur abgesetzt zu haben, wurde er doch in den Churer Akten nicht mehr erwähnt. Da sich der Onkel weigerte, Mutter und Kind bei sich aufzunehmen, plante die Armenkommission, Dora H. bei «einem ordentlichen Manne auf dem Lande» unterzubringen und das Kind so lange gegen Kostgeld in Pflege zu geben, bis es ins Waisenhaus aufgenommen werden konnte. Kurzfristig wurden die beiden bei der alten Schuldienerin untergebracht und mit Lebensmitteln unterstützt. Im Februar 1853 stimmte die Kommission auf Wunsch der Mutter einem vorübergehenden Aufenthalt im Armenhaus zu. Als das Kind kurz darauf starb, wurde noch einmal versucht, die Nichte bei ihrem Onkel Hugo H. unterzubringen. Dieser wies das Ansinnen wieder ab, diesmal mit dem Argument, seine Frau sei schwer krank. Zwei Jahre später stellte Dora H. bei der Armenkommission das Gesuch um 179 Franken Lehrgeld für eine zweijährige Schneiderinnenlehre. Die Mitglieder trauten ihr jedoch keine derartige Lehre zu und wollten deshalb kein Geld dafür ausgeben.[23] Hingegen waren sie bereit, den Onkel um die Finanzierung einer länger dauernden Lehre – zum Beispiel als Wäscherin – zu ersuchen. Der Onkel scheint abgelehnt zu haben. Ein Jahr später setzte er sich für eine dauernde Aufnahme seiner Nichte, die er nun als schwächlich und etwas schwachsinnig bezeichnete, ins Armenhaus ein. In den folgenden Jahren scheint Dora H. allerdings nicht oder nicht immer im Armenhaus gelebt zu haben. 1864 wurde sie von einem Arzt untersucht, da sie offenbar nicht zu regelmässiger Arbeit fähig war; anschliessend kam sie zur Beobachtung ins Stadtspital. Dort arbeitete sie als Magd. Als sie im Februar 1866 ein wei-

Insassinnen und Insassen der Korrektionsanstalt Realta bringen die Heuernte ein. Die undatierte Aufnahme stammt vermutlich aus den 1930er Jahren.

teres aussereheliches Kind zur Welt brachte, beabsichtigte die Armenkommission, sie wegen «wiederholtem Unzuchtsvergehen» in die Korrektionsanstalt Realta einzuweisen, und zwar sobald das Neugeborene von der Mutter getrennt werden konnte.[24] Eine derartige Einweisung war nicht etwa als Kriminalstrafe, sondern als Erziehungsmassnahme gedacht. Einzig das Angebot eines Onkels mütterlicherseits, für ihr Unterkommen besorgt zu sein und bis dahin ein Kostgeld zu bezahlen, ersparte ihr diese Massnahme. Elf Jahre später wurde Dora H. schliesslich dauernd im Armenhaus aufgenommen. Dort starb sie 1901 im Alter von gut 68 Jahren.

An den beiden Fällen lassen sich Argumente und Strategien der Erzeuger ausserehelicher Kinder sowie die möglichen Folgen einer ausserehelichen Geburt für Mutter und Kind exemplarisch ablesen. Einer drohenden Vaterschaftsklage wurde in der Regel mit dem Argument begegnet, die Frau habe den aktiven Part übernommen, den Mann verlockt, betrunken gemacht und verführt. Mit der Verdächtigung, sie habe sich auch andern Männern hingegeben, wurde ihr Ruf geschädigt; ein Eheversprechen abgegeben zu haben, wurde rundweg geleugnet. Für ledige Mütter konnte ein aussereheliches Kind unter Umständen zum Ausschluss aus Familie und Verwandtschaft führen, was nur allzu oft den endgültigen Abstieg in die Armut bedeutete. Auch eine gerichtlich verfügte Alimentenpflicht half nicht immer, da es offenbar für die beteiligten Männer relativ einfach war, sich davor zu drücken oder mit unbekanntem Aufenthalt zu verschwinden. Wie sich noch zeigen wird, änderte sich das Muster im Verlaufe des 19. Jahrhunderts kaum und konnte sogar noch bis in die zweite Hälfte des 20. Jahrhunderts beobachtet werden.

Vom Paternitäts- zum Maternitätsprinzip (1854–1861)

Im Jahre 1854 machte der Kanton Graubünden mit der Änderung des Paternitätsgesetzes von 1830 einen ersten Schritt hin zum Maternitätsprinzip, indem er bestimmte, dass das aussereheliche Kind das Bürgerrecht der Mutter erhielt. Die Anpassung wurde nötig, weil die Stimmbürger 1853 den «Maternitätsgrundsatz bezüglich der Heimatrechte der Unehelichen» angenommen hatten. In seinen Verhandlungen über die Gesetzesrevision beschloss der Grosse Rat, auf eine Änderung im Verfahren zu verzichten, weil das revidierte Gesetz sonst hätte ausgeschrieben werden müssen. Das Paternitätsgesetz von 1830 wurde deshalb nur durch einen Artikel betreffend die Festlegung des Bürgerrechts bei ausserehelichen Kindern ergänzt und sonst unverändert belassen. Zur Feststellung der Vaterschaft wurde also weiterhin ex officio, das heisst von Amtes wegen, ermittelt.[25]

Nur gerade sechs Jahre später, 1861, trat das vom bekannten Politiker und Juristen Peter Conradin von Planta (1815–1902) geschaffene Bündnerische Zivilgesetzbuch (BZGB) in Kraft, das die Rechte ausserehelich Geborener in den Abschnitten über das Personenrecht (Art. 69–84) und über die gesetzliche Erbfolge (Art. 489) regelte.[26] Nun wurde das Verfahren geändert und die Vaterschaftsklage neu als Zivilklage behandelt. Unzucht und damit auch ausserehelicher Beischlaf blieb demgegenüber ein Vergehen, das nach dem kantonalen Polizeigesetz bestraft wurde. Art. 19 dieses Gesetzes regelte die Bussen für Unzucht, und Art. 20 bestrafte die Verheimlichung der Niederkunft mit Gefängnis bis zu 14 Tagen. Ehebruch dagegen wurde nach dem kantonalen Strafgesetz geahndet, beim ersten Mal mit einer Busse bis zu 170 Franken, im Wiederholungsfall allenfalls auch mit Gefängnis. Dem Mann drohte zusätzlich noch der Ausschluss aus öffentlichen Ämtern.[27]

Mit der Einführung des BZGB wurde die Feststellung des Vaters zur Privatsache. Sie lag vor allem im Interesse der Betroffenen, das heisst von Mutter und Kind, «nicht aber im Interesse des Staates», das heisst des Kantons bzw. der Gemeinden, wie Planta in seinem Kommentar ausführt.[28] Aus Gesetzestext und Kommentar des Autors zu den einzelnen Paragrafen wird deutlich, dass die Beziehung zwischen dem ausserehelichen Kind und seinem Erzeuger auf ein absolutes Minimum beschränkt bleiben sollte. So erhielten aussereheliche Kinder das Bürgerrecht und den Geschlechtsnamen der Mutter. Zum Vater standen sie in keiner familienrechtlichen Beziehung; sie konnten deshalb weder ihn noch die väterliche Verwandtschaft beerben.[29]

Die Frist für eine Vaterschaftsklage wurde absichtlich auf die sehr kurze Zeit von sechs Wochen nach der Geburt beschränkt. Den Grund dafür macht der Kommentar deutlich: «Die zweite Kommission glaubte, den im Allgemeinen anstössigen und widerwärtigen Vaterschaftsklagen eine möglichst kurze Nothfrist bestimmen zu sollen.»[30] Kam es trotz dieser kurzen Klagefrist zu einer Vaterschaftsklage, musste die Klägerin beweisen, dass der Beklagte zwischen dem 300. und dem 220. Tag vor der

Geburt mit ihr «fleischlichen Umgang» gehabt hatte. Die Klage wurde abgelehnt, wenn dieser glaubwürdig darlegen konnte, «entweder: 1. dass er zeugungsunfähig sei; oder 2. dass die Beschaffenheit des Kindes mit dem von der Klägerin angegebenen Zeitpunkt der Schwängerung nicht im Einklang stehe; oder 3. dass die Klägerin während des gedachten Zeitraumes auch mit anderen Männern Umgang gepflogen habe; oder 4. dass sie als öffentliche Dirne gelebt oder sonst gewohnheitsgemäss sich auch andern Männern preisgegeben habe.»[31] Wie schon oben erwähnt, blieb Unzucht auch nach der Einführung des BZGB weiterhin strafbar und wurde entsprechend geahndet. Deshalb konnte ein solcher Gegenbeweis im Rahmen einer Vaterschaftsklage für die Klägerin fatale Folgen haben, lautete doch Art. 21 des kantonalen Polizeigesetzes wie folgt: «Weibspersonen, welche die Unzucht gewerbsmässig betreiben, sowie solche, welche schon zum dritten Male ausserehelich geboren haben, werden mit Gefängnis bis zu 2 Monaten und mit allfälliger Verweisung oder Eingrenzung oder Versetzung in eine Korrektionsanstalt bis zu 2 Jahren bestraft.»[32]

In Verbindung mit einer Vaterschaftsklage beurteilte das Kreisgericht gleichzeitig auch das «Unzuchtsvergehen». Planta plädierte dabei für einen schonungsvollen Umgang mit dem potenziellen Vater: «Es versteht sich übrigens, dass eine weitgehende Inquisition [gerichtliche Befragung, UJ] zum Zwecke der Ermittlung des Schwängerers, nur um diesen nicht ungestraft ausgehen zu lassen, keineswegs gerechtfertigt wäre.»[33]

Falls es später doch noch zu einer Heirat zwischen dem Erzeuger eines ausserehelichen Kindes und dessen Mutter kam, wurde das Kind legitimiert und einem ehelichen gleichgestellt. Es erhielt Bürgerrecht sowie Familiennamen des Vaters und wurde ihm gegenüber auch erbberechtigt. Ein sogenanntes Brautkind, das während der Verlobungszeit gezeugt wurde, ohne dass eine Ehe zustande kam, galt grundsätzlich als ausserehelich und konnte nur durch eine ehegerichtliche Verfügung legitimiert werden. Zuständig für diese Verfügung war das Konsistorialgericht, das heisst das Ehegericht der Konfession des Vaters in seiner Heimatgemeinde.[34]

Das BZGB brachte für die ledige Mutter und ihr Kind eine eindeutige Verschlechterung ihrer rechtlichen Stellung. Das aussereheliche Kind folgte nun ganz dem Status der Mutter; ein familienrechtliches Verhältnis zum Vater gab es in der Regel nicht mehr. Damit orientierten sich die familienrechtlichen Bestimmungen des Bündner Gesetzes konsequenter am Maternitätsprinzip als beispielsweise das zürcherische Familienrecht.[35] Im BZGB blieb zwar das Recht auf eine Vaterschaftsklage mit eingeschlossener Alimentsklage weiter bestehen, wurde aber stark eingeschränkt. Wie Planta vermerkt, wäre dem Gesetzgeber ein vollständiger Verzicht auf eine Klagemöglichkeit dann doch zu weit gegangen: «Ihre gänzliche Beseitigung nach dem Vorgang des Code Nap. [Code Napoléon, UJ] (‹la recherche de la paternité est interdite›) ist hart und ungerecht.»[36] Weitere Neuerungen wirkten sich ebenfalls zuungunsten der Klägerinnen aus. So wurde der Zeitraum der Konzeption von der Gesetzeskommission

Hohenbühl um 1908. Das ärmliche Quartier liegt links der Plessur und gehörte in Chur zum Wohngebiet mit dem grössten Unterschichtsanteil.

auf den 300. bis 220. Tag vor der Niederkunft festgesetzt; eine Massnahme, die auch von Planta als zu eng gefasst kommentiert wird. Schliesslich wirkte sich der Verzicht auf die Möglichkeit, die Bezahlung von Alimenten auf mehrere als Vater in Frage kommende Männer aufzuteilen, ebenfalls zulasten der ledigen Mütter und ihrer Kinder aus.

Herkunft und Beruf der ledigen Mütter

Einen ersten Hinweis auf die soziale Stellung lediger Mütter – Eltern, Heimatort und allenfalls Beruf – erhalten wir aus den Geburtsregistern. Ein Blick in dasjenige der Stadt Chur zeigt, dass für die Verzeichnung ehelicher und ausserehelicher Geburten der gleiche Vordruck verwendet wurde. Der Standesbeamte änderte lediglich die Bezeichnung «ehelich» in «unehelich» ab und registrierte ganz entsprechend den Vorschriften des BZGB anstelle der Daten des Vaters die der Mutter: Familienname, Heimatort sowie zusätzlich die Namen der mütterlichen Grosseltern des Kindes. Der Vater wurde nicht erwähnt.

Zwischen 1890 und 1907 sind 5122 Geburten eingetragen, davon 254 oder nicht ganz 5 Prozent aussereheliche. Zum Vergleich: Im Jahr 2007 gab es in Chur 272 Geburten, davon 57 oder gut 20 Prozent aussereheliche.[37] Nicht alle ausserehelich Gebärenden hatten Wohnsitz in der Stadt; rund ein Fünftel kam für die Niederkunft von auswärts nach Chur. Im Gegensatz zu den Ortsansässigen brachten die meisten von ihnen ihr Kind in einer Krankenanstalt zur Welt, im Stadtspital (21), im Krankenasyl

Die heute nicht mehr bestehende Stickerei Neubach an der Gürtelstrasse 73–83 wurde 1885 mit einem Festzug durch die Stadt eingeweiht. Zwischen 1890 und 1907 brachten 14 der in der Stickerei als Fädlerinnen arbeitenden Frauen ein Kind zur Welt; eine weitere Fädlerin gebar zwei Kinder.

Sand (13) oder im Kreuzspital (8); nur sieben entbanden in einem Privathaus. Ein Teil der Auswärtigen stammte aus den umliegenden Gemeinden, zum Beispiel aus Ems, Felsberg oder Trimmis, ein Teil aber auch aus weiter entfernten Dörfern wie Schiers, Davos oder aus dem Engadin. Möglicherweise kamen diese Frauen nach Chur in eine Krankenanstalt, weil sie keinen andern Ort hatten, an dem sie niederkommen konnten. Allerdings gab es zu jener Zeit auch schon in Schiers oder Davos ein Spital. Bei Frauen, die weiter weg von Chur wohnten – zum Beispiel in St. Gallen, Einsiedeln, Emmenbrücke, Erlen (TG) oder Krain (Österreich) –, könnte es sein, dass sie, ihre Verwandtschaft oder der Vater des Kindes auf diese Weise versuchten, die aussereheliche Schwangerschaft und die aussereheliche Geburt zu verheimlichen. Allerdings hatte der Standesbeamte die Pflicht, eine in Chur erfolgte Geburt dem Standesamt der Heimat- und der Wohnortgemeinde zu melden. Vermutlich dürften aus ähnlichen Gründen auch einige Churer Frauen ihr aussereheliches Kind an einem andern Ort geboren haben.

Das kantonale Frauenspital Fontana, das nur dank Anna von Plantas (1858–1934) grosszügiger Schenkung für «eine Gebäranstalt» eröffnet werden konnte, nahm seinen Betrieb erst 1917 auf.[38] Die ledigen Frauen mit Wohnsitz in Chur entbanden deshalb meistens zu Hause. Dies war bei 155 Geburten der Fall; nur 50 ledige Mütter brachten ihr Kind in einem Krankenhaus zur Welt, im Stadtspital (44), im Krankenasyl Sand (5) oder im Kreuzspital (1). Bei den Hausgeburten fällt auf, dass mehr als zwei Drittel der Ausserehelichen in der Altstadt (49) sowie in den Quartieren an und links der Plessur (63) zur Welt kamen. Um die Jahrhundertwende wies letzteres Gebiet den grössten Unterschichtanteil auf, während in der Altstadt am meisten Handwerker und Gewerbetreibende lebten. Weiter kamen 14 Frauen im Rheinquartier, einem eigentlichen Arbeiterquartier, nieder und zwölf im stark landwirtschaftlich geprägten Masans. In den damals von der Oberschicht bevorzugten Wohnquartieren «im Gäuggeli» und auf der Südseite des Bahnhofs dagegen wurden in der untersuchten Zeit nur zwei aussereheliche Kinder geboren.[39] Gut die Hälfte aller ledigen Mütter gab als Heimatort eine Bündner Gemeinde an, aber nur zehn von ihnen waren Churer Bürgerinnen. 18 Frauen kamen zum Beispiel aus der Surselva; 49 stammten aus der übrigen Schweiz, 19 davon aus dem Kanton St. Gallen. Elf kamen aus Italien, vor allem aus dem Veltlin; ebenfalls elf aus Württemberg.[40] Bei 15 Neugeborenen handelte es sich um Totgeburten. Durch nachträgliche Heirat wurden 43 Kinder legitimiert und damit ehelichen Kindern gleichgestellt.[41] Während der untersuchten Zeit brachten 16 Frauen zwei, eine drei und drei vier aussereheliche Kinder zur Welt.

In den Geburtsregistern ist häufig auch der Beruf der ledigen Mutter festgehalten. Von Frauen mit Aufenthaltsbewilligung oder Wohnsitz in Chur arbeiteten 68 im Haushalt, die meisten als Dienstmädchen oder Magd, andere als Köchin, Haushälterin, Glätterin oder Wäscherin; 30 als Fabrikarbeiterin, vor allem als Fädlerin in der Stickerei Neubach, die sich an der heutigen Gürtelstrasse befand (vgl. Bild Seite 187); 19 als Schneiderin und fünf als Tagelöhnerin oder Handlangerin. 49 Frauen gaben keinen Beruf an.[42] Die Väter der ledigen Mütter – soweit sich ihr Beruf feststellen lässt – arbeiteten vor allem als Handwerker oder Gewerbetreibende, zum Beispiel als Maurer, Schreiner, Schuhmacher, Sattler, Bäcker oder als Arbeiter oder Taglöhner bei der Bahn bzw. bei der Stadt. Einer der Väter war Landjägerkorporal und einer Verwalter der in Chur vom Bund betriebenen Pulvermühle zur Herstellung von Schwarzpulver.[43]

Es fällt auf, dass mehr als die Hälfte der Frauen, die einen Beruf angegeben haben, im Haushalt oder als Schneiderinnen arbeiteten.[44] Als Dienstboten oder als Schneiderin auf der Stör werden sie – mindestens zeitweise – im Hause ihres Arbeitgebers oder ihrer Arbeitgeberin gewohnt haben. Es ist deshalb davon auszugehen, dass öfters ein männliches Mitglied des Haushalts der Erzeuger des Kindes war (vgl. «Die Söhne des Hauses», Seite 189). Neben zwei Vaterschaftsklagen belegt auch ein Strafverfahren gegen eine Hebamme, die dem Standesbeamten eine Geburt verspätet angezeigt hatte, diese Annahme. Aus den Verhandlungen geht hervor, dass es sich bei der Gebärenden um eine Magd handelte, deren Dienstherr auch der Vater ihres Kindes war.[45]

Die Berufsangaben der ledigen Mütter und Väter zeigen, dass die meisten Frauen in finanziell beengten Verhältnissen gelebt haben mussten und kaum über Vermögen verfügten.[46] Nur eine von 205 gab als Beruf «Privat» an, was auf ein gewisses privates Einkommen schliessen lässt. Als Ausnahme bei den Vätern der ledigen Mütter scheint der Verwalter der Pulvermühle über ein gutes Einkommen verfügt zu haben;

«Noch keine Nachtruhe». Illustration von Forain für den «Courier Français».

Die Söhne des Hauses

Barbara T. arbeitet 1898 als Magd im Hause des Zuckerbäckers Georg N. Im gleichen Haus lebt auch der 34-jährige ledige Sohn Peter N., der als Bäcker und Konditor im Geschäft seines Vaters tätig ist. Im Juni 1898 pflegt Peter N. «zweimal geschlechtlichen Umgang» mit der Magd seiner Eltern. Barbara T. kehrt schwanger in ihre Heimatgemeinde Vals zurück. Rechtzeitig vor der Niederkunft orientiert sie den Gemeindevorsteher über ihre andern Umstände und über den Vater des zu erwartenden Kindes. Als der Gemeindevorsteher Peter N. die am 20. März 1899 erfolgte Geburt anzeigt, bestätigt dieser seine Vaterschaft. Eine kreisamtliche Vermittlung scheint dennoch ergebnislos geblieben zu sein, denn am 7. November 1899 kommt es zum Vaterschaftsprozess in Chur. Da Peter N. nicht zu den Verhandlungen erscheint, wird er in Abwesenheit zum Vater bestimmt und zur Bezahlung von Unterhaltsbeiträgen von jährlich 100 Franken sowie zur Übernahme der weiteren Kosten verurteilt. Beklagter und Klägerin haben eine Busse wegen «Unzucht» zu bezahlen.

Es ist sehr unwahrscheinlich, dass Barbara T. und ihr Kind das ihnen im Prozess zugesprochene Geld je erhalten haben, denn Peter N. hat in der Zwischenzeit geheiratet und ist mit seiner Frau am 17. Oktober 1899 nach Amerika ausgewandert.

Die bevormundete Cilla N. bringt am 1. April 1900 in Churwalden ihr zweites aussereheliches Kind, ein Mädchen, zur Welt. Die 28-Jährige hat 1899 als Magd beim Gärtnermeister Franz G. in Chur gearbeitet. Als Erzeuger ihres Kindes gibt sie den damals noch unmündigen Sohn Heinrich G. an, der im Haushalt seiner Eltern lebt. Im November 1899 informiert Cilla N. Frau G. über ihre Schwangerschaft «mit dem Versprechen, ihren Sohn Heinrich G. dann nicht weiter belästigen zu wollen, wenn durch finanzielle Unterstützung und Vermittlung seiner Eltern eine Ehe zwischen ihr und einem gewissen Schnell zu Stande komme». Da Eltern und Sohn nicht auf diesen Handel einsteigen, kommt es am 30. Januar 1901 zum Prozess. Der Beklagte bestreitet die Vaterschaft und behauptet, Cilla N. habe ihre Liebhaber häufig gewechselt; auch habe sie während ihrer Dienstzeit im Hause G. ein Verhältnis mit einem Gärtnergesellen gehabt. Das Gericht kommt zur Auffassung, dass keine der beiden Parteien rechtsgültige Beweise für ihre Aussagen vorlegen kann, lässt aber dennoch weder die Klägerin zum Bestätigungs- noch den Beklagten zum Reinigungseid zu. Bezüglich Cilla N. stellen die Richter fest, dass ihr «der Ruf der geschlechtlichen Unbescholtenheit» fehle, da sie schon zum zweiten Mal ausserehelich geboren und sich im zweiten Fall ohne Eheversprechen mit einem weit jüngeren Mann eingelassen habe. Die Klage wird abgelehnt und Cilla N. mit 30 Franken wegen «Unzuchtsvergehen» gebüsst. Sollte sie die Busse nicht innerhalb von 14 Tagen bezahlen, wird diese in Gefängnis umgewandelt. Zusätzlich hat Cilla N. alle Gerichtskosten zu übernehmen und Heinrich G. 60 Franken Spesen zu bezahlen.

Das kleine Mädchen stirbt nur wenige Monate nach seiner Geburt.

Quellen: StadtA Chur D 013.012, Prot. des Kreisgerichts, Bd. 20, 163–166, 309–310, 501–506; ebd. BB III/01.008.045, Einwohnerregister, Niedergelassene 1895–1899.

auch der weiter unten erwähnte Bäckermeister Conradin O. (vgl. «Doppelmoral», Seite 193) dürfte wohl nicht unbemittelt gewesen sein.[47] Aber nicht nur die Berufsangaben, auch der Wohnort, der vermutlich weitgehend identisch mit dem Ort der Niederkunft war, weist darauf hin, dass die Mehrzahl der ledigen Mütter aus sehr bescheidenen Verhältnissen stammte. Sie lebten in den vor allem der Unterschicht überlassenen Quartieren an und links der Plessur, die zum Teil schattig und feucht waren, in Wohnhäusern für Arbeiterinnen und Arbeiter im Rheinquartier oder in engen Gassen der Altstadt. Viele von ihnen waren nicht schon seit Generationen in Chur ansässig, sondern zogen aus Bündner und Schweizer Gemeinden oder aus dem näheren Ausland hierher. Interessant und allenfalls einer vertieften Untersuchung wert ist schliesslich der Umstand, dass ein Fünftel der ledigen Mütter nur für ihre Niederkunft nach Chur gekommen war.

Die «anstössigen und widerwärtigen Vaterschaftsklagen»

Bevor eine Vaterschaftsklage vor dem Kreisgericht zur Verhandlung kommen konnte, musste sie beim Vermittleramt angezeigt werden. Der Vermittler, wie der Friedensrichter in Graubünden seit der Einführung der Kreisgerichte Mitte des 19. Jahrhunderts genannt wird, versuchte, zu einem gütlichen Einverständnis über die Anerkennung der Vaterschaft und die Zahlung von Alimenten zu kommen. Nach Planta hatte eine gütliche Einigung vor dem Vermittler den Vorteil geringerer Publizität, was für die Klägerin sicher wertvoll sei, und ein so festgestellter Vater «würde dann durch freiwillige Leistung der statutarischen Unzuchtsbusse jeder weiteren gerichtlichen Behandlung der Angelegenheit entgehen».[48] Kam keine Einigung zustande, erhielt die Klägerin einen sogenannten Leitschein, mit dem sie an das Kreisgericht gelangen konnte. Neben einer gerichtlichen Vaterschaftsklage war nach BZGB auch eine aussergerichtliche Regelung möglich. In einem solchen Fall konnten Unterhaltszahlungen selbstständig, das heisst ohne Anerkennungsverfahren, eingeklagt werden. Allerdings musste die aussergerichtliche Anerkennung des Kindes sofort erfolgen und eindeutig sein. Andernfalls waren weder eine Unterhaltsklage noch eine Vaterschaftsklage nach Ablauf von sechs Wochen nach der Geburt des Kindes mehr möglich.[49]

Wie viele Frauen die Anerkennung ihres Kindes und die Unterhaltszahlungen aussergerichtlich regeln konnten, lässt sich heute nicht mehr feststellen. Auf jeden Fall klagte nur eine der 43 ledigen Mütter, die später den Vater ihres Kindes heirateten, auf Feststellung der Vaterschaft. Mit wenigen Ausnahmen klagten auch keine Frauen, die schon ein ausserehehliches Kind geboren hatten. Möglicherweise befürchteten sie, deswegen nicht zum Bestätigungseid zugelassen zu werden. Dieser war für die Klägerin vor allem dann wichtig, wenn der Beklagte die Vaterschaft bestritt und sie über keine rechtsgültigen Gegenbeweise verfügte. Wie schon im Paternitätsgesetz von 1830 festgehalten, wurde nur einer gut beleumdeten Frau bewilligt, eidlich zu bestätigen, dass sie zur von ihr angegebenen Zeit mit dem Angeklagten intim gewesen war. Dieser Eid wurde vom Gericht als vollgültiger Beweis akzeptiert. Was unter einem guten Leumund zu verstehen war, erläutert Planta: «Wenn die Klägerin schon ein- oder mehrmals sich verfehlte, so wird sie zwar bloss aus diesem Grunde nicht unbedingt von dem Bestätigungseide ausgeschlossen sein, indem ihr Leumund nicht immer geradezu als schlecht bezeichnet werden kann; immerhin aber wird sie vermöge solcher Fehltritte eines Leichtsinns geziehen werden, der um so mehr auch ihre Glaubwürdigkeit schwächt, je öfter sie sich wiederholten.»[50] Wurde die Klägerin nicht zum Bestätigungseid zugelassen, konnte der Richter dem Beklagten erlauben, einen Reinigungseid zu schwören. Ein Hinweis auf den Leumund des Beklagten fehlt aber im BZGB trotz Plantas vielsagendem Kommentar: «Die Erfahrung lehrt, dass in Vaterschaftssachen die Weibspersonen durchgängig viel wahrhafter sind als die Mannspersonen und dass es in der Regel gewagt ist, letzteren einen Eid anzuvertrauen.»[51]

Zwischen 1890 und 1907 wurden in Chur nur 26 Vaterschaftsklagen beim Vermittleramt eingereicht.[52] Neun davon waren erfolgreich. In einem Fall wurde versucht, die ursprünglich akzeptierte Vaterschaft mit der Begründung zu annullieren, das Kind sei zu früh geboren.[53] Interessant ist auch das Verhalten des Hans F., der sich nur wenige Tage nach der offiziellen Anerkennung seiner Vaterschaft am Kind der Nelly M. rufschädigend über Mutter und Grossvater des Kindes äusserte. Als er deswegen vor dem Vermittleramt angezeigt wurde, nahm er «alle Beleidigungen und Ehrverletzungen» zurück; gut fünf Monate später heirateten er und Nelly M.[54] Vier Männer erschienen nicht zu den Verhandlungen des Vermittlers; ihr Aufenthalt blieb unbekannt. Einer von ihnen, Ernst R., scheint geradezu panikartig geflohen zu sein. An dem Tag, an dem Lena D. ihre Klage einreichte und Ernst R. als Vater ihres Kindes angab, verliess dieser Chur. Drei Monate später wurde er in Brittnau (AG) aufgespürt und nach Chur zitiert. Trotz behördlicher Aufforderung, in Chur vor dem Vermittleramt zu erscheinen, verliess er Brittnau auf der Stelle «ohne Angabe des Reiseziels». Von da an blieb er verschwunden; auch eine Ausschreibung im Kantonsamtsblatt war erfolglos.[55]

Zu Verhandlungen vor dem Churer Kreisgericht kam es schliesslich nur noch in elf Fällen. Dabei wurden drei Vaterschaftsklagen von Frauen eingereicht, die nicht oder nicht mehr in Chur wohnten. Wieder erschienen mehrere Angeklagte nicht vor Gericht; dies im Gegensatz zu den Klägerinnen, die alle mit einem juristischen Berater anwesend waren oder sich durch einen Rechtsanwalt vertreten liessen. Siebenmal wurde zu ihren Gunsten entschieden. Die Frauen vermochten glaubwürdig zu beweisen, dass ihnen die Ehe versprochen worden war bzw. dass sich der Beklagte gegenüber Dritten als Vater des Kindes bezeichnet hatte, oder sie wurden dank ihrem guten Leumund zum Bestätigungseid zugelassen. Dagegen wurde die Klage zweimal wegen schlechten Leumunds abgelehnt und einmal, weil gemäss Zeugenaussage mehrere Männer als Väter in Frage kamen. In einem vierten Fall wurde die Klägerin auf Forderung des Beklagten an das Gericht seines derzeitigen Wohn- und Heimatortes Sissach verwiesen, da er wenige Monate vor der Geburt des Kindes dorthin gezogen war. Dieses Beispiel zeigt, dass die korrekte Anzeige einer Vaterschaftsklage nicht nur wegen der kurz bemessenen Klagefrist zum Problem für eine ledige Mutter werden konnte, sondern auch wegen des Gerichtsstandes. Nach BZGB hatte dasjenige Kreisgericht über eine Vaterschaftsklage zu urteilen, «in welchem die Schwängerung stattgefunden». In den meisten andern Kantonen war dagegen das Gericht am Wohnort des Beklagten zuständig.[56]

Jede Rechtsprechung widerspiegelt bis zu einem gewissen Grad gesellschaftliche Vorstellungen und Normen ihrer Zeit. Während unter den
Paternitätsgesetzen von 1822 und 1830 die Rechtspraxis vor allem be-
strebt war, Unterhaltszahlungen sowie die familien- und heimatrechtliche Zuordnung zu regeln, wird sie unter dem BZGB von der Überlegung
geleitet, dass sich eine Vaterschaft kaum je mit letzter Sicherheit feststellen lässt, da «ein direkter Beweis» nicht möglich sei.[57] Aufgrund der
untersuchten Fälle ist zu vermuten, dass den Richtern deshalb vor allem
moralische Kriterien als Mittel zur Wahrheitsfindung dienten und dass sie
sich bei ihren Urteilen eher am sittlichen Verhalten der Frauen als an der
Glaubwürdigkeit der Parteien orientierten, wie folgende Beispiele zeigen.

Im Fall der Cilla N. gegen Heinrich G. im Jahr 1900 (vgl. Seite 189)
konnte nach Ansicht des Gerichts keine der beiden Seiten überzeugende
Beweise vorbringen. So entschieden sich die Richter schliesslich mit
folgender Begründung gegen die Klägerin: «Einerseits sprechen keine
besonderen Verdachtsmomente für die Vaterschaft des Beklagten und
anderseits fehlt der Klägerin der Ruf der geschlechtlichen Unbescholtenheit. Sie hat nämlich erwiesenermassen zweimal ausserehelich geboren. Der Nachweis, dass die Schwängerung unter Umständen stattgefunden habe, welche geeignet wären ihre Fehltritte abzuschwächen, ist
ihr nicht gelungen. Was den ersten Fall anlangt, so geht aus den Acten
lediglich die Thatsache der Geburt hervor, und muss es daher dahin-
gestellt bleiben, ob sie damals unter erschwerenden oder mildernden
Umständen geschwächt worden war. Jm heutigen Fall dagegen behauptet
sie vom Beklagten, einem minderjährigen und ihr gegenüber weit
jüngeren Burschen geschwängert worden zu sein und zwar ohne voraus-
gegangenes Eheversprechen. Von einer Verführung der Klägerin, die in
der Gebährung ausserehelicher Kinder bereits rückfällig ist, kann daher
nicht wohl die Rede sein.»[58] Auch mit der Klage der Luise R. machte das
Kreisgericht 1894 kurzen Prozess. Aufgrund von Zeugenaussagen der
Kantonspolizei war für das Gericht der rechtsgültige Beweis erbracht,
dass es sich bei Luise R. um eine Prostituierte handelte. «Dass diese
gemachten Beobachtungen [der Kantonspolizei, UJ] nicht in den kritischen Zeitraum [der möglichen Empfängnis, UJ] sondern in einen vorherigen fallen, ist völlig unerheblich, denn es handelt sich hiebei lediglich
um die Feststellung des in § 73 Ziff. 4 des Pr.R. [Prozessrechts, UJ] vorgesehenen Thatbestandes, nämlich des schlechten Leumunds der Klägerin.»[59] Auch in den Verfahren, die mit einem Entscheid zugunsten der Klägerinnen endeten, war der sittliche Lebenswandel der ledigen Mutter ein
zentrales Thema. Hingegen wurde von den Richtern in keinem der ver-
handelten Fälle der Leumund oder gar das sexuelle Verhalten des
Beklagten zur Sprache gebracht und näher untersucht.

Aber nicht allein die Verfahren vor dem Kreisgericht machen deutlich,
dass ein ausserehelisches Kind für eine ledige Frau in jedem Fall ein Makel
war, der ihr und ihrem Kind ein Leben lang anhaftete. Ihre Situation gab

Doppelmoral

Am 10. November 1900 beantragt Bäckermeister Conradin O., seine am 2. Juli volljährig gewordene Tochter aus erster Ehe, Rita O., unter Vormundschaft zu stellen. Als Gründe für sein Gesuch gibt er an, dass Rita «geistig etwas beschränkt» sei und 1898 ein ausserehliches Kind geboren habe. Die Mutter frage diesem Kind nicht mehr nach; es werde von ihm, Conradin O., erzogen. Ausserdem habe sie beim Verlassen ihrer Dienststelle in Eichberg (SG) Wäsche und weitere Gegenstände ihrer Herrschaft mitlaufen lassen. Auf Befragung der Vormundschaftsbehörde gibt Rita Letzteres zu. Die weiteren Behauptungen des Vaters sind dagegen mit Vorsicht zu geniessen. So kann man Rita O. wohl kaum als «geistig beschränkt» bezeichnen, hat sie doch die sechs Klassen der Churer Stadtschule normal durchlaufen; zwar nicht gerade als gute Schülerin, aber für die Versetzung in die nächsthöhere Klasse hat es jeweils gereicht.[1] Ihr im Dezember 1898 ausserehlich geborener Sohn wird nicht von Conradin O. erzogen. 1899 lebt er in Schwanden, möglicherweise bei Ritas Grossvater mütterlicherseits. Später ist er bei einer Taglöhnerin in Chur untergebracht. Für Rita dürfte es schwierig sein, sich während ihrer Arbeit als Dienstmädchen in Eichberg um ihren Sohn, der so weit weg platziert worden ist, zu kümmern. Der Grossvater, Küfermeister in Schwanden, stirbt am 18. November 1900. Er hinterlässt seiner Enkelin den Erlös aus seinem Werkzeug und ein Barvermögen, das allerdings noch mit der Nutzniessung der Witwe belastet ist. Da Rita bevormundet ist, wird ihr Erbe von ihrem Vormund verwaltet. Kurze Zeit später beschliessen Vater und Vormund gemeinsam, Rita O. für drei Jahre in die Mädchenanstalt Schoren bei Basel einzuweisen.

Ritas Vater, der 1856 geborene Conradin O., führt in der Churer Altstadt eine eigene Bäckerei. Seine zweite Frau, die ihm fünf Kinder geboren hat, scheint ihn 1898 verlassen zu haben. Fünf Jahre später heiratet er ein drittes Mal. Auch diese Frau gebiert ihm mehrere Kinder, das erste und für Conradin O. das siebte eheliche Kind im Januar 1904. In diesem Jahr wird er gleich zweimal Vater; denn Maria H. bezeichnet ihn vor dem Vermittleramt als Erzeuger ihrer am 20. Oktober 1904 ausserehelich geborenen Tochter. Conradin O. anerkennt die Vaterschaft und kommt neben jährlichen Alimentzahlungen von 175 Franken auch für alle weiteren Kosten auf; er übernimmt sogar 750 Franken für die Anwaltskosten der Klägerin. Wie Ritas Kind wächst seine aussereheliche Tochter weder bei der Mutter noch beim Vater auf, sie ist in einer Familie in Chur «verkostgeldet». Für Conradin O. hat sich die aussereheliche Vaterschaft mit der Übernahme der Kosten erledigt. Seine Bäckerei führt er ungestört mehrere Jahre weiter, 1905 und 1906 werden ihm auch noch zwei weitere eheliche Kinder geboren. Schliesslich setzt er sich als angesehener «Altbäckermeister» zur Ruhe.

Was aus Rita, seiner ersten Tochter, geworden ist, wissen wir nicht.

---

1   In Lesen und Sprache hatte sie regelmässig gute Zensuren; ihre Leistungen im Rechnen waren mittelmässig und die in «Weibliche Arbeiten» schwach.

Quellen: StAGR CB VII 202/23, Zivilstandsregister, 1898; StadtA Chur BB III/09.001, Vormundschaftsprotokoll, 15–16, 26, 55–56; ebd., BB III/07.001.016-017, Zeugnisse der Stadt-, Winter- und Masanser Schule, 1884–1895; ebd., BB III/01.008.043–046, 048, Einwohnerregister, Niedergelassene, 1884–1909; Adressbücher der Stadt Chur von 1895, 1899, 1903, 1911.

in ihrem Umfeld immer wieder Anlass zu Gerede; es wurden Gerüchte ausgestreut, und die Behörden hielten ein wachsames Auge auf sie, jederzeit bereit, einzugreifen. Wie zum Beispiel im Fall der Wanda C., einer Witwe von Versam mit Wohnsitz in Chur. Die Taglöhnerin Wanda C., deren Ehemann vor mehreren Jahren gestorben war, hatte zwei eheliche Kinder und vor Kurzem ein weiteres ausserehelich geboren. Die Gemeinde Versam ersuchte nun die Churer Vormundschaftsbehörde um Einweisung der Frau in die Korrektionsanstalt Realta, da sie eine «faule und lasterhafte Person» und auch noch armengenössig sei. Im Weiteren wurde auf einen Brief von Pfarrer G. aus Chur verwiesen. In diesem Schreiben wurden keine konkreten Aussagen gemacht, nur Vermutungen geäussert, unter anderem, «dass die C. gewerbsmässig Unzucht betreibe». Als die Vor-

Das 1889 gegründete Erziehungsheim Pilgerbrunnen an der Badenerstrasse in Zürich wurde von Diakonissinnen geleitet. Die jungen Frauen waren zwischen 14 und 30 Jahre alt und standen unter beständiger Aufsicht. Sie durften das Haus nicht verlassen und konnten nur im Beisein der Vorsteherin Besuche empfangen. Die Arbeit galt als wichtigstes Erziehungsprinzip; unter anderem betrieb die Anstalt eine Kundenwäscherei und eine Weissnäherei.

Neben Putzen, Waschen, Flicken und Nähen gehörte im Erziehungsheim Pilgerbrunnen auch Küchenarbeit zu den Aufgaben der Zöglinge. Nach einem meist mehrjährigen Heimaufenthalt wurden sie oft als Dienstmädchen in einen sittenstrengen Haushalt vermittelt.

mundschaftsbehörde nähere Auskünfte von Pfarrer G. verlangte, musste dieser zugeben, «dass sein Schreiben an den Vorstand in Versam auf Vermuthungen beruhe und nichts bestimmtes wisse». Da auch die Stadtpolizei über kein belastendes Material verfügte, entschied die Vormundschaftsbehörde 1900, «dass dermalen für eine Versetzung der Wanda C. nach Realta zu wenig Gründe vorliegen, doch wird dieselbe ernstlich verwarnt».[60]

Auch für die Damen des 1902 gegründeten Frauenvereins zur Hebung der Sittlichkeit war, wie der Name ihrer Organisation deutlich macht, sittliches Verhalten ein entscheidendes Kriterium bei der Unterstützung

Die Sonntage im Pilgerbrunnen waren arbeitsfrei. Laut Statuten sollten die Sonntage «für die Anstalt rechte Freudentage sein, verschönert durch Spaziergänge (auf einsamen Wegen), durch gute Lectüre, Spiele, bei denen der Geist in Thätigkeit gesetzt wird». Die jungen Frauen im Bild scheinen sich allerdings aufs Zuschauen und Stricken beschränken zu müssen.

lediger Schwangerer.[61] Sie versuchten vor allem mittellose junge Frauen, die vor ihrer ersten «unglücklichen Niederkunft» standen, an einem geeigneten Ort zu platzieren und nach der Geburt weiterzubetreuen. Das Angebot einer Unterkunft sollte sich jedoch «nicht auf notorisch leichtsinnige Mädchen erstrecken, sondern auf solche, von denen noch Besserung zu hoffen».[62] Da der bündnerische Frauenverein über kein geeignetes Heim in Chur verfügte, wurden die jungen Frauen an verschiedenen Orten in der Schweiz untergebracht, so zum Beispiel im Asyl in St. Gallen, im Erziehungsheim Wolfbrunnen in Lausen (BL) oder im Pilgerbrunnen in Zürich. Letzteres Heim war eine Gründung des Zürcher Frauenbunds zur Hebung der Sittlichkeit und diente der Nacherziehung «weiblicher Wesen», die «moralisch hilfsbedürftig» waren. Das Anstaltsleben orientierte sich an der Maxime «bete und arbeite», wobei die Arbeit aus Waschen, Kochen, Putzen und Gartenarbeit bestand. Der stark reglementierte Tagesablauf begann im Sommer um fünf, im Winter um sechs Uhr und wurde streng überwacht. Das Vereinskomitee in Chur hoffte, dass in einem solchen Erziehungsheim auch «gefallene Mädchen» aus Graubünden auf den rechten Weg gebracht werden könnten, wie dem Jahresbericht des Vereins zu entnehmen ist: «Bei einem zweiten Mädchen scheint bisher der Erfolg besser ausfallen zu wollen. Dasselbe sollte von seiner Heimatgemeinde nach Realta versetzt werden zur Strafe dafür, dass es einem Kind das Leben gegeben. Uns schien ein milderer Ausweg für ein so junges Geschöpf von 19 Jahren wünschbar [...]. Das Kind ist hier gut versorgt auf Kosten der Gemeinde, das Mädchen befindet sich im Pilgerbrunnen in Zürich schon seit 1½ Jahren und jetzt, da es sich dort langsam an die Zucht und Ordnung des Hauses gewöhnt, lauten die Berichte befriedigend. So wollen wir hoffen, dass es diesmal gelingen werde, noch etwas Rechtes aus dieser verwahrlosten Existenz zu machen.»[63]

Die meisten Frauen gehören zur «unvermöglichen und sogar dürftigen Klasse»

Wie schon weiter oben ausgeführt, lebte die Mehrzahl der ledigen Mütter in ärmlichen Verhältnissen. Mit der Geburt eines Kindes verschärfte sich ihre finanzielle Situation noch zusätzlich, da sie – wenn überhaupt – nur mit geringen Unterhaltszahlungen rechnen konnten.

Um 1900 verdienten die Männer in der Schweiz im Durchschnitt 26 Franken 10 Rappen, während die Frauen nur 15 Franken pro Woche erhielten.[64] Ebenfalls um 1900 bezifferte ein Churer Anwalt – vom Gericht unwidersprochen – die täglichen Kosten für den Unterhalt eines Kindes auf 1 Franken 25 Rappen. Er forderte deshalb für seine Mandantin jährliche Alimente in der Höhe von 300 Franken, entsprechend dem üblichen Verteilschlüssel von zwei Dritteln väterlichem und einem Drittel mütterlichem Beitrag an die Unterhaltskosten.[65] Den Richtern ging diese Forderung entschieden zu weit; sie halbierten den Betrag und setzten die jährlichen Zahlungen auf 150 Franken fest. Als Grund gaben sie an, dass die geforderte Summe nicht der üblichen Gerichtspraxis entspreche und der Erwerb des als Zimmermannsgeselle arbeitenden Beklagten «nicht hoch zu veranschlagen» sei. Dieser Erwerb wird jedoch mit aller Wahrscheinlichkeit um einiges höher gewesen sein als der Lohn der Klägerin, die als Fädlerin arbeitete.[66] Zwischen 1890 und 1907 mussten Väter jährlich zwischen 70 und 175 Franken an die Unterhaltskosten ihrer ausserehelichen Kinder sowie einen einmaligen Betrag von 30 bis 160 Franken an die Kindbettkosten zahlen. Die unterlegene Partei hatte jeweils die vollen Gerichtskosten und zusätzlich noch einen bestimmten Beitrag an die aussergerichtlichen Kosten zu übernehmen. Weiter kamen für beide Bussen für das Vergehen der «Unzucht» hinzu.

Schon der Verfasser des BZGB ging davon aus, dass die meisten Frauen, die eine Vaterschaftsklage einreichten, zur «unvermöglichen und sogar dürftigen Klasse» gehörten.[67] Seine Annahme trifft auf praktisch alle ledigen Mütter der Jahre 1890 bis 1907 zu und wird durch die weiter oben gemachte Feststellung im Zusammenhang mit den Berufen bestätigt, die die ledigen Mütter und ihre Väter ausübten. Aus diesem Grund waren Alimentenzahlungen für ledige Mütter und ihre Kinder in jedem Fall von grösster Bedeutung; meist entschied dieser Beitrag über ein Leben am Rande der Armut oder ein Leben in tiefer Armut. Allerdings schafften es nur relativ wenige Frauen, überhaupt Alimente zugesprochen zu erhalten. Wie viel Geld ihnen auch wirklich ausbezahlt wurde, steht auf einem andern Blatt.

Wie die oben erwähnten Beispiele zeigen, brachte das BZGB für unverheiratete Frauen und ihre Kinder kaum Verbesserungen. Zwar wird endlich auf das demütigende und folterähnliche Geniessverhör bei der Niederkunft, das noch im Paternitätsgesetz von 1854 enthalten ist, verzichtet. Die Feststellung des Kindsvaters dagegen erfolgt nicht mehr von Amtes wegen. Aus Sicht des Gesetzgebers sind Vaterschaftsklagen geradezu peinlich; die Klagefrist wird deshalb auf wenige Wochen beschränkt. Ohne Feststellung des Vaters gibt es aber keine Alimente für Mutter und Kind. Die verstärkte Fokussierung auf den Lebenswandel der ledigen Mütter in den Gerichtsverhandlungen verhindert nicht nur die Anerkennung der Vaterschaft, sie trägt auch dazu bei, den Ruf der Frauen zu schädigen und sie und ihre Kinder auszugrenzen. Schliesslich erschwert die gegenüber andern Kantonen unterschiedliche Handhabung des Gerichtstandes zusätzlich die Möglichkeit der Betroffenen, zu ihrem Recht zu kommen.

Das ZGB von 1907:
Die Interessen der Ehefrau und der Familie gehen vor

Mit dem 1907 von den eidgenössischen Räten angenommenen und 1912 in Kraft getretenen Schweizerischen Zivilgesetzbuch wird das aussereheliche Kindesrecht schweizweit einheitlich geregelt.[68] Wie schon im BZGB ist das aussereheliche Kind im Verhältnis zur Mutter dem ehelichen völlig gleichgestellt. Die Mutter erhält jedoch nicht ohne Weiteres die elterliche Gewalt, wie das Sorgerecht zu jener Zeit genannt wird. Sobald die Vormundschaftsbehörde von der ausserehelichen Schwangerschaft Kenntnis hat, ernennt sie einen Beistand für das Kind, der dessen Interessen zu wahren hat. Nach Regelung der Vaterschaft wird der Beistand durch einen Vormund ersetzt; allenfalls kann die Vormundschaftsbehörde das Kind unter die elterliche Gewalt der Mutter stellen. Wie früher kann ein Erzeuger die Vaterschaft entweder zugeben, oder sie wird durch den Richter festgestellt. In beiden Fällen ist der Vater zu Unterhaltszahlungen verpflichtet; es entsteht jedoch keine familienrechtliche Beziehung zwischen Vater und Kind, sondern nur eine sogenannte Zahlvaterschaft. Im Gegensatz zur bisherigen Bündner Rechtsprechung besteht für einen Vater auch die Möglichkeit, sein aussereheliches Kind freiwillig mit Standesfolge anzuerkennen. Die Anerkennung muss gesetzlich beurkundet und der Heimatgemeinde mitgeteilt werden. Unter ganz bestimmten Voraussetzungen – wenn ein Eheversprechen bestanden hat, bei Missbrauch der dienstlichen oder häuslichen Gewalt, bei Vergewaltigung – kann auch der Richter das Kind dem Vater in Standesfolge zusprechen. Bei freiwilliger Anerkennung oder bei Zusprechung mit Standesfolge erhält es den Familiennamen und das Bürgerrecht des Vaters, und es wird erbberechtigt. Die freiwillige Anerkennung oder eine gerichtliche Zusprechung mit Standesfolge ist allerdings nur möglich, wenn der Vater zum Zeitpunkt der Zeugung nicht verheiratet ist.[69] Diese Bestimmung wird zum Schutz der ehelichen Kinder und der Ehefrau aufgenommen, da der Gesetzgeber offensichtlich deren Interessen höher wertet als die Rechte eines ausserehelichen Kindes. Auch die Erbberechtigung des in Standesfolge anerkannten Kindes ist gegenüber den ehelichen Nachkommen eingeschränkt: «Hat ein ausserehelicher Erbe oder sein Nachkomme mit ehelichen Nachkommen seines Vaters zu teilen, so erhält der aussereheliche Erbe oder sein Nachkomme je nur halb so viel, als einem ehelichen Kinde oder seinen Nachkommen zufällt.»[70]

Nach dem ZGB haben die Mutter und – für Graubünden neu – auch das Kind das Recht, die Feststellung der Vaterschaft sowie entsprechende Leistungen gerichtlich einzuklagen. Das Kind wird dabei vom Beistand vertreten, der verpflichtet ist, dessen Interessen wahrzunehmen. Die Klage muss innerhalb eines Jahres nach der Geburt erfolgen. Wird im Prozess der Nachweis erbracht, dass der Beklagte zwischen dem 300. und dem 180. Tag vor der Geburt mit der Mutter intimen Verkehr hatte, so wird seine Vaterschaft vermutet. Kann ein Beklagter beweisen, dass erhebliche Zweifel an seiner Vaterschaft bestehen, wird diese Vermutung jedoch entkräftet. Hat die Mutter zur Zeit der Konzeption einen unsittlichen Lebenswandel geführt, wird die Klage ganz abgewiesen. Dazu führt Mohr in seiner Dissertation über die Vaterschaftsklage des ZGB aus: «Es wurden in der Expertenkommission einige Fälle aufgezählt, wo unzüchtiger Lebenswandel anzunehmen sei: So bei congressus plurium [Verkehr mit mehreren Männern während der Empfängniszeit, UJ], Erregung öffentlichen Ärgernisses, Aufenthalt in einem öffentlichen Hause, Ausnützung des jugendlichen Alters des Beklagten. Es käme immer darauf an, so hiess es, ob der Lebenswandel der Klägerin die Vermutung rechtfertigt, es könnte ein anderer als der Beklagte der Vater sein.»[71]

Schliesslich wird auch der Gerichtsstand für alle Kantone gleich geregelt, indem der Klägerin die Wahl zwischen dem Wohnsitz der Mutter zum Zeitpunkt der Geburt oder dem Wohnsitz des Beklagten zur Zeit der Klage gelassen wird.

Auch nach der Einführung des ZGB wird bei Vaterschaftsklagen weiterhin das Verfahren nach kantonalem Prozessrecht angewandt. In Graubünden ist deshalb noch immer der Bestätigungs- bzw. Reinigungseid, ein im Grunde genommen archaischer Wahrheitsbeweis, zugelassen. 1944 wird Letzterer auch für die Klägerin möglich. Wenn sie vom Beklagten beschuldigt wird, noch mit einem andern Mann Geschlechtsverkehr gehabt zu haben, kann sie vom Richter zu folgendem Reinigungseid zugelassen werden: «Ich schwöre zu Gott dem Allwissenden, dass ich während der Zeit vom dreihundertsten bis zum hundertachtzigsten Tag vor meiner Niederkunft mit N.N. (Name) keinen geschlechtlichen Verkehr gehabt habe.»[72] Im Gegensatz zu den Zeiten des Paternitätsgesetzes von 1830 und des BZGB gilt nun für beide Parteien, dass sie den Eid nur ablegen dürfen, wenn sie über einen guten Leumund verfügen.

Dem «Schützling mit Rat und Tat» beistehen

1920 erliess Graubünden ein kantonales Fürsorgegesetz. Bis zu diesem Zeitpunkt unterstützten die Gemeinden Bürgerinnen und Bürger nur, wenn sie in finanzielle Not geraten waren; weitere Fürsorgemassnahmen gab es nicht. In der Bündner Armenpflege galt das Heimatprinzip, das heisst, in Not geratene Einwohnerinnen und Einwohner, die das Bürgerrecht der Wohngemeinde nicht besassen, wurden nicht unterstützt, sondern hatten sich für allfällige Hilfe an ihre Heimatgemeinde zu wenden. In Chur zum Beispiel war die bürgerliche Armenpflege nur für Bürgerinnen und Bürger sowie für Churer Angehörige zuständig. Eine Kommission verfügte jeweils die Aufnahme von Waisen und verwahrlosten Kindern in das Waisenhaus bzw. die Aufnahme von alten, gebrechlichen oder arbeitsunfähigen Personen ins Armenhaus. Familien, die ihre Miete nicht mehr bezahlen konnten, wurden in dem der Stadt gehörenden Haus «Totengut» im Quartier Sand untergebracht. Mittellose Kranke erhielten von der Armenkommission ärztliche Hilfe und Medikamente; wenn sie nicht in der Familie gepflegt werden konnten, wurden sie ins Stadtkrankenhaus eingeliefert.[73] Die Einwohner-Armenpflege dagegen unterstand dem Polizeiamt, das den Verkehr mit der Armenbehörde der jeweiligen Heimatgemeinden besorgte. Bedürftige Einwohnerinnen und Einwohner wurden zusätzlich vom «Komitee des freiwilligen Armenvereins» betreut, das sie mit Naturalien wie Lebensmitteln, Brennholz und Kleidung sowie mit Bargeld versorgte. Dem Komitee gehörten unter anderem Ehefrauen und Töchter besser gestellter Einwohner sowie katholische und protestantische Pfarrherren an.[74]

Erster und wichtigster Punkt im neuen Gesetz ist die Aufzählung derer, die unter Fürsorge gestellt werden sollen: «1. Personen, die sich dem Trunke ergeben oder sonst einen liederlichen Lebenswandel führen; 2. Vaganten.» Der Begriff «liederlicher Lebenswandel» scheint dabei wohl bewusst nicht weiter ausgeführt worden zu sein. So kann er je nach Bedarf auf Personen angewendet werden, die nicht den gesellschaftlichen Normen und Vorstellungen entsprechen, zum Beispiel auch auf ledige Mütter. Unter der abschätzigen Bezeichnung «Vaganten» sind vor allem Jenische zu verstehen. Die Fürsorgemassnahmen werden von der Vormundschaftsbehörde des jeweiligen Kreises veranlasst. Dabei soll die Behörde nach Möglichkeit besorgt sein, dass sich die Betroffenen freiwillig «unterwerfen». Sie hat auch das Recht, einen Beschützer zu ernennen, der verpflichtet ist, seinem «Schützling mit Rat und Tat beizustehen und denselben moralisch zu beeinflussen». Ebenfalls kann sie jemanden in eine Anstalt einweisen. Den kantonalen Fürsorgeorganen dagegen sind alle Fürsorgeaufgaben übertragen, die nicht aufgrund besonderer Vorschriften von andern Stellen des Kantons, der Kreise oder der Gemeinden geleistet werden.[75]

Um die Mitte des 20. Jahrhunderts betreute das Fürsorgeamt der Stadt Chur zahlreiche ledige Mütter und ihre Kinder.[76] Es unterstützte sie in erster Linie finanziell und war für die Platzierung der Kinder – manchmal auch der Mütter – in Heimen zuständig. Ebenso klärte es Familienverhältnisse ab und suchte Arbeitsplätze für die Mütter.

«Die Kindsmutter hat Mühe, sich selbst durchzubringen»[77]

Alle von der Fürsorge unterstützten Mütter hatten eines gemeinsam: Sie erhielten nur sehr unregelmässig oder überhaupt keine Alimente, obwohl 60 Prozent der Väter bekannt und gerichtlich zur Zahlung von Unterhaltsbeiträgen verpflichtet waren. 20 Prozent von ihnen und damit überraschend viele hatten sogar ihr Kind vom Gericht mit Standesfolge zugesprochen erhalten oder es selber in dieser Form anerkannt; sie sollten also für dieses «wie für ein eheliches» sorgen. Wie die untersuchten Akten zeigen, verdienten fast alle Frauen nur wenig. Häufig arbeiteten sie als Dienst- oder Zimmermädchen, als Serviertochter oder als Verkäuferin. Ihr Lohn reichte gerade knapp für den Lebensunterhalt einer Person. Eine ungeplante Schwangerschaft bzw. ein Kind bedeutete in jedem Fall eine Mehrbelastung und konnte obendrein noch zum Verlust des Arbeitsplatzes führen.

Das Fürsorgeamt unterstützte die Frauen in der Regel nicht mit Bargeld. Es bemühte sich vor allem um die Zahlung der väterlichen Alimente, leistete Kostengutsprache oder regelte diese mit der Armenbehörde der jeweiligen Heimatgemeinde, die weiterhin für die Unterstützung ihrer in Not geratenen Bürgerinnen aufkommen musste. Wenn das Kind nicht bei der Mutter lebte, hatte auch sie einen Beitrag an seinen Unterhalt zu leisten. Frida N. etwa war nach ihrer Niederkunft mehrere Monate arbeitslos. Das Fürsorgeamt übernahm in dieser Zeit das Kostgeld für ihren Sohn im Josefsheim in Chur. Kaum hatte sie wieder eine Stelle als Verkäuferin, musste sie für die Rückzahlung ihrer Schuld 10 Prozent ihres monatlichen Lohnes an das Amt abtreten.[78]

Zahlungsmoral der Väter

Wie obiges Beispiel zeigt, war es für das Amt kaum ein Problem, bevorschusste Beträge von einer Mutter zurückzufordern, sobald diese Aussicht auf ein regelmässiges Einkommen hatte. Weit aufwendiger, oft sogar unmöglich, war es, von zahlungsunwilligen Vätern Alimente einzutreiben. Ein Beispiel dafür bietet der polnische Internierte Pavel Z., der zwar nicht in einem Vaterschaftsprozess, aber immerhin vor Dritten glaubhaft versprochen hatte, sein Kind anzuerkennen und die Mutter zu heiraten. Noch bevor die Vormundschaftsbehörde und das Fürsorgeamt aktiv werden konnten, wurde Pavel Z. in ein Lager nach Luzern verlegt. Von dort floh er nach Frankreich und kehrte anschliessend nach Polen zurück. Der Fürsorgechef nahm die Spur des verschwundenen Kindsvaters auf und schrieb ohne Erfolg Brief um Brief, zuerst nach Frankreich und dann nach Polen.[79] Auch der internierte Deutsche Josef L., der für seinen Sohn einen Alimentationsvertrag unterzeichnet hatte, war schon wenige Jahre nach seiner Rückkehr in die Heimat nicht mehr auffindbar.[80]

Zu einer Heirat «aus sozialen Gründen» nicht bereit

Die 25-jährige Irene P. arbeitet als Haushalthilfe und Kindermädchen in einer gut situierten Churer Familie und ist mit dem Typografen Ludwig O. befreundet. Als Irene P. 1952 schwanger wird, bestätigt Ludwig O. gegenüber einem Mitarbeiter des Fürsorgeamts die Vaterschaft und gibt auch zu, seiner Freundin Geld zu schulden. Eine Heirat lehnt er aber «aus sozialen Gründen» ab. Ohne Irene P. zu informieren, verlässt er nur zwei Tage vor ihrer Niederkunft Chur und reist nach Österreich aus. Irene P. kann nach der Geburt zusammen mit ihrem Kind an ihre alte Stelle zurückkehren. Da sie und ihr kleiner Sohn dort auch im Winter in einem ungeheizten Zimmer untergebracht sind und ihr Kind deshalb krank wird, kündet sie nach knapp einem Jahr. Wenige Jahre später erkranken Mutter und Kind an offener Lungentuberkulose und werden in die Bündner Heilstätte in Arosa eingeliefert.[1] Bei Mutter und Sohn wird mit einer Kur von mindestens einem Jahr gerechnet. Der Aufenthalt in der Bündner Heilstätte scheint Irene P. schwergefallen zu sein. Sie fühle sich von allen verlassen, nur der Abteilungsarzt zeige ein gewisses Mitgefühl, klagt sie in einem Brief an die Fürsorgerin in Chur. Auch der Chefarzt ist nicht mit ihr zufrieden; er verlangt, dass sie wegen wiederholter Verstösse gegen die Kurordnung und die Anstaltsdisziplin an einen andern Ort verlegt wird. Irene P. kommt ins Sanatorium Walenstadtberg, während ihr Kind weiterhin in Arosa bleibt. In Walenstadtberg fühlt sie sich wohler und nimmt auch an Gewicht zu, wie die Fürsorgerin nach einem Besuch erfreut feststellt. Im Mai hofft sie, Ende Jahr – 17 Monate nach Beginn ihrer Krankheit – geheilt zu sein. Für die Kurkosten kommen die Öffentliche Krankenkasse, bei der Irene P. versichert ist, und die Heimatgemeinde auf. Nach 20 Monaten sind Mutter und Sohn endlich so weit geheilt, dass sie aus dem Sanatorium entlassen werden können. An den ärztlichen Rat, sich weiterhin zu schonen und auf keinen Fall voll zu arbeiten, kann sich Irene P. allerdings nicht halten. Sie muss für ihren Unterhalt und für den ihres Kindes, das in einem Heim untergebracht ist, Geld verdienen. Sie nimmt deshalb eine ganztägige Stelle in einer Konfektionsfirma an und verdient 1 Franken 40 Rappen in der Stunde; zusätzlich vermietet sie noch ein Zimmer ihrer Zweizimmerwohnung. Die vom Kindsvater zugesicherten Alimente von 30 Franken pro Monat erhält sie dagegen nur sehr unregelmässig. Irene P. überschätzt ihre Kräfte und wird bald erneut krank. Wieder soll die Heimatgemeinde für ungedeckte Kosten einspringen. Die Gemeinde kommt ihren Verpflichtungen noch einmal nach, teilt aber dem Churer Fürsorgeamt mit: «Die Unterstützung an diesen Bürgern nimmt ein solches Ausmass an, dass die Heimschaffung sehr ernstlich in Erwägung zu ziehen ist.» Drei Jahre später heiratet Irene P. und kann nun ihren inzwischen achtjährigen Sohn zu sich nehmen.

---

1   Bevor Tuberkulose medikamentös behandelt werden konnte, bestand die gängige Therapie vor allem aus einer Freiluft-Liegekur, disziplinierter Lebensweise und guter Ernährung. Eine solche Kur konnte Monate, wenn nicht gar Jahre dauern.

Quelle: StadtA Chur B II/1.0044, Dossier 161.

Die Schweizer Väter waren ebenfalls erfinderisch, wenn es darum ging, so wenig Unterhaltsbeiträge wie möglich oder – noch besser – überhaupt keine zu bezahlen. Dies galt zum Beispiel für den Sekundarlehrer Emil G., der sein Kind, das beim Grossvater mütterlicherseits aufwuchs, mit Standesfolge anerkannt hatte. Über Jahre entschuldigte er seine schlechte Zahlungsmoral damit, dass er für Ehefrau, Kind und mittellose Schwiegermutter zu sorgen habe, dass er wegen eines Nervenzusammenbruchs lange Zeit krank und damit arbeitslos geworden sei oder dass er – trotz Lehrermangels – Schwierigkeiten habe, eine Stelle zu finden. Erst als sein ausserehelich gezeugtes Kind schon 14 Jahre alt war, stimmte er vertraglich einer Zahlung der Rückstände in monatlichen Raten zusammen mit den ordentlichen Alimentsbeiträgen zu und war grundsätzlich mit einer entsprechenden Lohnzession einverstanden. Allerdings wünschte er, dass das Fürsorgeamt dem Arbeitgeber vorläufig noch keine

Mitteilung von der Lohnabtretung mache, damit er deswegen nicht in Schwierigkeiten komme. Als sechs Jahre später seine Alimentsverpflichtung endete, war er immer noch mit einer Rate im Rückstand. Die Mutter, die als Verkäuferin in Zürich arbeitete, hatte ebenfalls zum Unterhalt ihres Kindes beizutragen. Sie kam für die Bekleidung auf und leistete ihre Zahlungen regelmässig und pünktlich. Als während der Krankheit Emil G.s überhaupt keine Alimente mehr eingingen, wurde sie vom Fürsorgeamt angehalten, den doppelten Beitrag zu leisten.[81]

Auch Metzger Urs J. hatte sein Kind mit Standesfolge anerkannt und bezahlte anfangs Alimente, allerdings nur drei Viertel des gerichtlich festgesetzten Betrags. Nach nur wenigen Monaten stellte er jedoch auf Druck der Verwandtschaft die Zahlungen ganz ein.[82]

Der Chauffeur Rudolf R. weigerte sich sogar rundweg zu zahlen, obwohl ihm das Kind mit Standesfolge und der Mutter eine Genugtuungssumme von 500 Franken zugesprochen worden war. Die Genugtuung zahle er nicht, erklärte er in einem Schreiben an das Fürsorgeamt, denn «ohne ihr [der Mutter, UJ] Zutun wäre kein Kind da». Die Frau habe sich ihm aufgedrängt, sei wiederholt in sein Zimmer gekommen und «suchte den Beischlaf bei mir».[83] Bei diesen Behauptungen muss es sich um eine böswillige Unterstellung handeln, denn ledige Mütter erhielten nur unter ganz bestimmten Voraussetzungen eine Genugtuung zugesprochen; wenn ihnen zum Beispiel vorher die Ehe versprochen worden war oder wenn der Mann Gewalt ausgeübt hatte.[84] Für Alimente fehle ihm das Geld, argumentierte R. weiter, er habe für eine Ehefrau und drei Kinder aufzukommen und unterstütze eine mittellose Schwiegermutter. Man könne ihm ja das Kind zur Erziehung übergeben; dann werde er es wie seine eigenen halten. Mit dieser Lösung waren weder die Mutter noch das Fürsorgeamt einverstanden. Als bekannt wurde, dass der Mann geerbt hatte, wurde er betrieben, allerdings erfolglos, «weil R. mit seiner Frau die Sache güterrechtlich schaukelte. Vom moralischen Gesichtspunkte aus eine absolut verwerfliche Machenschaft, rechtlich aber leider nicht anfechtbar», teilte der Churer Fürsorgechef resigniert der Heimatgemeinde des Kindes bzw. des Vaters mit.[85]

Auch beim Handwerker Hans C. nützte aller Druck nichts. Als er seinen Verpflichtungen nicht nachkam, wurde er betrieben und ein Teil seines Lohns gepfändet. Da Hans C.s Arbeitgeber die gepfändeten Lohnanteile nicht dem Betreibungsamt ablieferte, wurde auch er gepfändet, ebenfalls ohne Erfolg. Die Ansprüche gegenüber Hans C. wurden deshalb an den Heimatkanton abgetreten. Die Heimatgemeinde zahlte der Mutter dafür einen monatlichen Beitrag, der allerdings tiefer war als die gerichtlich festgelegten Alimente.[86]

«Hier fehlt es bestimmt nur am guten Willen»

War die Mutter völlig mittellos und der Vater unbekannt oder zahlungsunwillig, wandte sich das Fürsorgeamt um finanzielle Unterstützung an die jeweilige Heimatgemeinde, da diese verpflichtet war, ihre in Armut geratenen Bürgerinnen und Bürger zu unterstützen. Auf solche Unterstützungsbegehren reagierten die einzelnen Gemeinden recht unterschiedlich. Nicht nur kleinere und ärmere Gemeinden, deren Budget unter Umständen schon von wenigen Unterstützungsbedürftigen aus dem Gleichgewicht gebracht werden konnte, kamen ihren Verpflichtungen nur widerwillig nach. Auch finanzkräftigere zeigten oft wenig Bereitschaft, ihre in Not geratenen Bürgerinnen oder deren Kinder zu unterstützen. So antwortete zum Beispiel der Gemeindevorstand von Klosters auf die Aufforderung, an den Unterhalt des ausserehelichen Kindes ihrer Bürgerin Daniela G. monatlich 50 Franken beizutragen, knapp: «In Anbetracht der schon seit geraumer Zeit regelmässig ausgerichteten Unterstützung an die Grossmutter [...] erachtet unsere Armenbehörde eine zusätzliche Unterstützung von Fr. 50.– pro Monat, auf unbefristete Zeitdauer, als zu weitgehend. Wir sind bereit zu einer Leistung von Fr. 25.– pro Monat an den Unterhalt des a.e. Kindes, unter vorläufiger Befristung bis Ende September 1947 und rückwirkend auf 1. Februar 1947.»[87] Im Fall von Karl L., der aus einer geschiedenen Ehe drei Kinder hatte, die im Kreis Rhäzüns wohnten, sowie zwei ausserehelicher mit Wohnsitz in Chur, stritten sich die Vormundschaftsbehörden der beiden Kreise um Lohnanteile des Vaters und um die Kinderzulagen. Die Vormundschaftsbehörde von Rhäzüns weigerte sich anscheinend mit fadenscheinigen Gründen, die den Kindern in Chur zustehenden Beträge herauszugeben, was den Churer Amtsvormund zu folgendem Kommentar veranlasste: «Welches ist der Grund für diese eigenartige Einstellung, die sich hemmungslos über zwingende gesetzliche Bestimmungen hinwegsetzt? Offenbar einzig und allein die Erwägung, dass möglichst viel von dem Lohn von Karl L. für seine ehelichen Kinder reserviert werden soll, damit die Heimatgemeinde nicht einspringen müsse. Ich kann nicht anders, als eine derartige Einstellung als schamlose Ausnützung der Macht zu bezeichnen.»[88] Die Armenpflege der Thurgauer Gemeinde Sommeri verweigerte gar kategorisch jede Unterstützung für das Kind Urban J. Ihrer Auffassung nach war der zahlungsunwillige Vater, der das Kind mit Standesfolge anerkannt hatte, unverzüglich zu betreiben und sein Lohn zu pfänden. Auch die Mutter sollte zu regelmässigen Zahlungen herangezogen werden; wenn es sein musste unter Androhung gesetzlicher Massnahmen. «Was die Leistungen der Kindsmutter anbelangen, so sollte es doch einem Dienstmädchen bei den heutigen Salairen möglich sein, diese Fr. 25.– monatlich aufzubringen. Hier fehlt es bestimmt nur am guten Willen.»[89]

Unterkunft und elterliche Gewalt

Mit der Geburt des Kindes stellte sich für die ledigen Mütter die Frage nach einer Unterkunft. Die meisten wollten ihr Kind bei sich haben oder doch wenigstens in der Nähe in Pflege geben. Sie bemühten sich deshalb um eine individuelle Lösung, lebten mit dem Kind bei der Mutter oder Grossmutter oder gaben es bei Verwandten in Pflege. Hilda J. zum Beispiel zog zur Grossmutter, bei der sie aufgewachsen war. Grossmutter, Enkelin und Urenkelin lebten von einer kleinen Unterstützung des Fürsorgeamts und dem, was die alte Frau «kümmerlich mit Waschen und Bügeln» verdiente.[90] Die geschiedene Lisa R., die für eine aus, ,rehelische Tochter zu sorgen hatte, musste ihre Stelle als Hilfsarbeiterin aufgeben und zog deshalb mit ihrer Tochter aus geschiedener Ehe zusammen, die ebenfalls ein Kind hatte. Lisa R. führte den Haushalt und betreute die Kinder. Ihre erwachsene Tochter «ist heute der finanzielle Rückhalt dieser Familiengemeinschaft. Sie arbeitet als Hilfsarbeiterin in einer hiesigen Fabrik und verdient gegenwärtig einen Stundenlohn von Fr. 1.30».[91]

Mehrere Kinder wuchsen ohne Mutter bei den Grosseltern oder bei andern Verwandten auf. Allerdings bewährte sich eine solche Lösung nicht in jedem Fall. Klara F. zum Beispiel konnte zwar ihren Sohn bei der verheirateten Schwester unterbringen und fand auch am gleichen Ort Arbeit. Weil aber die Schwiegermutter der Schwester das Kind nur widerwillig im Hause duldete und es deswegen zu Unfrieden zwischen den Eheleuten kam, musste Klara F. schon nach wenigen Monaten einen neuen Pflegeplatz suchen.[92]

Zita C. musste ebenfalls wiederholt die Unterkunft wechseln. Sie wohnte mit einem ihrer beiden ausserehelichen Kinder zusammen und schlug sich mit Waschen und Putzen durch, da sie in ihrem Beruf als Pflegerin keinen Arbeitsplatz finden konnte. Auch die Bemühungen des Fürsorgeamts, ihr eine Pflegerinnenstelle zu vermitteln, scheiterten. Der Direktor der angefragten Anstalt lehnte aus folgenden Gründen ab: Zum einen lasse die in der Bewerbung als Referenz angegebene Pflegerin ihrerseits «zu wünschen übrig», zum andern solle Zita C. nach schriftlich vorliegendem Bericht an ihrem früheren Arbeitsort anfänglich durchaus einen guten Eindruck gemacht haben, dann aber habe sie «fast allabendlich mit Pflegern Wirtschaften der Umgebung» aufgesucht, «auch in anderer Beziehung schien sie dem männlichen Geschlecht nicht allzu wählerisch zu sein». Es wurde ausgiebig über sie geklatscht, sodass ihr die Wohnung gekündigt wurde, obwohl sie sich sogar vor Gericht gegen die rufschädigenden Äusserungen gewehrt zu haben scheint. «Die Sache ist von der Storchengasse aus gegangen, wie es sich auf dem Kreisamt herausgestellt hat. Meier hat die Schwätzerei von Müller übernommen und wenn ich mich nicht zur Wehr setze, würde es immer so weiter gehen. Die zwei Kinder kann ich nicht ungeschehen machen, aber wegen den Herrenbesuchen, von der Storchengasse und von jetzt, es ist eine Unwahrheit. (Schon seit langem, würde ich nie riskieren, eine Freundschaft zu haben.) Ich kann aber auch genügend Beweise erbringen, dass es eine Unwahrheit ist. Schon früher war ich in aerztlicher Behandlung, aber seit dieser Kündigung bin ich oft krank gewesen. Beiliegend Arztzeugnis.» Es fiel Zita C. schwer, Hilfe von der Fürsorge anzunehmen, aber ohne Unterstützung schaffte sie es nicht mehr.[93]

Alle ausserehelichen Kinder erhielten bei ihrer Geburt einen Beistand. Auch nach der Regelung der Vaterschaft blieben viele bevormundet, da einer ledigen Mutter ohne Ehemann offenbar nur selten die Fähigkeit zur Ausübung der elterlichen Gewalt zugetraut wurde. Bei bevormundeten Kindern hatte die Vormundschaftsbehörde dem jeweiligen Pflegeplatz zuzustimmen. Sie tat dies in Absprache mit dem Fürsorgeamt und griff auch ein, wenn ihr eine Unterkunft ungeeignet erschien. So durfte Heidi A. nur so lange bei ihrer Tante wohnen bleiben, wie sie ihr Kind stillte, obwohl sie bei ihr aufgewachsen war und kein Kostgeld zu bezahlen brauchte. Die Behörde hatte entschieden, dass sie ihren Sohn ins Josefsheim zur Pflege geben musste. «Die Kindsmutter soll zu gegebener Zeit einem Verdienst nachgehen, um wenigstens für einen Teil der Versorgungskosten ihres Söhnchens im Kinderheim St. Josef aufzukommen.»[94]

In der Regel und je nach Konfession wurden Kinder, deren Mütter in Chur oder Umgebung wohnten, im katholischen Kinderheim St. Josef in Chur oder im evangelischen «Gott hilft» in Zizers platziert. Einige wenige wurden an andern Orten, zum Beispiel im St. Gallischen oder in der Innerschweiz, untergebracht. Das Fürsorgeamt war das Bindeglied zwischen Vormundschaft, Kinderheim und Mutter. Es regelte die Finanzierung und wurde vom Heim periodisch über den Entwicklungsstand der Kinder informiert; seine Vertreter besuchten Pfleglinge, die nicht in der Nähe untergebracht waren. Der Fürsorgechef machte sich nach einem solchen Besuch folgende Notizen: «Knabe J. gesund. Mutter kümmert sich um ihn, macht Anschaffungen. [...] Ein Wechsel zu seiner Mutter wäre zu empfehlen, wenn diese sich in absehbarer Zeit verehelichen würde. Frl. C. komme gelegentlich mit jungen Typen hin.»[95]

Einer Abtretung der elterlichen Gewalt an eine unverheiratete Mutter stimmten Vormundschaftsbehörde und Fürsorgeamt nur ungern zu. Doris E. zum Beispiel musste einen Anwalt nehmen und konnte sich auch so nur teilweise gegen den Widerstand des Fürsorgeamtes durchsetzen. In ihrem Gesuch führte sie an, dass sie allein für den Unterhalt ihres Sohnes aufgekommen sei und ihn erzogen habe; sie habe ihm auch seine derzeitige Stelle verschafft. Während seiner Schulzeit sei er zwar mehrfach schwer krank gewesen; nun aber sei er wieder aus dem Krankenhaus entlassen worden. Noch wenige Jahre vorher hatte der Fürsorgechef der Vormundschaftsbehörde lobend mitgeteilt: «Fräulein Doris E. sorgt nach wie vor in mustergültiger Weise für ihr Kind.» Nun aber wehrte er sich vehement gegen eine Zusprechung der elterlichen Gewalt. «Die Entlassung aus der Vormundschaft und Uebertragung der elterlichen Gewalt an die Mutter kann leider m. E. trotz deren Rechtschaffenheit nicht in Frage kommen. Fräulein E. sieht in ihrer Primitivität die Probleme ihres leider an einer schweren Epilepsie erkrankten Sohnes nicht genügend klar.» Doris E. erhielt die elterliche Gewalt nicht; sie durfte einzig einen neuen Vormund für ihren Sohn bestimmen.[96]

Auch die Leitung des Kinderheims «Gott hilft» schien es nur mässig zu schätzen, wenn die Mutter eines ihrer Pfleglinge im Besitz der elterlichen Gewalt war und entsprechende Entscheide treffen konnte. In einem Bericht an das Fürsorgeamt wurde festgehalten: «Frau R. als Jnhaber der elterlichen Gewalt, wollte Fritz für ganz heimnehmen, da sie nun eine eigene Wohnung hat. Da ihr weichlicher Einfluss auf ihn uns nicht das richtige schien, willigte sie nach einer Aussprache ein, Fritz nur über den Sonntag heimzunehmen.»[97]

Postkarte mit der Abbildung des Frauenheims Wolfbrunnen (BL) in den 1950er Jahren. Auf der Treppe vor der Haustüre begrüsst die Hausmutter in Schwesterntracht eine neu Eintretende.

«Die Patientin zeigt schwerste charakterliche Gleichgewichtsstörungen»

Auch in Graubünden wurden gestützt auf das ZGB und das kantonale Fürsorgegesetz die vormundschaftlichen und fürsorgerischen Massnahmen ausgebaut. Als Grund für eine Bevormundung standen dabei nicht mehr – wie noch im BZGB von 1861 – die Vermögensverhältnisse junger Frauen im Vordergrund, sondern ihre Moral.[98] Um Minderjährige, die unter elterlicher Gewalt standen, oder volljährige Frauen bevormunden zu können, wurden sie von der Vormundschaftsbehörde zur psychiatrischen Begutachtung in die Heil- und Pflegeanstalt Waldhaus eingewiesen. Die Ärzte scheinen sich bei ihren Beurteilungen an rassenhygienischem Gedankengut orientiert zu haben, wie das zu jener Zeit auch an andern Orten, zum Beispiel in Zürich, häufig der Fall war.[99] Flora V. etwa, die mit elf Jahren von ihrem drei Jahre älteren Bruder sexuell missbraucht worden war, wurde einige Jahre später nach einem Suizidversuch ins Waldhaus eingeliefert. Der Gutachter bezeichnete den Selbstmordversuch als «trotzige Suiciddemonstration» und urteilte abschliessend, «ob trotz schweren Milieuschäden bei Flora noch ein gewisser moralischer Kern vorhanden ist, bleibt fraglich». Als Flora ein halbes Jahr später einen weiteren Selbstmordversuch unternahm, wurde sie in die Heil- und Pflegeanstalt Münsingen eingeliefert. In seinem Brief an die Churer Vormundschaftsbehörde stellte der behandelnde Arzt fest: «Flora

Bei ihrer Flucht aus dem Frauenheim Wolfbrunnen (BL) 1959 benützte Nina C. für den Transport ihres kleinen Sohnes einen ähnlichen Kindersportwagen, wie auf dem Foto abgebildet. Der Wagen stammte aus den Beständen des Heims.

V. ist erblich mit Geisteskrankheit und psychopathischen Charakteranlagen schwer belastet. Die ursprüngliche Intelligenz ist sicher unterdurchschnittlich, es liegt wahrscheinlich eine Debilität, d. h. ein leichter Grad von Schwachsinn vor. Ausserdem aber zeigt die Patientin seit Jahren schwerste charakterliche Gleichgewichtsstörungen. Sie neigt schon seit langer Zeit zu Haltlosigkeit in sexueller Beziehung.» Die ärztliche Empfehlung an die Vormundschaftsbehörde lautete deshalb: «Die sexuelle Haltlosigkeit ist so gross, dass die Patientin draussen allzu sehr gefährdet ist und der Hospitalisierung in einem geeigneten Spital bedarf.»[100] In einem andern Fall kam der Gutachter zum Schluss: «Das Schulwissen der Expl. [Explorandin, das heisst der zu Untersuchenden, UJ] ist schlecht, jedoch verfügt sie über eine nahe zu durchschnittliche Intelligenz. Charakterlich wirkt die Expl. infantil und selbstunsicher. Diagnose: psychopathische Persönlichkeitsentwicklung, ungünstige Familienverhältnisse, starke erotische Bindung an einen haltlosen Vaganten, etwas infantile und haltlose aber nicht grob auffällige Persönlichkeit.» Unter anderem wurde in diesem Fall empfohlen, die Vormundschaft über die 24-Jährige für mindestens zwei weitere Jahre nicht aufzuheben und die Frau, wenn möglich zusammen mit ihrem Kind, in einem Kinderheim oder an einer geeigneten Stelle in einem Privathaushalt zu platzieren.[101]

Wie schon die Damen des Frauenvereins zur Hebung der Sittlichkeit Anfang des 20. Jahrhunderts setzten auch Vormundschaftsbehörde und Fürsorgeamt auf eine strenge Nacherziehung sittlich gefährdeter junger

Die Eheschliessung wird verweigert

Bei der Scheidung ihrer Eltern ist die 1934 geborene Nina C. erst vierjährig. Sie erhält einen Beistand und lebt mit ihrer drei Jahre jüngeren Schwester bei der Mutter. Mit neun Jahren erkrankt sie an Drüsentuberkulose und muss für mehrere Jahre in Sanatorien in Arosa und Davos kuren. Nach Schulabschluss arbeitet Nina zuerst bei einem Onkel in Bern, muss dann aber nach Chur zurückkehren, da ihre Mutter erkrankt ist. Als sie mit 18 Jahren gegen den Willen von Mutter und Onkel nach Zürich zieht, wird sie von der Polizei zurückgeholt und im Heim «Zum guten Hirten» in Altstätten untergebracht. Auf die Heimplatzierung reagiert Nina mit Flucht und die Vormundschaft auf ihre Flucht mit erneuter Einweisung. So entsteht ein Verhaltensmuster, das sich in Ninas Leben über Jahre hinweg wiederholen sollte. Einige Monate nach ihrer Volljährigkeit wird ihre Vormundschaft aufgehoben. Als sie nach Chur zurückkehrt, kann sie nicht bei ihrer Mutter wohnen, da sich diese zur Kur in einem Sanatorium aufhält. Auf Anraten ihres Vaters findet sie bei der jenischen Familie M. in Maladers Unterkunft. Dort lernt sie Daniel, den ältesten Sohn der Familie, kennen und wird von ihm schwanger. Für die Vormundschaft ist die Schwangerschaft Grund genug, Nina C. wieder zu bevormunden und ins Frauenheim Wolfbrunnen in Lausen einzuweisen. Dort bringt sie einen Sohn zur Welt. Während ihres Aufenthalts im Wolfbrunnen kehrt sie nach mehr als einem Urlaub nicht ins Heim zurück, wird aber jedes Mal wieder dorthin eingewiesen.

Auf Druck des Churer Fürsorgeamts wird auch der 33-jährige Daniel M. unter Vormundschaft gestellt, ist er doch in den Augen der Behörden schon seit Langem ein Ärgernis. Er lebt bei seiner Mutter, trinkt und rauft gern und arbeitet nicht regelmässig. In späteren Jahren zieht er zum Beispiel die Arbeit als Schafhirt auf einer Alp der ihm von der Behörde zugewiesenen Stelle auf dem Bau vor. Vor allem aber erfüllt er «seine Pflichten gegenüber Kanton, Gemeinde und Krankenkasse überhaupt nie». Daniel M. wehrt sich nicht gegen eine Bevormundung und ist auch bereit, zu arbeiten, um seine Schulden bezahlen zu können. Hingegen

Prospekt des Zürcher Monikaheims (Vorder- und Rückseite) aus den 1950er Jahren. Das 1932 gegründete und von der Caritas geführte Heim bot ledigen Schwangeren Unterkunft bis zur Niederkunft und der Wiederaufnahme der Arbeit. Wie aus dem Prospekt hervorgeht, konnten «Töchter, die arbeitsfähig und willig» waren, die Verpflegungskosten ganz oder teilweise abverdienen. Nina C. wurde 1961 von der Arbeitserziehungsanstalt Kalchrain (TG) ins Monikaheim verlegt, als feststand, dass sie zum zweiten Mal schwanger geworden war.

ist er nicht mit dem von der Behörde vorgesehenen Vormund einverstanden; er schlägt deshalb seinen Onkel vor, der eine feste Stelle beim Strassenbau hat. Ebenfalls wehrt er sich gegen die Einweisung in eine Arbeitserziehungsanstalt. Die Vormundschaft geht jedoch nicht auf seine Wünsche ein und versorgt ihn für zwei Jahre in der Arbeitserziehungsanstalt Bellechasse (FR).

Seinen 1956 geborenen Sohn anerkennt Daniel M. freiwillig mit Standesfolge. Als Nina C. und Daniel M. jedoch heiraten wollen, wehren sich Vormundschaft und Fürsorgeamt – wohl aus eugenischen Gründen – vehement dagegen. Sie stützen sich dabei auf ärztliche Gutachter der Heil- und Pflegeanstalt Waldhaus, die ebenfalls von einer solchen Heirat abraten. Die Ärzte halten die beiden allerdings «nicht für generell eheunfähig». Nina C. wird als «etwas infantile und haltlose, aber nicht grob auffällige Persönlichkeit» bezeichnet, die eine «starke erotische Bindung an einen haltlosen Vaganten» habe. Ausdrücklich wird aber festgehalten, dass sie sehr an ihrem Kind hänge und durchaus in

Das Monikaheim, In der Hub 34, Zürich 6

nimmt in gemeinnütziger Absicht hilfesuchende Töchter und Frauen ohne Unterschied der Konfession auf.

Es bietet vor allem ledigen Müttern Asyl bis zur Niederkunft und Wiederaufnahme der Arbeit (Hebamme im Haus). Die Kinder können die ersten 6 Monate im Heim bleiben. Sie brauchen keine eigene Wäsche.

Die Leitung (Caritasfräulein) bemüht sich, den Schutzbefohlenen während ihres Aufenthaltes im Heim das Verständnis für eine geordnete Lebensführung zu vermitteln.

Die Töchter haben Gelegenheit, unter Anleitung ihre Wäsche und einfachen Kleider in Ordnung zu bringen.

Im Interesse eines friedlichen Heimlebens erwarten wir willige Befolgung der Hausordnung. Unfügsame werden daher entlassen.

Nach Verlassen des Heimes haben die Töchter immer die Möglichkeit, den Kontakt mit ihm aufrecht zu halten, um dort Rat und Hilfe zu finden.

Pensionspreise:

für Erwachsene pro Tag	Fr. 4.--
für stillende Mütter pro Tag	Fr. 3.50
für Säuglinge pro Tag	Fr. 4.--
für Geburt und Wochenbett (normal, 10 Tage)	Fr. 150.--

Die Verpflegungskosten vor der Entbindung können Töchter, die arbeitsfähig und willig sind, je nach der Dauer der Wartezeit, ganz oder teilweise abverdienen.

Ohne besondere Abmachung soll beim Eintritt eine Vorauszahlung von Fr. 250.-- oder Kostengutsprache einer Amtsstelle geleistet werden.

Anfragen betreffend Aufnahmen sind an die Leitung zu richten.

Telephon (051) 26 26 90   **Postcheck VIII 4160**

---

der Lage sei, es zu versorgen und zu erziehen. Während der Begutachtung im Waldhaus machen die Ärzte Druck auf Nina C., damit sie sich von M. trenne. Daniel M. wird unter anderem «mangelhaftes moralisches Empfinden» attestiert. Die Ärzte empfehlen, man solle ihn zu einer freiwilligen Sterilisation bewegen, falls er eine andere Frau als Nina C. heiraten wolle, da er «immerhin zur Führung einer kinderlosen Ehe mit günstiger Partnerin fähig sein dürfte». Anfang 1959 verlässt Nina C. erneut eine Stelle, die ihr das Fürsorgeamt zugewiesen hat, und hält sich für eine gute Woche ohne Kenntnis der Vormundschaftsbehörde bei Daniel M. auf. Als die beiden versuchen, sich bei M.s Heimatgemeinde eine Heiratsbewilligung zu verschaffen, werden sie verhaftet. Nina C. kommt vorübergehend in die Strafanstalt Sennhof und schliesslich für ein weiteres Jahr ins Frauenheim Wolfbrunnen. Daniel M. wird in die Anstalt Witzwil (BE) eingewiesen, aus der er aber schon ein paar Monate später fliehen kann. Ihr gemeinsames Kind wird von der Polizei im Josefsheim in Chur untergebracht. Nach einer dreimonatigen Be-

währungsfrist darf Nina C. ihren Sohn wieder zu sich nehmen. Als sie dann aber nach einem Sonntagsspaziergang mit ihrem Kind nicht mehr ins Frauenheim Wolfbrunnen zurückkehrt, wird sie für ein Jahr in die Arbeitserziehungsanstalt Kalchrain (TG) eingewiesen. In Kalchrain hält sie sich klaglos, wird deshalb vorzeitig entlassen und von ihrem Vormund an eine Stelle in Davos vermittelt. Dort setzt sie sich schon bald wieder ab, zieht zu Daniel M. und lebt mit ihm zusammen, bis sie wieder von der Polizei aufgegriffen wird. Nach Ninas Rückversetzung in die Arbeitsanstalt Kalchrain wird festgestellt, dass sie ein zweites Mal schwanger ist. Die Geburt wird für Mai erwartet, und so wird sie im März ins Monikaheim nach Zürich verlegt, wo sie ihren Unterhalt bis zu ihrer Niederkunft mit Arbeit verdienen kann. Ebenfalls im Mai gelingt es Nina C. und Daniel M. endlich zu heiraten. Im Oktober holen sie auch ihren Sohn aus dem Josefsheim zu sich.

Quellen: StadtA Chur B II/1.0044, Dossiers 22 und 957; BezirksA Plessur, Prot. 1959, 134–136.

Frauen in einem Erziehungsheim. Mehrere von ihnen wurden in die gleichen Anstalten eingewiesen wie schon die Schützlinge des Sittlichkeitsvereins, so etwa in das Erziehungsheim Pilgerbrunnen in Zürich oder ins Frauenheim Wolfbrunnen in Lausen. Sie wurden dort zu strenger Arbeit in Haus und Garten angehalten und nach der Entlassung vom Fürsorgeamt oft und gern als Dienstmädchen in einem Privathaushalt platziert. Schwangere brachten ihr Kind im Heim zur Welt und konnten es dort auch für längere oder kürzere Zeit unterbringen. Allerdings konnten oder wollten sich nicht alle Eingewiesenen dem strengen Regime unterordnen; sie rissen bei erster Gelegenheit aus. So teilte zum Beispiel am 11. November 1959 das Fürsorgeamt der Vormundschaftsbehörde mit: «Am 26. Oktober a.c. erhielten wir von der Leitung des Wolfbrunnen die Mitteilung, dass Nina C. mit ihrem Kind Daniel am Sonntag-Nachmittag des 25.10.1959 unter Mitnahme eines Sportwagens [im Gegensatz zum Säuglingswagen diente der Sportwagen für den Transport von Kleinkindern, UJ] nicht mehr in das Heim zurückgekehrt sei.»[102] In der Regel folgte auf eine Flucht die Einweisung in ein noch strengeres Heim oder sogar in eine Arbeitserziehungsanstalt (vgl. «Die Eheschliessung wird verweigert», Seiten 208–209).

Im 20. Jahrhundert wurde die Fürsorge für ledige Mütter und ihre Kinder aufgebaut und professionalisiert. In Chur war ein vollamtlicher Leiter mit Mitarbeitenden für das städtische Fürsorgewesen zuständig; ein ebenfalls vollamtlicher Amtsvormund kümmerte sich um die Mündel, und die Ärzte der Heil- und Pflegeanstalt Waldhaus lieferten die psychiatrischen Gutachten. Konnten die beschlossenen Massnahmen nicht mit Einwilligung der Betroffenen durchgeführt werden, so wurden sie mit Zwang durchgesetzt. Denn Amtsvormund, Fürsorgechef und Ärzte waren überzeugt, am besten zu wissen, was für ledige Mütter und ihre Kinder gut und richtig sei.

Ohne Geständnis des Beklagten ist nichts bewiesen

Seit 1908 ist in Graubünden nicht mehr das Kreisgericht, sondern das Bezirksgericht für Vaterschaftsklagen zuständig, und seit 1915 kann gegen ein Urteil Berufung eingelegt werden. Zwischen 1939 und 1959 kamen vor dem Bezirksgericht Plessur 76 Vaterschaftsprozesse zur Verhandlung. Nur in drei Fällen davon wurde auch das Fürsorgeamt Chur aktiv. Dafür gab es mehrere Gründe: Noch immer wurden Vaterschaftsklagen zuerst beim Vermittleramt eingereicht, damit sie wenn möglich ohne Prozess gütlich geregelt werden konnten. Zu einem Verfahren kam es nur, wenn sich die beiden Parteien nicht einigen konnten. Zudem wurden mehrere Klagen von Frauen, die auf Fürsorge angewiesen waren, gar nicht in Chur eingereicht, da die Klägerinnen seit Einführung des ZGB die Wahl zwischen dem Gerichtsstand am Ort der Geburt oder am Wohnort des Beklagten hatten. Schliesslich war die Vormundschaftsbehörde nicht in jedem Fall bereit, einen Vaterschaftsprozess zu führen, wie das Beispiel der Heidi A. zeigt. In Übereinstimmung mit dem Mann, den sie als Vater ihres Kindes bezeichnet hatte, gab sie an, Mitte August zum ersten Mal intim gewesen zu sein. Obwohl bei der Niederkunft am 28. Februar des folgenden Jahres mehr als 180 Tage seit der von der Mutter angegebenen Konzeption vergangen waren und die Geburt damit in die vom ZGB für eine Vaterschaft anerkannte Zeitspanne zu liegen kam (300.–180. Tag), wurde auf eine Klage verzichtet. Der Vormundschaftsbehörde schien ein Prozess zu riskant, da gemäss ärztlicher Auskunft nur in 0,07 Prozent der Geburten nur 180 Tage zwischen Empfängnis und Niederkunft lagen.[103]

An der Gerichtspraxis der 1930er bis 1950er Jahre änderte sich im Vergleich zu früher kaum etwas. Noch immer entschied der Lebenswandel der ledigen Mutter über den Ausgang des jeweiligen Prozesses. In der Klage der Nora D. gegen Klaus A. etwa urteilten die Richter zugunsten der Klägerin. Diese arbeitete als Dienstmädchen und konnte ein exzellentes Zeugnis ihrer Dienstherrschaft vorlegen. Nora D. und Klaus A. lernten sich kennen, als Letzterer an einem Neubau in der Nähe von Nora D.s Dienstort arbeitete. Auf mehreren Spaziergängen kamen sie sich näher. Klaus A. gab sich dabei Nora D. gegenüber als ledig aus, obwohl er verheiratet war und Kinder hatte. Vor Gericht bestritt der Beklagte alle Aussagen der Klägerin und behauptete, dass sie sich nicht mit ihm, sondern mit andern Männern eingelassen habe. Das Gericht wies in den Aussagen Klaus A.s Widersprüche nach, liess die gut beleumdete Nora D. zum Bestätigungseid zu und erklärte den Beklagten zum Vater des Kindes. Bei der Festsetzung der Alimente entschieden die Richter dann aber wieder zugunsten Klaus A.s und senkten den geforderten Unterstützungsbetrag um 20 Franken auf den niedrigsten möglichen Ansatz, und zwar mit folgender Begründung: «Weiter muss der Beklagte für seine Frau und die beiden ehelichen Kinder aufkommen, sodass in den zuzusprechenden monatlichen Beiträgen auf das Minimum von Fr. 30.– zu gehen ist.»[104]

War dagegen der Lebenswandel einer Klägerin nicht über jeden Verdacht erhaben, so wurde sie gar nicht zum Bestätigungseid zugelassen, und ihr nicht über jeden Tadel erhabener Ruf wog bei der Beurteilung schwerer als die Wahrscheinlichkeit, dass der Beklagte der Erzeuger ihres Kindes war. Noch immer schien bei Frauen sexuell aktives Verhalten automatisch mit Unglaubwürdigkeit gleichgesetzt zu werden, obwohl schon Planta im BZGB festgestellt hatte, dass in einem Vaterschaftsprozess Frauen ehrlicher aussagen als Männer.[105] So zum Beispiel im Fall der Inge B. Die Richter stellten in ihren Erwägungen fest, dass zwar die Vaterschaft des Beklagten «zu vermuten» und der von seinem Zeugen vorgebrachte Beweis für «ein intimes Liebesverhältnis» mit einem Militärpatienten gescheitert sei.[106] Dagegen aber «hat die Erstklägerin eine Hemmungslosigkeit in sexuellen Dingen an den Tag gelegt, die es als durchaus möglich erscheinen lässt, dass sie um diese Zeit noch mit einem anderen Mann verkehrt haben könnte». Die Klage wurde abgewiesen.[107]

Auch der Klage von Lisbeth L. wurde nicht stattgegeben. Sie lebte mit Herbert F. in einem «konkubinatsähnlichen Verhältnis», hatte ihm schon zwei Kinder geboren und gab ihn als Vater eines weiteren Kindes an. Die Richter stellten sich auf den Standpunkt, dass ohne ein Geständnis des Beklagten nichts bewiesen sei. Zwar schienen ihnen Lisbeth L.s Angaben unverdächtig, «sie machen im Gegenteil eher einen glaubwürdigen Eindruck. Von diesem Gesichtspunkte aus betrachtet, müsste die Erstklägerin wohl zum Bestätigungseid zugelassen werden.» Wegen ihres schlechten Rufs durfte sie aber keinen Eid ablegen. «Durch ihr Verhalten hat sie vielmehr bewiesen, dass sie in geschlechtlich-sittlicher Beziehung recht leichtsinnig war, hat sie doch viermal ausserehelich geboren.» Lisbeth L. drohte im Wiederholungsfall eine Einweisung in die Korrektionsanstalt Realta.[108]

In einem weiteren Fall nützte der Klägerin auch ein amtliches Leumundszeugnis wenig, stellte doch das Gericht fest: «Dem amtlichen Leumundszeugnis der Gemeinde Maladers ist zu entnehmen, dass dort über die Erstklägerin nichts Nachteiliges bekannt ist. Dagegen muss, dem Zeugenergebnis zufolge, angenommen werden, dass sie, trotz ihres jugendlichen Alters, schon recht viel mit der Männerwelt in Berührung kam. So wurde sie wiederholt des Nachts in Polenbegleitung angetroffen. Auch sah man sie mit verschiedenen Männern, wie mit dem Polen ‹Jann›, mit dem Bartli R., sowie mit dem Fuhrmann M., bei Tanzanlässen. Sogar während der Dauer ihrer Schwangerschaft liess sie es sich nicht nehmen, an der Bsatzig in St. Peter mitzutanzen.»[109]

Im Fall der Laura K. und des Thomas R. wurde die Vaterschaftsklage ebenfalls abgelehnt, obwohl der Beklagte das Kind in der Voruntersuchung vor dem Verhöramt Uri grundsätzlich anerkannt hatte und im Prozess der Beweis nicht erbracht werden konnte, dass Laura K. während der Konzeptionszeit noch mit andern Männern intim gewesen wäre. Darüber hinaus konnte die Klägerin Briefe vorlegen, die bewiesen, dass Thomas R. ihr und ihrer Mutter gegenüber ernsthafte Heiratsabsichten geäussert hatte. Das Gericht folgte dennoch der Argumentation des Beklagten und kam zum Schluss, dass unzüchtiger Lebenswandel gemäss Art. 315 ZGB vorliege. «Bei Prüfung dieses Einwandes muss vorausgeschickt werden, dass grundsätzlich nach geltender Praxis die Tatsache früherer ausserehelicher Geburten allein die Annahme eines unzüchtigen Lebenswandels noch nicht rechtfertigt. […] Dagegen ist festzustellen, dass die Erstklägerin bereits zweimal ausserehelich geboren hatte, wobei deren Behauptung, dass es sich dabei um sog. Brautkinder gehandelt habe, aktenmässig in keiner Weise erwiesen ist.» Der Umstand, dass Thomas R. straffällig geworden war, wurde ebenfalls zu ihren und nicht zu des Beklagten Ungunsten ausgelegt, indem ihr das Gericht vorhielt, dass der Umgang mit einem solchen Mann nicht für einen seriösen Lebenswandel spreche. Dabei hatte Laura K. Thomas R. kennengelernt, bevor dieser straffällig geworden war. Nach Aussagen von Zeugen habe sie «bis kurze Zeit vor der kritischen Zeit» Männerbekanntschaften unterhalten; manchmal habe sie sogar «drei am Bändel» gehabt. Aus diesen Gründen kam das Gericht zum Schluss: «Die Möglichkeit, dass die Klägerin zur Zeit der Empfängnis auch noch mit anderen Männern geschlechtlichen Umgang gepflogen haben könnte, ist bei ihrer Lebensweise derart nahe liegend, dass erhebliche Zweifel an der Vaterschaft des Beklagten bestehen, sodass die Klage abgewiesen werden muss.» Gerade dieser Fall zeigt, dass auch eine ganz andere Beurteilung der Verhältnisse möglich gewesen wäre. Laura K. legte gegen den Entscheid des Bezirksgerichts Berufung ein und appellierte an das Kantonsgericht. Dieses kam in seinem Urteil zu einem völlig andern Schluss; es stellte die Vaterschaft Thomas R.s fest und sprach ihm das Kind mit Standesfolge zu.[110]

Zwischen 1939 und 1959 wurde in 48 von 76 Vaterschaftsprozessen das Kind dem Beklagten zugesprochen; 28-mal entschied sich das Bezirksgericht Plessur gegen die Klägerin. Der Umstand, dass in den letzten fünf Jahren der Untersuchungsperiode die Klage in keinem der 13 Prozesse abgelehnt wurde, ist vielleicht ein erster kleiner Hinweis darauf, dass sich die richterliche Praxis ganz langsam zu ändern begann. So hielten zum Beispiel 1958 die Richter in einem Fall fest, dass der Klägerin – entgegen der Auffassung des Beklagten – noch kein unseriöser Lebenswandel nachgewiesen werden konnte, nur weil sie während dessen Militärdienst oft tanzen ging und mit einem andern Mann «eine Freundschaft unterhalten hat». Auch dass sie dem Beklagten schon früher ein Kind geboren hatte, reichte dazu nicht mehr aus.[111]

Das neue Kindesrecht von 1978

Mit der Revision des Kindesrechts, die am 1. Januar 1978 in Kraft getreten ist, wird die im Laufe der Jahre immer mehr als Unrecht empfundene krasse Diskriminierung ausserehelicher Kinder aufgehoben und das aussereheliche Kind rechtlich dem ehelichen gleichgestellt. Der unverheiratete Vater kann sich von jetzt an nicht mehr so einfach aus der Verantwortung stehlen oder sich nur auf eine Zahlvaterschaft beschränken, da zwischen ihm und seinem Kind nun eine rechtliche Verwandtschaft besteht. Neben angemessenen Unterhaltsbeiträgen, die bis zur Volljährigkeit oder bis zum Abschluss der Ausbildung zu leisten sind, besteht wie bei einem ehelichen Kind ein gegenseitiges Erb- und Unterstützungsrecht.[112] Ein ausserehelches Kind kann selbstständig oder zusammen mit der Mutter die Vaterschaft einklagen, wobei es seine Klage – im Gegensatz zur Mutter – jederzeit bis zur Vollendung seines 19. Altersjahrs einreichen kann.[113] Aber auch für ledige Mütter bringt die Gesetzesreform Verbesserungen. Ist ein Vater nicht zur Anerkennung bereit, hat die Mutter das Recht, innerhalb eines Jahres nach der Geburt auf Feststellung der Vaterschaft zu klagen. Neu liegt dabei die Beweislast nicht mehr bei der Klägerin. «Hat der Beklagte in der Zeit vom 300. bis zum 180. Tag vor der Geburt des Kindes der Mutter beigewohnt, so wird seine Vaterschaft vermutet.»[114] Es liegt beim Beklagten, seine Nichtvaterschaft zu beweisen; der Hinweis auf einen unsittlichen Lebenswandel genügt nicht mehr. Neu besteht auch die Möglichkeit, gegen mehrere Männer zu klagen. «Ist die Vaterschaft verschiedener Männer in Betracht zu ziehen, so kann gegen jeden von ihnen gleichzeitig oder nacheinander eine selbständige Klage erhoben werden.»[115] Für die Regelung der Vaterschaft erhält das Kind einen Beistand. Der Mutter steht jedoch das uneingeschränkte elterliche Sorgerecht zu, und sie übt dieses allein aus, auch wenn sie mit dem Vater des Kindes zusammenlebt. Nicht miteinander verheiratete Eltern erhalten die gemeinsame elterliche Sorge nur auf gemeinsamen Antrag an die Vormundschaftsbehörde und nur dann, wenn sie sich in einer genehmigungsfähigen Vereinbarung über Betreuung und Unterhalt des Kindes verständigt haben.[116]

Auch im Hinblick auf die gesellschaftliche Akzeptanz lediger Mütter und ihrer Kinder hat sich gegen Ende des 20. Jahrhunderts etwas geändert, wie das abschliessende Beispiel zeigt: «Ich war schwanger geworden, natürlich ungewollt. [...] Ich war nicht zusammen mit dem Vater des Kindes. Ich entschloss mich, das Kind alleine zu erziehen [...]. Die Umgebung reagierte sehr positiv. Das heisst, ich glaube, ich habe die anderen Stimmen gar nicht wahrgenommen. Die trug man gar nicht an mich heran. [...] Gut, meine Mutter hat natürlich meinen Bruder auch als Ledige gehabt. Doch das war zu einer ganz anderen Zeit, 1952, also 30 Jahre vor meiner Tochter. Im streng katholischen Südtirol. Sie musste weg zum Gebären.»[117]

Zusammenfassung

Mit dem Paternitätsgesetz von 1822 wurden in Graubünden zum ersten Mal rechtliche Bestimmungen für die Regelung ausserehelicher Vaterschaften erlassen, die nicht – wie noch im Freistaat Gemeiner Drei Bünde – nur für einen der drei Bünde oder für einzelne Gerichtsgemeinden verbindlich waren, sondern für den ganzen Kanton galten. Hinter den Gesetzesartikeln standen vor allem ökonomische Überlegungen. Wenn immer möglich sollte der ausserehelliche Kindsvater namhaft gemacht und zur Zahlung von Alimenten verpflichtet werden. Die Aufteilung der Unterhaltsbeiträge auf mehrere Männer, das Geniessverhör und zum Teil wohl auch die Verpflichtung einer aussereheliche Schwangeren zur Selbstanzeige sind ebenfalls vor diesem ökonomischen Hintergrund zu sehen. Mit der Feststellung der Vaterschaft wurde gleichzeitig geklärt, welche Gemeinde heimatrechtlich für das ausserehelliche Kind verantwortlich war und allenfalls für seinen Unterhalt aufkommen musste, wenn keiner der beiden Elternteile dazu im Stande war.

Das 1830 revidierte Paternitätsgesetz brachte mit Ausnahme der Einschränkung, nur noch gut beleumdete Klägerinnen zum Bestätigungseid zuzulassen, kaum wesentliche Änderungen. 1854 wurde zusätzlich die Bestimmung aufgenommen, dass alle ausserehelichen Kinder das Heimatrecht der Mutter erhalten. Damit bahnte sich an, was 1861 mit der Einführung des BZGB endgültig realisiert wurde und entscheidende Neuerungen brachte: der Übergang vom Paternitäts- zum Maternitätsprinzip. Die Neuerungen lagen ganz im Interesse der Männer. Die gesetzliche Regelung der mütterlichen Standesfolge zum Beispiel führte dazu, dass nur ledige Mütter und ihre ausserehelichen Kinder gesellschaftlich geächtet wurden, während die Erzeuger davon verschont blieben; die Väter ausserehelicher Kinder wurden nicht einmal im Geburtsregister erwähnt. Das ausserehelich gezeugte Kind stand in keiner familienrechtlichen Beziehung zum Vater mehr; von einer väterlichen Erbschaft blieb es vollständig ausgeschlossen. Eine Legitimation und damit eine Anerkennung war nur durch Heirat der Eltern oder – unter ganz bestimmten Voraussetzungen – aufgrund eines ehegerichtlichen Beschlusses möglich. Die Vaterschaftsklage wurde nicht mehr von Amtes wegen geführt; sie galt nun als Schadensklage, und die Beweislast lag ganz bei den Frauen. Die kurze Klagefrist und die nur für die Klägerinnen geltenden Anforderungen an den Lebenswandel wirkten sich ausschliesslich zu ihren Ungunsten aus. Ausserehelicher Beischlaf blieb dabei weiterhin ein Vergehen und wurde nach kantonalem Polizeigesetz bestraft. Im Zusammenhang mit einer Vaterschaftsklage wurde neben der Klägerin auch der Beklagte gebüsst, wenn er als Vater feststand. Im Wiederholungsfall dagegen galt eine Strafverschärfung nur für Frauen; weit über die Jahrhundertwende hinaus drohte ledigen Müttern, die mehrfach ausserehelich geboren hatten, die Einweisung in die Korrektionsanstalt Realta.

Mit der Einführung des ZGB 1912 wurde es für einen Vater möglich, sein ausfereheliches Kind freiwillig mit Standesfolge anzuerkennen, aber nur wenn er nicht verheiratet war und mit Einschränkung der Erbberechtigung gegenüber allfälligen ehelichen Nachkommen. Dadurch wurde die eheliche Familie privilegiert und in ihren Rechten geschützt. In den meisten Fällen blieb aber der ausereheliche Vater sogenannter Zahlvater. Die Anerkennung betraf nur die Unterhaltspflicht und hatte keine Auswirkungen auf die heimatrechtliche oder erbrechtliche Stellung des Kindes. Auch unter dem ZGB lag die Beweislast bei einer Vaterschaftsklage weiterhin bei der Frau; und eine Klage wurde abgelehnt, wenn der Klägerin unsittlicher Lebenswandel nachgewiesen werden konnte. Erst das revidierte Kindesrecht von 1978 hob die gesetzliche Diskriminierung ausserehelicher Kinder auf und führte schliesslich auch zu einer Besserstellung lediger Mütter.

Die unterschiedliche Wahrnehmung und Beurteilung von Müttern und Vätern ausserehelicher Kinder zeigt sich gerade auch in der Rechtsprechung. Im Gegensatz zur Mutter, der ein Kind durch Schwangerschaft und Geburt eindeutig zugeordnet werden konnte, fehlte vor der Möglichkeit naturwissenschaftlicher Gutachten wie zum Beispiel der DNA-Analyse eine vergleichbar sichere Zuweisung der Vaterschaft.[118] Neben bürgerlichen Moralvorstellungen scheint deshalb auch die latente Angst zahlreicher Männer, ein nicht von ihnen gezeugtes Kind anerkennen zu müssen, die Urteilsfindung der Richter beeinflusst zu haben. Wie die angeführten Beispiele zeigen, wurde in den Vaterschaftsprozessen regelmässig der Lebenswandel der Klägerin ins Zentrum der Verhandlungen gestellt; ihr «ehrbares» oder «leichtfertiges» Verhalten entschied über ihre Glaubwürdigkeit. Aus den vorliegenden Prozessakten geht deutlich hervor, dass die Richter kaum je Zweifel daran äusserten, dass ein

Beklagter mit der Klägerin intim gewesen wäre. Dennoch waren der Lebenswandel, das sexuelle Verhalten oder weitere aussereheliche Kinder des Mannes in den Verhandlungen kein Thema für die Richter.

Die Gesetzgebung unter dem BZGB und auch noch unter dem ZGB, die bei einem Vaterschaftsprozess nur an die Frauen Moralanforderungen stellte, und eine Rechtsprechung, die die Glaubwürdigkeit der Klägerin an diesen Moralanforderungen mass, beeinflussten auch die Verteidigungsstrategie der Beklagten. In der Regel gaben diese zwar zu, mit der Klägerin intim gewesen zu sein, bestritten aber den Zeitpunkt und versuchten, deren guten Leumund in Zweifel zu ziehen. Sie brachten Zeugen bei, die der Frau leichtfertiges Verhalten oder gar den Umgang auch mit andern Männern belegen sollten. Diese Zeugenaussagen waren oft wenig aussagekräftig oder liessen sich nicht beweisen. Dennoch erfüllten sie nicht selten ihren Zweck, schädigten den Ruf der Klägerin und damit auch ihre Glaubwürdigkeit. Unabhängig vom Prozessausgang konnten sie auch zur Entstehung von Gerüchten und zur gesellschaftlichen Ächtung der ledigen Mütter beitragen. Wenn aussereheliche Väter einmal zu Unterhaltszahlungen verurteilt worden waren, versuchten sie nicht selten, sich ihren Verpflichtungen zu entziehen. So zahlten sie unregelmässig und häufig zu kleine Beträge, stellten die Zahlungen schon nach wenigen Monaten wieder ein oder setzten sich so schnell wie möglich ins Ausland ab.

In Chur gehörte im 19. Jahrhundert ein grosser Teil der Frauen mit ausserehelichen Kindern zur Unterschicht. Auch in der ersten Hälfte des 20. Jahrhunderts arbeiteten viele der in den Akten erwähnten ledigen Mütter als Dienstmädchen, als Hilfskraft in Hotels oder Sanatorien oder als Fabrikarbeiterin. Sie alle verdienten wenig und besassen kaum Vermögen. Umso mehr waren sie auf regelmässige Unterhaltszahlungen für ihr Kind angewiesen. Wenn die Vaterschaft nicht anerkannt wurde oder der Vater sich als zahlungsunwillig erwies, bedeuteten fehlende Alimente oft, dass Mutter und Kind in grosser Armut leben mussten. Im 19. Jahrhundert und kurz nach der Jahrhundertwende konnten unverheiratete Frauen und ihre Kinder kaum mit anderweitiger Unterstützung rechnen, wenn sie nicht in ihrer Heimatgemeinde wohnten. Hilfe leisteten allenfalls ihre Eltern und Geschwister, die aber meistens auch arm waren, sowie der Frauenverein zur Hebung der Sittlichkeit, vorausgesetzt, die Vereinsmitglieder hielten die Unterstützungsbedürftige nicht für «notorisch leichtsinnig».

In der ersten Hälfte des 20. Jahrhunderts wurde auch in Graubünden das Vormundschafts- und Fürsorgewesen professionalisiert. In Not geratene ledige Mütter und ihre Kinder wurden nun betreut und unterstützt. Gleichzeitig verhielten sich die Verantwortlichen aber auch paternalistisch. Der Leiter des Churer Fürsorgewesens zum Beispiel glaubte genau zu wissen, was wichtig und richtig war; im Gegensatz zu den betroffenen Frauen, die seiner Meinung nach wohl emotional, aber kaum rational zu handeln vermochten. Die Orientierung an rassehygienischem Gedankengut verstärkte diese Haltung noch. Die in den Augen der Ärzte und Behörden sittlich verwahrlosten Frauen wurden ausgegrenzt und auch gegen ihren Willen in einem Heim oder einer Anstalt untergebracht. Allenfalls wurde ein Eheverbot verhängt. Ob sogenannt «gefährdete» Frauen auch zur Sterilisation gedrängt oder gar sterilisiert wurden, geht aus den untersuchten Akten nicht hervor.

Gestützt auf eine Gesetzgebung und eine Rechtsprechung, die von bürgerlichen Moralvorstellungen geprägt waren, wurden über lange Zeit die Frauen allein für aussereheliche Geburten verantwortlich gemacht. Diese Haltung führte dazu, dass ledige Mütter und ihre Kinder gesellschaftlich stigmatisiert und ausgegrenzt wurden. Erst in der zweiten Hälfte des 20. Jahrhunderts fand ein langsames Umdenken statt. Mit der Revision des Kindesrechts 1978 wurde die seit Langem bestehende Unterscheidung zwischen ehelichen und ausserehelichen Kindern aufgehoben, was auch zur rechtlichen Besserstellung der ledigen Mütter führte. Zu diesem Ergebnis haben verschiedene Faktoren beigetragen. Die neue Frauenbewegung im Anschluss an 1968 stärkte das Selbstbewusstsein der Frauen. Mit der Änderung der Einstellung zur ausserehelichen Sexualität ging ein Wandel der moralischen Wertvorstellungen einher. Die Möglichkeit der Alimentenbevorschussung führte zur Verbesserung der ökonomischen Situation lediger Mütter und ihrer Kinder. Geänderte Familienformen – Patchworkfamilien, Wohngemeinschaften, Konkubinatspaare mit Kindern und Alleinerziehende – stiessen auf zunehmende Akzeptanz. Diese Entwicklung hat die Unterschiede zwischen ledigen und verheirateten Müttern in der Gesellschaft allmählich verwischt und bedeutungslos werden lassen.

Anmerkungen

1   Goethe, 84; 1. Tim. 2, 15 (Ausgabe: Stuttgarter Erklärungsbibel, Stuttgart 2005).
2   Haefeli-Cahannes, 30–31 (zit. nach Berther, 86).
3   www.hls-dhs-dss.ch/textes/d/D27304.php, Stand 16. März 2008.
4   Die Akten der Vormundschaftsbehörde wurden 1997 vor Ablieferung der Protokolle ans Stadt-archiv Chur vernichtet. Nach Auskunft des Kreisamtes sind auch die Akten des Kreisgerichts nicht mehr vorhanden.
5   Folgenden Personen danke ich für die Bewilligung zur Einsicht in Akten bzw. für ihre Unter-stützung bei meinen Recherchen: Werner Caviezel, Präsident Kreisgericht Chur; Silvio Margadant, Staatsarchivar Graubünden; Urs Raschein, Präsident Bezirksgericht Plessur; Ulf Wendler, Stadtarchivar Chur, sowie den jeweiligen Mitarbeiterinnen und Mitarbeitern der genannten Institutionen.
6   Redolfi, Silke: Zur Situation der ledigen Mutter in Graubünden im letzten Jahrhundert, Pro-seminararbeit Sommersemester 1989, Basel; Berther, Ivo: Die «schwarze Lawine» und der Bauch der Frau: Frauenrollen in der katholischen Surselva 1870–1970 und ihr ideologischer Hin-tergrund, in: Jecklin, Ursula; Redolfi, Silke; Hofmann, Silvia (Hg.): frauenKörper. Beiträge zur Frauen- und Geschlechtergeschichte Graubünden im 19. und 20. Jahrhundert, Bd. 2, Zürich 2005, 67–149; Brunold-Bigler, Ursula und Preisig, Ruth-Nunzia (Hg.): Geburtszeiten. Geschichten vom Kinderkriegen in Graubünden 1950–2000, Chur 2006; Luzi, Adela: Der Schutz des ausser-ehelichen Kindes. Kulturhistorischer Überblick für den Kanton Graubünden und Darstellung der bestehenden Verhältnisse im Bündner Oberland, Dipl.-Arb. Schule für Soziale Frauenarbeit Zürich, 1941/1943; Meuli, Hans: Vormundschaftliche Fürsorge im Kanton Graubünden. Unter besonderer Berücksichtigung der Verhältnisse im Fürsorgebezirk Chur, Dipl.-Arb. Schule für Soziale Frauenarbeit Zürich, 1949.
7   Alt, Marianna und Sutter, Eva: «Bethört, verführt, gefallen …». Zur Situation der unverhei-rateten Mütter in der Stadt Zürich um die Wende zum 20. Jahrhundert, in: Itinera, 2/3, 1985, 120–148. Zu den Berichten des Zweiten Schweizerischen Historikerinnentreffens in Basel, Oktober 1984, s. Ryter, Annamarie; Wecker, Regina; Burghartz, Susanna (Hg.): Auf den Spuren weiblicher Vergangenheit. A la recherche du passé feminin, in: Itinera 2/3, 1985.
8   Vgl. StadtA Chur AB III/V 04.01, Gesetze der Stadt Chur 1740–1840: «Ehe-Gesatz», 29–33; «Gesatz wider die Hurrey und Ehebruch», 33–35; «Articul und Satzungen betreffende das Laster der Unzucht», 36–37.
9   Vgl. z. B. StadtA Chur A II/2.0682, 51–52 (Kriminalakten).
10 Gesetz über Behandlung, 26–29.
11 Seglias, 20; Stibler, 149–156
12 Zur Bedeutung des Bestätigungs- bzw. Reinigungseids vgl. Seite 179.
13 Ein Angehöriger ist in einer Gemeinde heimatberechtigt, hat aber weder die ökonomischen noch die politischen Rechte eines Gemeindebürgers.
14 Beispiel für Fragen, die in einem Geniessverhör gestellt wurden, s. «Die ‹Geniessmänner› ver-hören die Gebärende», in: Joris, 370–371.
15 Sutter z.B. erwähnt für den Kanton Zürich keine vergleichbare Bestimmung (vgl. 99–173).
16 Gesez über Gerichtsstand, 251–261.
17 Die gleiche Bestimmung galt auch in Zürich; vgl. Sutter, 111.
18 StadtA Chur AB III/G 07.01–15, Prot. des Stadtvogteiamts, 1812–1850.
19 StadtA Chur B II/2.0003.0372–74, Akten (1820–1822); AB III/G 07.02, Prot. des Stadtvogteiamts (1813–1815), 1443. Die Namen von Personen, die in den Fallbeispielen erwähnt werden, sind geändert.
20 Schweizerisches Idiotikon, Bd. 5, 1142.
21 1 Pfund = 11/3 Schweizer Franken (Furrer, Norbert: Die Bündner Währung vom 16. bis zum 18. Jahrhundert, in: JHGG, Jg. 1984, 1985, 4).
22 StadtA Chur BB III/01.008.054–058 Einwohnerregister Bürger (1886–1913); AB III/P 06.09, Prot. der Armenkommission (1852–1862), 16, 18, 24, 25, 32, 37, 38, 42, 121, 151, 272; AB III/P 06.10, Prot. der Armenkommission (1863–1869), 85, 86, 92, 190, 251; AB III/P 06.11, Prot. der Armen-kommission (1869–1880), 643.
23 In andern Fällen war die Armenkommission durchaus bereit, für das Lehrgeld aufzukommen; so z.B. für einen Schneiderlehrling, obwohl zuerst noch ärztlich abgeklärt werden musste, ob sich der junge Mann für eine solche Lehre eignete, da er schlecht sah (StadtA Chur AB III/P 06.10, Prot. der Armenkommission, 170–171).
24 Ursprünglich lag diese Korrektionsanstalt auf Fürstenauer Boden. Sie wurde dort 1841 aufgrund des ersten kantonalen Armengesetzes von 1839 in Graubünden eingerichtet und 1855 nach Realta verlegt. Die Betriebskosten sollten durch Arbeitsleistungen der Zöglinge, wohltätige Spenden und Kostgelder gedeckt werden (Meyer, 138–142).
25 Vgl. Verhandlungen des ordentlichen Grossen Raths im Jahr 1854, Chur o. J., 11–19, 22.
26 Redolfi, Bündner Zivilrecht, 19–67.
27 Polizeigesetz (Ausgabe 1927), 6–7; zu Art. 21 s. Seite 185. Bezüglich Ehebruch vgl. Art. 143–145 Strafgesetzbuch, 45. Wenn der unverheirateten Frau bzw. dem unverheirateten Mann unbekannt war, dass der oder die andere Beteiligte verheiratet war, wurde sie oder er mit der halben Geld-strafe gebüsst. Das kantonale Strafgesetz von 1851 und das kantonale Polizeigesetz von 1897 wurden erst 1941 im Einführungsgesetz zum Schweizerischen Strafgesetzbuch aufgehoben. In Zürich durfte eine Klägerin keine Vaterschaftsklage gegen einen verheirateten Mann führen, wenn sie von seiner Ehe gewusst hatte; vgl. Sutter, 164–165.
28 BZGB, 47.

29 Ebd., 45 (Art. 69 und Kommentar) und 432, Art. 489, Absatz 2.

30 Ebd., 47.

31 Ebd., 48.

32 Polizeigesetz (Ausgabe 1927), 6.

33 BZGB, 52.

34 Vgl. dazu auch Art. 16 Ehegesez. Üblicherweise wurde das Ehegericht der evangelischen Kirche Konsistorialgericht genannt. Unter Umständen konnte ein ausserehliches Kind nach dem Tode der Mutter vom Vater als ehelich anerkannt werden, wenn seine Vaterschaft schon vorher feststand und dem Eheschluss zwischen der Verstorbenen und ihm nichts im Wege gestanden hätte (vgl. Art. 84 Abs. 2 und 3 BZGB sowie den Kommentar dazu).

35 Das 1854 in Kraft getretene Zürcher Zivilgesetz kannte zwei Klassen ausserehelicher Kinder: sogenannte Brautkinder, die unter einem gesetzlichen Eheversprechen erzeugt worden waren und den ehelichen Nachkommen gleichgestellt wurden, und alle andern, die aus der väterlichen Familie ausgeschlossen waren (vgl. Sutter, 162).

36 BZGB, 47.

37 Die Zahlen für die Jahre 1890–1907 beziehen sich auf die in Chur geborenen und im Geburtsregister Teil A eingetragenen Kinder. Nicht in Chur erfolgte Geburten wurden vom Standesbeamten nach Anmeldung separat im Register Teil B eingetragen. Da es unter Umständen längere Zeit dauern konnte, bis eine solche Meldung erfolgte, konnte keine systematische Kontrolle durchgeführt werden (vgl. StAGR CB VII 202/15–32). Ich bedanke mich beim Leiter der Churer Einwohnerkontrolle, der mir freundlicherweise die Angaben zu den Geburtenzahlen für das Jahr 2007 mitgeteilt hat (15.02.2008).

38 Seglias, 27–29.

39 Simonett, 375–379. Der Autor stützt sich auf eine unveröffentlichte Segregationsanalyse, nach der Chur in folgende sieben Gebiete unterteilt wird: 1. Altstadt (umfasst den ehemals ummauerten Stadtbezirk); 2. Bischöflicher Hof (wurde 1852 in die Stadtgemeinde integriert); 3. Quartiere an und links der Plessur (mit Araschgen, Sand, Welschdörfli und Sägenstrasse); 4. Steinbruch und Lürlibad; 5. Gäuggeli und Südseite Bahnhof; 6. Rheinquartier (begrenzt von Bahnhof, Bahnlinie, Plessur und Rhein); 7. Masans. Acht Kinder wurden im Gebiet Steinbruch und Lürlibad geboren; sechs Geburten lassen sich nicht zuordnen.

40 Um 1900 zählte Chur 11 718 Einwohnerinnen und Einwohner, davon 1564 Bürgerinnen und Bürger sowie 1864 Ausländerinnen und Ausländer (Giacometti, 28).

41 Der Standesbeamte vermerkte die Legitimation jeweils am Rande des Geburtseintrags. Normalerweise heirateten die Eltern bald nach der Geburt des Kindes. Allerdings konnte eine Heirat auch erst Jahre später stattfinden. So heirateten z.B. die Eltern des am 11.03.1894 geborenen Louis G. erst am 19.08.1900 (vgl. StAGR CB VII 202/19, Zivilstandsregister 1894).

42 Einige Mütter, die mehrere ausereheliche Kinder geboren hatten, machten jeweils unterschiedliche Berufsangaben.

43 StadtA Chur BB III/01.008.056–058 Einwohnerregister Bürger 1886–1913 und BB III/01.008.045–047 Niedergelassene 1895–1909. Allerdings wohnten nicht alle Eltern in Chur.

44 Zwischen den Berufen im Haushalt wird nicht immer scharf getrennt; einmal findet sich z.B. die Berufsangabe «Köchin/Magd», in einem andern Fall ist unter dem Beruf beim ersten Kind «Magd» und beim zweiten Kind «Schneiderin» angegeben.

45 StadtA Chur D 013.012, Prot. des Kreisgerichts, Bd.15, 233–234.

46 Da zu der Zeit Frauen vor allem bei vorhandenem oder zu erwartendem Vermögen einen Vormund erhielten, waren nur ganz wenige ledige Mütter bevormundet.

47 Zur Familie des Verwalters der Pulvermühle vgl. StadtA Chur BB III/09.001.07, Vormundschaftsprot. 1892–1900, 215, 245, 290, 335, 465.

48 BZGB, 52 (Kommentar zu Art. 81).

49 Ebd., 47 (3. Kommentar zu Art. 71).

50 Ebd., 49 (2. Kommentar zu Art. 74).

51 Ebd., Kommentar zu Art. 76.

52 Mitgezählt sind drei Anzeigen von Frauen, die nicht in Chur geboren bzw. ihren Wohnsitz nicht in Chur haben.

53 KreisA Chur, Prot. Bd. 17, 318–319, 360.

54 Ebd., Prot. Bd. 17, 312, 320, 325; StAGR CB VII 202/29 Zivilstandsregister 1904.

55 KreisA Chur, Prot., Bd. 16, 314, und Bd. 17, 19–20 (1902).

56 BZGB, 51 (Art. 80 und Kommentar dazu).

57 Mohr, 88.

58 StadtA Chur D 013.012, Prot. des Kreisgerichts, Bd. 20, 504–505 (1900).

59 Ebd., Bd. 17, Nr. 32 (1894).

60 StadtA Chur BB III/09.001.07, Vormundschaftsprot., 21–22 (29.01.1900).

61 Nur wenige Monate nach dem Zusammenschluss verschiedener kantonaler Sittlichkeitsvereine zum Verband deutsch-schweizerischer Frauenvereine zur Hebung der Sittlichkeit gründeten Frauen aus angesehenen Familien von Chur und Umgebung am 29. Januar 1902 eine bündnerische Sektion. Wie die andern Sittlichkeitsvereine engagierte sich die Bündner Sektion für «a) Bewahrung und Rettung schutzbedürftiger Kinder, gefährdeter Mädchen und Errichtung von dazu geeigneten Anstalten. b) Erziehung des weiblichen Geschlechts zu seinem Frauen- und Mutterberuf, Hebung der sittlichen Begriffe, Förderung des Familienlebens. c) Verbesserung der gesetzlichen Bestimmungen zum Schutze des weiblichen Geschlechts. d) Bekämpfung der Unsittlichkeit, des Mädchenhandels und der schlechten Literatur» (vgl. [Hundert] 100 Jahre, 9).

62 FRAK 0002, Prot., Heft 1, 17, 22.

63 Jber. Frauenverein (Mai 1911–Dezember 1913), Chur 1914, 6. Zum Erziehungsheim Pilgerbrunnen vgl. Jenzer, 151–155.

64 Joris, 222.

65 StadtA Chur D 013.012, Prot. des Kreisgerichts, Bd. 20, 481–482 (1901).
66 Die Fädlerin stand dem Sticker an der Handstickmaschine zur Seite; sie zog und schnitt den Faden, vgl. http://wochenblatt.net/Zeiten/texte/1840n.htm, Stand vom 18.7.2008.
67 BZGB, 52 (3. Kommentar zu Art. 81).
68 Art. 302–327 ZGB (Ausgabe 1973), 461.
69 Betreffend Erbberechtigung vgl. Art. 461 ZGB (Ausgabe 1973). Auch ein Inzest schliesst eine Anerkennung bzw. eine Zusprechung aus; vgl. Art. 304 ZGB (Ausgabe 1973).
70 Art. 461 ZGB (Ausgabe 1973).
71 Mohr, 100.
72 Art. 17 des Einführungsgesetzes zum ZGB, in: Bündner Rechtsbuch, 228.
73 Der Bürgerrath der Stadt Chur an die Löbl. Bürgerschaft derselben. Vorschlag zu einem Gesetz über die bürgerliche Armenpflege der Stadt Chur, 4–5. Vgl. Abstimmungsbotschaft vom 28.09.1876 (Vorschlag zu einem Gesetz über die bürgerliche Armenpflege), 4–5.
74 StadtA Chur AB III/F 18.052, Prot. des Vereins für freiwillige Armenpflege in Chur 1900–1911; betreffend Einwohnerpflege vgl. Der Grosse Stadtrat an die Einwohnergemeinde der Stadt Chur (II. Schaffung der Stelle eines städtischen Armensekretärs), 8–9 (StadtA Chur BD IV/2 städtische Abstimmungsbotschaft vom 03.06.1917).
75 Art. 1 und Art. 9 des Fürsorgegesetzes, in: Bündner Rechtsbuch, 1415–1416; Art. 1 der Verordnung über die Organisation des kantonalen Fürsorgewesens vom 26. Mai 1943, in: Bündner Rechtsbuch, 1418.
76 StadtA Chur B II/1.0044. Die Dossiers betreffen vor allem die Jahre 1934–1959; aus diesen 25 Jahren sind Akten zu 36 ledigen Müttern mit insgesamt 40 Kindern erhalten.
77 Ebd., Dossier 355.
78 Ebd., Dossier 591 (Kind geb. 1949).
79 Ebd., Dossier 810 (Kind geb. 1944). – Zwischen Juni 1940 und Dezember 1945 standen in der Schweiz 104 886 ausländische Militärpersonen unter Aufsicht der Eidgenössischen Kommission für Internierung und Hospitalisierung. Im Frühling 1942 wurden 1200 polnische Internierte nach Graubünden verlegt. Neben Polen waren für kürzere oder längere Zeit auch Amerikaner, Briten, Deutsche, Franzosen, Italiener, Jugoslawen und Sowjetrussen in Bündner Lagern untergebracht. Aufgrund einer Reorganisation gab es 1943 in Chur, Rodels, Ilanz und Trimmis Stammlager, denen verschiedene Arbeitslager zugeordnet waren. Kontakte zwischen der Zivilbevölkerung und den Internierten wurden nicht gern gesehen und waren mit zahlreichen Auflagen verbunden; Liebesbeziehungen zwischen Schweizerinnen und Internierten waren untersagt. «In dieser Atmosphäre bekamen bereits alltägliche, flüchtige Begegnungen zwischen Frauen und Internierten einen Anstrich von Anzüglichkeit. Mit Argusaugen beobachteten ganze Dorfgemeinschaften das Verhalten der Internierten gegenüber den jungen Frauen.» (Vgl. Volland, 197–311).
80 StadtA Chur B II/1.0044, Dossier 822 (Kind geb. 1946).
81 Ebd., Dossier 83 (Kind geb. 1942).
82 Ebd., Dossier 458 (Kind geb. 1947).
83 Ebd., Dossier 820 (Kind geb. 1940).
84 Art. 318 ZGB (Ausgabe 1973) lautet: «Hat der Vater der Mutter vor der Beiwohnung die Ehe versprochen, hat er sich mit der Beiwohnung eines Verbrechens an ihr schuldig gemacht oder die ihm über sie zustehende Gewalt missbraucht, oder ist sie zur Zeit der Beiwohnung noch nicht mündig gewesen, so kann ihr der Richter eine Geldsumme als Genugtuung zu sprechen.»
85 StadtA Chur B II/1.0044, Dossier 820 (Kind geb. 1940).
86 Ebd., Dossier 452 (Kind geb. 1942).
87 Ebd., Dossier 822, Brief vom 28.03.1947.
88 Ebd., Dossier 6 (Kinder geb. 1949 und 1950). Im Gegensatz zu den ehelichen Kindern, die wie der Vater Bürger der Gemeinde Bonaduz im Kreis Rhäzüns waren, gehörten die ausserehelichen Kinder mit Wohnsitz in Chur zur Heimatgemeinde ihrer Mutter (Malix).
89 Ebd., Dossier 458 (Kind geb. 1947).
90 Ebd., Dossier 868 (Kind geb. 1950).
91 Ebd., Dossier 452 (Kind geb. 1942).
82 Ebd., Dossier 38 (Kind geb. 1952).
93 Ebd., Dossier 153 (Kind geb. 1944).
94 Ebd., Dossier 41 (Kind geb. 1959).
95 Ebd., Dossier 458 (Kind geb. 1947).
96 Ebd., Dossier 810 (Kind geb. 1944).
97 Ebd., Dossier 654 (Kind geb. 1946).
98 Vgl. auch Redolfi, Bündner Zivilrecht, 19–63.
99 Huonker, 58: «Rassistische, die Gleichberechtigung aller Menschen bestreitende bevölkerungspolitische Theorien, die um Stichworte wie ‹Rasse›, ‹Eugenik›, ‹erbliche Minderwertigkeit›, ‹menschliche Zuchtwahl› und ähnliche Begrifflichkeiten kreisen, standen im 19. Jahrhundert und in den ersten beiden Dritteln des zwanzigsten Jahrhunderts speziell in Metropolen von Kolonialreichen, aber auch in der Schweiz hoch im Kurs. In einigen Forschungsgebieten prägten sie teilweise den wissenschaftlichen Diskurs; im nationalsozialistischen Deutschland wurden sie zur Staatsideologie. Heute fallen viele der früher von weiten Teilen des psychiatrischen, anthropologischen und kriminologischen Wissenschaftsbetriebs vertretenen Inhalte in der Schweiz und in vielen anderen Ländern unter die nationalen und internationalen Bestimmungen der Rassismusstrafnorm.» So galt z.B. ein Sexualverhalten, das nicht rigiden kirchlichen Vorstellungen entsprach, als «erblich minderwertig», ebenso sogenannter «moralisch-ethischer Schwachsinn». Auch Jenische, Sinti und Roma wurden als «erblich Minderwertige» angesehen (Huonker, 78, 104, 153–163).

100 StadtA Chur B II/1.0044, Dossier 503. Flora V. brachte 1957 als 20-Jährige eine aussereheliche Tochter zur Welt.

101 Ebd., Dossier 22 (Kind geb. 1956).

102 Ebd., Dossier 22 (Kind geb. 1956).

103 Ebd., Dossier 41 (Kind geb. 1959).

104 BezirksA Plessur, Prot. von 1939, 141–149.

105 Vgl. Seite 191.

106 Für die Behandlung von Militärpatienten, deren Zahl während des Aktivdienstes im Zweiten Weltkrieg sprunghaft gestiegen war, wurden in Arosa und Davos (sowie in Montana und Leysin) Sanatorien geschaffen. Gemäss Angaben des Bundes Schweizer Militärpatienten stieg die Zahl 1941–1945 auf 70 000 Fälle (vgl. www.militaerpatient.ch/de/geschichte.htm, Stand 25.03.2008). Mehrere vom Fürsorgeamt Chur betreute junge Frauen arbeiteten in einem Sanatorium in Arosa oder Davos.

107 BezirksA Plessur, Prot. von 1952, 17–25. Da die Klage jeweils von der Mutter und dem Kind geführt wird, wird die Mutter als Erstklägerin bezeichnet.

108 Ebd., Prot. von 1934, 136–141.

109 Ebd., Prot. von 1946, 20–30.

110 Ebd., Prot. von 1949, 358–370; StadtA Chur B II/1.0044, Dossier 695. Das Urteil fehlt zwar im Dossier; aus verschiedenen erhaltenen Akten geht jedoch eindeutig hervor, dass das Kantonsgericht Thomas R. das Kind mit Standesfolge zugesprochen hat.

111 BezirksA Plessur, Prot. von 1958, 78–83.

112 Bis heute gibt es allerdings keinen Anspruch auf eine existenzsichernde Minimalrente, da das Existenzminimum des Vaters nicht angetastet werden darf. Im Notfall muss sich deshalb immer noch die Mutter und nicht der Vater um Sozialhilfe bemühen. Dies gilt für ledige und geschiedene Mütter (vgl. Tages-Anzeiger Nr. 57 vom 8. März 2008, 5).

113 Hegnauer, 67–70; Art. 260c Abs. 2 ZGB (Ausgabe 2006).

114 Art. 262 ZGB (Ausgabe 2006).

115 Hegnauer, 70.

116 Art. 298 Abs. 1 (seit 1. Jan. 2000 in Kraft) ZGB (Ausgabe 2006); Hegnauer, 189–190.

117 Preisig, 138, 140.

118 Seit 1930 wurden Bluttests durchgeführt, mit denen eine Vaterschaft mit 70-prozentiger Wahrscheinlichkeit festgestellt werden konnte.

Abstract

A mano dell'esempio della Città di Coira si indaga su come fossero giuridicamente regolati i rapporti fra le madri nubili, i loro figli illegittimi e i relativi progenitori maschi prima e dopo l'introduzione del Codice civile svizzero (CCS), entrato in vigore nel 1912, e su come queste normative si ripercuotessero sulle persone interessate. Numerosi esempi del XIX e del XX secolo fanno intuire la diversa percezione e il diverso giudizio delle madri e dei padri di figli nati fuori dal matrimonio. Con la legge sulla paternità del 1882 il Cantone dei Grigioni emanò per la prima volta disposizioni legali vincolanti su tutto il territorio cantonale per la regolamentazione delle paternità extramatrimoniali. Questi articoli di legge erano retti soprattutto da riflessioni economiche. Ogniqualvolta era possibile, il padre di un bambino illegittimo doveva essere reso noto ed obbligato al pagamento degli alimenti.

La legge sulla paternità, rivista nel 1830, non comportò quasi nessuna modifica essenziale. Nel 1854 fu inserita la disposizione che attribuiva a tutti i figli illegittimi il diritto alla cittadinanza della madre. In questo modo si delineava quanto fu poi definitivamente concretizzato nel 1861 con l'introduzione del Codice civile grigione generando decisive innovazioni: il passaggio dal principio della paternità a quello della maternità. Le novità rientravano chiaramente nell'interesse degli uomini e fecero sì che soltanto le madri nubili e i loro figli illegittimi fossero socialmente messi al bando mentre i progenitori maschi erano risparmiati da questo atteggiamento di ostracismo. Il bambino procreato fuori dal matrimonio non intratteneva più alcun rapporto regolato dal diritto di famiglia con il padre ed era completamente escluso dall'eredità paterna. L'azione per il riconoscimento della paternità non fu più intentata, come invece lo era stato fino a quel momento, d'ufficio; si trasformò in una causa di risarcimento danni, in cui l'onere della prova spettava interamente alla donna. A sfavorire la stessa madre erano soprattutto i requisiti riguardanti lo stile di vita imposti soltanto alla donna in quanto parte attrice.

Con l'introduzione del CCS il padre acquisì la facoltà di riconoscere spontaneamente il proprio figlio illegittimo modificandone così lo status; comunque il riconoscimento era possibile soltanto se il padre non era sposato e con un diritto di eredità limitato rispetto ad eventuali discendenti legittimi. Tuttavia nella maggior parte dei casi il padre limitava il proprio ruolo a quello di padre pagante. Pur applicando il CCS la causa di riconoscimento di paternità veniva respinta, se si poteva provare la condotta di vita immorale della parte attrice.

Sulla base di una legislazione e di una giurisprudenza dettate da visioni borghesi della moralità per lungo tempo le donne vennero considerate le sole responsabili del concepimento di bambini illegittimi. Questo atteggiamento comportò la stigmatizzazione e l'esclusione sociale delle madri nubili e della loro prole. Soltanto nella seconda metà del XX secolo maturò un lento cambiamento di mentalità. Con la revisione del diritto sui figli nel 1978 venne annullata la distinzione di lunga data fra i figli nati all'interno e quelli nati all'esterno del matrimonio, il che migliorò pure la posizione delle madri nubili. Diversi fattori hanno contribuito al conseguimento di questo risultato. Il nuovo movimento femminile sorto in coda al 1968 ha rafforzato l'autoconsapevolezza delle donne. Con il cambiamento di atteggiamento nei confronti della sessualità praticata al di fuori del vincolo coniugale matrimonio si sono modificate anche le idee morali sui valori. La possibilità dell'anticipo degli alimenti ha prodotto un miglioramento della situazione economica delle madri nubili e dei loro figli. Nuove forme di famiglia come la famiglia patchwork, la comunità domestica, il concubinato con figli e la famiglia monoparentale hanno riscontrato un crescente grado di accettazione. Questo sviluppo ha progressivamente sfumato le differenze sociali fra madri coniugate e madri nubili e le ha rese insignificanti.

Abstract

L'artitgel examinescha a l'exempel da la citad da Cuira co che la relaziun tranter las mammas nunmaridadas, lur uffants illegitims e lur babs è vegnida reglada giuridicamain en il Grischun avant e suenter l'introducziun dal Cudesch civil svizzer (CCS), entrà en vigur l'onn 1912, e tge effect che questa regulaziun ha gì per la vita dals pertutgads. A maun da numerus exempels dal 19avel e 20avel tschientaner sa lascha observar la percepziun e valitaziun differenta da mammas e babs dad uffants illegitims. Cun la lescha da paternitad dal 1822 èn vegnidas relaschadas per l'emprima giada en il Grischun disposiziuns giuridicas impegnativas per l'entir chantun per reglar las paternitads illegitimas. Davos quests artitgels da lescha stevan surtut ponderaziuns economicas. Sche mo pussaivel dueva il bab da l'uffant illegitim vegnir identifitgà ed obligà da pajar aliments.

La lescha da paternitad revedida l'onn 1830 ha strusch manà a midadas essenzialas. Il 1854 è vegnida acceptada la disposiziun, che tut ils uffants illegitims survegnian il dretg da burgais da la mamma. Uschia ha entschet quai ch'è vegnì realisà definitivamain il 1861 cun l'introducziun dal Cudesch civil grischun e che ha manà ad innovaziuns decisivas: la midada dal princip da paternitad a quel da maternitad. Las innovaziuns eran dal tuttafatg en l'interess dals umens ed han manà tranter auter a la situaziun, che sulettamain las mammas nunmaridadas e lur uffants illegitims vegnivan spretschads, entant ch'ils babs restavan schanegiads. Tenor il dretg da famiglia na steva l'uffant illegitim en nagina relaziun pli cun il bab; d'ina ierta paterna era el exclus cumplettamain. Il plant da paternitad na vegniva betg pli purtà uffizialmain; el valeva ussa sco plant dal donn, e la chargia da cumprova era cumplettamain tar las dunnas. Surtut las pretensiuns davart il depurtament, che valevan mo per las accusadras, avevan in effect en disfavur dad ellas.

Cun l'introducziun dal CCS èsi daventà pussaivel per in bab da renconuscher voluntarmain ses uffant illegitim cun la decleraziun da paternitad, dentant mo sch'el n'era betg maridà e cun restricziun dal dretg d'ierta envers eventuals descendents legitims. En la plipart dals cas restava dentant il bab illegitim in uscheditg «bab da pajament». Era cun il CCS vegniva refusà in plant da paternitad, sch'ins pudeva cumprovar a l'accusadra in depurtament immoral.

Sa basond sin ina legislaziun ed ina giurisdicziun ch'eran influenzadas d'ideas moralas burgaisas, èn vegnidas fatgas responsablas durant in lung temp sulettamain las dunnas per naschientschas illegitimas. Questa tenuta ha manà a la situaziun, che las mammas nunmaridadas e lur uffants èn vegnids stigmatisads ed exclus da la societad. Pir en la segunda mesadad dal 20avel tschientaner hai dà plaunsieu ina midada en la moda da pensar. Cun la revisiun dal dretg da l'uffant dal 1978 è vegnida abolida la distincziun tranter uffants legitims ed illegitims ch'existiva dapi daditg, quai che ha era manà ad ina meglra situaziun legala da las mammas nunmaridadas. A quest resultat han contribuì divers facturs. Il nov moviment feministic suenter il 1968 ha rinforzà la conscienza da sasez da las dunnas. Cun il midament da la tenuta envers la sexualitad ordaifer la lètg è ida a pèr ed a pass ina midada da las ideas da las valurs moralas. La pussaivladad dal pajament anticipà d'aliments ha meglierà la situaziun economica da las mammas nunmaridadas e lur uffants. Furmas da famiglia midadas – famiglias da patchwork, cuminanzas d'abitar, pèrs en concubinat cun uffants e persunas ch'educheschan sulettas – han chattà pli e pli acceptanza. Quest svilup ha fatg svanir successivamain las diffe-renzas tranter las mammas nunmaridadas e maridadas en la societad e las rendidas irrelevantas.

Quellen- und Literaturverzeichnis

Ungedruckte Quellen

Archiv des Bezirksgerichts Plessur (BezirksA Plessur): Bezirksgericht, Protokolle der Jahre 1932–1959.

Archiv des Kreisamts Chur (KreisA Chur): Protokolle des Vermittleramts Chur, Bde. 13–19 (1890–1911).

Frauenkulturarchiv Graubünden (FRAK): 0002 Schweiz. Evangelischer Frauenbund (bzw. Frauenhilfe), Sektion Graubünden: Protokolle der Sitzungen bündnerischer Section des Verbandes deutschschweizerischer Frauenvereine zur Hebung der Sittlichkeit, 3 Hefte (1902–1924).

Staatsarchiv Graubünden: CB VII 202/15–32 Zivilstandsregister von Chur, Geburten (1890–1907).

Stadtarchiv Chur:
A II/2.0682 Kriminalakten.
B II/1.0044 Akten Sozialamt (1934–1961).
B II/2.0003.0372–74 Akten (1820–1822).
AB III/F 18.052 Protokoll des Vereins für freiwillige Armenpflege in Chur (1900–1911).
AB III/G 07.01–15 Protokolle des Stadtvogteiamts (1812–1850).
AB III/P 06.09–11 Protokolle der Armenkommission (1852–1880).
AB III/V 04.01 Gesetze der Stadt Chur (1740–1840).
BB III/01.008.043–048 Einwohnerregister Niedergelassene (1884–1909).
BB III/01.008.054–058 Einwohnerregister Bürger (1886–1913).
BB III/07.001.016–017 Zeugnisse der Stadt-, Winter- und Masanser Schule (1884–1895).
BB III/09.001.07 Vormundschaftsprotokoll (1892–1900).
D 013.012 Protokolle des Kreisgerichts, Bde. 3 und 17–22 (1852–1855, 1889–1907).

Gedruckte Quellen

Adressbücher der Stadt Chur.

Bündner Rechtsbuch. Bereinigte Gesetzessammlung des Kantons Graubünden, Stand am 1. Juli 1957, Chur 1959.

Bündnerisches Civilgesetzbuch. Mit Erläuterungen des Gesetzesredaktors Peter Conradin von Planta, Chur 1863.

Der Bürgerrath der Stadt Chur an die Löbl. Bürgerschaft derselben. Vorschlag zu einem Gesetz über die bürgerliche Armenpflege der Stadt Chur (StadtA Chur BD IV/2 Anhang: bürgerliche Abstimmungsbotschaft vom 28.09.1876).

Ehegesez für den evangelischen Theil des Kantons Graubünden (in Kraft getreten 1. Januar 1850), o.O. o.J.

Einführungsgesetz zum Schweizerischen Strafgesetzbuch und das Strafverfahren im Kanton Graubünden vom 2. März 1941, Chur 1941.

Einführungsgesetz zum Schweizerischen Zivilgesetzbuch (vom Volk angenommen am 5. März 1944), in: Bündner Rechtsbuch. Bereinigte Gesetzessammlung des Kantons Graubünden, Stand am 1. Juli 1957, Chur 1959, 222–266.

Fürsorgegesetz (vom Volk angenommen am 11. April 1920), in: Bündner Rechtsbuch. Bereinigte Gesetzessammlung des Kantons Graubünden, Stand am 1. Juli 1957, Chur 1959, 1415–1417.

Gesetz über die bürgerliche Armenpflege der Stadt Chur s. Der Bürgerrath.

Goethe, Johann Wolfgang v.: Wilhelm Meisters Lehrjahre, in: Goethes Werke. Vollständige Ausgabe letzter Hand, Bd. 20, Stuttgart 1830.

Gesetz über Behandlung unehelicher Paternitätsfälle. Abschied des Grossen Raths vom Jahr 1822 pag. 15, in: Revidierte amtliche Gesetzes-Sammlung für den Eidg. Stand Graubünden, 4. Heft, Erste Abtheilung: Justizwesen, Chur 1827, 26–29.

Gesetz über das Verfahren in bürgerlichen Rechtssachen (in Kraft getreten am 1. Januar 1908), in: Amtliche Gesetzessammlung des Kantons Graubünden, 6. Bd. (1896–1910), Chur 1911.

Gesez über Gerichtsstand und Behandlung unehelicher Paternitätsfälle. Vom Jahr 1830, in: Amtliche Gesetzessammlung für den Eidgenössischen Stand Graubünden, Bd. 2, Chur 1839, 251–261.

Haefeli-Cahannes, Maria: Cronica della famiglia Sep e Mengia Cahannes, Dardin-Capeder, Breil 1989.

Jahresberichte des deutsch-schweizerischen Frauenvereins zur Hebung der Sittlichkeit (Sektion Graubünden), Chur [1903]–1928.

Polizeigesetz des Kantons Graubünden (Abschied vom 17. Mai 1897) mit den bis 30. Juni 1927 erfolgten Abänderungen, Chur 1927.

Polizeigesetz des Kantons Graubünden (in Kraft getreten 1873), o.O. o.J.

Schweizerisches Zivilgesetzbuch mit Nebengesetzen und Verordnungen sowie Bundespraxis, hg. von

Sebastian Aeppli, Zürich 2006 (34. Aufl.).

Schweizerisches Zivilgesetzbuch vom 10. Dezember 1907 mit einschlägigen Nebengesetzen und Verordnungen, hg. von Werner Stauffacher und Heinz Aeppli, Zürich 1973 (17. Aufl.).

Strafgesetzbuch für den Kanton Graubünden. Promulgiert mit Abschied vom 8. Juli 1851 und gleichzeitig in Kraft getreten, o.O. o.J.

Stuttgarter Erklärungsbibel mit Apokryphen. Die Heilige Schrift nach der Übersetzung Martin Luthers, Stuttgart 2005.

Verhandlungen des ordentlichen Grossen Raths im Jahr 1854, Chur o.J. (StAGR GV 13 oder KBGR Lz 11).

Verordnung betreffend Ineinklangsetzung der Zivilprozessordnung mit dem schweizerischen Zivilgesetzbuch (vom Grossen Rat am 24. November 1915 erlassen), in: Amtliche Gesetzessammlung des Kantons Graubünden, Bd. 7 (1911–1921), Davos 1923.

Literatur

Alt, Marianna und Sutter, Eva: «Bethört, verführt, gefallen ...». Zur Situation der unverheirateten Mütter in der Stadt Zürich um die Wende zum 20. Jahrhundert, in: Itinera, 2/3, 1985, 120–148.

Berther, Ivo: Die «schwarze Lawine» und der Bauch der Frau: Frauenrollen in der katholischen Surselva 1870–1970 und ihr ideologischer Hintergrund, in: Jecklin, Ursula; Redolfi, Silke; Hofmann, Silvia (Hg.): frauenKörper. Beiträge zur Frauen- und Geschlechtergeschichte Graubünden im 19. und 20. Jahrhundert, Bd. 2, Zürich 2005, 67–149.

Brunold-Bigler, Ursula und Preisig, Ruth-Nunzia (Hg.): Geburtszeiten. Geschichten vom Kinderkriegen in Graubünden 1950–2000, Chur 2006.

Caflisch, Johann Bartholome: Kommentar zur Bündnerischen Zivilprozessordnung vom 1. Juni 1871 (einschliesslich des Befehlsverfahrens), Chur 1891.

Cavigelli, Mario: Entstehung und Bedeutung des Bündner Zivilgesetzbuches von 1861. Beitrag zur schweizerischen und bündnerischen Kodifikationsgeschichte, Diss. Freiburg, Freiburg 1994.

Giacometti, Enrico: Die Bürgergemeinde Chur, Chur 1999.

Hegnauer, Cyril: Grundriss des Kindesrechts und des übrigen Verwandtschaftsrechts, Bern 1999 (5. überarb. Aufl.).

[Hundert] 100 Jahre Schweizerische Evangelische Frauenhilfe, Sektion Graubünden, o.O. 2002.

Huonker, Thomas: Anstaltseinweisungen, Kindswegnahmen, Eheverbote, Sterilisation, Kastration. Fürsorge, Zwangsmassnahmen, «Eugenik» und Psychiatrie in Zürich zwischen 1890 und 1970, Zürich 2002 (Edition Sozialpolitik, 7).

Imboden, Gabriela, u.a.: Abtreibung und Sterilisation – Psychiatrie und Geburtenkontrolle. Zur Entwicklung im Kanton Basel-Stadt, 1920–1960, in: Mottier, Véronique, und Mandach, Laura von (Hg.): Pflege, Stigmatisierung und Eugenik. Integration und Ausschluss in Medizin, Psychiatrie und Sozialhilfe. Nationales Forschungsprogramm «Integration und Ausschluss» des Schweizerischen Nationalfonds zur Förderung der wissenschaftlichen Forschung (SNF), Zürich 2007, 38–50.

Jenzer, Sabine: «Solche Mädchen sollten gebessert, geändert, erzogen werden.» Nacherziehung von jungen Frauen im Zürcher Erziehungsheim Pilgerbrunnen um 1900, in: Sarasin, Philipp; Bochsler, Regula; Kury, Patrick (Hg.): Fräulein, was kosten Sie?, Baden 2004, 151–155.

Joris, Elisabeth und Witzig, Heidi (Hg.): Frauengeschichte(n). Dokumente aus zwei Jahrhunderten zur Situation der Frauen in der Schweiz, Zürich 1987 (2. Aufl.).

Luzi, Adela: Der Schutz des ausserehelichen Kindes. Kulturhistorischer Überblick für den Kanton Graubünden und Darstellung der bestehenden Verhältnisse im Bündner Oberland, Dipl.-Arb. Schule für Soziale Frauenarbeit Zürich, 1941/1943 (mschr.).

Meuli, Hans: Vormundschaftliche Fürsorge im Kanton Graubünden. Unter besonderer Berücksichtigung der Verhältnisse im Fürsorgebezirk Chur, Dipl.-Arb. Schule für Soziale Frauenarbeit Zürich, 1949 (mschr.).

Meyer, Clo: «Unkraut der Landstrasse». Industriegesellschaft und Nichtsesshaftigkeit. Am Beispiel der Wandersippen und der schweizerischen Politik an den Bündner Jenischen vom Ende des 18. Jahrhunderts bis zum Ersten Weltkrieg, Disentis 1988.

Mohr, Gion Rudolf: Die Vaterschaftsklage des schweizerischen Zivilgesetzbuches und ihre historische Grundlage, Diss. Bern, Bern 1912 (Abhandlungen zum schweizerischen Recht, 48).

Preisig, Ruth-Nunzia: Annalisa Schaniel, in: Brunold-Bigler, Ursula und Preisig, Ruth-Nunzia (Hg.): Geburtszeiten. Geschichten vom Kinderkriegen in Graubünden 1950–2000, Chur 2006, 134–151.

Redolfi, Silke: Zur Situation der ledigen Mutter in Graubünden im letzten Jahrhundert, Proseminararbeit Sommersemester 1989 Basel (mschr.) (Kopie im FRAK).

Redolfi, Silke: Das Bündner Zivilrecht und die Frauen, in: Hofmann, Silvia; Jecklin, Ursula; Redolfi, Silke (Hg.): frauenRecht. Beiträge zur Frauen- und Geschlechtergeschichte Graubünden im 19. und 20. Jahrhundert, Bd. 1, Zürich 2003, 19–67.

Ryter, Annamarie: «Als Weibsbild bevogtet». Zum Alltag von Frauen im 19. Jahrhundert. Geschlechtervormundschaft und Ehebeschränkungen im Kanton Basel-Landschaft, Liestal 1994.

Schweizerisches Idiotikon. Wörterbuch der schweizerdeutschen Sprache, 15 Bde., Frauenfeld 1881–1999 (noch nicht abgeschlossen).

Seglias, Loretta: Zur Geschichte der Hebammen und der Geburtshilfe in Graubünden im 19. und 20. Jahrhundert, in: Jecklin, Ursula; Redolfi, Silke; Hofmann, Silvia (Hg.): frauenKörper. Beiträge zur Frauen- und Geschlechtergeschichte Graubünden im 19. und 20. Jahrhundert, Bd. 2, Zürich 2005, 15–65.

Simonett, Jürg: Arbeiten und Wohnen, in: Churer Stadtgeschichte, Bd. 2, Chur 1993, 292–414.

Stibler, Linda: Das Geburtsverhör, Bern 2006.

Sutter, Eva: «Ein Act des Leichtsinns und der Sünde». Illegitimität im Kanton Zürich: Recht, Moral und Lebensrealität (1800–1860), Diss. Zürich, Zürich 2000.

Volland, Bettina: Polen, Schweizerinnen und Schweizer. Militärinternierte und Zivilbevölkerung 1940–1945, in: JHGG, Jg. 1993, 1994, 197–311.

Wegmann, Alice: Rechtsbuch der Schweizer Frau, Zürich/Wabern 1975.

Frauenfreundschaften und lesbische Beziehungen: zur Geschichte frauenliebender Frauen in Graubünden

Von Christina Caprez und Eveline Nay

Inhaltsverzeichnis

Einleitung

Bündnerinnen waren Pionierinnen in der öffentlichen Diskussion um gleichgeschlechtliche Liebe zwischen Frauen, und dies nicht nur innerhalb des Kantons Graubünden, sondern schweizweit. Die Philosophin Meta von Salis verteidigte Ende des 19. Jahrhunderts vehement den Wert enger Frauenfreundschaften gegen die diffamierende Kritik in den Medien. Die Theologin Marga Bührig organisierte in den 1970er Jahren die ersten kirchlichen Tagungen für Homosexuelle in der Schweiz und forderte gesellschaftliche Anerkennung für ihre Lebenspartnerschaft mit zwei Frauen. Charli Moser und Brigitte Sulser waren 1993 das erste lesbische Paar der Deutschschweiz, das seine Liebesbeziehung kirchlich segnen liess. Und Eva-Maria Pally klagte vor Bundesgericht im Jahr 2000 das Recht auf eine Aufenthaltsbewilligung für ausländische Partnerinnen und Partner, die in einer gleichgeschlechtlichen Beziehung leben, ein.

Der vorliegende Beitrag befasst sich mit diesen und weiteren frauenliebenden Frauen in Graubünden vom letzten Drittel des 19. Jahrhunderts bis heute. Er geht davon aus, dass es massgeblich vom historischen und gesellschaftlichen Zusammenhang abhängt, ob und wie Frauen Liebesbeziehungen zu andern Frauen leben. Vor diesem Hintergrund geht er der Frage nach, wie sich gesellschaftliche Vorstellungen von Homosexualität gewandelt haben und welches Selbstverständnis frauenliebende Frauen im jeweiligen historischen Kontext entwickeln.

«Liebe – dies seltsame Wort, das dem Einen dies, dem Andern das bedeutet, ich möchte es nicht immer so streng unterschieden von Freundschaft haben, mir scheint, eine grosse Freundschaft zwischen zwei Frauen ist Liebe.»

Theo Schücking (1850–1903) am 23. März 1880 an ihre Freundin Meta von Salis.

«Ich definiere mich schon als ‹Lesbe›, als ‹Urlesbe› vielleicht sogar. Bei mir war das eigentlich immer klar.»

Nadja Küchler (*1953) im Interview vom 27. Juli 2005.

Zwischen Theo Schücking und Nadja Küchler liegen 125 Jahre; eine Zeit, in der sich für Frauen, die Frauen lieben, vieles verändert hat. Würden sich die beiden begegnen, verstünden sie sich kaum – so sehr haben sich die Begriffe, aber auch die Lebensformen gewandelt. Liebesbeziehungen zwischen Frauen werden heute als «lesbisch» oder «homosexuell» bezeichnet. Diese Begriffe sind historisch jedoch erst seit dem letzten Drittel des 19. Jahrhunderts entstanden. Damit stellt sich die Frage, inwiefern diese Bezeichnungen auch auf Frauen aus der Vergangenheit angewendet werden können und wen eine Geschichtsschreibung frauenliebender Frauen erforschen soll. Gehören zu einer solchen Geschichte beispielsweise Frauen, die einander lange, romantische Liebesbriefe schrieben und kein gemeinsames Leben führten oder planten? Gehören dazu Frauen, die miteinander sexuelle Kontakte hatten, mit Männern verheiratet waren und ihre soziale Rolle als Mütter erfüllten? Oder Frauen, die in einer Lebensgemeinschaft mit einer andern Frau lebten, mit grösster Wahrscheinlichkeit keine sexuelle Beziehung führten und dies auch nicht wünschten? Wir bejahen diese Fragen und gehen im vorliegenden Artikel von einer sehr offenen Definition von «frauenliebenden Frauen» aus. Die Kategorie «lesbisch» wenden wir nicht auf Frauenbeziehungen in der Vergangenheit an, sondern benützen im Allgemeinen die Bezeichnung «frauenliebende Frauen» und nur dann den Begriff «lesbisch», wenn sich die betreffenden Frauen selber so verstehen. Die Geschichte frauenliebender Frauen sehen wir nicht als Entwicklung von einer verdeckten gleichgeschlechtlichen Liebe zu einer offenen lesbischen Lebensweise. Vielmehr wollen wir die Vielschichtigkeit und Komplexität der Zuneigung und Liebe zwischen Frauen sichtbar machen. Vor diesem Hintergrund gehen wir der Frage nach, wie sich Vorstellungen von gleichgeschlechtlicher Liebe zwischen Frauen in den letzten 130 Jahren gewandelt haben und welches Selbstverständnis frauenliebende Frauen im jeweiligen historischen und gesellschaftlichen Umfeld entwickeln.[1]

Forschungsstand

Während sich insbesondere im englischsprachigen Raum seit Anfang der 1980er Jahre die «Gay and Lesbian Studies» allmählich als eigene Forschungsdisziplin etablieren, gibt es im deutschsprachigen Raum nur wenige Untersuchungen zur Lesben- und Schwulengeschichte.[2] Im Gefolge von angloamerikanischen Untersuchungen[3] ragen in diesem Zusammenhang im deutschsprachigen Raum die Arbeiten von Hanna Hacker, Ilse Kokula und Ulrike Böhmer zur Geschichte gleichgeschlechtlich liebender Frauen heraus.[4]

In der Schweiz ist die Geschichte frauenliebender Frauen kaum erforscht. Dies hängt unter anderem damit zusammen, dass historische Quellen über frauenliebende Frauen rar sind, da kaum jemand deren Erbe für die Nachwelt aufbewahrt hat – mangels direkter Nachkommenschaft, aus fehlendem öffentlichem Interesse oder weil «verdächtige» Quellen im Nachhinein vernichtet wurden.[5] Eine erste grössere Quellenrecherche zu frauenliebenden Frauen in der Schweiz von Ende des 19. Jahrhunderts bis heute ist den Kuratorinnen und Kuratoren der Ausstellung «Unverschämt», die Ende 2002 in Zürich und später auch in Basel und Bern gezeigt wurde, zu verdanken.[6] Dazu gehört insbesondere Regula Schnurrenberger, die sich mit dem Phänomen «Frauenpaare um 1900» beschäftigt hat.[7] Ilse Kokula und Ulrike Böhmer haben eine historische Untersuchung zu Zusammenschlüssen lesbischer Frauen in der Schweiz der 1930er Jahre durchgeführt.[8] Über historische Frauenfiguren, die enge Freundschaften mit andern Frauen lebten, sind einige Biografien erschienen; sie behandeln jedoch den Aspekt der Frauenfreundschaft meist nur am Rande.[9] Mit der gegenwärtigen Lebenssituation lesbischer

Frauen in der Deutschschweiz haben sich einige soziologische Forschungen sowie der breit rezipierte Dokumentarfilm «Katzenball» befasst.[10] Sowohl die historischen als auch die soziologischen Arbeiten und der Dokumentarfilm beziehen sich – mit Ausnahme der Forschung von Regula Schnurrenberger, die Meta von Salis mit einschliesst – nicht auf frauenliebende Frauen, die einen Bezug zum Kanton Graubünden haben. Es handelt sich beim vorliegenden Artikel somit um einen ersten Beitrag in einem noch unerschlossenen Feld, und er macht Lebensformen sichtbar, die existier(t)en, aber bisher von der Geschichtsforschung kaum beachtet worden sind. Dennoch kann er auf der Arbeit der oben erwähnten Forscherinnen aufbauen. Wir widmen deshalb diesen Beitrag der viel zu früh verstorbenen Regula Schnurrenberger. Der inhaltliche Austausch mit ihr war für uns sehr bereichernd und inspirierend.

Quellen

Unsere Untersuchung bezieht sich auf schriftliche Quellen wie Briefwechsel und autobiografische Texte sowie auf mündliche Quellen in Form von Interviews. Die Suche nach schriftlichen Quellen von und über frauenliebende Frauen in Graubünden vor 1945 gestaltete sich aus oben genannten Gründen als schwierig. Aufschlussreiche Ausführungen über Frauenfreundschaften fanden wir in Quellen über Meta von Salis und Marga Bührig. Deren Lebensgeschichten sind bisher noch kaum auf den Aspekt ihrer Frauenfreundschaften hin untersucht worden. Zur Erforschung der Beziehung von Meta von Salis zu Theo Schücking und Hedwig Kym stützen wir uns auf den Nachlass von Meta von Salis in der Handschriftenabteilung der Universitätsbibliothek Basel. Dazu gehören insbesondere die Briefe von Theo Schücking an Meta von Salis sowie Meta von Salis' Schriften zum Farner-Pfrunder-Prozess. Des Weiteren stützen wir uns auf Sekundärliteratur, insbesondere auf die biografischen Studien über Meta von Salis von Berta Schleicher (1932), Doris Stump (1986), Brigitta Klaas Meilier (2005) und Andrea Bollinger (2006).[11] Das Selbstverständnis und den Lebensentwurf von Marga Bührig stellen wir anhand autobiografischer Texte dar. Die Lebensentwürfe frauenliebender Frauen in der zweiten Hälfte des 20. Jahrhunderts untersuchen wir anhand von Interviews.[12] Folgende Gruppen haben wir in unsere Forschung mit einbezogen: Bündnerinnen in Graubünden, Bündnerinnen, die den Kanton verlassen haben, und nach Graubünden zugezogene Frauen. Wir führten mit 26 Frauen offene biografische Interviews, die wir aufzeichneten und später transkribierten und auswerteten. Die offene Interviewmethode wie die Auswertung zielten darauf ab, diejenigen Themen sichtbar zu machen, die für die befragten Frauen in ihrem Leben relevant sind.

Der vorliegende Artikel ist folgendermassen aufgebaut: Im nächsten Kapitel geben wir eine sozialhistorische Einführung ins Thema. Wir konzentrieren uns dabei auf folgende Fragen: Wie haben sich die Ansichten über frauenliebende Frauen in der Gesellschaft seit Mitte des 19. Jahrhunderts gewandelt? Was ist bisher über die Geschichte frauenliebender Frauen in der Schweiz und in Graubünden bekannt? Wie hat sich die rechtliche Lage im Untersuchungszeitraum verändert? Welche Positionen vertraten und vertreten die Landeskirchen in Bezug auf gleichgeschlechtliche Liebe zwischen Frauen? Die Beantwortung dieser Fragen dient als Grundlage für die Darstellung unserer Forschungsergebnisse in den folgenden drei Kapiteln. Anhand der Lebensgeschichten von Meta von Salis und Marga Bührig beschreiben wir zunächst das Selbstverständnis dieser beiden Frauen innerhalb des jeweiligen historischen Zusammenhangs, in dem sie lebten. Thema der beiden daran anschliessenden Kapitel sind die Lebensentwürfe frauenliebender Frauen von der zweiten Hälfte des 20. Jahrhunderts bis heute. Aus der Analyse der biografischen Interviews haben sich vier Lebensentwürfe herauskristallisiert. Unter dem Titel «traditioneller Lebensentwurf» beschreiben wir diejenigen Frauen, die geheiratet und eine Familie gegründet hatten, bevor sie eine lesbische Beziehung eingingen. Frauen mit einem «lesbischen Lebensentwurf in Graubünden» konnten sich nicht mit dem traditionellen Lebensentwurf identifizieren und entschlossen sich, gleichgeschlechtliche Beziehungen zu leben. Dabei verliessen einige Frauen Graubünden (vgl. «Wegzug und lesbische Subkultur»). Diejenigen Frauen, die von ausserhalb nach Graubünden zogen, beschreiben wir unter dem Titel «Graubünden als gewählter Wohnort». Die Auswertung der Interviews ergab eine Reihe von Themen, die für die befragten Frauen in ihrem Leben zentral sind. Diese Themen stellen wir im Kapitel «Zentrale Momente im Alltag frauenliebender Frauen» dar. Dazu gehören ihr Selbstverständnis, ihre Vorstellungen von Beziehungen, das Coming-out,[13] die Erfahrung von Diskriminierung und der Kampf um gleiche Rechte. Der vorliegende Artikel erscheint im Band «fremdeFrau», was nicht unproblematisch ist. Lesbische Frauen werden in der Öffentlichkeit immer wieder als anders und oft auch als fremd wahrgenommen, was stigmatisierend wirken kann. Aus den Interviews ging hervor, dass Homosexualität eine mögliche, aber nicht die einzige Facette des Fremdseins ist, was wir im letzten Kapitel beschreiben. Im Schlusswort fassen wir unsere Ergebnisse in Bezug auf die Frage zusammen, wie sich gesellschaftliche Vorstellungen von Homosexualität gewandelt haben und welches Selbstverständnis frauenliebende Frauen in diesem Zusammenhang entwickeln.

Frauenfreundschaften und lesbische Beziehungen: sozialhistorische Annäherung

Wie Liebesbeziehungen zwischen Frauen in einer Gesellschaft wahrgenommen und beurteilt werden, hängt massgeblich vom historischen und sozialen Kontext ab. In diesem Kapitel skizzieren wir diesen Kontext. Wir fokussieren uns dabei auf vier Ebenen, die sich im Laufe des Forschungsprozesses als zentral herausgestellt haben. Auf der begrifflichen Ebene zeichnen wir die gesellschaftlichen Vorstellungen über frauenliebende Frauen im Laufe der Zeit nach, auf der bewegungsgeschichtlichen Ebene die Zusammenschlüsse frauenliebender Frauen in der Schweiz und auf der rechtlichen Ebene die gesetzlichen Bestimmungen, die gleichgeschlechtliche Beziehungen kriminalisieren oder anerkennen. Da bei diesem Thema auch religiöse Standpunkte von Bedeutung sind, stellen wir zum Schluss die Positionen der Landeskirchen zu weiblicher Homosexualität dar.

Begriffsgeschichte: von der Freundin zur Lesbe

Liebesbeziehungen zwischen Frauen haben sich im Laufe der Jahrhunderte massgeblich verändert. Dies betrifft sowohl die Bezeichnungen für Liebesbeziehungen zwischen Frauen als auch die Art, wie sie gelebt wurden. Wir zeichnen diese Veränderungen an dieser Stelle in groben Zügen nach. Mit diesem kurzen Abriss der Geschichte lesbischer Sexualität verfolgen wir jedoch nicht das Ziel, eine kontinuierliche und schlüssige Entwicklung aufzuzeigen. Vielmehr soll gezeigt werden, wer wann welche Vorstellungen über gleichgeschlechtliche Liebe zwischen Frauen entwickelte und wie vielfältig, widersprüchlich und uneinheitlich diese Vorstellungen waren.[14]

Über frauenliebende Frauen vor dem 19. Jahrhundert ist kaum geforscht worden. Bekannt ist, dass gleichgeschlechtliche Sexualakte unter viele andere Formen geächteten Verhaltens fielen, die unter dem Begriff «Unzucht wider die Natur» oder «Sodomie» zusammengefasst wurden. Darunter verstanden kirchliche und weltliche Gesetzestexte ab dem 13. Jahrhundert jede sexuelle Aktivität, die nicht der Fortpflanzung diente, beispielsweise auch anale Penetration zwischen einem Mann und einer Frau, Sexualakte mit Tieren oder Gegenständen sowie Onanie.[15] Diese Verhaltensweisen galten als Laster oder Sünden und wurden mit Freiheitsstrafen, Ächtung, öffentlicher Blossstellung, Körperamputationen oder Todesstrafe sanktioniert.[16]

In der Zeit des 18. und 19. Jahrhunderts gibt es in Europa und im angloamerikanischen Raum unterschiedliche Formen gleichgeschlechtlicher Liebe zwischen Frauen.[17] Anhand von historischen Dokumenten gleichgeschlechtlich begehrender Frauen lassen sich Liebesbeziehungen zwischen Frauen unterscheiden, die sich an der Terminologie der Familienbeziehungen orientieren. So sprechen frauenliebende Frauen in dieser Zeit von «Schwester», «Mutter», «weiblicher Ehemann». Es waren

Bezeichnungen, die Nähe und Intimität beinhalteten. So nannte beispielsweise eine junge Frau ihre um Jahre ältere Geliebte «Mutter». Dies waren Beziehungen zwischen einer älteren und weiseren Frau, die die Jüngere bewunderte, verehrte und begehrte, und einer jungen Frau, die von der Älteren beschützt, umsorgt und im Leben unterrichtet wurde.[18] Um ein langjähriges, monogames Zusammenleben zwischen Frauen zu benennen, wurden die Bezeichnung «Ehefrau» und «Ehemann» verwendet. Diese Frauen verbrachten meist ihr ganzes Leben gemeinsam, schafften sich ein Zuhause und unterstützten sich in ihrem Alltag. Dabei wurde meist die eine Frau als weiblich und die andere als eher männlich – dies sowohl in ihrem Verhalten als auch in ihrem Aussehen – wahrgenommen.[19] In dieser Zeitepoche schloss eine Form der Liebe eine andere nicht aus; Frauen konnten sowohl mit Frauen als auch mit Männern in eine Liebesbeziehung treten. Es bestand also keine unüberwindbare Trennung zwischen einem gleichgeschlechtlichen und einem gegengeschlechtlichen Begehren.[20] Von zentraler Bedeutung für diese Zeit sind Liebesbeziehungen zwischen (meist verheirateten) Frauen insbesondere aus der Aristokratie und aus dem Bürgertum.[21] Diese wurden als «romantische Freundschaft», als «die Liebe der Seelengefährtinnen» oder als «empfindsame Freundschaft» bezeichnet und als «Ausdruck der edelsten und vollkommensten Tugend» erachtet.[22] Eine solche Nähe des Denkens und Fühlens wurde in dieser Zeit zwischen einem Mann und einer Frau als unmöglich erachtet, da die Geschlechter als grundsätzlich verschieden angesehen wurden und die Handlungsbereiche in der Aristokratie und im Bürgertum stark geschlechtergetrennt waren.[23] Die «romantischen Freundinnen» machten einander Liebeserklärungen, versprachen sich ewige Treue, wollten zusammen leben und sterben. Sie küssten und liebkosten sich, ihre Leidenschaft erachteten sie allerdings nicht als sexuelle, sondern als eine seelische Erregung.[24] Diese «edlen Freundschaften» zwischen Frauen aus der Aristokratie oder dem Bürgertum waren gesellschaftlich akzeptiert.[25] Der Grund liegt darin, dass in der bürgerlichen Gesellschaft ab Mitte des 19. Jahrhunderts den Frauen der «Geschlechtstrieb» weitgehend abgesprochen wurde. Es wurde davon ausgegangen, «dass es den weiblichen Geschlechtstrieb gar nicht gebe und dass die weibliche Frigidität sogar eine ‹normale› Erscheinung sei».[26]

Mitte des 19. Jahrhunderts begann die Wissenschaft, sich mit Sexualität zu beschäftigen. Die damals aufkommende Sexualwissenschaft setzte sich zunächst mit «anormalen» Formen der Sexualität auseinander, insbesondere mit männlicher – weniger ausführlicher mit weiblicher – gleichgeschlechtlicher Sexualität. Das Aufkommen der Sexualwissenschaft veränderte die Wahrnehmung gleichgeschlechtlichen Begehrens.[27] Im Gegensatz zu früheren Vorstellungen, wonach grundsätzlich alle Menschen der moralischen Schwäche verfallen und gleichgeschlechtliche Sexualakte ausüben konnten, wurde ein solches Verhalten neu als «Homosexualität» bezeichnet und als «eine angeborene Entwicklungsstörung bzw. eine Anomalie des Sexualtriebes»[28] angesehen. Die Vorstellung der Sexualwissenschaft von einem «Homosexuellen» unterschied sich von der von einem wider die Natur handelnden «Sodomiten», die bis dahin gegolten hatte. Fortan wurde gleichgeschlechtliches Begehren nicht mehr als sexuelles Verhalten, sondern als sexuelle Identität betrachtet. Während laut der vorher verbreiteten Vorstellung grundsätzlich alle Menschen lasterhafte Handlungen begehen konnten, galten jetzt Menschen, die gleichgeschlechtlich liebten, als ein anderer Menschentypus: «Der Homosexuelle des 19. Jahrhunderts ist zu einer Persönlichkeit geworden, die über eine Vergangenheit und eine Kindheit verfügt, einen Charakter, eine Lebensform, und schliesslich eine Morphologie mit indiskreter Anatomie und möglicherweise rätselhafter Physiologie besitzt. Nichts von alledem, was er ist, entrinnt seiner Sexualität. [...] Der Sodomit war ein Gestraucheleter, der Homosexuelle ist eine Spezies.»[29]

Im deutschsprachigen Raum bezeichnete der Sexualwissenschaftler und Psychiater Carl Friedrich Westphal (1833–1890) 1869 erstmals gleichgeschlechtliches Begehren zwischen Frauen als «conträre Sexualempfindung».[30] Diese sah er als angeboren und vererbt an. In der Folge entwickelte Richard Freiherr von Krafft-Ebing (1840–1902) eine theoretische Systematisierung abweichender Begehrensformen, indem er «verschiedene Entwicklungsstufen» gleichgeschlechtlichen Begehrens zwischen Frauen unterschied.[31] So entwickelte er eine Skala von Abweichungen gleichgeschlechtlich liebender Frauen von weiblichen Geschlechternormen. Als männlich geltendes Aussehen und Handeln bei Frauen wurde damit zu einem Merkmal der Erkennung frauenliebender Frauen.[32] Zu Beginn des 20. Jahrhunderts bemühte sich Magnus Hirschfeld (1868–1935) um eine Entpathologisierung und betrachtete gleichgeschlechtliches Begehren zwar als angeboren, aber als natürliche Spielart menschlicher Sexualität und als Teil der Persönlichkeit.[33]

Diese Auffassung wurde in den darauffolgenden Jahrzehnten von der Medizin, der Psychiatrie und der Psychologie aufgenommen und weitergeführt.[34] Dabei wurde nicht mehr allein sexuelles Verhalten von «Perversen» und «Abnormen» untersucht, sondern die Sexualität aller Menschen wurde nun theoretisiert. Prägend hierfür war die von Sigmund Freud (1856–1939) begründete Psychoanalyse. Sie löste die beschriebenen Sexualwissenschaften in ihrer Rolle als bedeutendste Sexualtheorie ab.[35] Freud ging von einem kindlichen Sexualtrieb aus, der bei jedem Menschen «polymorph-pervers» und «bisexuell»[36] ist und der sich im Normalfall zu einem weiblichen bzw. männlichen, auf das andere Geschlecht bezogenen Sexualtrieb entwickelt. Eine normale Sexualentwicklung, die sich nach Freud durch die angemessene Verdrängung der kindlichen Sexualtriebe im Prozess der menschlichen Sozialisation auszeichnet, führt zu einem heterosexuellen Begehren, das der Fortpflanzung dient.[37] Im Jahr 1920 publizierte Freud einen «Aufsatz über die Psychogenese eines Falles von weiblicher Homosexualität», in dem er gleichgeschlechtliches Begehren zwischen Frauen erörterte.[38] Freud erachtete ein solches Begehren als eine Entwicklungsstörung bzw. als eine unreife, kindliche Form von Sexualität, die die Entwicklungsstufe zur Fortpflanzungssexualität nicht erreicht hat.[39]

Zur Psychoanalyse kamen ab den 1940er Jahren empirisch ausgerichtete Sexualwissenschaften hinzu, welche die Diskussionen um verschiedene Formen von Sexualität bestimmten.[40] Alfred Ch. Kinsey (1894–
1956) und seine Mitarbeiterinnen und Mitarbeiter führten erstmals
empirisch breit angelegte Studien zum Sexualverhalten von Männern und
Frauen durch. Entgegen den Sexualwissenschaften des 19. Jahrhunderts
und der Psychoanalyse gingen die empirischen Sexualwissenschaften
nicht mehr davon aus, dass das Sexualverhalten angeboren, vererbt oder
ein natürlicher Trieb sei, sondern davon, dass es auf dem Hintergrund von
gesellschaftlichen Normen erlernt werde. Die Forschungsgruppe um
Kinsey folgerte aus ihren Untersuchungen, dass eine klare Trennung von
homo- oder heterosexuellem Verhalten nicht der von ihnen vorgefun-
denen Realität entspreche, sondern dass Bisexualität der Regelfall sei. Sie
grenzten sich von der Auffassung ab, dass die Fortpflanzung das Ziel der
Sexualentwicklung sei, und erachteten die Orgasmusfähigkeit als Kenn-
zeichen für ein «gesundes Sexualleben». Damit veränderte sich auch das
Verständnis davon, was als «pervers» galt. Als abweichend galt nach den
empirischen Sexualwissenschaften nicht mehr ein Sexualverhalten, das
nicht zur Fortpflanzung führte, sondern sexuelles Verhalten, das innerhalb einer ungleichen Machtbeziehung stattfindet und/oder Sexualität mit
Gewalt verknüpft. Dadurch entpathologisierten die empirischen Sexualwissenschaften Homosexualität. Nicht mehr sie stellte die sexuelle Abnor-
mität bzw. Perversion dar, sondern Vergewaltigung und Pädophilie. Im
Gegenteil galten insbesondere weibliche Homosexuelle als in ihrem
Sexualverhalten ausserordentlich kompetent und in Bezug auf die Erlan-
gung eines Orgasmus als sehr erfolgreich, da sie über ein besseres Wissen
im Umgang mit dem Körper des eigenen Geschlechts verfügen würden als
mit dem des männlichen.[41]

Innerhalb der zweiten Frauenbewegung ab den 1970er Jahren wurde
sowohl das defizitäre weibliche Begehren der Freudschen Psychoanalyse
als auch das Orgasmusgebot der empirischen Sozialwissenschaften kritisiert.[42] Einige Vertreterinnen der zweiten Frauenbewegung grenzten sich
von den bisherigen Vorstellungen von Sexualität ab, fassten Sexualität
unter einer politischen Perspektive und suchten «die authentische Weiblichkeit» und eine damit verbundene «frauenangemessene Sexualität»,
wonach Frauen das Recht auf eine eigene Sexualität und auf den eigenen
Körper haben.[43] Ab den 1970er Jahren entstand ein politisch-feministi-
sches Verständnis gleichgeschlechtlicher Liebe. Frauenbezogenes Leben
und Lieben war nicht mehr allein ein von der Sexualpathologie oder den
empirischen Sexualwissenschaften verstandenes Sexualverhalten oder
eine Triebfixierung, wie es die Freudsche Psychoanalyse erklärte, sondern eine Form der Frauenbefreiung aus den heterosexuellen, patriarchalen Gesellschaftsverhältnissen. Frauenliebende Frauen zielten
gemäss dieser Sichtweise auf eine Veränderung patriarchaler Machtver-
hältnisse; und zwar einerseits durch ihre Verweigerung der sexuellen
Kontakte mit Männern und der Rollen als Ehefrau, Mutter und Hausfrau,
andererseits durch ihre sexuelle, psychische und emotionale Unabhängig-

keit von Männern. Dies widerspiegelt beispielsweise der innerhalb radikalfeministischer Gruppierungen gebräuchliche Ausspruch «Feminismus ist die Theorie, Lesbianismus ist die Praxis».[44] Die radikale Frauen- und Lesbenbewegung wertete gleichgeschlechtliches Begehren also positiv um und verwendete den Begriff «Lesbe»[45] als Selbstbezeichnung.[46] Lesbischsein wurde zu einer politischen Lebensform und war nicht mehr allein ein Sexualverhalten oder gar eine Sexualpathologie.[47]

Seit den 1990er Jahren kritisieren konstruktivistische und poststrukturalistische Theoretikerinnen und Theoretiker, dass eine solche Verwendung des Begriffs «Lesbe» zu einer Vereinheitlichung und Festschreibung einer Identität führe und zahlreiche weitere gleichgeschlechtliche Lebensformen zwischen Frauen ausschliesse.[48] Die Unterscheidung zwischen Hetero- und Homosexualität, aber auch die zwischen weiblich und männlich, werde dadurch ständig wiederhergestellt und damit die Unterscheidung zwischen Normalität und Abnormalität fortgesetzt. Seit Beginn der 1990er Jahre wird innerhalb der «Queer Theory» das Ziel verfolgt, über die bisherigen Diskussionen um Sexualität hinauszugehen. Insbesondere Gegensätze wie Heterosexualität - Homosexualität und männlich - weiblich sollen aufgelöst werden, da sie als Instrumente für die Wiederholung der bisherigen Dominanz- und Unterdrückungsverhältnisse gesehen werden. Die Geschlechtszugehörigkeit und das sexuelle Begehren werden von diesen Theoretikerinnen und Theoretikern deshalb weder als eindeutig noch als definitiv erachtet, sondern als Ergebnis von gesellschaftlichen Machtverhältnissen gesehen.[49]

Bewegungsgeschichte: Spuren lesbischen Lebens in der Schweiz

Die zuvor beschriebenen frauenliebenden Frauen aus dem 18. und 19. Jahrhundert lebten mehr oder weniger isoliert und verfügten über keine Kontaktnetze von ähnlich lebenden Frauen. Eine solche Suche nach «Gleichgesinnten» und gar sichtbare Zusammenschlüsse lesbischer Frauen entstanden erst im Verlaufe des 20. Jahrhunderts.[50] Wie solche Gruppierungen frauenliebender Frauen in der Schweiz entstanden, wird im Folgenden dargestellt.

Aus historischen Forschungen ist bekannt, dass es in der Schweiz an der Schwelle zum 20. Jahrhundert im Umfeld der bürgerlichen Frauenbewegung enge Freundschaften zwischen Frauen gab.[51] Einige der Frauenrechtlerinnen führten ein Leben, das sich auf andere Frauen bezog: Sie waren unverheiratet und lebten in eheähnlichen, gleichgeschlechtlichen Gemeinschaften zusammen.[52] Auf dem Hintergrund des oben erwähnten sexualwissenschaftlichen Verständnisses von «Homosexualität» standen diese Beziehungen zwischen Frauen unter dem Verdacht, homosexuell zu sein. Einige Frauen distanzierten sich von diesem neu entstandenen Begriff, andere übernahmen ihn als Ausdruck für ihre Lebensform. Die sexualwissenschaftliche Definition wurde von gleichgeschlechtlich liebenden Menschen aufgegriffen, um ihre Lebensweise begrifflich zu fassen und sich auf diesem Hintergrund zusammenzuschliessen. So entstanden

Lesbendemonstration in Zürich: In den 1980er Jahren entstand in den grösseren Schweizer Städten eine feministische Lesbenbewegung.

in der ersten Hälfte des 20. Jahrhunderts in der Schweiz erstmals Gruppierungen von gleichgeschlechtlich liebenden Frauen und Männern. 1931 wurde in Zürich der Damenclub «Amicitia» gegründet, die erste Vereinigung frauenliebender Frauen in der Schweiz.[53] Im Gegensatz zu den Frauennetzwerken der Jahrhundertwende trafen sich im Damenclub «Amicitia» vorwiegend Frauen aus der Unterschicht und der unteren Mittelschicht.[54] Dieser Club wollte lesbischen Frauen – sie nannten sich Freundinnen, Artgenossinnen, Gleichgesinnte oder Lesbierinnen – die Möglichkeit geben, sich zu treffen; er hatte aber auch zum Ziel, gesellschaftliche Aufklärung zu betreiben. In der Anfangszeit traten die Clubmitglieder selbstbewusst an die Öffentlichkeit; sie verkauften ihre Vereinszeitschrift, das Freundschafts-Banner, an öffentlichen Verkaufsstellen. Durch Aufklärung und Wohlverhalten wollten sie das Ansehen von Homosexuellen verbessern; auffällige und sich unsittlich benehmende Clubmitglieder wurden deshalb verurteilt und ausgeschlossen.[55] Die

Öffentlichkeitsarbeit des Clubs provozierte Gegenreaktionen: Die Club-mitglieder wurden von der Polizei bespitzelt und von Boulevardzeitungen diffamiert.[56] Aufgrund der gesellschaftlichen Repression und eines rigide-ren gesellschaftlichen Klimas bemühten sie sich in den 1930er Jahren, möglichst unauffällig zu sein. In dieser Zeit öffnete sich der Club auch für Männer. Die Frauen zogen sich immer mehr aus dem Club und von der Zeitschrift zurück, und der Club wurde zum reinen Männerzirkel.[57]

Aktivitäten solcher schwullesbischer Gruppierungen waren bis in die 1960er Jahre aufgrund strenger gesellschaftlicher Moralvorstellungen nur in einem privaten oder halböffentlichen Rahmen möglich.[58] In breiten Bevölkerungskreisen war lesbische Liebe bis Ende der 1960er Jahre kein Thema. Unverheiratete Frauen, die ohne verwandtschaftliche Beziehun-gen zusammenlebten, wurden nicht als Paare wahrgenommen. Zudem verstanden sich viele solcher Freundinnen selber nicht als lesbisch.[59] In dieser Zeit lebten gleichgeschlechtlich Liebende angepasst und bemühten sich um ihre gesellschaftliche Integration.[60]

Die «sexuelle Revolution» Ende der 1960er Jahre brachte eine Ver-änderung der gesellschaftlichen Moralvorstellungen in Bezug auf die Sexualität. Zudem entstand in dieser Zeit in der Schweiz eine lesbische und schwule Emanzipationsbewegung, die selbstbewusst und offensiv um Akzeptanz, Anerkennung und Gleichstellung für Homosexuelle kämpfte.[61] Für lesbische Frauen war auch die sich zur gleichen Zeit formierende zweite Frauenbewegung von grosser Bedeutung.[62] Mit dem Ziel der Gleichstellung von Frauen und Männern und der Veränderung patriar-chaler Strukturen, die eine Trennung zwischen privater und öffentlicher Sphäre beinhaltete, wurde unter anderem das Private zum Politischen erklärt.[63] Wie oben erwähnt, wurde auch gleichgeschlechtlichen Liebes-beziehungen zwischen Frauen eine politische Bedeutung zugeschrieben.

In den 1970er Jahren wurde Homosexualität erstmals auch in den Schweizer Medien breiter thematisiert. In diesem Zusammenhang wird immer wieder die Diskussionssendung «Telearena» des Deutschschwei-zer Fernsehens genannt, die in einer Ausgabe im Jahr 1978 das Thema «gleichgeschlechtliche Liebe» kontrovers diskutierte.[64] In einer Livesen-dung wurden Theaterszenen zum Thema Homosexualität gespielt und daraufhin mit eingeladenen Expertinnen und Experten und einem breiten Publikum diskutiert. Die Diskussion bezog sich vorwiegend auf die Lebenssituation von schwulen Männern und nur am Rand auf diejenige von lesbisch lebenden Frauen.[65]

In der Folgezeit gründeten Lesben und Schwule einige Gruppierungen, die Projekte für Homosexuelle initiierten, ausbauten und professionali-sierten.[66] Im Jahr 1993 wurde der Schwulendachverband Pink Cross und im Jahr 1995 die Lesbenorganisation Schweiz, die sich für die Interes-sen von Lesben und Schwulen einsetzen, gegründet.[67] Im Kanton Grau-bünden wurde im Jahr 1995 das «Rosa Telefon» eingerichtet, an das sich Interessierte bei Fragen zu Homosexualität wenden konnten. Im Jahre 2002 wurde dieses Beratungsangebot neu konzipiert und von der neu entstandenen Organisation Homosexuelle Arbeitsgruppen Graubünden

(HAGR) in elektronischer Form weitergeführt. Das Ziel der Organisation ist es, «die Anliegen und Bedürfnisse der lesbischen und schwulen Bevölkerung des Kantons Graubünden durchzusetzen».[68] Zudem koordiniert die HAGR die Veranstaltungen der Mitgliedervereine «Coming Out Tag Graubünden», der aids-hilfe Graubünden und von Capricorn.[69]

Homosexualität im Schweizer Recht

Gesellschaftliche Normvorstellungen spiegeln sich nicht nur in den Bezeichnungen für frauenliebende Frauen. Sie finden auch einen Ausdruck in den rechtlichen Bestimmungen, die gleichgeschlechtlich Liebenden Rahmenbedingungen setzen, etwa durch die Sanktionierung gleichgeschlechtlicher Handlungen oder durch die Anerkennung homosexueller Partnerschaften als gleichwertig zu heterosexuellen.

Vor 1942 existierte in der Schweiz kein einheitliches Strafrecht. Bezüglich der Strafbarkeit homosexueller Akte kannte jeder Kanton eine eigene Regelung. Der Kanton Graubünden nahm im Vergleich zu den andern Kantonen eine mittlere Position ein: Er verfolgte lediglich männliche Homosexualität strafrechtlich, und dies nur auf Antrag.[70] Während der parlamentarischen Diskussion um das Schweizer Strafgesetzbuch in den Jahren vor 1942 drehte sich die Debatte fast ausschliesslich um männliche Homosexualität.[71] Dass Frauen sexuell aktiv sein könnten, lag ausserhalb der Vorstellungskraft der Parlamentarier, und somit war auch die Figur des Homosexuellen männlich konnotiert. Weibliche Sexualität wurde in dieser Debatte wenn überhaupt, dann nur als passive Sexualität in der Rolle der Verführten diskutiert. Junge Frauen sollten durch das Gesetz zur «normalen Heterosexualität innerhalb der Ehe» geführt werden.[72]

Ab 1942 war in der Schweiz Homosexualität unter Erwachsenen nicht mehr strafbar; allerdings kriminalisierte das Gesetz gleichgeschlechtlichen Sexualverkehr mit unter 20-Jährigen – bei Heterosexuellen lag das Schutzalter bei 16 Jahren –, die Ausnutzung von Abhängigkeitsverhältnissen und die homosexuelle Prostitution.[73] Diese Regelung war im Vergleich zum restlichen Europa liberal, was aber nur bedingt auf eine in der Schweiz grössere Akzeptanz von Homosexuellen zurückzuführen ist. Ein Grund für die Legalisierung war die Angst vor Zuständen wie in Deutschland, wo die Kriminalisierung männlicher Homosexualität[74] zur Formierung einer öffentlich auftretenden Schwulenbewegung geführt hatte.[75] Erst im Jahr 1992 wurden homosexuelle Handlungen vollständig straffrei.

Im Zuge der neuen sozialen Bewegungen in den 1970er Jahren entstand die Forderung, Homosexuellen nicht nur Straffreiheit zu gewähren, sondern sie rechtlich Heterosexuellen gänzlich gleichzustellen. Bis in die 1980er Jahre herrschte sowohl in der Lesben- als auch in der Schwulenbewegung die Meinung vor, die Forderung der Ehe auch für Homosexuelle bedeute eine Konzession an die bürgerliche Gesellschaft, die unweigerlich eine Normierung homosexueller Beziehungen nach heterosexuellem Muster nach sich ziehe. Es wurden alternative Formen recht-

licher Absicherung und Anerkennung homosexueller (und auch heterosexueller) Partnerschaften diskutiert.[76] In den 1990er Jahren änderte sich
der Tenor. An die Stelle von radikaler Gesellschaftskritik trat die Forderung nach einem Partnerschaftsgesetz, das lesbischen und schwulen
Paaren eheähnliche Rechte einräumt.[77] Um die Vorlage mehrheitsfähig zu
machen, verzichteten die Lesben- und Schwulenverbände auf die Forderung des Rechts auf Adoption und des Rechts auf medizinische Repro-
duktionstechnologie für Homosexuelle. Vor der nationalen Regelung bestanden bereits in den Kantonen Genf (seit 2002) und Zürich (seit 2003)
kantonale Gesetze, die gleichgeschlechtlichen Paaren einen gewissen
rechtlichen Schutz gewährten. Am 5. Juni 2005 hiess das Schweizer
Stimmvolk das Bundesgesetz über die eingetragene Partnerschaft gleichgeschlechtlicher Paare gut. Das im Januar 2007 in Kraft getretene Partnerschaftsgesetz gewährt eingetragenen homosexuellen Paaren eine
Reihe von Rechten und Pflichten.[78] Dazu gehören der gegenseitige Beistand und Unterhalt, die Vertretung der Gemeinschaft, das Recht auf Aufenthaltsbewilligung für ausländische Partnerinnen oder Partner, die
Gleichstellung mit Ehepaaren im Miet-, Arbeits-, Versicherungs- sowie
weitgehend im Sozialversicherungsrecht, eine gesetzliche Erbberechtigung sowie die gemeinsame Besteuerung. Dagegen gewährt das Gesetz
kein Adoptionsrecht, keinen Zugang zur Fortpflanzungsmedizin, keine
erleichterte Einbürgerung, kein gemeinsames Bürgerrecht sowie keinen
gemeinsamen Nachnamen.

Homosexualität und die Landeskirchen

Neben den rechtlichen Bestimmungen haben auch religiöse Normen
Einfluss auf die gesellschaftlichen Vorstellungen von Homosexualität und
auf das Selbstverständnis frauenliebender Frauen. Die katholische Kirche
lehnt – ebenso wie zahlreiche Freikirchen[79] – homosexuelle Handlungen
bis heute ab, mit der Begründung, sie seien widernatürlich, da sie nicht
der Fortpflanzung dienten; die protestantische Kirche teilte diese Sichtweise bis weit ins 20. Jahrhundert hinein.[80] Christliche Argumentationen
gegen Homosexualität beziehen sich oft auf die Erschaffung von Adam
und Eva durch Gott und seinen Auftrag «Seid fruchtbar und mehret euch»
– einen Auftrag, den Homosexuelle gemäss dieser Sichtweise nicht erfüllen können.[81] Innerhalb der katholischen wie der protestantischen
Kirche gab es aber immer wieder auch Theologinnen und Theologen, die
für die Gleichwertigkeit von Homosexualität argumentierten. Beide Lager
bedienen sich der Bibel, um ihre Argumentationen zu begründen.[82] Was
die Positionen der römisch-katholischen und der evangelischen Landeskirchen in der zweiten Hälfte des 20. Jahrhunderts betrifft, unterscheiden
sie sich stark voneinander. Sie werden im Folgenden kurz umrissen.

Das Gesetzbuch der katholischen Kirche – der «Codex des kanonischen
Rechts» – sah Sanktionen für Gläubige und Kleriker vor, die homosexuelle
Akte begingen (Ausgabe von 1917, die bis 1983 in Kraft war).[83] Auf dem
Hintergrund der sozialen Bewegungen der 1960er Jahre äusserte sich der

Vatikan 1975 in der «Erklärung der Kongregation für die Glaubenslehre zu einigen Fragen der Sexualethik» zur Forderung von Lesben und Schwulen nach gesellschaftlicher Anerkennung. Im Vergleich zum Codex von 1917 lockerte sich das Urteil: Zum ersten Mal unterschied die katholische Kirche zwischen gleichgeschlechtlichen Neigungen und homosexuellen Handlungen. Sie anerkannte, dass es Menschen mit einer gleichgeschlechtlichen Veranlagung gebe, und forderte die Gläubigen auf, diesen Menschen «mit Verständnis» zu begegnen.[84] Dennoch verurteilte sie homosexuelle Akte nach wie vor: «Die homosexuellen Handlungen sind in sich nicht in Ordnung und können keinesfalls in irgendeiner Weise gutgeheissen werden.»[85] Lesben und Schwule wurden zur Keuschheit aufgerufen. Diese Haltung – Respektierung von Menschen mit gleichgeschlechtlichen Neigungen bei gleichzeitiger Ablehnung homosexueller Handlungen – bestimmt die katholische Lehre bis heute und hat auch zur Ablehnung des Partnerschaftsgesetzes durch die Schweizer Bischofskonferenz geführt.[86] Zu bemerken ist die abweichende Position des Schweizerischen Katholischen Frauenbunds (SKF): Der SKF setzte sich sehr für das Partnerschaftsgesetz ein, was eine scharfe Replik aus dem Bistum Chur provozierte.[87]

Die (offizielle) protestantische Kirche hat sich erst im späten 20. Jahrhundert explizit mit dem Thema Homosexualität auseinandergesetzt.[88] Zudem vertritt sie eine weniger einheitliche Position als die katholische Kirche, was dadurch bedingt ist, dass sie keine zentrale Instanz kennt, die Richtlinien für die Gläubigen festlegt. In der Schweiz gliedert sich die protestantische Kirche in eine Vielzahl verschiedener regionaler Kirchen, die sich auch in ihren theologischen Vorstellungen voneinander unterscheiden. Grundsätzlich ist jedoch auch im Protestantismus der Schutz der Ehe und der Familie zentral.[89] Feministische Theologinnen befassen sich seit den 1960er Jahren mit der Frage, ob Homosexualität und christlicher Glaube vereinbar seien.[90] Ab 1974 thematisieren Marga Bührig und Else Kähler das Thema immer wieder an Tagungen im evangelischen Tagungs- und Studienzentrum Boldern in Männedorf und vertreten dabei einen progressiven Standpunkt. Für die offiziellen Stellen (die Kantonalkirchen und den Dachverband Schweizerischer Evangelischer Kirchenbund, SEK) wird Homosexualität erst in den 1990er Jahren – anlässlich der Wahl eines schwulen Pfarrers oder einer lesbischen Pfarrerin oder der Diskussion über Segnungen gleichgeschlechtlicher Paare – zum expliziten Thema.[91] In Graubünden waren die heftigen Reaktionen nach der Segnung eines lesbischen Paares 1993 Anlass für die evangelische Landeskirche, sich mit dem Thema Homosexualität zu befassen.[92] Nach einer längeren Auseinandersetzung beschlossen die Bündner Protestantinnen und Protestanten 1999, kirchliche Feiern zu erlauben, «in denen Fürbitte oder Bitte um Gottes Segen für Menschen in besonderen Lebenslagen im Zentrum stehen».[93] Der Schweizerische Evangelische Kirchenbund befasste sich anlässlich der Vernehmlassung des Partnerschaftsgesetzes mit Homosexualität und befürwortete das Gesetz.[94]

Inwieweit die beschriebenen offiziellen Positionen auch der Haltung der Gläubigen entsprechen, ist noch nicht erforscht worden. Ohnehin besteht in Bezug auf das Verhältnis von Religion bzw. Kirche und Sexualität eine grosse Forschungslücke, insbesondere zur Frage, «wie kirchliche Institutionen ihre Vorstellungen vom Sexuellen in die Lebenswelt der Gläubigen transportierten und deren sexuelle Erfahrungen und Wünsche kolonisierten».[95] Es ist jedoch davon auszugehen, dass die kirchliche Sexualmoral bis in die 1970er Jahre einen erheblichen Einfluss auf das Verhalten ihrer Mitglieder hatte und dass ihr Einfluss im Zuge der Säkularisierung seither signifikant zurückging.[96] Insbesondere in der katholischen Kirche besteht ein tiefer Graben zwischen der offiziellen Sexualmoral auf der einen und den Vorstellungen und dem Verhalten der Gläubigen auf der andern Seite.[97]

Freundinnen fürs Leben: historische Frauenfreundschaften in Graubünden

Als Teil einer Geschichte frauenliebender Bündnerinnen ab 1870 stellen wir im Folgenden die Lebensgeschichten von Meta von Salis-Marschlins und Marga Bührig dar. Anhand ihrer Erfahrungen lässt sich rekonstruieren, welches Selbstverständnis sie hatten und wie sie mit den sich im Laufe der Zeit verändernden Begriffen für frauenliebende Frauen umgegangen sind.

Meta von Salis-Marschlins (1855–1929): die köstliche Frucht der Freundschaft

Meta von Salis-Marschlins ist heute bekannt als erste promovierte Schweizer Historikerin und als Feministin der bürgerlichen Frauenbewegung Ende des 19. Jahrhunderts. Sie forderte als Erste in der Schweiz das volle Stimm- und Wahlrecht für Frauen.[98] Weniger im öffentlichen Bewusstsein ist ihre Zuneigung zu Frauen, ihre romantische Brieffreundschaft mit Theo Schücking und ihre über 45 Jahre dauernde Partnerschaft mit Hedwig Kym.[99] Im Folgenden stellen wir die intensive Freundschaft von Meta von Salis mit Theophanie (genannt Theo) Schücking und ihre Lebenspartnerschaft mit Hedwig Kym dar.

Romantische Brieffreundschaft mit Theo Schücking (1850–1903)

Den Winter 1878/79 verbringt Meta von Salis bei Malwida von Meysenbug (1816–1903) in Rom.[100] Die Adlige von Meysenbug führt dort einen Salon, in dem sich deutschsprachige Intellektuelle treffen und austauschen. Insbesondere für junge, bildungshungrige Frauen ist der Salon ein Anziehungspunkt. Malwida von Meysenbug, die über ihren Bildungsweg und ihre Befreiung aus der finanziellen Abhängigkeit von ihrem Vater eine Autobiografie geschrieben hat, ist für sie ein Vorbild.[101] In diesem Römer Winter trifft Meta von Salis Theo Schücking, wie von Salis' Biografin Berta Schleicher 1932 in ihrem blumigen Stil beschreibt: «Schon beim ersten Zusammensein tauchen die blauen Augenpaare der zwei zurückhaltenden Menschenkinder tief ineinander. Es ist, als frage die eine scheue Seele die andere: ‹Wollen wir Freunde sein?›»[102] Die beiden Frauen sehen sich während eines halben Jahres fast täglich. Nach der Rückkehr nach Deutschland bzw. in die Schweiz führen sie einen intensiven Briefwechsel, von dem nur noch Theo Schückings Briefe erhalten sind. Die Deutsche bekundet ihre Liebe und Freundschaft für die Bündnerin und ihren sehnlichen Wunsch, Meta von Salis so bald als möglich wiederzusehen: «Ich kann mich noch immer nicht daran gewöhnen dass du fort bist von hier und habe so oft herzliche Sehnsucht nach Dir!»[103] Der Wunsch, einander zu besuchen, scheitert aber immer wieder an den Aufgaben, die Theo Schücking für ihren Vater, den Schriftsteller Levin Schücking, als dessen Sekretärin erledigen muss.

Bei einem ihrer wenigen Treffen in Rom und Berlin in den folgenden fünf Jahren schenkt Meta von Salis Theo Schücking einen Ring, den diese immer bei sich trägt: «Du ahnst nicht welche Freude mir Dein Ring macht – ich trage ihn jetzt allein, nicht mit dem andern zusammen am vierten Finger, sehe ihn mir so oft an, am Liebsten wenn er momentan nicht glänzt – dann gemahnt er mich an einen vollen Blutstropfen – von Dir, den Du mir zu eigen gegeben. – Liebste Meta – möchten die Götter mich im Sommer zu Dir führen – wie wird das schön sein.»[104] Der Ring und die «Verschwesterung» mit einem Blutstropfen zeigen, dass es den beiden Frauen wichtig war, ihre Verbindung sich gegenseitig zu bekräftigen. Belustigt reagiert Theo Schücking, als sie von Meta von Salis erfährt, dass deren Vater sie verheiraten will: «Weisst Du liebe Meta dass mir der Verheirathungsplan [sic] Deines Papas grosses Vergnügen gemacht hat? Es hat etwas so unbeschreiblich Komisches – die Idee, Dich wie jedes Schablonenmädchen unter die Haube bringen zu können – wieviel Enttäuschungen wird Dein Papa da noch durchzumachen haben! – Obwohl ich – für meine Person – auch glaube dass Du Dich noch einmal verheirathen [sic] wirst – wenn auch nicht unter den Auspizien Deines Papas – nun möchtest Du mir gleich den Hals umdrehn, nicht wahr?»[105] Später im selben Brief fährt Theo Schücking fort: «Liebe – dies seltsame Wort, das dem Einen dies – dem Andern das bedeutet – ich möchte es nicht immer so streng unterschieden von Freundschaft haben – mir scheint: reine grosse Freundschaft zwischen zwei Frauen ist Liebe – viel häufiger als das Gefühl zwischen Mann und Frau es ist – das meistens zwischen ‹flirtation› oder Leidenschaft schwankt.»[106]

Die beiden Frauen planen ein gemeinsames Leben: «Ja, Meta – auch ich glaube fest dass wir Beide zusammenleben könnten – und – hoffe darauf – – – ein Lichtpunkt in dem Dunkel, als welches mir bisher immer meine Zukunft erschienen.»[107] Doch ehe Meta von Salis und Theo Schücking ihren Wunsch realisieren, zerbricht ihre Freundschaft im Herbst 1883 an einem Loyalitätskonflikt.[108] 17 Jahre lang hören die beiden nur mittelbar, über gemeinsame Freundinnen, voneinander. Erst um 1900 kommt es zu einer Wiederaufnahme des Briefkontakts, und die beiden treffen sich noch einmal in Rom. Zu einem geplanten Besuch Theo Schü-

Hedwig Kym und Meta von Salis-Marschlins: «Die köstliche Frucht der Freundschaft à toute épreuve zwischen Frauen.»

ckings auf Capri kommt es nicht mehr; sie stirbt am 23. Mai 1902 an einer Lungenentzündung.[109] Meta von Salis bewahrt ihr Andenken noch lange, denn 1919 widmet sie Theo Schücking ein Porträt im zweiten Band ihrer «Auserwählte Frauen unserer Zeit».[110]

Freundin fürs Leben: Hedwig Kym (1860–1949)[111]

Es ist November 1883 in einem Hörsaal der Universität Zürich. Neben der grossen Mehrheit männlicher Studierender nehmen einige wenige Frauen in den Bänken Platz. Sie sind seit 1864 offiziell zum Studienabschluss zugelassen.[112] Es ist die erste Vorlesung für Meta von Salis; Professor Ludwig Kym (1822–1900) doziert über Philosophie, und hier lernt die Bündnerin ihre spätere Lebensfreundin kennen. Biografin Berta Schleicher beschreibt die erste Begegnung folgendermassen: «Ein schüchternes junges Mädchen setzt sich neben sie und schiebt ihr eine Visitenkarte zu – est [sic] ist Hedwig Kym, die Tochter des dozierenden Professors. Aus dieser Begegnung im Hörsaal wird allmählich nicht nur eine innige Freundschaft, sondern ein Bund zu gemeinsamer Lebensgestaltung, ein seelisches Zusammenwachsen seltenster Art.»[113]

Zur Zeit, als Meta von Salis und Theo Schücking miteinander brechen, lernt die Bündnerin Hedwig Kym kennen. Während die schwärmerischleidenschaftliche Beziehung zu Theo Schücking sich auf wenige Besuche und einen regen Briefwechsel beschränkt, verbringen Meta von Salis und Hedwig Kym ihr Leben bis zu Metas Tod gemeinsam. Über ihre Gefühle füreinander haben die beiden nichts Schriftliches hinterlassen. Meta von Salis' Tagebuch, das Aufschluss geben könnte, ist aus dem Nachlass in der Universitätsbibliothek Basel verschwunden. Hedwig Kym nimmt es nach dem Tod ihrer Freundin aus dem Archiv, möglicherweise um zu zensurieren, was sie als nicht für die Öffentlichkeit bestimmt ansieht.[114] Durch die Briefe Dritter an Meta von Salis und durch den Bericht Berta Schleichers, Meta von Salis' erster Biografin, lässt sich jedoch einiges rekonstruieren.[115]

Nachdem Meta von Salis ihr Studium abgeschlossen hat,[116] unternehmen sie und Hedwig Kym zahlreiche gemeinsame Reisen ins Engadin, nach Italien, Irland und Nordafrika. Sie schreiben regelmässig für die Zeitschrift «Die Philantropin», das Organ des Schweizer Frauenverbands Fraternité, und veröffentlichen gemeinsam einen Gedichtband. Ihre enge Freundschaft ist von beiden Familien anerkannt: So geht Meta von Salis im Hause Kym an der Gartenstrasse 36 in Zürich ein und aus, und ihre Promotionsfeier findet 1887 ebenfalls dort statt.[117] Hedwig Kym ihrerseits ist oft im Schloss Marschlins zu Besuch. Berta Schleicher schreibt: «Sie kommt so oft wie möglich und nimmt Marschlins als unvergänglich schönstes Teil in ihr innerstes Leben auf. […] Und der alte Zug in die Weite lässt Meta nach der Freundin Hand greifen, um mit ihr die fernen Wunder der Erdenschönheit zu schauen.»[118] Auch Meta von Salis' Mutter anerkennt die Bedeutung dieser Freundschaft für ihre Tochter. An ihrem Sterbebett spielt sich, nach der Überlieferung von Berta Schleicher, folgende Szene ab: «Doch einen Trost nimmt die Mutter mit sich, er liegt in dem schlichten Wort, das sie sterbend zu Meta spricht: ‹Hedwig wird dir eine treue Freundin bleiben!›»[119]

Meta von Salis-Marschlins

Meta von Salis-Marschlins (1855–1929) wächst als Tochter von Margareta (geb. von Salis-Maienfeld, 1810–1895) und Ulysses von Salis-Marschlins (1795–1886) im Schloss Marschlins bei Igis im Kanton Graubünden auf.[1] Schon als Kind spürt sie schmerzlich, dass sie als Tochter für ihren Vater zweitrangig ist. Als ihr Bruder stirbt, zieht sich der Vater zurück, da er in seinen beiden Töchtern keine würdigen Stammhalterinnen für seine Nachfolge sieht. In Mädcheninternaten wird sie auf ihre Rolle als aristokratische Frau vorbereitet. Doch Meta von Salis strebt nach mehr: Sie verdient bald als Privatlehrerin für adlige Kinder in Deutschland und England ihr eigenes Geld und beginnt 1883 in Zürich Geschichte und Philosophie zu studieren. 1887 promoviert sie als erste Historikerin der Schweiz. Sie engagiert sich für das Frauenstimmrecht, schreibt für verschiedene Zeitungen, hält Vorträge, veröffentlicht Gedichte und einen Roman. In einem Gerichtsprozess um Erbstreitigkeiten setzt sie sich für ihre Freundinnen Caroline Farner und Anna Pfrunder ein. Die beiden Frauen wohnen zeitweise bei den Eltern Anna Pfrunders in Zürich, regeln deren Finanzangelegenheiten und betreuen die verwaisten Enkel der Pfrunder-Eltern.[2] Alfred Wittelsbach, ein Onkel dieser Kinder, klagt Caroline Farner und Anna Pfrunder des Betrugs und der Unterschlagung von Geldern zuungunsten der Waisenkinder an. Die beiden Frauen werden freigesprochen. Meta von Salis, die in verschiedenen Schriften vehement für die beiden Frauen und gegen Alfred Wittelsbach Stellung bezieht, wird 1894 wegen Ehrverletzung zu einer massiven Geldbusse und acht Tagen Haft verurteilt.[3] Erschöpft und zutiefst enttäuscht zieht sie sich aus dem öffentlichen Leben zurück. Mit Hedwig Kym unternimmt sie ausgedehnte Reisen und baut sich auf Capri eine Villa, wo die beiden die Sommermonate verbringen. Erst gegen Ende ihres Lebens, während des Ersten Weltkriegs, wird Meta von Salis wieder in der Öffentlichkeit aktiv; jetzt allerdings schreibt sie deutschnationalistische und zuweilen antisemitische Artikel.

---

1 Zur Biografie von Meta von Salis vgl. Bollinger; Klaas; Meilier; Redolfi; Schleicher; Stump, Ideen; Volland.
2 Es handelte sich um Walter und Anna Alwina Pfrunder, die Kinder von Alwine Pfrunder-Wittelsbach und Johann Walter Pfrunder. Letzterer war Anna Pfrunders Halbbruder, der Sohn ihres Vaters aus erster Ehe (vgl. Tabelle zur familiären Konstellation der Familie Pfrunder in Keller, 397–398).
3 Salis, Prozess; Salis, Verständigung.

Nach dem Tod ihrer Eltern und dem zermürbenden Farner-Pfrunder-Prozess[120] verkauft Meta von Salis das Schloss Marschlins und lässt sich auf der italienischen Insel Capri eine Villa bauen. Dort verbringen sie und Hedwig Kym jeweils mehrere Monate im Sommer, um zu lesen, zu schreiben und am gesellschaftlichen Leben der Insel teilzunehmen.[121] In Italien trifft Hedwig Kym den Basler Anwalt Ernst Feigenwinter (1853–1919) wieder, der Meta von Salis im Farner-Pfrunder-Prozess Jahre zuvor verteidigt hatte. Der verwitwete Jurist macht Hedwig Kym einen Heiratsantrag, den diese – zur grossen Überraschung Meta von Salis' und ihrer gemeinsamen Bekannten – 1910 annimmt.[122] Die Art der Beziehung zwischen Hedwig Kym und Ernst Feigenwinter und die Gründe für die Heirat werden an keiner Stelle beschrieben. Ebenso wenig lässt sich heute erschliessen, was die Heirat im Einzelnen für Auswirkungen auf die Freundschaft der beiden Frauen hat. An verschiedenen Briefen von Bekannten an Meta von Salis lässt sich ablesen, dass die Bündnerin eine Distanzierung von Hedwig Kym befürchtet.[123] Doch als Hedwig Kym mit Ernst Feigenwinter in dessen Haus am Heuberg 12 in Basel zieht, wird der Bündnerin eine Wohnung darin eingerichtet. Fortan leben die drei gemeinsam im selben Haus. Eine italienische Freundin, Maria Pasolini, schreibt Meta in einem Brief: «Se il marito della Sua amica, ha capito quanto l'amicizia era necessaria al cuore di sua moglie, tanto da desiderare Lei vicina, di casa – mi sembra un buon segno – che parla in favore del suo carattere e delle sue intenzioni.» (Wenn der Ehemann Ihrer Freundin begriffen hat, dass seiner Frau die Freundschaft [mit Ihnen] so sehr am Herzen liegt, dass sie Sie nahe, zu Hause wünscht – dann scheint mir das ein gutes Zeichen, das für den Charakter seiner Absichten spricht.)[124] Auch von Basel aus unternehmen die Freundinnen zahlreiche Reisen und fahren regelmässig – nun zusammen mit Ernst Feigenwinter – nach Capri.[125]

Köstliche und keusche Freundschaft

Die Bündner Aristokratin Meta von Salis war nicht die Einzige: Unter den gebildeten, adligen oder grossbürgerlichen Frauen an der Schwelle zum 20. Jahrhundert gab es verschiedene Frauen, die mit ihren Freundinnen zusammenlebten. Dazu gehören beispielsweise Caroline Farner (1842–1913) und Anna Pfrunder (1851–1925) sowie Helene von Mülinen (1850–1924) und Emma Pieczynska (1854–1927).[126] Häufig lernen sich diese Frauen in Bildungsinstitutionen oder in den gegen Ende des 19. Jahrhunderts entstehenden Frauenorganisationen kennen. Meta von Salis äussert sich in ihren Schriften zum Farner-Pfrunder-Prozess folgendermassen: «Das Schauspiel einer dauerhaften Freundschaft zwischen Frauen stösst bei Vielen auf Zweifel und Kritik aller Art. Nach meiner Ansicht deshalb: so lange die Frau eine abhängige, gänzlich von der Familie bestimmte, in ihr begrenzte Stellung einnahm, konnte Freundschaft in dem weiten und tiefen Sinn, in dem sie übrigens auch bei Männern selten ist, bei Frauen gar nicht aufkommen. [...] Sie entstand nicht, weil ihr die Lebensbedingungen, Handlungsfähigkeit und Handlungsfreiheit, fehlten. Kaum waren diese durch die berufliche Ausbildung und um sich greifende Befreiung der Frauen von männlichen Vormündern, Brüdern und Schwägern gegeben, so zeitigten sie auch die köstliche Frucht der Freundschaft à toute épreuve zwischen Frauen.»[127]

Inwiefern die Frauen ihre «köstliche Freundschaft» auch körperlich lebten, ist heute nicht mehr in Erfahrung zu bringen. Meta von Salis hat sich zu dieser Frage nicht direkt geäussert. In ihrem Buch «Philosoph und Edelmensch» unterstützt sie die Auffassung Nietzsches, die gesellschaftlichen Eliten seien geschlechtlich kühl.[128] Wie im vorhergehenden Kapitel beschrieben, kam der Begriff «Homosexualität» und damit die Assoziation enger Frauenfreundschaften mit Sexualität im letzten Drittel des 19. Jahrhunderts in der Sexualwissenschaft auf und fand erst viel später Eingang in die Sprache einer breiteren Bevölkerungsschicht. Meta von Salis musste jedoch von diesen Vorstellungen Kenntnis haben,[129] denn sie grenzte sich davon vehement ab: «Dass eines der entsetzlichen Entartungsgebilde der Hyperkultur auch den Namen Freundschaft trägt, ist zu bedauern, aber die beiden zu verwechseln wird nur einem mit den raffiniertesten Lastern vertrauten Gesellen gegeben sein. Das Giftgeschwür heftet sich an die Existenzen beschäftigungs- und interesseloser, überreizter Genussmenschen, die keusche Blume der Freundschaft entspringt dem Boden einer arbeitsfrohen, pflichttreuen Lebensführung. Sie zählt auch in dieser Gestalt Feinde, sie muss sie zählen unter allen jenen, die aus dem früheren Zustand der Unmündigkeit Vorteil zogen.»[130] Meta von Salis benutzt in diesem Zitat von 1893 zwar nicht den Begriff «homosexual» oder «homosexuell», die Ausdrücke «Hyperkultur» und «Entartungsgebilde» weisen jedoch auf Vorstellungen von sexueller Entartung hin, die Ende des 19. Jahrhunderts populär waren.[131] Interessant ist ausserdem, dass Meta von Salis diese Aussage im Zusammenhang mit dem Farner-Pfrunder-Prozess macht. Bei diesem Prozess, in dem es vordergründig um Erbstreitigkeiten ging, stand noch etwas anderes zur Debatte: die neuen Tätigkeitsfelder und Lebensformen gebildeter Frauen Ende des 19. Jahrhunderts.[132] Die Ärztin Caroline Farner, deren Lebensweg viele Parallelen zu Meta von Salis' Biografie aufweist, hatte sich und ihrer Freundin Anna Pfrunder eine Existenz aufgebaut. Sie führte eine Praxis und eine Frauenklinik in Zürich sowie ein Kurhaus im appenzellischen Urnäsch, und sie äusserte sich regelmässig zu kontroversen Themen wie Kinderarbeit oder Alkoholismus in der Öffentlichkeit.[133] Frauenpaare wie Caroline Farner und Anna Pfrunder oder Meta von Salis und Hedwig Kym, die ihren Lebensunterhalt weitgehend allein bestritten und sich öffentlich engagierten, überschritten die Grenzen der für Frauen vorgesehenen Sphäre und stiessen im konservativen Umfeld ihrer Zeit auf Misstrauen.[134] Meta von Salis indes verteidigte ihren Lebensentwurf: «Wer das Familienleben der Frauen Farner-Pfrunder kennt, wird mir gerne beistimmen, wenn ich sage, kein Mann und keine Frau haben es verstanden sich gemütlicher und würdiger einzurichten und einzuleben als sie.»[135]

Zusammenfassend lässt sich sagen, dass Meta von Salis' Auffassung von Frauenfreundschaften dem weiter oben beschriebenen Konzept der «romantischen Freundschaft» entspricht, einem im 19. Jahrhundert in der europäischen Oberschicht gängigen Konzept. Meta von Salis lebte zudem in einer Zeit, in der sich gesellschaftliche Auffassungen über Frauenbeziehungen grundsätzlich zu wandeln begannen und Vorstellungen von Homosexualität als angeborene, krankhafte Persönlichkeit aufkamen. Von dieser Sichtweise distanzierte sie sich vehement.

Marga Bührig (1915–2002): ledig, aber nicht alleinstehend

Sechzig Jahre nach Meta von Salis wird Marga Bührig geboren. Die Theologin ist als Begründerin der feministischen Theologie in der Schweiz bekannt. Weniger bekannt ist, dass sie von 1926 bis 1934 in Graubünden lebte und 1934 Bürgerin von Feldis wurde. Neben diesem Bezug zu Graubünden ist Marga Bührig für die Fragestellung dieses Artikels auch deshalb interessant, weil sie fast das ganze 20. Jahrhundert miterlebt hat: eine Zeit, in der sich die Vorstellungen über die Rolle von Frauen und über frauenliebende Frauen stark verändert haben. Der Begriff «Homosexualität» findet lange Zeit kaum Eingang in das gesellschaftliche Bewusstsein (vgl. «Begriffsgeschichte: von der Freundin zur Lesbe», Seiten 236–240). Erst in den 1960er Jahren ändert sich dies schrittweise.

Sexualität und Homosexualität werden zu Themen, die in der Öffentlichkeit und von den Medien verhandelt werden. Dies hat zur Folge, dass frauenliebende Frauen allmählich sichtbar gemacht werden – ein Vorgang, der für die betreffenden Frauen Vor- und Nachteile hat. Marga Bührig reflektiert diese Veränderungen und deren Konsequenzen für ihr eigenes Leben in ihrer 1987 erschienenen Autobiografie «Spät habe ich gelernt, gerne Frau zu sein»: «Vorgeformt ist nur das Muster Ehe und Familie. ‹Zwangsheterosexualität› sagt die Amerikanerin Adrienne Rich heute.[136] Davon wussten wir nichts. Zum Glück? Oder leider? So froh ich heute über manche nachträgliche Information und Verstehenshilfe aus der neuen Frauenbewegung bin, so wenig möchte ich die Unbefangenheit und innere Zielstrebigkeit missen, die Jahre äusserer Armut um der Freiheit zur gemeinsamen Lebensgestaltung willen, die Stunden gemeinsamer Entdeckung an- und miteinander.»[137] Im Folgenden schildern wir Marga Bührigs Beziehungen zu ihren Lebensfreundinnen Else Kähler (*1917) und Elsi Arnold (*1930). Wir stützen uns dabei auf Marga Bührigs 1987 erschienene Autobiografie, wobei der Fokus auf ihrem Selbstverständnis liegt.

Unbefangene Frauenfreundschaft

1946, im Alter von 31 Jahren, lernt Marga Bührig die deutsche Theologin Else Kähler kennen. Die beiden Frauen verbindet bald eine enge Freundschaft. Gemeinsam leiten sie das von Marga Bührig gegründete Reformierte Studentinnenhaus Zürich, und gemeinsam beginnen sie, sich aus Frauenperspektive mit dem Evangelium zu befassen. Später erinnert sie sich: «Für Else Kähler und mich hatte es sich in diesen gemeinsam gelebten Jahren fest herauskristallisiert, dass wir uns nicht trennen wollten. Wir glaubten fest daran, dass sich dieser Wunsch würde realisieren lassen.»[138] Als Marga Bührig 1959 eingeladen wird, als Studienleiterin ans Evangelische Tagungszentrum Boldern zu gehen, antworten die beiden postwendend: «Entweder beide oder keine.»[139] Die Leiter des Tagungszentrums entscheiden sich daraufhin für beide. 30 Jahre später wundert sich Marga Bührig über die damalige Unbefangenheit auf beiden Seiten: «Heute frage ich mich, was die Männer wohl dachten, die damals diesen Beschluss fassten. Offenbar waren wir durch unsere langjährige gemeinsame Arbeit […] so gut ausgewiesen, dass niemand offen nach unserer persönlichen Beziehung zu fragen wagte. Spielte sie wirklich keine Rolle? Ich meine, dass das heute anders wäre. Heute würde ‹man› offen oder versteckt fragen: ‹Sind die beiden lesbisch?› Ich zweifle auch daran, dass die Unbefangenheit, mit der wir ohne nähere Begründung sagten: ‹Entweder beide oder keine›, heute möglich wäre.»[140]

Marga Bührig und Else Kähler kümmert es anfänglich kaum, dass sie keine Bezeichnung für ihre enge Freundschaft haben. Sie definieren sich nicht als frauenliebende oder lesbische Frauen, sondern – in Abgrenzung zur traditionellen Frauenrolle der Ehefrau und Mutter – als ledige Frauen. Die Frage nach der Stellung lediger Frauen in Kirche und Gesellschaft beschäftigt sie. Fürbittegebete wie «und hilf jenen armen allein stehenden

Frauen, dass sie ihr schweres Ledigsein annehmen und bestehen können»[141] machen ihnen die marginale Position lediger Frauen in der Kirche bewusst. Sie suchen nach Bibelstellen, die die Ehelosigkeit als Wahl, als sinnvollen Verzicht, als Zeichen einer grösseren, umfassenden Zugehörigkeit zu Jesus Christus darstellen. Dabei stellt Marga Bührig die Idee, dass die Ehe den «normalen Weg» für eine Frau darstelle, lange Zeit nicht in Frage.[142] Erst später in ihrem Leben anerkennt sie ihre Frauenbeziehung als gleichwertig und sucht nicht mehr nach einer biblischen Legitimation für ihr Ledigsein. In ihrer Autobiografie fragt sie: «War nicht unsere starke persönliche Freundschaft der wirklich tragende Lebensgrund? Hatten wir wirklich ‹um Christi willen› auf Mann und Kinder verzichtet, oder nicht viel eher darum, weil wir einander hatten und uns im Grunde genommen im privaten Bereich nichts fehlte?»[143]

Abgrenzung von Homosexualität

Als Leiterinnen von Boldern organisieren Marga Bührig und Else Kähler Tagungen zu Frauenfragen, zur Ökumene und zu Friedensthemen; ab 1974 veranstalten sie auch immer wieder Tagungen über «Probleme der Homosexualität», die sich vorwiegend an gleichgeschlechtlich Liebende richten. Selber verstehen sich die beiden nicht als homosexuell. Auch das Wort «lesbisch» wenden sie nicht auf sich selber an; es scheint ihnen zu einseitig sexuell konnotiert. Im Vorwort zu einem Buch über lesbische Frauen in der Kirche schreibt Marga Bührig: «Für uns sind die Wörter ‹lesbisch› und ‹Lesbe›, jedenfalls im deutschen Sprachbereich, viel zu stark von Begriffen wie ‹Andersartigkeit› oder gar ‹Abartigkeit› gefärbt, und beides wird zentral auf Sexualität bezogen. Da liegen für uns die Grenzen dieser Bezeichnungen. Wir haben uns immer als ‹normale› Frauen verstanden, die durch ihre Lebensgeschichte zu dieser Lebensform geführt wurden, die wir nicht gesucht hatten. Uns in ein bestimmtes Schema pressen zu lassen, uns in eine von bestimmten Vorstellungen und Erwartungen fixierte ‹Minderheit› einordnen zu lassen, hat für uns nie gestimmt und stimmt auch heute nicht. [...] Es ist uns klar, dass wir uns von denen, die dieses Buch herausgeben, fragen lassen müssen: Ist das nicht Feigheit? Wir glauben das eigentlich nicht, wir denken eher, hier bestehe ein Unterschied zwischen den Generationen.»[144]

An den Tagungen agieren sie als neutrale Leiterinnen. Bei der ersten Sendung des Schweizer Fernsehens zum Thema Homosexualität, der von einer breiten Öffentlichkeit mitverfolgten «Telearena» von 1978 (vgl. Seite 242), tritt Marga Bührig als Expertin und Anwältin der Homosexuellen – und nicht selber als frauenliebende Frau – auf. Rückblickend schreibt sie: «Wir [Else Kähler und Marga Bührig] lebten in einer irgendwie selbstverständlichen gegenseitigen Geborgenheit von Wärme und Zärtlichkeit, die nach aussen sicher ausstrahlte, aber nicht öffentlich sichtbar wurde. Da mir bis heute Zärtlichkeit und Intimität in der Öffentlichkeit unverständlich sind, gleichgültig, ob das Frauen und Männer oder Frauen mit Frauen oder Männer mit Männern betrifft, habe ich einen weiten Weg zurücklegen müssen, bis ich begriff, dass [...] es um eine Solidarisierung

Marga Bührig: «Ich will nicht einfach allein gesehen werden.»

Marga Bührig

Marga Bührig wird 1915 in Deutschland als Tochter einer Polin und eines Deutschen geboren. Die Familie zieht Mitte der 1920er Jahre nach Chur, wo Marga Bührig die Schulen besucht und mit der Maturität abschliesst. In Chur macht sie erstmals die Erfahrung, an einem Ort fremd zu sein: «Zu meinen demütigendsten

Kindheitserfahrungen gehört die Einsicht, dass ein Fremder ohne festen Beruf in einer schweizerischen Kleinstadt einfach ‹niemand› ist. Ich habe mich niemals verfolgt oder verachtet gefühlt. Aber ich merkte doch immer, dass ich irgendwie fremd war – und mein Wunsch nach Zugehörigkeit war brennend.»[1] Weil Marga Bührig, die zu einem Viertel jüdischer Abstammung ist, in Deutschland nicht studieren darf, lässt ihr Vater sie in Feldis einbürgern. In Chur hätte sie nach eigener Einschätzung keine Aussicht auf Einbürgerung gehabt, aber die kleineren, ärmeren Gemeinden gestanden die Bürgerrechte eher zu, weil sie so zu Geld kamen.[2]

Nach dem Studium der Germanistik und Geschichte arbeitet Marga Bührig als Lehrerin und absolviert ein Zweitstudium in Theologie. 1945 gründet sie das Reformierte Studentinnenhaus in Zürich. Sie engagiert sich in der evangelischen Frauenarbeit und setzt sich für die Ökumene ein. Ab 1959 ist sie gemeinsam mit Else Kähler (*1917) Studienleiterin für Frauenfragen, später Gesamtleiterin an der Evangelischen Tagungsstätte Boldern. 1983 wird sie als erste Vertreterin der Schweiz ins Präsidium des Ökumenischen Rats der Kirchen gewählt.

---

1 Schritte ins Offene 1994, Nr. 6, 16–17, zitiert in Ehrensperger, 147.
2 Ebd., 147.

der ‹Frauen-identifizierten Frauen› geht, auch um Solidarität mit einer Lebensform, die immer noch von der Gesellschaft (und erst recht in der Kirche) geächtet wird. […] Und doch brächte ich das Wort ‹lesbisch› in Bezug auf mich selbst nicht über die Lippen, obschon ich weiss, dass ich von diesen Frauen ganz selbstverständlich als eine der Ihren betrachtet werde.»[145] Der Begriff «Lesbe» gewinnt für Marga Bührig durch Erfahrungen in der Frauenbewegung eine positive Bedeutung. Dabei spielen einige Reisen nach Kalifornien, die sie mit ihren Partnerinnen unternimmt, eine zentrale Rolle: «Lesbische Frauen galten nicht einfach als ‹andersartig› und bestenfalls toleriert, sondern als ‹woman identified women›, als Frauen, die ganz waren und sich mit anderen Frauen identifizierten und solidarisierten und so eine Herausforderung an die Herrschaft der Männer darstellten.»[146]

Leben zu dritt

1961 tritt eine dritte Frau ins Leben von Marga Bührig und Else Kähler: die Lehrerin und Psychologin Elsi Arnold, die als Praktikantin nach Zürich kommt und bei den beiden Theologinnen wohnt. «Was nicht geplant und von niemand erwartet wurde, geschah. Es kam zu einer Begegnung und Freundschaft zwischen Else Kähler und ihr und dann zwischen Elsi Arnold und mir. Wie geht ‹frau› damit um? Jede von uns und jede mit jeder musste sich dieser Frage stellen, und sie zu beantworten war nicht leicht. […] Es war und ist oft schwierig, einander Freiheit zu lassen, das heisst, es ist relativ leicht, jeder die Freiheit zu lassen, die sie für sich braucht, aber schwieriger, innerhalb einer Lebensgemeinschaft zu dritt den beiden anderen die Freiheit zu ihrer Beziehung zu lassen. Schliesslich sind wir von einer Gesellschaft, in der die Ehe und ehe-ähnliche Beziehungen das einzige Muster für ‹öffentliches› Zusammenleben sind und wo andererseits der Partner/innen-Wechsel selbstverständlich ist, nicht gut darauf vorbereitet, ein solches Wagnis einzugehen.»[147]

Die drei Frauen unternehmen in den folgenden Jahren zahlreiche gemeinsame Aktivitäten: Sie organisieren Tagungen für Frauen, verbringen Wochenenden und Ferien zusammen, und sie reisen mehrmals gemeinsam nach Amerika, wo sie gleichgesinnte Feministinnen treffen. Schliesslich kaufen sie gemeinsam eine Ferienwohnung im Schwarzwald und nach der Pensionierung von Marga Bührig und Else Kähler ein Haus in Binningen bei Basel. In solchen Momenten wird den dreien besonders bewusst, dass ihre Lebensform von der Gesellschaft nicht vorgesehen ist: «Gesellschaftlich sind wir ein Kuriosum. […] Drei Frauennamen, Namen von je allein für sich verantwortlichen Frauen, auf einem Kaufvertrag, das war fast zu viel für den Notar im Schwarzwald. Ungläubig, leicht amüsiert, etwas skeptisch, aber dann doch auch mit einer gewissen Bewunderung schaute er uns an. […] Schwieriger, das heisst zum Scheitern verurteilt war unser Versuch, unser sonstiges Eigentum als gemeinsames zu erklären. Eine Juristin belehrte uns, wir seien rechtlich eine ‹einfache Gesellschaft›. Ausser Familie und geschäftlichen Zusammenschlüssen gibt es wenige oder keine rechtlichen Formen.»[148] Das sind Erlebnisse, die Marga Bührig ärgern. Sie will zeigen, dass es andere Formen menschlicher Gemeinschaft gibt als die Familie. Deshalb schreibt sie, wenn sie um einen Lebenslauf gebeten wird, bewusst, dass sie mit zwei Frauen zusammenlebt: «Ich will nicht einfach allein gesehen werden, ich will dazu stehen, dass ich eine andere Art von Familie habe.»[149]

Marga Bührigs Reflexionen über ihr Leben zeigen anschaulich, wie sich die gesellschaftliche Wahrnehmung frauenliebender Frauen im 20. Jahrhundert verändert hat. Noch in den 1950er Jahren war Homosexualität kaum ein Thema in der Öffentlichkeit, was Marga Bührig und Else Kähler Unbefangenheit ermöglichte, es ihnen gleichzeitig aber auch schwierig machte, ihre Freundschaft als gleichwertige Alternative zu einer heterosexuellen Liebesbeziehung zu sehen. Die zweite Frauenbewegung bewirkte bei Marga Bührig eine Sensibilisierung für den Wert

Else Kähler, Elsi Arnold und Marga Bührig: «Gesellschaftlich sind wir ein Kuriosum.»

ihrer Frauenbeziehungen und eine Umdeutung des Begriffes «Lesbe». Diesen übernahm sie nicht für sich, doch war es für sie wichtig, ihre persönliche Lebensform gesellschaftlich sichtbar zu machen.

Lebensentwürfe frauenliebender Frauen mit Bezug zu Graubünden

Als Teil einer Bündner Lesbengeschichte ab 1870 beschrieben wir in den vorangehenden Kapiteln die Lebensgeschichten von Meta von Salis und Marga Bührig. Im Folgenden stellen wir unsere Auswertungen der Interviews mit heute lebenden, nach 1945 geborenen Frauen dar.[150] In den Interviews baten wir die Frauen zunächst, ihre Lebensgeschichte zu erzählen, und fragten erst in einem zweiten Schritt zu konkreten Themenbereichen nach. Uns interessierte, was frauenliebende Frauen in oder aus Graubünden in ihrem Leben beschäftigt, welche Themen für sie zentral sind. Entlang dieser Themen gliedert sich der zweite Teil der folgenden Darstellung. Im ersten Teil stellen wir vier verschiedene Lebensentwürfe vor, nach denen sich die befragten Frauen unterscheiden lassen.[151]

Unter dem Titel «Traditioneller Lebensentwurf» beschreiben wir die Erfahrungen derjenigen Interviewten, die zunächst heirateten und eine Familie gründeten, bevor sie sich für Liebesbeziehungen mit Frauen entschieden. Mit «Lesbischer Lebensentwurf in Graubünden» meinen wir Frauen, die bereits in ihrer Jugend eine gleichgeschlechtliche Liebesbeziehung suchten. Unter dem Titel «Wegzug und lesbische Subkultur» beschreiben wir die Lebensentwürfe von Frauen, die in Graubünden aufwuchsen, aber lesbische Beziehungen erst leben konnten oder wollten, als sie in eine Stadt ausserhalb Graubündens migrierten. Umgekehrt entschlossen sich lesbisch lebende Frauen aus dem Unterland – und teilweise auch zuvor weggezogene Bündnerinnen – für einen Umzug nach Graubünden, was wir mit «Graubünden als gewählter Wohnort» bezeichnen. Diese vier Lebensentwürfe sind nicht ausschliesslich zu verstehen – die Lebenswege einzelner Frauen können Elemente verschiedener der von uns beschriebenen Lebensentwürfe enthalten. So versuchten beispielsweise einige Frauen, zunächst in Graubünden ein lesbisches Leben zu führen, entschlossen sich aber später zum Wegzug.

Die folgende Darstellung beinhaltet einen allgemein gehaltenen fortlaufenden Text, in den die Erfahrungen und Erzählungen aller befragten Frauen einfliessen, sowie zehn Fallgeschichten, die wir gesondert darstellen. Diese Darstellungsform soll es ermöglichen, sowohl übergeordnete Thematiken wie auch individuelle Erfahrungen sichtbar zu machen. Alle verwendeten Zitate stammen aus den im Quellenverzeichnis aufgelisteten Interviews. Die Namen und persönlichen Daten der Interviewten wie Herkunfts- und Wohnort sowie Beruf haben wir auf Wunsch anonymisiert. Diejenigen Befragten, die keine Anonymisierung wünschten, erscheinen mit ihrem Namen und unveränderten persönlichen Daten im Artikel. Wir kennzeichnen nicht, welche Namen und Daten anonymisiert wurden und welche nicht.

Traditioneller Lebensentwurf

Ein grosser Teil der befragten Frauen lebte zunächst in festen Liebesbeziehungen mit Männern oder heiratete und gründete eine Familie. Exemplarisch für diesen Weg stehen die Lebensgeschichten von Laurenzia Gisch (*1953; vgl. Seite 259) und Anna Coretti (*1945; vgl. Seiten 260–261), die beide aus entlegenen kleinen Bündner Dörfern stammen, heirateten, Kinder bekamen und über 20 Jahre mit ihrer Familie lebten, bevor sie eine Liebesbeziehung mit einer Frau eingingen. Heiraten und Kinder bekommen stellte (und stellt teilweise heute noch) ein Lebensmuster dar, das im Allgemeinen nicht hinterfragt wurde. Heute erinnern sich die betreffenden befragten Frauen mit ambivalenten Gefühlen an die Zeit, als sie verheiratet waren. Einerseits, so denken sie heute, hätten sie sich vorher schon für das Leben mit einer Frau entschieden, wenn sie die Möglichkeit dazu gehabt hätten. Andererseits gab es schöne Momente ihrer Ehe, die sie nicht missen möchten.

Im Rückblick erinnern sich manche Frauen an Schwärmereien für Schulfreundinnen oder für eine Lehrerin. Sie verfügten jedoch über keine Begriffe, um ihre Gefühle zu benennen, und kannten keine gleichgeschlechtlich liebenden Menschen. Erst später, als sie als Ehe- und Familienfrauen oder in einer festen heterosexuellen Beziehung lebten, tauchte diese Möglichkeit zu einem bestimmten Zeitpunkt auf; etwa anlässlich einer Ausbildung, in deren Verlauf sie sich mit sich selber und

Laurenzia Gisch (*1953): Warum schneit so etwas dazwischen?[1]

Laurenzia Gisch wächst in den 1950er Jahren in einem kleinen, romanischsprachigen Dorf als siebtes von acht Kindern auf. Die Kindheit erlebt sie als schön. Sie betont allerdings, dass sie – wie die meisten Kinder damals – in den Sommerschulferien streng arbeiten musste. Nach der obligatorischen Schulzeit arbeitet sie im Gastgewerbe: «Ich habe keine Lehre gemacht. Ja, das Übliche, ein Mädchen heiratet sowieso, und ich wollte heiraten. Ich wollte auch zwei Kinder, das wusste ich ganz genau. Ich wollte eine junge Mutter sein. Ich habe meine Eltern nur alt gekannt.» An einer Tanzveranstaltung im benachbarten Dorf lernt sie ihren späteren Ehemann kennen. Sie verlieben sich, feiern Verlobung und heiraten: «Ich heiratete mit 22 ½, weil ich wusste, dass ich mit 25 zwei Kinder haben wollte.» Sie wird eine junge, aktive Mutter eines Sohnes und einer Tochter. Die junge Familie baut sich ein Einfamilienhaus im benachbarten Dorf, ist glücklich und nimmt rege am Dorfleben teil. Laurenzia Gisch schliesst eine enge Freundschaft mit einer gleichaltrigen Mutter. Zusammen besuchen sie Ausbildungskurse, und Schritt für Schritt baut sich Laurenzia Gisch erfolgreich eine Erwerbstätigkeit auf. An einem Weiterbildungskurs begegnet sie Bettina, einer Frau, die sie fasziniert und ins Schwärmen bringt. Laurenzia Gisch macht ihre Adresse ausfindig und baut einen freundschaftlichen Briefkontakt auf. Eine Karte bleibt Laurenzia Gisch bis heute in Erinnerung: «Da stand drauf ‹Tanz, tanz mit mir aus der Reihe!› Aber ich wusste immer noch nicht, was los ist. Das war alles unausgesprochen.» Bei einem Besuch der Freundin bei ihrer Familie fragt Laurenzia Gisch mutig: «Liebst du Frauen?» Und dann schaut Bettina sie an und sagt: «Ja.» Und Laurenzia sagt: «Gott sei Dank!» Die beiden Frauen treffen sich immer wieder. Laurenzia Gisch ist in ihren Gefühlen verunsichert: «Ich dachte immer für mich: ‹Das ist doch nicht normal, schliesslich bist du verhei-

ratet, schliesslich hast du Kinder. Das ist doch nicht normal.›» Sie findet keine Erklärung für ihre Gefühle und behält sie für sich. Die Beziehung zu ihrem Ehemann ist bis zu diesem Zeitpunkt erfüllend und schön: «Ich sagte immer: ‹Wenn mein Mann immer so wäre, wie er im Bett ist, dann wäre er super.› Er half nicht so viel im Haushalt. Mit meinen Freundinnen, die meine Geschichte kennen, lache ich heute darüber. Sie sagen dann: ‹Weisst du noch, wie du damals geschwärmt hast?› Für mich stimmte es damals.»

Für Laurenzia Gisch ist die Begegnung mit Bettina einschneidend: «Von dem Moment an, in dem ich quasi wusste, dass ich auch Frauen liebte, konnte ich ihm [dem Ehemann, CC/EN] nicht mehr Frau sein, ich ertrug seine Nähe nicht mehr.» Sie erzählt ihrer besten Freundin und ihrem Ehemann von ihrer Zuneigung zu Bettina: «Ich war sehr alleine mit diesen Gefühlen, mit dem, was ist und passiert […]. Das war brutal. Nicht zu wissen, was da abläuft. Mich selber verstehen. Ich dachte, das ist doch einfach nicht normal. Das zu begreifen, obwohl das ein wunderbares Geschenk mit der Bettina war, das möchte ich nie missen, und ich möchte nie mehr zurück und nie mehr wieder normal werden, nie, nie, nie. Aber das zu begreifen, warum macht das Leben so etwas, warum ist man nicht schon von Beginn an so, warum schneit es dazwischen?» Trotz der gegenseitigen Zuneigung gehen die beiden Frauen keine Liebesbeziehung ein. Nach 22 Ehejahren, als die Kinder ausser Haus sind und ihr Mann eine andere Frau kennenlernt, wird die Ehe aufgelöst, und Laurenzia Gisch zieht in eine grössere Ortschaft, wo sie erneut erfolgreich eine berufliche Existenz aufbaut. Sie hat sich entschieden, Beziehungen mit Frauen einzugehen und damit einen neuen Lebensabschnitt zu beginnen. Dabei erinnert sie sich immer wieder an eine Aussage ihrer besten Freundin: «Sie sagte: ‹Sei froh, die einen müssen ein Leben leben, du kannst zwei leben!›.»

---

1   Interview mit Laurenzia Gisch vom 28.7.2005.

Anna Coretti (*1945): Nonne, Mutter und Lesbe[1]

Anna Coretti hat in ihrem Leben ganz verschiedene Erfahrungen gemacht – als Nonne, als Mutter und als lesbische Frau. Sie wächst in einem kleinen italienischsprachigen Bauerndorf als zweite von drei Töchtern auf. Ihre Eltern sind Bauern, und Anna Coretti erlebt in den 1950er Jahren eine Kindheit wie viele ihrer Generation: Sie muss viel zu Hause mit anpacken und wird streng religiös erzogen. Homosexualität ist in ihrer Kindheit kein Fremdwort; sie ist allerdings negativ belegt: Ihr Vater lebt neben der Ehe Beziehungen zu Männern. Er muss sogar für drei Jahre ins Gefängnis, weil ihn jemand aus dem Dorf wegen Unzucht mit Minderjährigen anzeigt. Die Kinder werden im Dorf ausgelacht. Der Vater hat einen eigenen Umgang mit dem Dorfklatsch, als er zurückkehrt: Er ignoriert die Feindseligkeiten gegen ihn und ist gut Freund auch mit jenen, die ihn angezeigt haben. Für Anna Coretti ist das Verhalten des Vaters dennoch ein Grund, sich schon als Mädchen gegen eine Heirat zu entscheiden und Nonne zu werden: «Ich dachte mir, wenn ich schon nicht heiraten will, dann will ich ein ganz perfektes Leben, ich will Heilige werden. Das war mein Ideal, mein Wunsch. Ich vergass aber damals, dass im Kloster auch Menschen wie ich leben, aus Fleisch und Blut, mit Fehlern.» Im Alter von 15½ Jahren tritt Anna Coretti in ein Kloster in Graubünden ein und kann im Alter von 19 Jahren als Nonne eine vierjährige Ausbildung zur Krankenschwester absolvieren. Sie merkt mit der Zeit, dass ihr das Klosterleben nicht zusagt, und tritt nach acht Jahren kurz nach Ausbildungsabschluss aus. Im Kloster macht Anna Coretti eine erste erotische Erfahrung mit einer Frau: Eine andere Nonne tauscht mit ihr Zärtlichkeiten aus. Anna Coretti geniesst das, da ihr im Kloster der Körperkontakt fehlt. Sie ist sich bewusst, dass sie etwas Verbotenes tut, aber als «lesbisch» stuft sie ihr Verhalten nicht ein.

Nach dem Austritt aus dem Kloster findet sie in einem Spital in der Deutschschweiz eine Stelle als Krankenschwester. Dort lernt sie einen jungen Mann kennen und verliebt sich in ihn. Entgegen ihrem Vorsatz in der Kindheit heiraten die beiden und gründen eine Familie. Anna Coretti bleibt auch während der Familienzeit berufstätig: Sie arbeitet als Nachtschwester im Spital. Tagsüber macht sie eine Weiterbildung und eröffnet mit einer Freundin ein Geschäft. Die Erwerbsarbeit und die daraus resultierende Unabhängigkeit sind ihr sehr wichtig. In dieser Zeit hat sie einige Affären mit Arbeitskolleginnen und beginnt, aktiv – etwa über ein Inserat – eine Liebesbeziehung mit einer Frau zu suchen. Als sie sich ernsthaft verliebt, informiert sie ihren Mann und kündigt ihm nach 26 Jahren Ehe die Scheidung an. Den älteren Sohn, der selber schon mit einer Freundin zusammenlebt, weiht Anna Coretti vorher ein; er ist ihr Vertrauter und unterstützt sie. Der jüngere Sohn, der damals 17 Jahre alt ist, hat Mühe mit ihrer Entscheidung und will während zwei Jahren nichts mehr von ihr wissen. Anna Coretti zieht zu ihrer Freundin in eine andere Stadt. Acht Jahre lang bleiben die beiden zusammen, bis ihr

den eigenen Wünschen auseinandersetzten, während eines Spitalaufenthalts, der viel Zeit zum Nachdenken bot, oder auf einer Reise, auf der die vertraute Umgebung in der Schweiz weit entfernt schien und plötzlich die Gelegenheit bestand, Neues auszuprobieren. Für Gisela Huber (*1964) war es eine langsam reifende Erkenntnis: «Ich bin so aufgewachsen, dass es das gar nicht gibt, Lesben. Das wurde als Krankheit angesehen. Und ich wollte nicht so sein. Man hat auch nie darüber geredet. Es ist ja jetzt noch so hier im Bündnerland, das ist furchtbar. Und ich wollte einfach zu diesem Zeitpunkt nicht so sein, so anders sein. Ich dachte immer, das kommt dann schon, ich habe ja einen guten Mann. Aber das kann man nicht unterdrücken.» Nach zahlreichen Ehejahren und der Geburt zweier Söhne wurde Gisela Huber bewusst, dass sie nicht glücklich war mit dieser Lebenssituation: «Ich habe gemerkt, dass es nicht mehr ging, ich schaffte das nicht mehr, ich ertrug die Nähe nicht mehr. Das war ein langes Hin und Her, ein Riesenkampf. Ich wusste nicht, an wen ich mich wenden konnte. Ich hatte das Gefühl, ich sei allein. Hier im Bündnerland die Beziehung zu symbiotisch wird. Um Distanz zu gewinnen, geht Anna Coretti für zwei Monate in ihr Ferienhaus in ihrem Heimatdorf. In dieser Zeit beschliesst sie, mittlerweile knapp 60-jährig, an ihrem Herkunftsort wohnen zu bleiben: «Ich dachte, ich muss zu meinen Wurzeln schauen. Dann aus finanziellen Gründen, ich hatte das Haus hier, aber noch eine Eigentumswohnung mit Hypothek. Ich musste die Hälfte der Wohnung verkaufen, um das Haus zu finanzieren. Dann war es auch ein Rückzug von der Stadt, von Lärm, Abgas, den Läden. Ich bin sehr gerne hier.»

Nach einer kürzeren Beziehung ist Anna Coretti heute Single; sie wünscht sich eine Beziehung zu einer Frau – allerdings eine, die ihr genug Raum gibt. Mit einem Mann zu leben, kann sie sich nicht mehr vorstellen: «Männer sind auch im Kopf ganz anders, nicht nur in den Gefühlen. Sie denken anders. Mit einer Frau gibt es einen Austausch, eine Gemeinsamkeit. Der ganze Tagesablauf mit einer Frau ist spannender, tiefer, beglückend, bereichernd. Aber je nachdem auch komplizierter.» Anna Coretti bezeichnet sich heute als lesbische Frau: «Ich bin lesbisch, ich stehe dazu. Aber natürlich war ich auch einmal verheiratet, geschieden, und jetzt bin ich lesbisch. Aber ich muss das Lesbischsein nicht verstecken. Das ist meine Veranlagung, die ich viel zu spät erkannt habe.» In der Öffentlichkeit geht Anna Coretti ganz unbefangen mit ihrem Lesbischsein um; sie küsst ihre Freundinnen auch im Dorf, wenn ihr danach ist. Im Gespräch mit den andern Dorfbewohnern ist ihre sexuelle Orientierung kein Thema; ähnlich

wie ihr Vater verfolgt Anna Coretti die Strategie, ein freundliches Verhältnis zu allen zu pflegen, ungeachtet davon, wie sie von ihr denken mögen. Trotz der Gemeinsamkeit hat der Vater kein Verständnis für Anna Coretti, als sie ihm vor seinem Tod ein Foto von ihr und ihrer Freundin zeigt:[2] «Ich sagte: ‹Ich lebe das Gleiche wie du. Heidi ist für mich das Gleiche wie Sandro für dich.› Er: ‹Nein, das ist etwas ganz anderes, Sandro und ich.› Ich: ‹Männer dürfen offenbar mehr als Frauen. Die dürfen das leben und wir Frauen nicht.› Als ich ihn am nächsten Tag besuchte, da hatte er Heidi aus dem Foto weggeschnitten.» Doch Anna Coretti lässt sich von der Reaktion ihres Vaters nicht beeindrucken. Sie hat sich in ihrem Leben noch kaum etwas von andern vorschreiben lassen. «So ist mein Leben, es war ziemlich bunt. Alles passte zu seiner Zeit. Es waren Evolutionen, die ich durchmachte. Was kommen wird, weiss ich nicht, aber ich denke, es kommen sicher gute Zeiten. Ich bin nie untergegangen und werde auch nie untergehen. Von irgendwoher bekomme ich so eine Kraft.»

---

1 Interview mit Anna Coretti vom 29.7.2005.
2 Die Mutter ist zu diesem Zeitpunkt schon gestorben. Anna Coretti hat mit ihr nie über ihre Frauenbeziehungen gesprochen. Nach Anna Corettis Einschätzung hätte ihre Mutter diese nicht goutiert; einerseits, weil sie ihren Schwiegersohn wie einen eigenen Sohn mochte, und andererseits, weil sie unter der Homosexualität ihres Ehemanns stark gelitten hatte.

gibt es ja keine Beratung. Dann wandte ich mich an die Lesbenberatung in Zürich.» In einer Gruppe für frauenliebende Mütter in Zürich lernte Gisela Huber andere Frauen in der gleichen Situation kennen. Sie merkte, dass sie mit ihren Erfahrungen nicht allein war und wurde darin bestärkt, ihrem Mann von ihren Gefühlen zu erzählen und sich von ihm zu trennen.

Fast alle befragten Frauen entschieden sich für eine Trennung oder Scheidung. Viele zogen aus der Wohngemeinde weg und gründeten einen neuen Haushalt, manchmal zusammen mit einer Partnerin. Für Annetta Bisaz (*1952, vgl. Seite 278), eine Bergbäuerin, wäre eine Scheidung jedoch mit zu grossen Konzessionen verbunden gewesen: «Mein Mann allein hätte den Betrieb aufgeben müssen – und er ist Bauer mit Leib und Seele. Es wäre mir auch schwer gefallen, mich vor dieser Verantwortung, für die ich mich ja freiwillig entschieden habe, zu drücken – auch was unsere Kinder anbelangt.» Annetta Bisaz lebt darum ihre Frauenbeziehungen neben der Ehe; zunächst vor ihrem Mann versteckt, heute mit seinem Wissen, aber nicht offen gegenüber ihrer Umgebung. Sie ist zufrieden mit dieser Lösung. Auch für andere Frauen mit Kindern kam eine Scheidung erst dann in Frage, als die Kinder volljährig waren. Sie konnten sich nicht vorstellen, die Familie zu verlassen oder die Kinder mit in eine Frauenbeziehung zu nehmen.

Für Lisi Opitz, deren zwei Söhne sieben und zehn Jahre alt waren, als sie sich in Manon Gerber (*1955) verliebte, war klar, dass sie mit ihrer Partnerin eine Familie bilden würde. Die Söhne akzeptierten Manon Gerber als Miterzieherin. Schwieriger war es für sie, ihren Schulkollegen die Beziehung ihrer Mutter zu erklären. Manon Gerber erinnert sich: «Einmal kam Tom mit einem Schulkollegen nach Hause. Der Kollege sagte: ‹Du, wer ist die?› Als Tom nur stotterte, sagte der andere: ‹Du musst dich nicht schämen, ich habe auch eine Stiefmutter!›» Bei der jüngeren Generation der Interviewten, den heute 30- bis 40-Jährigen, hat sich die Norm, zu heiraten und Kinder zu bekommen, abgeschwächt oder wird erst später im Lebenslauf relevant. Dennoch erzählen auch diese Frauen von ihrem Unwissen bezüglich der Möglichkeit eines lesbischen Lebensentwurfs. Sie lebten zunächst langjährige Beziehungen zu Männern und erlebten die Erwartungshaltung ihrer Eltern und ihres Umfeldes zu heiraten. Monika Padrutt (*1970) über ihre Heirat: «Irgendwie fand ich, es muss einfach so sein. Von den Eltern her vielleicht. Sie haben sich schon gefreut, und sie machten auch Druck wegen Enkelkindern.»

Zusammenfassend lässt sich sagen, dass die Lebensgeschichten der befragten Frauen unterschiedliche Formen des Umgangs mit einem späten Wunsch, Frauen zu lieben, zeigen: einerseits die Entscheidung, eine Frauenbeziehung versteckt neben der Ehe zu leben, zweitens den Wegzug und Neubeginn mit einer Partnerin an einem andern Ort und drittens eine offen gelebte Frauenbeziehung am Herkunftsort.

Lesbischer Lebensentwurf in Graubünden

Die oben beschriebene traditionelle Lebensform kam für andere interviewte Frauen nicht in Frage. Viele hatten in ihrer Kindheit intensive Freundschaften zu andern Mädchen und fühlten sich kaum von Jungen angezogen. Sie fühlten sich anders, meist ohne dieses Gefühl benennen zu können. Eva-Maria Pally (*1964) beispielsweise verliebte sich erstmals im Alter von neun Jahren in ein Mädchen. Dies geschah allerdings ohne ein Bewusstsein um gleichgeschlechtliche Liebe: «In der Schule hatte ich immer Freunde, denn als Mädchen hast du einen Freund, aber verliebt habe ich mich in Mädchen. Ich wusste jedoch nicht, dass das etwas ist, was man später in einer Liebesbeziehung oder in einem Familienverband ausleben würde. Ich hatte keine Idee davon, dass das eine mögliche Lebensform ist. Ich spürte diese Gefühle kindlich intuitiv und nahm sie wahr, aber ich überlegte mir nicht, was sie für mein Leben bedeuten.» Für eine homosexuelle Lebensweise gab es keine Vorbilder, das heisst, die Mädchen und jungen Frauen hatten keine Lesben oder Schwulen in ihrem Umfeld, an denen sie sich hätten orientieren können. Als Kind identifizierten sich einige der befragten Frauen mit Jungen und äusserten den

Angela Ardüser (*1967): Irgendwie wusste ich immer, dass ich Frauen liebe[1]

Angela Ardüser ist in Laax aufgewachsen und wohnt heute mit ihrer Freundin Monika Padrutt in Chur, wo sie als Köchin arbeitet. Der Weg zu ihrer heutigen Lebensform war für sie nicht einfach. Jahrelang spricht sie mit niemandem über ihren Wunsch, eine Frauenbeziehung zu leben: «Irgendwie wusste ich immer, dass ich Frauen liebe. Nur war es natürlich sehr sehr schwierig für mich. Erstens kannte ich niemand anders. Dann fragte ich mich: ‹Was mache ich? Wie reagiere ich?› Ich habe dann in der Lehre einen Freund gehabt, aber ich merkte immer, dass es das nicht ist. Aber ich hatte niemanden, mit dem ich reden konnte. Da bist du verloren. Im 1988 beschloss ich, bei der SBB in Zürich die Rangierprüfung zu machen. Ich wollte einfach in eine Grossstadt.» In Zürich findet Angela Ardüser schnell Kontakt. Sie besucht Frauenbars und lernt zum ersten Mal andere frauenliebende Frauen kennen. Doch nach einem Jahr, nach bestandener Prüfung, zieht es sie nach Graubünden zurück – die «Grossstadt» ist doch nicht ihre Welt. Sie hat mehrere kürzere Beziehungen, von denen sie ihren Eltern nie direkt erzählt: «Ich wusste nicht, wie ich es ihnen sagen sollte. Ich konnte mir nicht vorstellen, hinzustehen und es zu sagen. Das ist natürlich schiefgegangen.»

Erst als sich Angela Ardüser in Monika Padrutt verliebt, beginnt sie, ihre Homosexualität offen zu leben und mit andern darüber zu sprechen. Monika Padrutt, die zum Zeitpunkt ihres Kennenlernens noch verheiratet ist, fordert von ihrer Freundin von Anfang an eine absolute Offenheit: «Ich habe ihr von Anfang an gesagt, dass ich anders damit umgehen will als sie. Ich sagte ihr, wenn sie sich für mich entscheide, dann verstecke ich mich nicht. Ich wollte nicht diesen Schritt wagen, um nachher in diesen vier Wänden zu hocken. Das kam für mich nicht in Frage.» Bei Besuchen in Laax nimmt Monika Padrutt Angela Ardüser an der Hand und stellt sich bei ihren Kollegen als «ihre Freundin» vor, während sich Angela Ardüser zuerst einfach verkriechen will. Auch in der Familie ihrer Freundin fordert Monika Padrutt Offenheit. Angela Ardüsers Eltern reagieren zunächst zurückhaltend, wie sie sich erinnert: «Meine Eltern machten sich dann Sorgen, was die Leute sagen würden. Der Gedanke an die Leute ist in meiner Mutter drin. Viel später habe ich ihr gesagt, dass das eigentlich brutal war. Sie überlegte sich zuerst, was die Leute sagen, und nicht, was ich fühle.» Monika Padrutt gibt sich Mühe, sich in der «Schwiegerfamilie» zu integrieren. Sie lernt Romanisch und hilft Angela Ardüsers Mutter bei einem freiwilligen Arbeitseinsatz im Frauenverein. Heute ist es selbstverständlich, dass Monika Padrutt dazugehört – genau so, wie Angela Ardüser in der Wohnung der Familie ihrer Freundin in Chur ein- und ausgeht. Das Credo der beiden lautet heute Offenheit. Angela Ardüser: «Ich finde es wichtig, dass die Leute, die dich kennen, das wissen. Dass du es ihnen selber sagst. Du fühlst dich besser, und die andern wissen, woran sie sind. Und es gibt keine Gerüchte.»

---

1   Interview mit Angela Ardüser vom 26.7.2005.

Wunsch oder das Gefühl, ein Junge zu sein. Claudia Sievi (*1963) erzählt: «Ich habe mich schon ganz früh in Mädchen verliebt, im Kindergartenalter oder sogar schon früher. In meiner Traumwelt dachte ich, das wird eines Tages anders. Ich dachte, ich werde mal ein Junge, denn Mädchen und Mädchen ging ja nicht. Mit zehn Jahren stand ich vor dem Spiegel und dachte: Das wird wohl nie anders, ich werde nie ein Junge. Das machte mich sehr traurig. Mit zwölf, dreizehn Jahren fand ich das nicht so lustig, ich verliebte mich immer wieder, fand aber niemanden. Ich habe lange niemandem davon erzählt. Ich hatte auch das Gefühl, das zu leben sei nicht möglich.» Bei andern Frauen war nicht die innere Geschlechtswahrnehmung als Junge oder Mann zentral, sondern die Wahrnehmung durch das Umfeld, das die Verhaltensweisen oder das Aussehen als männlich beurteilte.

Aus heutiger Sicht verstehen die befragten Frauen ihre innige Zuneigung zu Mädchen oder Frauen in ihrer Kindheit und Jugend als gleichgeschlechtliches Verliebtsein. Ein Bewusstsein für diese Gefühle entwickelten sie allerdings meist erst mit dem Erwachsenwerden. Wie Claudia Sievi erzählt, spielte die erstmalige Thematisierung von Homosexualität im Schweizer Fernsehen dabei eine Rolle: «Mit 14 Jahren, im Jahr 1978, habe ich Telearena geschaut.[152] Ich habe geschwitzt, die ganze Familie hat zugeschaut. Mein älterer Bruder erzählte dann von Schwulen. Er sagte, dass es in unserem Wohnort eine einzige Lesbe gebe, die im Café Soundso arbeite. Da habe ich meine Ohren gespitzt. Dann bin ich die anschauen gegangen. Ich fand das aber eine komische Frau. Ich dachte: ‹Jessas Maria, wenn alle so sind!› Sie war eine männliche Frau, so stellte ich es mir nicht vor.»

Das unbekannte und ungewöhnliche Gefühl des gleichgeschlechtlichen Verliebtseins liess bei den Interviewten zunächst ein Gefühl von Einsamkeit aufkommen. Eva-Maria Pally: «Ich hatte das Gefühl, ich kann das mit niemandem teilen. Dass vielleicht andere Frauen auch so sind, ist mir dann zwischen 18 und 20 bewusst geworden. Das war bei mir verschwommen und unklar. Aus heutiger Sicht denke ich, ich hatte sicher auch Angst davor. Es war etwas Neues, Ungewohntes, vor dem ich mich scheute.» Im Rückblick hat das Unwissen für die Befragten auch eine positive Facette: Das Fehlen der Begriffe «Homosexualität» oder «Lesbe» bedeutete auch, dass negative Assoziationen wie Sünde, Laster oder Krankheit kein Thema waren. Gleichgeschlechtliche Zuneigung oder Liebe konnte somit als etwas relativ Wertfreies empfunden und unbefangen erlebt werden.

Mit der Bewusstwerdung, aber auch mit zunehmendem Alter der Frauen und mit dem Coming-out wurden ihre Schwärmereien und intensiven Zuneigungen zu Frauen nicht alleine individuell durch die einzelnen Frauen, sondern auch durch ihr Umfeld anders beurteilt. Marianne Brosi (*1969) verliebte sich als Teenager in ihre beste Freundin. Beide wohnten bei den Eltern, besuchten sich fast täglich und lebten im Versteckten eine Liebesbeziehung. Erst Marianne Brosis Coming-out anlässlich einer späteren Beziehung veranlasste ihr Umfeld, die Beziehung zu ihrer Jugendfreundin als lesbisch zu interpretieren.

Anders ging es Frauen, die in ihrem Umfeld Lesben oder Schwule kannten. Selina Biert (*1976) hatte einen Begriff und eine Vorstellung von Homosexualität, da sich ihre ältere Schwester bereits als lesbisch definiert hatte und ihr Onkel einige Jahre mit einem Mann in ihrem Herkunftsort zusammenlebte. Selina Biert ordnete ihre Gefühle gegenüber Frauen auf diesem Hintergrund sogleich als «lesbisch» ein und ging zielstrebig auf Frauen zu: «Ich ging in den Ausgang und suchte jemanden, wie wenn man single ist und einen Freund sucht. Mit der Zeit sagte ich einfach: ‹Ich bin lesbisch, du auch?› Das war in Samedan, ich wollte einfach eine kennenlernen, egal, ob etwas daraus entstanden wäre. Ich wollte einfach jemanden, der so war wie ich, um mich nicht so alleine zu fühlen. In Samedan hat es im Winter viele Touristen, die wollen Fun. Darunter waren schon Frauen, die sagten, sie würden sich mit einer Frau einlassen. Darauf hatte ich aber keine Lust.» Durch Selina Bierts offensive Suche nach einer

Liebesbeziehung zu einer Frau erkannten und anerkannten ihre gleich-altrigen Freunde und Freundinnen mit der Zeit Selina Bierts Wunsch. Dennoch fühlte sie sich einsam, da ihr Freundeskreis im Herkunftsdorf ausschliesslich heterosexuell lebte.

Die Erzählungen der befragten Frauen zeigen, dass die Entscheidung, in Graubünden einen lesbischen Lebensentwurf zu leben, mit Schwierig-keiten verbunden ist (vgl. auch: Angela Ardüser, Seite 263). Das Schwei-gen über Homosexualität im öffentlichen Raum, in der Schule und in der Familie führt zu einer Begriffslosigkeit, die es für die Interviewten schwie-rig macht, ihre Gefühle für andere Frauen zu benennen und zu leben. Eine lesbische Subkultur ist nur marginal vorhanden, was viele Frauen dazu veranlasst, subkulturelle Orte in Städten ausserhalb Graubündens aufzusuchen.

Wegzug und lesbische Subkultur

Eine grosse Anzahl der befragten frauenliebenden Bündnerinnen zog von Graubünden weg. Einige, die sich bereits in ihrer Kindheit oder Jugend in Frauen verliebt hatten und sich dabei als anders und einsam empfanden, verliessen Graubünden auf der Suche nach andern lesbisch lebenden Frauen und zogen in Städte, die über ein kulturelles Angebot für Lesben und Schwule verfügen. Die bewusste Suche nach Kontakten zu lesbisch lebenden Frauen oder nach einer Liebesbeziehung zu einer Frau war allerdings nicht für alle befragten Frauen massgeblich bei der Entscheidung zur Migration. Einzelne verliessen Graubünden, um etwas Neues, Abenteuerliches zu erleben. Nachdem Annina Sieber (*1972) bei-spielsweise eine Berufslehre und Weiterbildungen absolviert hatte, eine verantwortungsvolle Arbeitstätigkeit ausübte und eine langjährige Be-ziehung mit einem Mann hatte, kam der Gedanke: «Das kann es nicht gewesen sein.» In verschiedenen Bereichen ihres Lebens orientierte sie sich neu, unter anderem begann sie gleichgeschlechtliche Liebesbezie-hungen zu leben.

Andere Interviewte fanden keine Arbeitsstelle im Herkunftskanton und zogen darum in Regionen, wo sie (bessere) Arbeitsmöglichkeiten erwarteten. Ein weiterer Migrationsgrund für zahlreiche der befragten Bündnerinnen war der Wunsch, eine in Graubünden nicht angebotene Ausbildung zu absolvieren. Obschon für diese Frauen nicht die Suche nach frauenliebenden Frauen die hauptsächliche Motivation für den Weg-zug von Graubünden war, wurde der Migrationsort oft zum Ort, wo sie erstmals andere lesbisch lebende Frauen kennenlernten und ihre Zuneigung zu Frauen entdeckten und offener leben konnten. Dabei waren sowohl die Frauen- und Lesbenbewegung als auch die Lesbenszene mit ihrem kulturellen Angebot für die interviewten migrierten Frauen zentral. Viele Frauen erleben die Freundschaften, die sie innerhalb dieser Bewegung und der Szene schliessen, als intensiv und tragend. Sonja Nuotclà (*1971) sagt: «Meine Partnerin und mein engerer Freundeskreis sind für mich schon meine Familie. Es sind sehr viele Frauen darunter,

Einladung zur «Hochzeitsfeier» von Claudia Sievi (rechts) und ihrer Partnerin: «Als wir uns entschieden zu heiraten, wurde mir angst und bang.»

Claudia Sievi (*1963): Heimat und Wahlfamilie in Zürich[1]

Claudia Sievi kommt als jüngstes von vier Kindern in Landquart auf die Welt. Der Vater ist Bauarbeiter, die Mutter Familienfrau. Im Kindergartenalter verliebt sich Claudia Sievi erstmals in andere Mädchen. Auch im Gymnasium, das sie als einziges der Sievi-Kinder besucht, schreibt sie einer Mitschülerin Liebesbriefe. Diese hat einen Freund, möchte allerdings mehr von den Wünschen ihrer Verehrerin wissen. Die Mitschülerin entscheidet, keine Liebesbeziehung mit Claudia Sievi einzugehen. Umso mehr freut sich Claudia Sievi auf den Wegzug von Graubünden: «Nach der Gymnasiumsabschlussprüfung freute ich mich sehr auf das Studium in Zürich. Das Studieren war aber zweitrangig. Zürich bedeutete für mich frei zu sein und eine eigene Wohnung zu haben.» Sie will am neuen Ort erstmals andere frauenliebende Frauen kennenlernen und erkundet dafür die lesbische Subkultur ihres Migrationsortes: «Dann ging es los, ich ging an sieben Tagen in der Woche aus. Ich lernte die Szene schnell kennen. Trotzdem dauerte es ein Jahr, bis ich eine Freundin hatte. Ich fand es schwierig, eine Frau anzusprechen. Ich hatte keinen Erfahrungswert, wie das geht.» In der Folge lebt Claudia Sievi unterschiedliche Liebesbeziehungen zu Frauen: «Das war eine gute Zeit. Ich probierte vieles aus.» Im Rahmen eines freiwilligen Engagements in einer Lesbengruppe lernt sie ihre jetzige Partnerin und Frau kennen. Zusammen mit ihr und einer weiteren Frau berät sie Lesben und Schwule im Umgang mit ihrer gleichgeschlechtlichen Lebensweise in der Öffentlichkeit.

Zürich wird der Ort, wo Claudia Sievi sich zu Hause fühlt und wo ihre – wie sie sagt – Wahlfamilie ist: «Ich bin nun seit 22 Jahren in Zürich. Meine Wurzeln sind in Zürich. [...] Ich als Bünd-

nerin fühle mich hier in Zürich wohler als in Landquart. Ich wusste schon zu Beginn, dass ich nicht zurückkehre. Die Berge sind mir wichtig, aber ich bin dort nicht zu Hause. Wenn ich mit meinen Freundinnen dort bin, dann ist das schon komisch. Wenn ich wieder mal nach Landquart fahre, dann denke ich: ‹Jessas Gott, ist das anders!› Die Reglementierung ist stark. Diese Familienwohnblöcke, da wissen alle, was falsch und was richtig ist. Ich könnte nicht mehr so leben, das würde mir nicht gefallen. Ich brauche mehr Luft.»

Dennoch besteht ein Bezug zu ihrer Bündner Herkunft auch in ihrer Wahlfamilie, die aus ihrer Frau – mit der Claudia Sievi sich als Paar im Kanton Zürich eintragen liess – und aus einem kleinen Kreis engster Freundinnen besteht. Einige stammen auch aus Berggebieten oder sind vom Land: «Ich habe einen guten Bezug zu Berg- und Landfrauen. Da bin ich noch die Frau aus den Bergen! Ich habe gerne Frauen, die in der Natur, in einem Dörfchen aufgewachsen sind. Sie haben eine unkomplizierte Art. Mit ihnen ist es spontaner, da kannst du einfach an der Haustüre klingeln oder anrufen. Das habe ich gerne: einfach, spontan, direkt. Es hat etwas Familiäres und lässt Nähe zu. Zu den Städterinnen habe ich anfangs eine distanziertere Haltung wahrgenommen.»

Die Distanz zu ihrer Herkunftsfamilie und ihrem Herkunftsort besteht nicht alleine aufgrund ihrer lesbischen Lebensweise, sondern auch aufgrund ihres sozialen Aufstiegs. Als Tochter aus einer Handwerkerfamilie hat Claudia Sievi ein Universitätsstudium und zahlreiche Weiterbildungen besucht und hat nun eine Leitungsposition im mittleren Kader eines grossen Unternehmens inne.

---

1   Interview mit Claudia Sievi vom 29.8.2005.

aber nicht alle sind lesbisch. Sie sind schon ein bisschen meine Familie.» Obwohl sie sich an ihrem neuen Wohnort wohlfühlen, ist der Gedanke an eine Rückkehr nach Graubünden bei vereinzelten der migrierten Frauen präsent (vgl. auch «Graubünden als gewählter Wohnort», Seiten 268–273). Dabei schildern sie die Sehnsucht nach den Bergen, der Natur im Allgemeinen und dem ländlichen Leben. Eine Rückkehr ist allerdings auch mit ambivalenten Gefühlen verbunden und hätte beispielsweise für Selina Biert schmerzliche Eingeständnisse zur Folge: «Ich habe Angst vor dem Tag, wo ich mir sicher bin, dass ich zurück möchte. Dann ist die Beziehung mit meiner Freundin am Ende, denn sie möchte nicht dort hinauf. Für sie ist es zu eng, sie kann dort nicht alles machen. Ich finde dagegen, es ist zwar nicht Kino vom Morgen bis am Abend, aber man kann dort schon etwas unternehmen.» Die Auffassung von Selina Bierts Partnerin vertreten oft auch Interviewte, die von Graubünden weggezogen sind. Sie beschreiben das kulturelle Angebot am Migrationsort als vielfältiger, und insbesondere eine in Graubünden fehlende lesbische Subkultur hindert sie an einer Rückkehr.

Zudem sehen sie die Bündner Bevölkerung nicht als aufgeschlossen genug für die Akzeptanz gleichgeschlechtlicher Liebesbeziehungen an. So erachtet Sonja Nuotclà ein Leben in Graubünden als lesbische Frau als schwierig: «Ich habe das Gefühl, die Leute könnten mich nicht so nehmen, wie ich bin. Die Leute, die ich von früher kenne, wissen zwar zum Teil, dass ich lesbisch bin. Aber wenn ich jetzt hinaufgehe, merke ich, die meisten schauen weg, wenn ich vorbeilaufe. Und dann musst du so eine dicke Haut haben.»

Zusammenfassend lässt sich feststellen, dass es verschiedene Gründe für einen Wegzug vom Herkunftsort in Graubünden gibt: die Einsamkeit als frauenliebende Frau in Graubünden, ein diffuses Unbehagen und der damit verbundene Wunsch nach etwas Neuem sowie ein erweitertes Arbeitsmarkt- und Ausbildungsangebot ausserhalb Graubündens. Unabhängig von den Motiven für den Wegzug wird der Migrationsort zum Zentrum, wo die Befragten lesbische Beziehungen leben und ein tragendes soziales Netz aufbauen.

Graubünden als gewählter Wohnort

Einige der befragten migrierten Frauen zogen zu einem späteren Zeitpunkt ihres Lebens wieder nach Graubünden. Es gibt aber auch Frauen aus andern Regionen, die sich dazu entschlossen, nach Graubünden zu ziehen, meist aus dem Wunsch heraus, auf dem Land bzw. in den Bergen zu leben. Dabei stand weniger das Leben im sozialen Gefüge eines Dorfes im Vordergrund als eine Vorliebe für die Berglandschaft, der Kontakt zur Natur und die Möglichkeit, ein Haus mit Garten zu erwerben oder einen Bauernbetrieb zu gründen. Da besonders für lesbisch lebende Frauen mit einer höheren Ausbildung der Beruf eine grosse Relevanz besitzt, ist ein Umzug oft an die Bedingung geknüpft, in Graubünden eine den eigenen Qualifikationen entsprechende Arbeitsstelle zu finden, was nicht ganz einfach ist. Die Entscheidung für ein Leben in Graubünden impliziert darüber hinaus, von einem städtischen lesbischen Netzwerk ein Stück weit Abschied zu nehmen. Patrizia Bohner: «Ich glaube, man kann nicht wegziehen von Bern aus dem sozialen Netz, wenn man das Gefühl hat, man finde da oben wieder ein Netz. Das ist unmöglich. Das ist wirklich sehr begrenzt der Fall.» Manche Frauen antizipieren eine mögliche Diskriminierung im ländlichen Umfeld Graubündens. Martina Müller (*1954, vgl. Seite 285) reagierte zuerst ablehnend, als ihre Freundin ihr vorschlug, sich auf eine Pfarrstelle in Safien zu bewerben: «Ich sagte zu ihr: ‹Weisst du, wie es dort hinten ist, meinst du, die nehmen uns? Das kannst du gleich vergessen!›.» Doch die Kirchgemeinde reagierte unerwartet

Lisi Opitz mit ihren Kühen: «Unser Vorgänger sagte zuerst: ‹Die schwulen Weiber machen keinen Winter›.»

positiv und akzeptierte Martina Müller und ihre Freundin. Alle befragten Frauen, die nach Graubünden zugezogen sind, berichten grundsätzlich von positiven Erfahrungen an ihrem neuen Wohnort; keine hat offene Ablehnung erlebt. Martina Müller: «Ich habe schon den Eindruck, dass die Bergbauern auch ganz schräge Leute akzeptieren können. [...] Dadurch, dass sie mehr den Blick fürs Wesentliche haben, können sie meine Lebensweise tolerieren.» Die Integration der Frauen ins Dorfleben hängt von unterschiedlichen Kriterien ab: vom eigenen Wunsch nach

Lisi Opitz (*1953) und Manon Gerber (*1955): las puras da Lumneins[1]

«Las puras», die Bäuerinnen, werden Lisi Opitz und Manon Gerber in der Cadi genannt. Die beiden führen von 1990 bis 1999 einen landwirtschaftlichen Betrieb in der Umgebung von Lumneins; heute wohnen sie in Obfelden im Kanton Zürich. Als sie nach Graubünden ziehen – Lisi Opitz stammt ursprünglich aus dem Kanton Zürich, Manon Gerber aus Neuenburg –, ist die Dorfbevölkerung skeptisch. Lisi Opitz erinnert sich: «Am Anfang haben sie uns natürlich belächelt. Es war auch zum Belächeln, denn wir haben mit vier Hektaren angefangen, mit vier Geisslein und vielleicht fünf Schäflein. Wir haben dann einen Transporter gekauft, aber nur mit Brücke – wir haben von Hand aufgeladen, abgeladen, gerecht. Also zum Existieren wäre das nichts gewesen, das haben wir auch bald gesehen.» Lisi Opitz verbringt als Kind viel Zeit auf dem Bauernhof der Nachbarn und hegt seither den Traum, selber einen Hof zu führen. In Graubünden beginnen die beiden Frauen ohne landwirtschaftliche Ausbildung, aber mit viel Energie und Enthusiasmus zu bauern. «Der Pächter, der unser Land vorher bewirtschaftete, sagte noch zu den Nachbarn: ‹Die schwulen Weiber machen keinen Winter.› – Inzwischen ist das alles vergessen, und wir sind gute Bekannte.» Trotz der anfänglichen Skepsis helfen die andern Bauern in Lumneins und Zignau den beiden Frauen; sie leihen ihnen ihre Maschinen und zeigen ihnen die Tricks der Alteingesessenen. Lisi Opitz und Manon Gerber eignen sich das Bauern im Learning-by-Doing-Prinzip an; dabei probieren sie auch Neues aus – etwa die damals noch unübliche Freilandhaltung, die von den andern Bauern zuerst misstrauisch beäugt wird. Sie lernen schnell und können bald Vieh und Land dazukaufen. Stolz erzählt Lisi Opitz: «Am Schluss hatten wir 15 Hektaren, 17 Grossvieh-Einheiten, einen Maschinenpark, einen gut selbsttragenden Betrieb. 50 Ziegen, 30 bis 40 Schafe, 4 Kühe, Säue und Rösser.» Die beiden Bäuerinnen sind Mitglied bei der Alpgenossenschaft und leisten im Sommer wie alle andern (männlichen) Bauern Frondienst auf der Alp: «Wir waren die einzigen Frauen unter all den Bauern. Aber wir hatten es sehr gut, die Frauen mussten ja keine Angst um ihre Männer haben. Die liessen uns immer mit ihren Männern arbeiten», lacht Lisi Opitz, die vor ihrem Coming-out verheiratet war und aus dieser Ehe zwei Söhne hat. Ihre Beziehung verheimlichen die beiden Frauen im Dorf nie. Im Eingangsbereich ihres Hauses prangt ein Plakat: «Gleiche Rechte für gleichgeschlechtliche Paare.» Lisi Opitz: «Wir hatten nie Probleme dort oben. Sie nannten uns nur die ‹Weiber› oder ‹Las puras›, und die Älteren, die 70-, 80-Jährigen sagten jeweils, ja, deine Schwester …»

1999 wird Lisi Opitz' Vater, ein bekannter Künstler, plötzlich krank und ruft Lisi Opitz zu sich. Sein letzter Wunsch ist es, dass die einzige Tochter seinen Nachlass – eine riesige Anzahl von Bildern und Fotografien – verwaltet und die ebenfalls kranke Mutter pflegt. Kurze Zeit später stirbt der Vater. Lisi Opitz und Manon Gerber geben ihren Hof schweren Herzens auf und ziehen in Lisi Opitz' Elternhaus nach Obfelden. Vor allem Manon Gerber erinnert sich heute wehmütig an ihre Zeit in Lumneins: «Ich muss sagen, ich habe immer noch Heimweh nach dort oben. Ich war dort wirklich daheim. […] Jeder kennt dich. Wenn wir jetzt in Obersaxen Ski fahren gehen, spricht uns immer wieder einer an, von dem wir keine Ahnung haben, wer das ist. Ah, las puras! Wir sind immer noch las puras dort oben. Und das ist so ein schönes Gefühl!» Eine gute Freundschaft verbindet sie immer noch mit der Familie des Gemeindepräsidenten, der nach ihrem Wegzug in den Kanton Zürich zu ihrer Hochzeit und Registrierungsfeier kommt. Lisi Opitz und Manon Gerber sind eines der ersten homosexuellen Paare im Kanton Zürich, die ihre Partnerschaft eintragen lassen.

---

1 Interview mit Lisi Opitz und Manon Gerber vom 8.8.2005.

Integration, von ihrem Beruf und dem Milieu. Akzeptanz erhalten die Frauen über ihre Arbeit: Die Pfarrerin, die Bäuerinnen, die leitende Spitalangestellte gewinnen eine Position im Dorf aufgrund ihrer Funktion und weniger wegen oder trotz ihrer gleichgeschlechtlichen Lebensform.

Die Bäuerinnen Lisi Opitz und Manon Gerber, obschon zu Beginn misstrauisch beäugt, waren schliesslich sehr gut integriert im Dorf (vgl. Lisi Opitz und Manon Gerber, s. oben), während Akademikerinnen aufgrund ihres nicht der Mehrheit der Dorfbevölkerung entsprechenden Milieus eher distanziert bleiben. Patrizia Bohner und Nadja Küchler (*1953), beide Geisteswissenschaftlerinnen, die früher in der Zürcher Frauen- und Lesbenbewegung aktiv waren, gingen in den ersten Jahren an jede Gemeindeversammlung, engagierten sich in der Feuerwehr und übernahmen auch Ehrenämter in der Gemeinde. Doch mit ihrer linken und grünen politischen Einstellung wurden sie meist überstimmt, was vor allem Patrizia Bohner frustrierte und dazu führte, dass sie sich momentan eher aus dem Dorfleben zurückzieht: «Anfangs haben wir uns wahnsinnig Mühe gegeben. Im Moment habe ich das Gefühl, ich müsse mir jetzt nicht mehr so Mühe geben. Ich finde das politische Umfeld unmöglich, und das ist mir jetzt ziemlich verleidet.» Auch die Erfahrung, dass in dörflichen Zusammenhängen Graubündens Verwandtschaftsbeziehungen eine grosse Rolle spielen, führt dazu, dass manche Zugezogene sich nicht als Teil der Dorfgemeinschaft fühlen.

Trotz dieser Distanz aufgrund des Milieus – das lesbische kaum von heterosexuellen Zuzügerinnen unterscheidet – gibt es Ebenen, auf denen ein Verständnis mit der Dorfbevölkerung möglich ist. Patrizia Bohner: «Sie finden den Garten schön, da kriegen wir viel Komplimente. Wenn die Scheiterbeige schön ist, sagen sie: ‹Hei, macht ihr das selber?› Das gibt eine gewisse Akzeptanz, wenn wir das Holz selber sägen und spalten. Der Kontakt spielt sich auf dieser Ebene ab, und vom Rest wissen sie nicht viel.»

Mit dem Rest – das heisst mit ihrer lesbischen Lebensweise – konfrontieren die meisten Frauen ihr Umfeld nicht in direkter Art und Weise, aber sie verstecken sie auch nicht. Esther Appenzeller (*1956; vgl. Seite 272): «Für wie viele Leute es wirklich klar ist, dass wir eine Frauenbeziehung leben, und für wie viele nicht, das wissen wir nicht.» Einige Frauen wählen bewusst ein Haus am Rande des Dorfes, wo sie freier leben können als im Dorfkern.

Die Frauen sind als Zugezogene weniger an lokale Wertvorstellungen gebunden. Dennoch entwickeln sie unterschiedliche Formen von Anpassung an die neue Umgebung. Patrizia Bohner und Nadja Küchler haben sich entschieden, im Dorf nicht über den Charakter ihrer Beziehung zu sprechen, da sie erwarten, damit auf Unverständnis zu stossen. Aus demselben Grund kann sich Patrizia Bohner nicht vorstellen, ihre Beziehung eintragen zu lassen:[153] «Also solange wir hier in dieser Gemeinde wohnen, muss ich mir das nicht zwei Minuten überlegen, da würde ich mich nie eintragen lassen. Nie.» Ein weiteres Eingeständnis an ihre Umgebung besteht darin, dass manche zugezogene Frauen in der Öffentlichkeit keine Zärtlichkeiten austauschen. Im Gegensatz zu Bündnerinnen, die womöglich eher den Anspruch haben, sich in ihrem Herkunftskanton «wie zu Hause» zu benehmen, fällt es manchen Unterländerinnen leichter, sich der «fremden» Umgebung entsprechend zu verhalten. Esther Appenzeller: «Du passt dich, wenn du in andern Kulturen bist, irgendwo auch an!»

Wie aus diesen Ausführungen ersichtlich wird, entscheiden sich einige der befragten Frauen aufgrund ihres Wunsches nach einem naturnaheren Leben für eine Rückkehr oder einen Zuzug nach Graubünden. Trotz der

Die Einheimischen bewundern ihren grossen Garten – doch als Zugezogene gehören Marianna Winkler (Bild) und Esther Appenzeller nicht ganz zur Dorfgemeinschaft.

Esther Appenzeller (*1956) und Marianna Winkler (*1961): fremd und doch da[1]

Esther Appenzeller und Marianna Winkler leben seit 1995 in Graubünden. Die beiden Stadtzürcherinnen lernen sich in Zürich kennen, wo sie in einer Klinik in der Pflege arbeiten. Auslöser für ihren Umzug nach Graubünden ist Esther Appenzellers Wunsch, wieder auf dem Land zu wohnen – zuvor lebte sie einige Jahre in Dörfern in Norwegen, Holland und im Kanton Glarus. «Ich gab dann ein kleines Inserat in ein paar Zeitungen auf: ‹Suche Häuschen mit Garten.› Bald war klar, es muss das Bündnerland sein. Von Kindheit an kannte ich es, weil ich viel hier oben bei meinem Götti war. Als ich ein Angebot erhielt, kündigte ich sofort meine Wohnung und meine Arbeit. Das Haus war im Lugnez, und ich hatte keine Ahnung, wo das ist.» Zwei Jahre lang leben die beiden in diesem Tal. Da das Haus relativ gross ist, führen sie es nebenberuflich als Frauenhotel und Kurszentrum «Casa Uorsa». Dann haben Esther Appenzeller und Marianna Winkler die Gelegenheit, ein altes Holzstrickhaus in der Cadi zu kaufen. Bewusst entscheiden sie sich für ein Haus oberhalb des Dorfes, ausserhalb der Bauzone – das befreit sie ein Stück weit von der sozialen Kontrolle im Dorf. Als Zugezogene und Deutschsprechende gehören sie auch nach acht Jahren nicht zur Dorfgemeinschaft. Doch sie sind gut akzeptiert: Ihr grosser, schöner Garten wird bewundert, und sie geniessen aufgrund ihrer

beruflichen Position Respekt. Marianna Winkler hat eine leitende Funktion in einem Spital, Esther Appenzeller arbeitet in einem Pflegeheim. Esther Appenzeller: «Man kann uns und vor allem Marianna um Rat fragen, wenn man ein gesundheitliches Problem hat. […] Mich dünkt, wir haben einen guten Mittelweg gefunden, wir sind nicht zwei völlig Unbekannte, von denen man gar nichts weiss. Wenn wir im Volg sind, redet man miteinander, man grüsst sich und tauscht Alltäglichkeiten aus. Das ist für uns eine gute Art von Integration. Sonst müssten wir in die Vereine gehen, in den Chor, in den Turnverein, und das habe ich auch in der Stadt nie gemacht, das bin ich nicht.» Ob die Leute im Dorf den Charakter ihrer Beziehung kennen, wissen sie nicht. Möglicherweise werden sie einfach als zwei zusammenlebende Frauen wahrgenommen, zumal Esther Appenzeller zwei Kinder aus einer früheren Ehe hat, die regelmässig zu Besuch kommen. Im Dorf sind Esther Appenzeller und Marianna Winkler nicht Hand in Hand unterwegs – das ist für sie eine Frage der kulturellen Anpassung ans Dorfleben. Esther Appenzeller: «Wenn wir miteinander in Zürich sind, geniessen wir es sehr. Dann fällt mir auch immer wieder auf, wie wir uns anders bewegen, irgendwo Arm in Arm flanieren, uns ab und zu wieder einen Kuss geben. Dann merke ich wieder, wie wir hier oben Rücksicht nehmen. Darunter leide ich nicht, aber dann fällt mir immer wieder auf, wie sehr man sich anpasst im ganzen Verhalten. Es käme uns nicht in den Sinn, Hand in Hand durchs Dorf zu laufen.»

Im Gegensatz zu ihrem Leben in Zürich geniessen Esther Appenzeller und Marianna Winkler den grosszügigen Raum, den ihnen ihr Haus bietet, ihren Garten und die wunderschöne Aussicht. Beide sind in ihrer Freizeit handwerklich tätig – im Garten, am Webstuhl oder beim Goldschmieden. Sie haben einzelne soziale Kontakte in der Region, die meisten jedoch zu früheren Freundinnen aus Zürich, die sie regelmässig besuchen. Marianna Winkler: «Ich bin fremd, und doch bin ich da. Und das Fremde hat auch das Gute, dass ich von Neuem umziehen kann. Meine Wurzeln sind nicht in der Surselva, aber auch nicht mehr in Zürich. Die sind momentan an dieses Haus und dieses Leben und an das Leben mit Esther gebunden.» Esther Appenzeller: «Das Gefühl, nirgends so tief verwurzelt zu sein, gibt auch ein Stück Freiheit.»

1 Interview mit Esther Appenzeller und Marianna Winkler vom 12.8.2005.

anfänglichen Befürchtung, in Graubünden als lesbisch lebende Frau nicht akzeptiert zu werden, überwiegen für die befragten Frauen am neuen Wohnort die positiven Erfahrungen. Dabei hängt die Akzeptanz in Graubünden vom Wunsch der Frauen nach Integration, von ihrem Beruf und von ihrem Milieu ab. Obschon sie als Zugezogene von den Bewohnerinnen und Bewohnern am neuen Wohnort weniger nach den dort geltenden Normen beurteilt werden, entwickeln die Befragten Formen von Anpassung an ihre neue Umgebung.

Zentrale Momente im Alltag frauenliebender Frauen

Nachdem wir im vorangegangenen Kapitel vier Lebensentwürfe lesbischer Frauen in Graubünden dargestellt haben, gehen wir im Folgenden verschiedenen Themen nach, die sich in den Interviews als zentral herausgestellt haben. Ein in vielen Lebensbereichen relevantes Thema ist die Tatsache, dass Heterosexualität in unserer Gesellschaft als Selbstverständlichkeit vorausgesetzt wird.[154] Vor diesem Hintergrund sind weitere für die Interviewten zentrale Themen zu sehen, wie ihr Selbstverständnis, ihre Vorstellungen von Paarbeziehungen, das Coming-out, die Erfahrung von Diskriminierung und der Kampf um gleiche Rechte. Diese Themen werden im Folgenden dargestellt.

Heterosexualität als Norm: eine Insel im heterosexuellen Meer

Lesbisch lebende Frauen stellen eine gesellschaftliche Minderheit dar. Doch heterosexuell lebende Menschen sind nicht nur zahlenmässig in der Mehrheit; die Gesellschaft hat auch Vorkehrungen getroffen, um Heterosexualität als Norm zu installieren. Dies äussert sich unter anderem darin, dass gesellschaftliche Institutionen und Rituale wie Verlobung, Hochzeit und Gründung einer Familie heterosexuellen Paaren vorbehalten sind. Während heterosexuelle Partnerschaften durch diese Rituale gesellschaftlich anerkannt und unterstützt werden, gibt es für gleichgeschlechtliche Paare keine vergleichbaren institutionalisierten Formen, die ihre Partnerschaften als gesellschaftlich wünschenswert erscheinen lassen.[155] Marianne Brosi: «Wir haben keine Rituale wie die Heterosexuellen wie die Heirat, bei der die ganze Verwandtschaft die Partnerschaft bezeugt und hinter ihr steht. Das macht es viel schwieriger, eine Partnerschaft aufrechtzuerhalten. Alles Äussere hilft nicht mit, die Beziehung aufrechtzuerhalten.»[156] Heterosexualität gilt in unserer Gesellschaft zudem weitgehend als nicht erklärungsbedürftig. Grundsätzlich wird von einer Person erwartet, sie sei heterosexuell, wie Eva-Maria Pally beschreibt: «Du handelst immer gegen Erwartungen und Vorstellungen der Leute, denn alle erwarten Heterosexualität und nicht Homosexualität.» Während Heterosexualität vorausgesetzt wird, wird Homosexualität tendenziell unsichtbar, und gleichgeschlechtlich liebende Menschen sind immer wieder vor die Entscheidung gestellt, ob sie ihre Lebensweise sichtbar machen wollen oder nicht.

Die heterosexuelle Norm als Thema einer Demonstration von Lesben und Schwulen 1989 in Zürich.

Die Unsichtbarkeit von Frauenbeziehungen wird unter anderem in den Erzählungen der befragten Frauen über ihre Jugendzeit deutlich. Viele hatten keinen Begriff oder keine Vorstellung davon, dass ein Leben in Partnerschaft mit einer Frau möglich sei. Die gesellschaftliche Nicht-wahrnehmung gleichgeschlechtlicher Liebe zwischen Frauen kann Ge-fühle von Einsamkeit und Isolation hervorrufen. Eva-Maria Pally: «Das Nichtexistieren gab mir das Gefühl, ich sei wie eine Insel in einem hetero-sexuellen Meer. Das war nicht ein sehr angenehmes Gefühl.» Eine wei-tere Facette der gesellschaftlichen Nichtwahrnehmung frauenliebender Frauen ist die Erfahrung vieler Frauenpaare in Dörfern, immer wieder für Schwestern gehalten zu werden – auch wenn sie verschiedene Nach-namen haben oder unterschiedliche Dialekte sprechen.

Mit den heteronormativen gesellschaftlichen Strukturen arrangieren sich die befragten Frauen weitgehend. Dass sie zu einer gesellschaftlichen Minderheit gehören, wird für sie zum Alltag, zu einer Normalität, die ihnen nur momentweise bewusst wird. Sofia Keller (*1964) erinnert sich, wie sie am Bahnhof ihres Wohnorts einmal ein Frauenpaar beobachtete: «Einmal kam ich zum Bahnhof, und dann waren da tatsächlich zwei Frauen, die sich eng umschlungen küssten. Wenn ich das sehe, berührt mich das schon, das finde ich stark. […] Also daran merke ich, es tut mir gut, andere Frauen, die zusammen sind, zu sehen.» Sonja Nuotclà fuhr an ein Treffen für Lesben in Deutschland – eine Erfahrung, die für sie erst-mals eine grosse Zahl von Lesben sichtbar machte: «Dort habe ich das erste Mal 3000 Lesben gesehen – mein Gott! Das war ein schönes Erlebnis, einfach auch zu merken, ich bin nicht allein, und es hat so ganz verschiedene, und jede ist speziell.»

Teilweise entwickeln die befragten Frauen kreative Strategien, um das eigene Erleben zur Norm zu machen. Sie versuchen beispielsweise, den Spiess umzudrehen und sich vorzustellen, dass alle Menschen gleichgeschlechtlich lieben und die Heterosexuellen in der Minderheit seien. Oder sie malen sich aus, ihre positiven Erlebnisse in lesbischen Liebesbeziehungen der negativen gesellschaftlichen Bewertung entgegenzuhalten. Annina Sieber stellt sich ein öffentliches Coming-out in ihrem Herkunftsort vor: «Am liebsten würde ich in Maienfeld auf eine Bühne stehen und rufen: ‹So, das ist meine Freundin, und uns geht es extrem gut!› Und die Leute sehen mich, und sie sehen: ‹Wow, der geht es sehr gut! Die hat sich sehr positiv verändert in den letzten Jahren.›»

Selbstverständnis: eine Lesbe und doch keine

Wie in den vorangehenden Kapiteln beschrieben, bewirkt die heterosexuelle Norm, dass sich die interviewten Frauen als «anders», als nicht der Allgemeinheit entsprechend empfinden. Vor diesem Hintergrund stellen sie sich Fragen nach der eigenen Identität und danach, wie sie ihre Lebensformen bezeichnen sollen oder wollen. Dabei findet eine Auseinandersetzung mit der eigenen Vergangenheit, mit Begriffen und Bezeichnungen statt. Die Frauen erzählen die eigene Lebensgeschichte im Lichte des gleichgeschlechtlichen Begehrens, wobei sie Erklärungen für die aktuelle Lebensform suchen. Aus den Interviews kristallisieren sich drei zentrale Auffassungen gleichgeschlechtlicher Lebensformen heraus. Eine erste Auffassung sieht ein Lesbischsein als Schicksal oder als eine Veranlagung an, die von aussen bestimmt und unveränderlich ist. Diese Veranlagung muss laut den Interviewten zunächst «entdeckt» oder «aufgedeckt» werden. Der Weg dahin ist von Unsicherheit geprägt. Sonja Nuotclà erzählt, wie sie zum ersten Mal eine Frau küsste, dabei eine bisher in ihrem Leben herrschende Unsicherheit zum Verschwinden brachte und ihr Lesbischsein entdeckte: «Ich wusste, das ist es. Jetzt weiss ich, was mir gefehlt hat. Das war wirklich eine Erleuchtung, auch eine Befreiung.» Auf diese «Erkenntnis» hin wird die Kindheit und Jugend erzählt, wo Anzeichen für diese «Anlage» gefunden werden. Selina Biert beispielsweise sagt: «Im Kindergarten und in der Schule habe ich immer probiert, in der Nähe der Lehrerinnen zu sein. Ich habe auch immer mit Jungen gespielt, Fussball, Klettern, dreckig sein, Hosen kaputt machen. Also so richtig lesbisch. […] Lesben sind mehr Jungs. Das kommt vom Hirn oder von den Hormonen.» Eine solche Auffassung von Veranlagung vertreten auch teilweise Interviewte, die lange Zeit heterosexuell lebten. Obschon diese Frauen ihre frühere heterosexuelle Lebensform nicht verschweigen und sich keinen andern Lebensverlauf wünschen, erachten sie ihre jetzige gleichgeschlechtliche Lebensform als bereits bei Geburt vorhandene Veranlagung. Eine zweite, von den Interviewten vertretene Auffassung geht davon aus, dass alle Menschen im Grunde genommen bisexuell sind, das heisst, beide Geschlechter begehren. Dabei wird nach Stufen unterschieden, wie es beispielsweise Eva-Maria Pally auf ihre Person bezogen macht: «Es kommt selten vor, dass jemand hundert Prozent lesbisch oder heterosexuell ist. Das ist meine Meinung. Ich würde sagen, dass ich eine Mischung habe von 85 zu 15.» Diese Auffassung vertritt auch ein Teil derjenigen Frauen, die in ihrem früheren Leben Beziehungen zu Männern hatten. Sie erachten ihre aktuelle Lebens- und Liebesform als Abschnitt ihres Lebens. In den Phasen einer gleichgeschlechtlichen Beziehung definieren sie sich meist als lesbisch. Sie schliessen aber nicht aus, dass sie sich (wieder) in einen Mann verlieben könnten. Die Bezeichnung «bisexuell» benützen sie kaum, da mit diesem Begriff negative Assoziationen verbunden sind, wie aus der Aussage von Selina Biert ersichtlich ist: «Vielleicht bin ich auch bisexuell. Das möchte ich aber unbedingt vermeiden, denn dann weiss man nie im Leben, was man will.» Eine dritte Auffassung vertreten meist frauenbewegte Interviewte. In der Frauen- und Lesbenbewegung eigneten sie sich den Ausdruck «Lesbe» und «lesbisch» als politisch-feministischen Begriff an. Sie verwenden ihn als Bezeichnung für eine Lebensweise, die sie als der patriarchalen Gesellschaftsordnung und der gesellschaftlichen Heteronormativität entgegengesetzt ansehen. Gleichgeschlechtlich zu lieben, hat für diese Frauen eine politische Komponente, wie aus der Aussage von Marianna Winkler ersichtlich wird: «Ich finde, es soll weiterhin überzeugte frauenliebende Frauen geben, die sich nicht per Zufall im Moment in eine Frau verliebt haben. Das geht politisch nicht.»[157] Indem diese Frauen ihr Leben hauptsächlich mit Frauen gestalten – sei das in einer Liebesbeziehung oder in freundschaftlichen Bindungen –, beabsichtigen sie, patriarchalen Gesellschaftsverhältnissen zumindest zeitweilig zu entkommen und diese nicht zu unterstützen.

Im Gegensatz zu den Interviewten, die in der Frauen- und Lesbenbewegung aktiv waren, haben viele andere gleichgeschlechtlich liebende Frauen Mühe, sich mit der Bezeichnung «Lesbe» zu identifizieren. Dieser Begriff ist für sie negativ gefärbt. Sie empfinden ihn beispielsweise als «hart» (Monika Padrutt), «Fluchwort» (Sonja Nuotclà) oder «mit negativem Touch» belegt (Marianne Brosi). Die negative Wahrnehmung des Begriffs «Lesbe» hängt laut den Befragten mit der im Allgemeinen vertretenen Vorstellung zusammen, dass frauenliebende Frauen männlich aussehen, sich wie Männer verhalten und fühlen. Diese Umschreibung von Lesbe als männliche Frau lehnen die Interviewten für sich selber mehrheitlich ab. Sie grenzen sich von mit diesem Begriff verbundenen lesbisch lebenden Frauen ab, die sie wahrnehmen als «kahl geschoren» (Charli Moser und Brigitte Sulser), in «Männerkleidern» (Charli Moser und Brigitte Sulser), «Macker» (Simone Baumer) oder «Frauen, die sich gehen lassen, übergewichtig sind, sich nicht pflegen und eine grobe Art haben» (Claudia Sievi). An der Bezeichnung «Lesbe» kritisieren sie zudem oft die enge Verbindung mit der Sexualität. Annetta Bisaz: «Was ist mit allen andern möglichen Zwischenformen der Liebe? Schade eigentlich, dass Liebesbeziehungen nur über die Sexualität definiert werden.» Diese

Aussage verweist auf die historische Entstehung des Begriffs «Homo-sexualität», der eine begriffliche Einengung auf die Sexualität mit sich brachte.[158]

Trotz einer solch negativen Bewertung benützen die meisten Befrag-ten die Begriffe «Lesbe» und «lesbisch» mangels Alternativen dennoch. So beispielsweise Laurenzia Gisch: «Das Wort musste ich lernen. Das überhaupt auszusprechen: ‹Ich bin lesbisch.› Ich probiere, mich damit zu identifizieren. [...] Das kann man auch mit Niveau sagen.» Sonja Nuotclà stellt den Begriff in einen historischen Zusammenhang: «‹Lesbe› ist etwas Verstecktes, was man nicht sagt. Das kommt wahrscheinlich noch von früher. Man ist es einfach nicht, und wenn man es ist, dann sagt man es nicht. Aber es bezeichnet das, was ich bin.» Eine weitere Erklärung für den schwierigen Umgang mit diesem Begriff liefert Marianne Brosi. Wie zahlreiche andere Frauen bezeichnet sie sich als «Lesbe», obschon sie Mühe hat, sich in der Öffentlichkeit offen und selbstverständlich so zu definieren. Sie erklärt sich dies folgendermassen: «Ich konnte das in der Jugendzeit nicht offen leben, fühlte mich in der Gesellschaft nicht akzeptiert, sodass ich das gar nicht richtig festigen konnte. [...] Ich kann nicht hundert Prozent locker damit umgehen.» Es ist daher für diese Frauen schwierig, Selbstverständlichkeit und Selbstbewusstsein in ihrer Lebens- und Liebesform zu entwickeln. Eine annehmbare Formulierung einer gleichgeschlechtlich orientierten Lebensform ist für zahlreiche interviewte Frauen der Satz: «Ich lebe mit einer Frau zusammen» oder «Ich habe eine Freundin bzw. Partnerin». Diese Äusserung ist natürlich nur für in Partnerschaft lebende Frauen eine Option, nicht aber für allein oder in andern Beziehungskonstellationen lebende Frauen. Annetta Bisaz, die ihre Frauenbeziehung neben der Ehe lebt: «Die Terminologie ändere ich je nach Situation, je nach Leuten.»

Beziehungsvorstellungen: ich, du, wir

Ein Thema, das sich in den lebensgeschichtlichen Interviews als zen-tral herausstellte, sind Beziehungsvorstellungen. Die Interviewten thema-tisierten ihre Auffassungen von Paarbeziehungen jeweils nicht auf ab-strakte Art und Weise, sondern anhand verschiedener konkreter Themen wie Freizeitgestaltung, Überlegungen zum Partnerschaftsgesetz oder Kinderwunsch.

Freizeitgestaltung
Anhand der Erzählungen der Interviewten über ihre Freizeitgestal-tung wird ersichtlich, dass unterschiedliche Beziehungsvorstellungen existieren, die sich zwischen eher paarzentrierten und eher individuums-zentrierten Ideen bewegen. So gibt es Auffassungen, wonach ein Paar als Einheit angesehen wird, und andere, wonach zwei unabhängige Indivi-duen bestimmte Aspekte ihres Lebens miteinander teilen. Für Angela Ardüser und Monika Padrutt steht das Paar im Zentrum, wie Angela Ardüser erklärt: «Ich muss nicht eine Beziehung haben, in der ich daheim

Annetta Bisaz (*1952): Familienleben und Fernbeziehung[1]

Annetta Bisaz ist in Basel aufgewachsen und lebt heute als Bergbäuerin in einem Bündner Dorf. Als junge Frau verliebt sie sich immer wieder in Frauen, ohne dass ihre Liebe erwidert wird. Sie hat verschiedene Beziehungen zu Männern, manchmal mehrere gleichzeitig. Als sie schwanger wird, beschliesst sie zu heiraten: «Dieser Schritt war wohl einer der prägendsten für mich – mit Folgen, die ich erst später erkannte. Hätte je eine Frau meine Liebe vorher erwidert, wäre alles anders herausgekommen, vielleicht besser, vielleicht auch schwieriger ...» Zusammen mit ihrem Mann, einem Bündner, führt sie einen klassischen Bauernbetrieb; sie ist verantwortlich für die Kinder, das Haus, den Garten, das Kleinvieh, die Buchhaltung und die Mithilfe beim Heuen und im Stall. Anlässlich einer Weiterbildung lernt sie andere Bäuerinnen kennen, darunter ihre erste Geliebte: «Wir waren beide verheiratet, beide mit landwirtschaftlichem Betrieb und mit Kindern. Verliebt zu sein, unsere Anziehung mitsamt Erotik zu entdecken, war wunderschön.» Annetta Bisaz und ihre Freundin leben ihre Beziehung versteckt. Eine Zeit lang geht das gut, doch dann wird die Belastung durch die Familie, die Arbeit und die Geheimhaltung zu gross. Später – nach einer langjährigen Beziehung zu einer andern verheirateten Frau und einer schmerzhaften Trennung – erzählt Annetta ihrem Mann, dass sie Frauen liebt, und zwar in der Absicht, sich von ihm zu trennen und ein neues Leben zu beginnen. Doch die beiden beschliessen, zusammenzubleiben, da ihr Mann sonst den Betrieb hätte aufgeben müssen. Annetta Bisaz und ihr Mann vereinbaren, dass sie neben der Ehe Beziehungen zu Frauen leben kann, wenn sie in ihrem gemeinsamen Umfeld nichts davon erzählt: «Ich verstehe gut, dass mein Mann sich wünscht, dass unsere nähere, ländliche und noch bäuerliche Umgebung nichts davon erfährt. Daran halte ich mich problemlos. Was ‹meine› Leute anbelangt, da habe ich keine Mühe und auch keine Hemmungen, über meine Liebe zu Frauen zu reden; es ist für mich so normal und selbstverständlich, und es gibt ja nichts Schöneres, oder? [...] Jetzt ist die Situation mit meinem Mann so, dass das Thema Lesbischsein tabu ist, wobei ich auch seine Ängste und das Bedrohtsein verstehe. Insgesamt hat sich aber unsere Beziehung durch diese Tatsachen vertieft, ja sie ist sogar gereift. Er weiss, wo und mit wem ich zusammen bin, und damit hat sich's.»

Seit einiger Zeit hat Annetta Bisaz eine Fernbeziehung zu einer Frau, die in ihrer Umgebung ebenfalls nicht «geoutet» ist: «Sie war nie verheiratet und lebt allein, kinderlos. Genau darum, weil sie auch in Zukunft allein leben will, hat sie auch keine Probleme damit, mich innerhalb meiner Familie zu unterstützen.» Es steht damit nicht zur Diskussion, dass sich Annetta Bisaz von ihrem Mann trennt. Die Frage, wie sie sich selber definiert, beantwortet Annetta Bisaz folgendermassen: «Mich selber zu definieren, scheint mir etwas schwierig. Ich bin lesbisch, weiss aber nicht, wie ich damit umgegangen wäre, wenn ich vor der Heirat, ja vor Männerbeziehungen, eine Geliebte gefunden hätte.» Auch wenn sie im Nachhinein vielleicht einiges anders gemacht hätte, ist Annetta Bisaz zufrieden mit ihrer heutigen Situation: «Heute bin ich froh, dass ich mich dazu entschloss, mein Leben mit Landwirtschaftsbetrieb und Mann und (fast) erwachsenen Kindern in einer Umgebung, die mir immer zugesagt hat, weiterzuführen. Meine jetzige Partnerin unterstützt mich darin, das ist so wohltuend und schön. Ich merke, dass ich jetzt auch zur Ruhe komme, mich sowohl zu Hause wie auch mit meiner Liebsten wohl und geborgen fühle.»

---

1 Schriftliches Interview mit Annetta Bisaz vom 28.11.2005.

hocke und die andere allein hinausgeht. Was wir machen, machen wir zusammen.» Dora Uffer (*1963) hingegen stört sich daran, dass viele Menschen in einer Liebesbeziehung ihre Gewohnheiten und Interessen zugunsten der Partnerin oder des Partners verändern: «Viele Leute ändern ihr Leben total in einer Beziehung. Insbesondere Frauen, die heiraten. Ich möchte das nicht. [...] Durch eine solche Angleichung verliert man die eigene Individualität.» Viele interviewte Frauenpaare teilen ähnliche Hobbys, interessieren sich für ähnliche Themen und versuchen gleichzeitig, Freiraum für eigenständige Entwicklungen zu schaffen. Sonja Nuotclà erzählt vom Aushandeln, wann, wie viel und wie die Freizeit mit der Partnerin verbracht wird: «Weil wir beide unregelmässig arbeiteten, hatten wir nicht immer zur gleichen Zeit frei, was ja auch gut ist. Der Nachteil war, dass wir uns nicht oft gesehen haben. Dann beschlossen wir, uns bewusst miteinander zu verabreden, auch wenn wir zusammenwohnen. […] Beziehung haben, bedeutet ja auch immer investieren in die Beziehung und dass man etwas miteinander unternimmt, Zeit füreinander hat. Und das musste ich lernen.»

Kinderwunsch und neue Familienformen

In den Überlegungen der befragten Frauen, ob und wie sie Kinder haben möchten, zeigen sich ebenfalls unterschiedliche Vorstellungen von Beziehungen und von Familie. Einige Interviewte verspürten nie einen Kinderwunsch. Zahlreiche der befragten Frauen hingegen wünschten sich Kinder und entschieden sich dennoch für ein Leben ohne Kinder, weil sie keine künstliche Befruchtung vornehmen wollen. Simone Baumer (*1957) drückt dies mit folgenden Worten aus: «Es ist von Natur aus nicht möglich für uns, Kinder zu haben. Darum unterstütze ich das nicht, einen künstlichen Eingriff vorzunehmen, auch bei heterosexuellen Paaren nicht. Mit dem Schmerz musste ich lernen umzugehen.» Andere Frauen entscheiden sich gegen Kinder, da es nicht möglich ist, ein Kind mit genetischen Anlagen beider Frauen zu bekommen. Claudia Sievi: «Wir haben beide keinen Kinderwunsch, zum Glück. Wenn wir aber ein Kind von uns beiden haben könnten, dann würden wir es gerne haben. Aber wir leiden beide nicht darunter, dass dies nicht möglich ist.» Ein Kind zu haben, das nicht aus der Zweierbeziehung entsteht, kommt für zahlreiche Frauen nicht in Frage.[159]

Diejenigen Befragten, die nicht auf Kinder verzichten wollen, sehen sich mit komplexen Fragen konfrontiert: auf welchem Weg – etwa durch Samenspende oder Adoption – sie Eltern werden, welche der Partnerinnen die biologische Mutter sein soll, welchen Stellenwert der biologische Vater einnehmen soll, wer welchen Anteil an der Kinderbetreuung übernimmt.[160] Diese Frauen überlegen sich neue Paar- und Familienformen und versuchen, damit vertraut zu werden. Sonja Nuotclà beschreibt diesen Prozess: «Ich sagte am Anfang, wenn meine Partnerin ein Kind will, muss ich mich von ihr trennen. Ich konnte es mir nicht vorstellen. Und dann begann ich zu überlegen, was es bedeutet, ein Kind zu haben, was es mit einer Frau zusammen bedeutet und was es heisst, in einer Patchworkfamilie Kinder zu haben. Das läuft seit zweieinhalb Jahren oder drei Jahren so.» Sonja Nuotclà und ihre Partnerin überlegen sich, wer als Samenspender infrage kommt und welche Rolle dieser haben soll.

Selina Biert hätte gerne Kinder und stellt sich ihr Leben und ihre Beziehung dann folgendermassen vor: «Ich hätte kein Problem, wenn ich nicht jeden Tag zur Arbeit müsste, sondern zu Hause für mich etwas machen könnte, nicht für jemand anders. Ich könnte mir vorstellen, verheiratet zu sein, Kinder zu haben und zu Hause zu sein. Wenn die Kinder dann grösser wären, könnte ich dann in eine Bäckerei arbeiten gehen. Und sonst gemütlich die Berge anschauen.» Marianne Brosi hingegen hätte gerne Kinder in der Rolle des Vaters gehabt. Hier spielt für viele befragte Frauen die grosse Bedeutung der Erwerbsarbeit eine Rolle. Viele Befragte können sich nicht vorstellen, ihren Beruf ganz oder teilweise aufzugeben, um sich hauptsächlich um die Kinder zu kümmern. Auch in der Freizeitgestaltung scheinen Kinder Veränderungen notwendig zu machen, was viele Interviewte nicht möchten.

Überlegungen zu Partnerschaftsritualen

Die Vorstellungen von Paarbeziehung zeigen sich auch in den Einstellungen der Befragten in Bezug auf die Möglichkeit, gleichgeschlechtliche Partnerschaften offiziell einzutragen, kirchlich segnen zu lassen oder andere Formen von Partnerschaftsritualen zu vollziehen. Dabei lässt sich zwischen einer symbolischen, einer rechtlichen und einer politischen Bedeutung dieser Rituale unterscheiden.[161]

Die symbolische Bedeutung beinhaltet die Bezeugung des Paars sich selber und auch der Öffentlichkeit gegenüber, einander zu lieben und füreinander Verantwortung zu übernehmen. Die Beziehung wird so bewusst und sichtbar oder sichtbarer gemacht. Oft wird dies mit einem Ritual und einem Fest verbunden, sodass einige nicht von einer eingetragenen Partnerschaft, sondern von Hochzeit sprechen. So auch Martina Müller, für die eine Hochzeit keine rationale, sondern eine symbolische Bedeutung hat, die sich in der Hochzeitszeremonie widerspiegelt: «Wir machten das nur für uns. Wir haben für uns alleine eine kleine Zeremonie auf einem alten Kultplatz in Graubünden gemacht. Den Ort suchten wir als unseren Ort aus. Am nächsten Tag haben wir Freundinnen eingeladen. Einen Monat später haben wir dann mit der Familie und mit Freunden ein Fest in Versam im Pfarrgarten gemacht.» Während einige Frauen sich für eine persönliche und individualisierte Verbindungszeremonie entscheiden, wünschen sich andere ein Ritual, das der heterosexuellen Ehe möglichst nahekommt. Charli Moser sagt: «Das Ritual in der Kirche wollten wir genau wie Mann und Frau. Das sieht man auch an unseren Kleidern. Für uns bedeutet das wirklich Ehe» (vgl. Seite 281).[162]

Einer solchen Auffassung können andere Befragte wenig abgewinnen. Claudia Sievi erzählt von der Eintragung ihrer Partnerschaft, die sie als Hochzeit bezeichnet: «Als wir uns entschieden zu heiraten, wurde mir angst und bang. [...] Die Vorstellung, dass wir wie Mann und Frau sind, wenn wir heiraten. [...] Es ist ein Einengen, ein Beschneiden der Freiheit. Die eingetragene Partnerschaft bringt aber weniger Nachteile mit sich als die heterosexuelle Ehe, weil es in diesem Bereich noch nicht so Normen gibt. Früher fand ich es schade, dass es keine Vorbilder gab, jetzt bin ich aber froh darüber, ich empfinde das als Vorteil. Du kannst deine Lebensweise dann selber kreieren.» Für Frauen wie Claudia Sievi bedeutet die Registrierung ihrer Partnerschaft eine Anerkennung der gleichgeschlechtlichen Beziehung durch die Öffentlichkeit, die mit Normvorstellungen verbunden ist. Sie befürchten, ihre Eigenständigkeit, ihr Anders-

Charli Moser (*1970) und Brigitte Sulser (*1949): Hochzeit auf Hohenrätien[1]

Am 18. September 1993 findet im Kirchlein Hohenrätien in Sils im Domleschg eine aussergewöhnliche Hochzeit statt. Es sind zwei Frauen, Brigitte Sulser und Charli Moser, die sich an diesem Tag die Treue versprechen. Ihr Gelübde wird offiziell weder vom Staat noch von der Kirche anerkannt – aber für die beiden, die über 40 anwesenden Gäste und die Pfarrerin handelt es sich um eine Hochzeit. Wochen vorher haben die Brautleute mit den Vorbereitungen begonnen. Um einen passenden Anzug zu finden, reist die zierliche, kleine Charli Moser bis nach Zürich und St. Gallen. Brigitte Sulser, die zuvor schon mit einem Mann verheiratet war und damals schnell und unspektakulär geheiratet hatte, ersteht ein festliches, weisses Brautkleid. Am grossen Tag trennen sich Braut und «Bräutigam» am Morgen. Im Kirchlein von Hohenrätien segnet die Pfarrerin die Brautleute und wünscht ihnen Glück. Zum Zeichen, dass sie mit der Segnung einverstanden sind, erheben sich die Gäste von ihren Bänken. Nach dem Fototermin und dem Apéro gehts im gemieteten Chevrolet weiter ins Restaurant Kasernenhof in Chur. Der Handorgelclub spielt zur grossen Freude des Brautpaars zum Tanz auf – damit haben sie nicht gerechnet, denn obschon der Club üblicherweise an jeder Hochzeit eines Mitglieds spielt, ist dies doch keine gewöhnliche Hochzeit. Das zeigt das grosse Medieninteresse: Nachdem eine Zeitung der Region im Vorfeld von der Hochzeit erfährt, werden Charli Moser und Brigitte Sulser mit Interviewanfragen überhäuft. Die erste Pfarrerin, die die beiden anfragen, bekommt kalte Füsse und zieht sich zurück. Kurzfristig finden die beiden eine neue Pfarrerin und verschieben die Hochzeit. So gelingt es ihnen, die Medien auszuschliessen. Nach der Hochzeit geben sie der «Schweizer Illustrierten» ein Interview. Brigitte Sulser: «Wir fanden einfach, wir geben jetzt ein Interview als Denkanstoss vielleicht auch für Ältere oder für lesbische Frauen, die sich nicht zu outen getrauen.

Für mich war das auch ein Riesenschritt.» Die Zeitschrift titelt am 27. September: «Wir sind lesbisch, und wir haben Hochzeit gefeiert.»[2] Später lädt sie das Zürcher Radio 24 in den «Pulsnehmer», die Talksendung über gesellschaftlich umstrittene Themen, ein: Das erste lesbische Paar, das sich in der Schweiz kirchlich segnen lässt, wird zum nationalen Thema. Von ihrem unmittelbaren Umfeld erhalten die beiden Frauen vorwiegend positive Reaktionen. Doch an der darauffolgenden Fasnacht im von ihrem Wohnort nicht weit entfernten Cazis trauen die beiden ihren Augen kaum: Der einzige Wagen an der Kinderfasnacht stellt das Kirchlein von Hohenrätien dar, daneben gehen zwei Frauen, als Brautpaar gekleidet. «Hurra, zum Heiraten braucht es keine Männer mehr», steht auf einem Schriftband am Wagen. Charli Moser macht eine Flucht nach vorn: «Die rechneten doch nicht damit, dass wir zu der Fasnacht gehen. Ich ging stinkfrech hin und fragte, ob sie warten könnten, wir brauchten noch ein paar Fotos fürs Hochzeitsalbum. Die waren total überrascht, das kann man sich nicht vorstellen!»

Das alles ist heute über zwölf Jahre her; die Wogen haben sich geglättet. Charli Moser und Brigitte Sulser leben zusammen in Paspels. Ihre Herkunftsfamilie besitzt für sie einen hohen Stellenwert, und so besuchen sie oft ihre beiden Mütter und unterstützen sie im Alltag. Als das Thema Homosexualität vor einiger Zeit wieder mehr in den Medien war, hat Brigitte Sulser sich noch einmal bei der «Schweizer Illustrierten» gemeldet, um zu sagen, dass sie und Charli Moser immer noch ein Paar seien: «Es ist jetzt über zwölf Jahre her, dass wir geheiratet haben. Das ist etwas, was die Leute auch wissen dürfen, das ist nicht selbstverständlich. Damals haben sie das so aufgebauscht, doch jetzt interessiert sich niemand mehr dafür.»

---

1   Interview mit Charli Moser und Brigitte Sulser vom 25.7.2005.
2   Schweizer Illustrierte, 1993.

Hochzeit von Charli Moser und Brigitte Sulser 1993: «Das Ritual in der Kirche wollten wir genau wie Mann und Frau.»

sein durch die öffentliche Anerkennung der Partnerschaft zu verlieren. Simone Baumer: «Ich finde es nicht gut, dass alle Formen von Partnerschaften in Heirat enden müssen, dass damit die Heirat als das absolut Perfekte angesehen wird.» Diesen Befragten ist es wichtig, ihre Liebesbeziehungen durch ein Aushandeln zu gestalten, das heisst, die beiden Partnerinnen einigen sich, wie sie zusammen ihr Leben gestalten wollen. So wird beispielsweise die Erwerbsarbeit als wichtiger Teil des Lebens definiert, Haushaltsarbeiten werden aufgeteilt, Liebesbeziehungen müssen nicht für die Ewigkeit gelten und nicht zwangsläufig monogam sein.

Dennoch befürworten die Befragten mit dieser Beziehungsvorstellung das Partnerschaftsgesetz aus Gründen des Rechtsschutzes und aus politischen Motiven. Obschon sie die Ähnlichkeit zu einer heterosexuellen Ehe problematisieren, lassen sie ihre Partnerschaft eintragen oder können sich vorstellen, dies zu tun. Dahinter steht die Auffassung, dass gleichgeschlechtliche Partnerschaften erst mit deren offiziellen Eintragung gesellschaftliche Sichtbarkeit erlangen. Sonja Nuotclà: «Die Eintragung beinhaltet etwas Politisches. [...] Ich würde mich schon eintragen lassen. Einfach so, um das öffentlich zu machen.» Ein Leben als Frau mit einer Frau bedeutet für diese Befragten, sich Normvorstellungen einer Gesellschaft zu widersetzen und eigendefinierte Lebensformen zu entwerfen.

Vor dem Hintergrund der beschriebenen heterosexuellen Norm stellt sich frauenliebenden Frauen in allen Lebensbereichen die Frage, wie offen sie ihre Beziehungen leben wollen und können: in der Herkunftsfamilie, im Freundeskreis, in der Wohnumgebung, am Arbeitsplatz und in der Öffentlichkeit allgemein. Nicht in jedem dieser Bereiche leben die befragten Frauen gleich offen, und oft verändert sich die Entscheidung, mehr oder weniger offen oder «out» zu leben, im Verlauf des Lebens. Die Gründe, sich als frauenliebende Frau zu erkennen zu geben, sind vielfältig, wie im Folgenden deutlich wird.

Motive für ein Coming-out

Für die meisten Frauen ist ein Coming-out mit dem Wunsch verbunden, andern «die Wahrheit» über sich zu sagen.[163] Folgendes Zitat von Angela Ardüser zeigt dies exemplarisch: «Ich finde es wichtig für eine Frauenbeziehung, dass man dazu steht und dass die Leute, die dich kennen, davon wissen.» Nicht nur die Frauen selber haben den Wunsch, andern ihre «wahre Identität» zu zeigen; dies wird auch vom Umfeld erwartet. Im Fall der Pfarrerin Martina Müller führte das Verheimlichen ihrer Frauenbeziehung zu einem Vertrauensverlust in der Gemeinde und schliesslich zu ihrem Wegzug.[164] Lebt eine Frau ihre homosexuelle Beziehung nicht offen, kann sie – von der Gesellschaft, aber auch von andern lesbischen Frauen – dafür verantwortlich gemacht werden, dass sie auf Ablehnung stösst. Diese Haltung widerspiegelt sich in der Aussage von Monika Padrutt: «Ich habe das Gefühl, über uns wird überhaupt nicht geredet – aber was sie über die andern reden! Die Leute merken schon, wenn zwei Frauen ein Paar sind. Wenn die Frauen dazu stehen würden, machten sie es sich viel einfacher.» Diese Auffassung geht davon aus, dass Lesben und Schwule sich zu erkennen geben sollten.

Ein weiteres wichtiges Motiv, das viele der befragten Frauen mit einem Coming-out verbinden, ist der Wunsch, dass die Umgebung die Partnerschaft anerkennt, indem etwa die Partnerin wie ein Ehepartner an Familienfeste oder an Anlässe am Arbeitsplatz eingeladen wird. Für Marianna Winkler war dies ein Grund, am Arbeitsplatz Stellung zu beziehen: «Mich hat einfach genervt, als ledig zu gelten. Das stimmt einfach nicht, ich bin nicht ledig. Einmal sprach man am Arbeitsplatz darüber, was für Beziehungsformen es gibt – die Geschiedenen, die Verheirateten, die Wiederverheirateten, die Alleinerziehenden und die Verwitweten, dann gibt es die Ledigen. Da sagte ich, nein das stimme nicht.»

Zahlreiche der befragten Frauen verbinden mit dem Coming-out die Hoffnung auf eine gewisse «Normalisierungsfunktion»: Je mehr lesbische Frauen sich outeten, desto alltäglicher und «normaler» würden Frauenbeziehungen in der Öffentlichkeit wahrgenommen. Marianne Brosi erinnert sich daran, wie beeindruckt sie war von der Äusserung einer früheren Präsidentin der Lesbenorganisation Schweiz anlässlich einer Sendung im Schweizer Fernsehen: «Sie machte eine Aussage: Je mehr es

Martina Müller (rechts) und Sabine Holland: «Als ich mich in Safien als Pfarrerin meldete, schlug ich vor, meine Frau und ich kämen ein Jahr zur Probe.»

offen leben, umso mehr wird es eigentlich auch von der Gesellschaft akzeptiert. Wenn sie es nie sehen, dann können sie es auch nicht einordnen.» Aufgrund dieses Statements entschloss sich Marianne Brosi zu ihrem Coming-out.

Abgesehen vom Wunsch nach Normalisierung existiert auch das Bedürfnis, das eigene Leben ohne Einschränkungen leben zu können – unabhängig von der Reaktion des Umfelds. Anna Coretti beispielsweise lebt ihre Frauenbeziehungen in ihrem Herkunftsdorf offen, auf eine selbstbewusst-trotzige Art: «Ich bin hierhergekommen als Nonne mit dem Schleier, als Frau, als Mutter, als lesbische Frau mit schon zwei Freundinnen. Es ist ein kleines Dörflein, alle reden, aber mir ist das egal. Ich habe nie etwas gehört. Ehrlich war niemand zu mir, und was die hintenherum gesagt haben, ist mir auch egal. Ich lebe für mich, das ist mein Leben. Wenn sie etwas dagegen haben, können sie es mir sagen, ich lebe deswegen nicht anders.» In Anna Corettis Äusserung kommt der Wunsch zum Ausdruck, ihre Lebensweise niemandem erklären und sich dafür nicht rechtfertigen zu müssen.

Während mit dem Coming-out verschiedene Wünsche und Hoffnungen verbunden sind, birgt es auch die Angst vor Ablehnung und Zurück-

Martina Müller (*1954): prekäre Akzeptanz als lesbische Pfarrerin[1]

Seit 2001 wohnt Martina Müller zusammen mit ihrer Partnerin Sabine Holland im Pfarrhaus von Safien. Sie ist zuständig für die Kirchgemeinde des Safientals, sie hält Gottesdienste, traut Ehepaare und erteilt Religions- und Konfirmationsunterricht. Mit den Safierinnen und Safiern hat sie als lesbische Pfarrerin positive Erfahrungen gemacht. «Als ich mich in Safien meldete, schlug ich vor, meine Frau und ich kämen ein Jahr zur Probe. Dann könnten wir schauen, ob das geht. Das setzte offenbar ziemlich Diskussionen ab in der Kirchgemeinde hier in Safien. Einige gehen nach Chur in die Freie Evangelische Kirche, manche drohten mit Austritt, aber bis heute ist niemand ausgetreten. Und nach diesem Jahr war eigentlich klar, dass ich bleiben kann.» Die Bergbevölkerung akzeptiere – entgegen ihrem konservativen Image – auch ungewöhnliche Menschen, sagt Martina Müller: «Für sie ist das Kriterium die Menschlichkeit, dass man miteinander reden kann und dass man recht arbeiten kann. Letztlich ist man hier auf alle angewiesen, egal wie schräg sie sind.» Nur in wenigen Situationen, hat Martina Müller den Eindruck, werde den Leuten ihr Lesbischsein bewusst, etwa bei Trauungen. Dann fragten sie sich wohl schon manchmal, ob sie das auch richtig mache. Doch eigentlich geniesst sie ihre Stellung als Pfarrerin im abgelegenen Safiental sehr, da sie ihr grosse Freiheit ermöglicht.

Martina Müller wächst als Tochter von Bündner Eltern im Baselbiet auf. Sie studiert Theologie und heiratet mit 26 einen Studienkollegen. Die beiden übernehmen 1980 die Pfarrämter von Luven und Castrisch. Kurze Zeit nach der Hochzeit verliebt sie sich in eine Frau, lässt sich von ihrem Mann scheiden und folgt ihrer Freundin nach Deutschland. Einige Jahre später übernimmt sie das Pfarramt von Versam. Dort ist sie als Geschiedene bekannt und zieht es vor, sich in der Gemeinde nicht zu outen. Doch als ihre heutige Partnerin zu ihr zieht, schöpfen einige Bekannte Verdacht: «Da merkte ich, dass gewisse Leute sich betrogen fühlten, dass ich nichts gesagt hatte. Das war für sie ein Vertrauensbruch. Letztlich führte das dann auch dazu, dass ich aus Versam wegging.» Nach dieser Erfahrung nimmt sich Martina Müller vor, künftig immer offen zu sein, was ihre lesbischen Beziehungen betrifft. Mit dieser Strategie hat sie bisher weitgehend positive Erfahrungen gemacht.

Auch in der Synode[2] geht sie offen mit ihrer Homosexualität um und setzt sich für die Anliegen von Frauen und Homosexuellen ein. Unter anderem arbeitete sie in einer Arbeitsgruppe mit, die die Frage der Segnungen für gleichgeschlechtliche Paare diskutierte. Martina Müller fühlt sich mit ihrer speziellen Rolle in der Synode akzeptiert. Sie ist die einzige offen homosexuell lebende Person in diesem Gremium, vermutet aber, dass noch andere Pfarrer und Pfarrerinnen in Graubünden gleichgeschlechtlich lieben. Manchmal wünscht sie sich, diese outeten sich ihr gegenüber. Doch sie weiss aus eigener Erfahrung, dass jedes Coming-out enormen Mut braucht. Auch sie hat immer wieder schlaflose Nächte, wenn sie sich zu diesem Thema in der Öffentlichkeit äussert. Die Akzeptanz Homosexueller vergleicht sie mit der Akzeptanz von Frauen im Pfarramt vor 25 Jahren: «Es ist ähnlich wie bei den Frauen. Vom Moment an, wo es 20 sind, ist es kein Thema mehr. Aber als es erst sieben waren, war es jedes Mal ein Thema, ‹nehmen wir die auf oder nicht›.» In der jetzigen Situation werde sie als lesbische Pfarrerin akzeptiert, aber die Akzeptanz sei prekär. Als an ihrem letzten Arbeitsort eine Stelle frei wurde, habe die Pfarrwahlkommission geseufzt, man wolle nicht schon wieder eine Lesbe. Martina Müller: «Ich denke, das wäre auch hier in Safien so. Wenn ich gehe, wollen sie wieder ‹jemand Rechtes›, vorzugsweise einen Mann mit Familie.»

---

1 Interview mit Martina Müller vom 26.7.2005.
2 Die Synode ist die Versammlung aller gewählten reformierten Bündner Pfarrerinnen und Pfarrer. Im Vergleich zu den Pfarrer-Versammlungen anderer Kantone hat die Bündner Synode weitreichende Kompetenzen; sie bestimmt etwa, wer als Pfarrerin oder Pfarrer im Kanton ordinierbar ist. Die Synode trifft sich einmal jährlich für fünf Tage, was zur Folge hat, dass unter den Bündner Pfarrerinnen und Pfarrern jede jeden kennt (vgl. http://www.graubuenden-reformiert.ch/virtual/dHBsPWNudCxjYWxs PTcwLGNudD04OQ.html, Stand 11.3.2006).

weisung. Darum wägen die befragten Frauen genau ab, in welchen Situationen sie zu ihrer Homosexualität stehen. Laurenzia Gisch beispielsweise betrachtet das Coming-out als einen besonderen Vertrauensbeweis: «Nicht alle müssen es wissen. Man wählt diejenigen aus, die es wissen sollen. […] Ich sagte einigen Leuten: ‹Du verdienst, dass ich es dir sage.›» Die in Städte ausserhalb Graubündens migrierten Frauen unterscheiden meist zwischen ihrem neuen Wohnort und ihrem Herkunftsort in Graubünden. Oft auch aus Rücksicht auf ihre noch am Herkunftsort lebende Verwandtschaft verhalten sie sich dort zurückhaltend und zeigen sich beispielsweise öffentlich nicht Hand in Hand mit ihrer Freundin. Marianne Brosi: «Ich fühle mich immer verantwortlich für die Familie, für die Geschwister. In Basel bin ich für mich verantwortlich. Wenn ich ein Problem bekomme, dann ist es meines. Aber ich wollte nicht, dass meine Familie darunter leidet oder dass dem Familienunternehmen Aufträge entgehen wegen mir.» Auch Frauen, die nach Graubünden zugezogen sind, verhalten sich an ihrem neuen Wohnort mit Rücksicht auf die «lokale Kultur» meist zurückhaltend (vgl. «Graubünden als gewählter Wohnort», Seiten 268–273).

Ein weiterer Bereich, wo viele Frauen ihr Coming-out zunächst abwägen, ist der Arbeitsplatz. Selina Biert beschreibt dies so: «Ich taste immer ein bisschen ab. Meistens warte ich auf einen Apéro, so mit zwei Gläschen Wein geht es besser. Ich sage aber nicht, ich sei lesbisch, das reduziert es so auf das Sexuelle. Von dem Moment an, in dem ich lügen müsste, sage ich es. Also wenn ich von meiner Freundin reden soll, verwandle ich sie nicht in einen Freund. Wenn ich es nicht sagen will, dann stehe ich auf und gehe.» In einer besonderen Situation sind Frauen in sozialen Berufen, die Betreuungs- oder Pflegeaufgaben erfüllen. Im Umgang mit Klientinnen oder Patienten überlegen sich diese Frauen genau, wie sie sich darstellen, aus Sorge, die beruflich bedingte Nähe könnte zum Problem werden. Ob ihre Befürchtungen zutreffen, können sie nicht herausfinden, ohne ihre Arbeitssituation möglicherweise zu beeinträchtigen. Deshalb verhalten sie sich lieber zurückhaltend.

Reaktionen auf das Coming-out

Zahlreiche der befragten Frauen befürchten weit schlimmere Reaktionen, als sie schliesslich auf ihr Coming-out erhalten.[165] Simone Baumer: «Meinen Eltern habe ich es erst anlässlich meiner jetzigen Beziehung gesagt – mit über 40 Jahren. Und ich war erstaunt, dass meine Eltern nicht gerade tot umfielen. Dass die Welt noch da ist. […] Ich hatte wirklich Angst vor ihrer Reaktion, ich bin dort sicher auch wieder ins Kindsein verfallen. Aber dass ich es gewagt hatte, gab mir einen Riesenaufschwung für mich selber.» Auch religiöse Eltern finden meist einen Umgang mit dem Lesbischsein ihrer Töchter. Zwei der befragten Frauen erzählten, dass ihre Eltern sich an religiöse Autoritäten – an einen Pfarrer und an einen evangelischen Eheberater – wandten, um Erklärungen für die Homosexualität der Tochter zu finden.[166] Claudia Sievi: «Meine Mutter ging zum Pfarrer und fragte, ob ich in den Himmel komme. Ich bin immer noch glücklich über die Antwort. Er sagte, das spiele keine Rolle. Dann war es für meine Mutter in Ordnung.» Für einen Vater war die Lebensweise seiner Tochter sogar Anlass, sich mit gewissen Prinzipien der katholischen Kirche auseinanderzusetzen und sie zu hinterfragen. Doch auch wenn Eltern religiös leben und Homosexualität an sich ablehnen, ist es möglich, mit ihren lesbischen Töchtern ein gutes Verhältnis zu haben. Für die Mutter von Esther Appenzeller, die einer Freikirche angehört, ist das Thema der gleichgeschlechtlichen Liebe ein Tabu. Dennoch akzeptiert die Mutter die Partnerin ihrer Tochter, Marianna Winkler. Letztere sagt: «Ihre negative Einstellung zu Homosexualität hat für uns keine Konsequenzen. Es ist völlig klar, dass wir miteinander hingehen, wenn Esther ein Familienfest hat. Ich führe auch Telefongespräche mit ihrer Mutter, sie liebt mich wirklich sehr. Da geht es mehr darum, wie sie mit mir umgeht und dass sie mich akzeptiert, als darum, tiefschürfende Gespräche zur Homosexualität führen zu können.»

Nebst den mehrheitlich positiven Rückmeldungen, von denen die Frauen erzählen, gibt es aus verschiedenen Motiven auch ablehnende Reaktionen. Anlass dafür kann die Religion geben – wenn etwa eine streng katholische Mutter ihrer Tochter empfiehlt, eine Psychotherapie zu machen, um sich «heilen» zu lassen. Ein weiteres Motiv für die Ablehnung kann unmittelbar die «andere» Sexualität sein – wenn etwa eine Freundin den Kontakt abbricht, weil sie die vorher problemlos gelebte Nähe plötzlich als bedrohlich erlebt. Oder wenn Eltern es der Tochter verbieten, mit ihrer Partnerin zu Besuch zu kommen, wie Annina Sieber erzählt: «Seit ich mit einer Frau zusammen bin, denken sie immer ans Sexuelle, das ist seltsam. Meine Mutter sagte, sie könne es sich nicht vorstellen, eine Frau zu berühren. Ich antwortete ihr: ‹Mama, hast du je gefragt, wie ich vorher praktiziert habe, oder wieso ist das jetzt so ein Thema?›» Für Eltern kann die Angst, in ihrem Umfeld selber stigmatisiert zu werden, Anlass für eine ablehnende Haltung sein – auch dann, wenn sie selber die Homosexualität der Tochter akzeptieren. Sonja Nuotclà: «Meine Mutter hat nicht so das Problem, dass ich Frauenbeziehungen lebe, sondern mehr, was die andern Leute denken. Sie fand dann, es sei ja schon gut, dass ich lesbisch sei, aber ich soll es nicht im ‹Blick› publik machen.»

Das letzte Zitat macht deutlich, dass auch die Eltern und ganz allgemein das unmittelbare Umfeld einen Coming-out-Prozess durchlaufen. Auch sie stehen immer wieder vor der Entscheidung, andern Leuten gegenüber die Lebensweise der Tochter, Schwester, Mutter oder Freundin offenzulegen. In besonderer Weise betrifft dies die Kinder von Frauen, die sich nach einer Ehe für eine Beziehung mit einer Frau entscheiden. Die meisten Kinder der von uns befragten Mütter reagierten – zumindest im Rückblick – positiv auf das Coming-out ihrer Mutter, auch wenn es für sie in ihrem Umfeld – in der Klasse oder im Kreis der Kolleginnen und Kollegen – nicht einfach war, von der Lebensweise der Mutter zu erzählen. Für viele Kinder war, nach der Einschätzung ihrer Mütter, die Scheidung der Eltern schwieriger zu akzeptieren als die Tatsache, dass die Mutter eine Frauenbeziehung lebt. Laurenzia Gisch war sehr erleichtert über die positive Reaktion ihrer Kinder: «Die verhielten sich ganz toll. Ganz, ganz genial. Ich sagte ihnen, ich wolle mit ihnen reden. Ich sagte, ich hätte Bettina gerne. Dann sagten sie: ‹Ja, wir auch.› Wir hatten sie alle ins Herz geschlossen. Dann sagte ich: ‹Nein, ich habe Bettina noch lieber.› Da schaute mich meine Tochter an und sagte: ‹Ja meinst du so, wie du den Papi gerne hast?› Sie sagen, wenn ich dabei glücklich bin, dann ist es okay.» Kindern im Jugendalter scheint der Umgang mit dem Coming-out ihrer Mutter mehr Mühe zu bereiten. Anna Coretti über die Reaktion ihres Sohnes, der zum Zeitpunkt ihres Coming-out 17 Jahre alt war: «Er sagte mir: ‹Man stellt keine Kinder auf die Welt und läuft dann davon.› Er sagte auch, er wolle mich nicht mit Heidi sehen, Hand in Hand am Fluss spazieren. Er schämte sich, dass seine Mutter lesbisch lebt. Ich wusste das und fand, es ist ja ehrlich, dass er das sagt.» Für die Söhne von Lisi Opitz, die ab dem Alter von sieben und zehn Jahren mit ihrer Mutter und deren Partnerin aufwuchsen, stellte die Homosexualität der Mutter schon früher eine Realität dar, mit der sie vertraut waren und für die sie gegen aussen einstanden. Die Erfahrungen der Kinder lesbisch lebender Mütter zeigen, wie sehr sich auch die Kinder immer wieder dem Thema Homosexualität stellen müssen und vor der Entscheidung stehen, ihre besondere Situation sichtbar zu machen oder sie zu verschweigen.

Abschliessend lässt sich feststellen, dass das Coming-out als lebenslanger Prozess betrachtet werden muss, der in unterschiedlichen Lebenssituationen – beispielsweise an einem neuen Arbeitsort oder in einer neuen Wohnumgebung – immer wieder Thema wird. Es erfordert immer wieder Mut, sich als lesbisch lebende Frau zu exponieren. Die Gewohnheit kann diesen Schritt einfacher machen.

Gewisse negative Reaktionen auf das Coming-out können als diskriminierend bezeichnet werden. Diskriminierenden Erfahrungen der Befragten wird im Folgenden nachgegangen.

Diskriminierung von Lesben: derbe Sprüche und latente Gefühle

Die interviewten Frauen benutzen von sich aus kaum den Begriff «Diskriminierung», und die Frage, ob sie sich jemals als Lesben diskriminiert gefühlt hätten, verneinen sie meist. Versteht man jedoch unter «Diskriminierung» die Ungleichbehandlung aufgrund einer lesbischen Lebensweise, können einige Erlebnisse, die in den Interviews zur Sprache kamen, als diskriminierend bezeichnet werden. Solche diskriminierenden Erfahrungen machten die Befragten auf der Strasse, in der Familie, am Arbeitsplatz, bei der Wohnungssuche und vor dem Rechtssystem.

Mehrere interviewte Frauen machten negative Erfahrungen, wenn sie sich mit einer Frau auf der Strasse offen zeigten. Sie bekamen von Passantinnen und Passanten Äusserungen zu hören wie: «Schau mal diese ekelerregenden Lesben!» (Anna Coretti), «Du verdammte Lesbe, dich sollte man nur mal bumsen!» (Claudia Sievi) oder «Euch fehlt einfach ein Schwanz!» (Sonja Nuotclà). Manche Frauen reagierten auf solche Äusserungen mit einem zunehmend zurückhaltenden Auftreten in der Öffentlichkeit – wie zum Beispiel Claudia Sievi: «Als Paar zusammen mit einer Frau habe ich auf der Strasse grausame Sprüche gehört. [...] Daraufhin verhielt ich mich anders. Das hat mich geprägt, ich bin zurückhaltend. Früher litt ich darunter, jetzt nicht mehr. Ich sehe das Lesbischsein wie eine Perle, die man hüten kann.» Neben herabsetzenden Äusserungen können auch Blicke verletzen. Auch diese Variante von Diskriminierung veranlasste einige Frauen, ihre Lebensweise in der Öffentlichkeit nicht sichtbar zu machen. Andere, wie beispielsweise Charli Moser, reagierten offensiv: «Wir waren am Einkaufen und sind Hand in Hand durch die Stadt gelaufen. Ein Mann auf der Strasse drehte sich um und hörte nicht auf zu schauen. Da rief ich ihm zu, ob er ein Hochzeitsfoto von uns wolle. Ich kann schon direkt sein, wenn es mir zu bunt wird.» Die erwähnten diskriminierenden Äusserungen und Blicke zeigen, dass lesbischen Paaren nicht dieselbe Öffentlichkeit zugestanden wird wie heterosexuellen Paaren. Es wird von ihnen eher erwartet, ihre Beziehung im privaten Rahmen zu leben und sie in der Öffentlichkeit nicht zu zeigen.

In andern Bereichen, wie etwa auf dem Arbeits- und dem Wohnungsmarkt, machten die befragten Frauen Erfahrungen mit weniger offen ausgesprochenen Diskriminierungen. Patrizia Bohner bewarb sich Ende der 1990er Jahre um eine Stelle als Lehrerin. Obschon der zukünftige direkte Vorgesetzte sie dem Wahlgremium als seine Favoritin präsentierte, wurde sie nicht gewählt. Später erfuhr sie über Umwege, dass die Tatsache, dass sie mit einer Frau zusammenlebt, den Ausschlag für die negative Entscheidung gegeben hatte. Als sie sich kurze Zeit später erneut bewarb, konfrontierte der zukünftige Vorgesetzte das Wahlgremium direkt mit Patrizia Bohners Lebensweise und forderte so eine klare Stellungnahme heraus. Patrizia Bohner wurde schliesslich gewählt. Auch andere Frauen erzählen von Ungleichbehandlung am Arbeitsplatz. Claudia Sievi: «Ich habe mich oft nicht geoutet, weil ich das Gefühl hatte, du machst keine Karriere, wenn du dich outest. Bei andern habe ich diese gläserne Decke für Schwule und Lesben gesehen. Führungspositionen wurden nicht vergeben aus Imagegründen des Geschäfts.» Lesben scheinen aber nicht nur in Bezug auf den Arbeitsmarkt immer noch schlechtere Chancen zu haben als Heterosexuelle, auch auf dem Wohnungsmarkt sind sie offenbar immer noch «schwerer vermittelbar». So bekam Dora Uffer, die zusammen mit ihrer Partnerin ein Haus suchte, von einem Wohnungsvermittler zu hören, bei ihnen dauere es länger, da es nicht einfach sei, zwei Frauen unterzubringen.

Die beschriebenen Erfahrungen lassen eine Form von Diskriminierung erkennen, die indirekt oder verdeckt geschieht. Die Aussagen in den Interviews weisen darauf hin, dass die Ungleichbehandlung von Lesben im öffentlichen Leben heute im Allgemeinen als politisch unkorrekt und somit unangebracht gilt, dass sie aber dennoch nach wie vor existiert. Diese verdeckte Form von Diskriminierung kann sich in einem latenten Gefühl äussern, wie Sonja Nuotclà beschreibt: «Ich glaube, Diskriminierung gegen Lesben passiert auch sehr subtil; du merkst, irgendetwas ist nicht gut, aber du kannst es nicht sofort benennen.» Offensichtlicher ist die Diskriminierung durch den Staat, der homosexuellen Paaren nicht dieselben Rechte zugesteht wie heterosexuellen. Der Kampf gegen die staatliche Diskriminierung und die Debatte um das Partnerschaftsgesetz sind Thema des nächsten Kapitels.

Partnerschaftsgesetz: auf dem Weg zu einem selbstverständlichen Teil der Gesellschaft

Im Kapitel «Homosexualität im Schweizer Recht» haben wir den Kampf von Lesben und Schwulen um rechtliche Gleichstellung beschrieben. Auf eine gesetzliche Regelung hofften in besonderem Masse binationale Paare, die nicht wie verheiratete heterosexuelle Paare ein Recht auf «Familiennachzug» geltend machen konnten. Manche Kantone kannten die Praxis, ausländischen Partnerinnen lesbischer Schweizerinnen in Härtefällen Aufenthaltsgenehmigungen zu erteilen. Dabei waren die binationalen Paare jedoch auf das Wohlwollen der Ausländerbehörden angewiesen. Im Jahr 2000 erwirkte die Bündnerin Eva-Maria Pally zusammen mit ihrer neuseeländischen Partnerin Gill Colston (*1952) vor dem Bundesgericht einen Grundsatzentscheid (vgl. Eva-Maria Pally und Gill Colston, Seite 291). Seither haben gleichgeschlechtliche binationale Paare, die eine stabile Beziehung nachweisen können, grundsätzlich das Recht, zusammen in der Schweiz zu leben.

Die befragten Frauen haben die Debatte um das Partnerschaftsgesetz mitverfolgt; viele versuchten ihren Bekanntenkreis und ihre Familie für das Gesetz zu gewinnen. Einige Paare haben sich schon vorher Gedanken über eine rechtliche Absicherung gemacht und private Verträge – etwa ein Testament oder eine Patientinnenverfügung – aufgesetzt. Einigen war es wichtig, ihre Beziehung symbolisch mit einer Zeremonie zu bekräftigen, für sich selber und auch gegenüber ihrer Herkunftsfamilie und den Freundinnen und Freunden (vgl. «Beziehungsvorstellungen: Ich, du, wir», Seiten 277–282). Drei befragte Paare, die im Kanton Zürich wohnhaft sind, haben sich für die dort seit dem Jahr 2003 mögliche Registrierung ihrer Partnerschaft entschlossen. Da es mit der Annahme des nationalen Partnerschaftsgesetzes seit Anfang 2007 auch im Kanton Graubünden möglich ist, eine lesbische Beziehung rechtlich abzusichern, überlegen sich nun auch verschiedene dort wohnhafte Frauen diesen Schritt oder haben ihn bereits vollzogen.[167] Für Esther Appenzeller, die mit ihrer Partnerin Marianna Winkler ein Haus gekauft und aus ihrer früheren Ehe Kinder hat, bringt die Eintragung eine erbrechtliche Absicherung. Darüber hinaus beinhaltet sie aber auch symbolische und politische Elemente: «Ich bin auch ein romantischer Mensch. […] Darum ist es mir wichtig, dass es ein schöner Tag wird, egal ob wir zu zweit irgendwo ein kleines Fest machen oder einen rauschenden Ball. Und dann zeigt sich auch meine lesbenpolitische Seite. Wir waren Befürworterinnen des Partnerschaftsgesetzes, deshalb soll es auch nicht in Heimlichkeit geschehen, sondern genauso wie bei einem heterosexuellen Paar.»

Eva-Maria Pally (*1964) und Gill Colston (*1952): Kampf um Anerkennung und Aufenthalt[1]

Eva-Maria Pally wächst in Chur auf. Sie beginnt 1984 ihr Studium an der Universität in Zürich. Während fünf Jahren lebt sie zusammen mit ihrem Freund in der Nähe von Chur und pendelt für den Besuch der Vorlesungen nach Zürich. Anfang der 1990er Jahre trennt sie sich von ihrem Freund, zieht nach Zürich und lebt Liebesbeziehungen mit Frauen. Im Jahr 1994 lernt sie während einer längeren Reise nach Neuseeland ihre jetzige Lebenspartnerin Gill Colston kennen. 1995 wandert Eva-Maria Pally nach Neuseeland aus, um mit Gill Colston zusammenzuleben. Nach einigen Monaten sehnt sich Eva-Maria Pally nach der Schweiz, nach ihren Freundinnen und Freunden, ihrer Familie und nach der Landschaft zurück. Zudem möchte sie Zeit mit ihrer schwer kranken Mutter verbringen. Das Paar zieht in die Schweiz und beschliesst, hier zu leben. Dazu braucht Gill Colston eine Aufenthaltsbewilligung. Da sie keine Arbeitsstelle findet, beantragen die Frauen eine Aufenthaltsbewilligung für ausländische Partnerinnen und Partner, die in Härtefällen erteilt wird. Dafür muss das Paar zahlreiche Beweise erbringen, zum Beispiel Nachweise von Telefongesprächen, Liebesbriefen, Bestätigungen ihrer Liebesbeziehung durch Familienmitglieder, Freundinnen und Freunde oder die Zusicherung seitens Eva-Maria Pallys Familie, dass sie in möglichen finanziellen Engpässen für sie aufkommt. Die Situation der beiden Frauen wird von den Behörden nicht als Härtefall angesehen, mit der Begründung, dass Eva-Maria Pally nach Neuseeland emigrieren könne, ohne nennenswerte Nachteile in Kauf nehmen zu müssen, wenn sie mit ihrer Partnerin zusammenleben wolle. Eva-Maria Pally empfindet dies als Ablehnung ihrer Person und insbesondere ihrer Lebens- und Liebesform. Die Bündnerin akzeptiert diesen Entscheid nicht und reicht Rekurs ein. Dieser Fall wird in einem jahrelang andauernden Prozess vom Zürcher Regierungsrat und vom Verwaltungsgericht abgelehnt.

Mit der Unterstützung von schweizerischen Schwulen- und Lesbenorganisationen[2] ziehen Eva-Maria Pally und Gill Colston den Fall bis vor Bundesgericht weiter und erzwingen damit einen Grundsatzentscheid. Das Bundesgericht entscheidet im Jahr 2000, dass gleichgeschlechtliche, binationale Paare, die eine stabile Beziehung leben, das Aufenthaltsrecht in der Schweiz erhalten. Die Beziehung zwischen Eva-Maria Pally und Gill Colston wird vom Bundesgericht allerdings nicht als solche anerkannt. Diesen widersprüchlichen Entscheid können die beiden nicht verstehen: «Ich hatte das Gefühl, die Schweiz, also die Richter, schicken mich ins Exil, weil ich mit einer Frau, die keine Schweizerin ist, zusammen bin, und wenn ich mit ihr zusammen sein will, darf ich nicht in meinem eigenen Land wohnen. Das hat mich verletzt und geärgert.» Das Paar reicht aufgrund dieses Grundsatzentscheides beim Kanton Zürich abermals einen Antrag für eine Aufenthaltsbewilligung ein, der schliesslich im Jahr 2001 gutgeheissen wird. Als im Kanton Zürich erstmals die Möglichkeit besteht, gleichgeschlechtliche Partnerschaften registrieren zu lassen, beschliesst das Paar «zu heiraten». Nach der Registrierung im Stadthaus von Zürich wird zusammen mit Freundinnen, Freunden und Familienmitgliedern mit einer festlichen Zeremonie Hochzeit gefeiert.

---

1 Interview mit Eva-Maria Pally und Gill Colston vom 10.8.2005.
2 Gill Colston und Eva-Maria Pally wurden unter anderem auch durch die Lesbenorganisation Schweiz (LOS) und Pink Cross unterstützt.

Der Entscheid, an ihrem Wohnort aufs Standesamt zu gehen, ist dennoch nicht ganz einfach für Esther Appenzeller: «Das braucht schon Mut, da brauche ich bestimmt zuerst ein Glas Roten!» Die Abstimmung war für viele der befragten Frauen ein wichtiger Stimmungsmesser in ihrer Gemeinde (vgl. die Karte zu den Abstimmungsresultaten in den Bündner Gemeinden, Seiten 310–311). Sie interessierten sich für das Abstimmungsresultat ihrer Gemeinde und empfanden es als Erleichterung, als das Gesetz nicht nur auf nationaler Ebene, sondern auch von ihren Nachbarinnen und Nachbarn angenommen wurde. Dank dem Partnerschaftsgesetz fühlen sich viele eher als selbstverständlicher Teil der Gesellschaft – ob sie nun davon Gebrauch machen oder nicht.

Bundesgericht schiebt Lesbenpaar nach Neuseeland ab

VON GABRIELA BRAUN

LAUSANNE – Das Lesbenpaar hoffte auf eine gemeinsame Zukunft in der Schweiz. Doch gestern blitzten die Schweizerin Eva Maria Pally (35) und die Neuseeländerin Gill Colston (48) beim Bundesgericht ab: Gill erhält keine Aufenthaltsbewilligung.

Dafür hat das Bundesgericht gestern entschieden, dass die Gesuche bei gleichgeschlechtlichen Lebenspartnern künftig geprüft werden müssen.

Eva Maria weint. Sie ist enttäuscht. Spricht von Diskriminierung. «Ich habe gedacht, wir packens», sagt sie und legt den Kopf an die Schulter ihrer neuseeländischen Freundin Gill. Das lesbische Paar darf nicht gemeinsam in der Schweiz leben und arbeiten. «Das, obwohl wir seit sechs Jahren eine glückliche und solide Partnerschaft leben», sagt Eva Maria.

Daran hatten die fünf Bundesrichter gestern keine Zweifel. Trotzdem: Drei

FOTO KEYSTONE

Traurig und enttäuscht nach dem Bundesgerichtsurteil: Eva Maria Pally und Gill Colston (r.).

Richter hielten ein gemeinsames Leben in Neuseeland für zumutbar. Schliesslich sei dort die Beziehung gegrundet worden. **Das Paar sei jetzt auch in Neuseeland wohnhaft – also handle es sich um keinen so genannten Härtefall.** Die Europäische Menschenrechtskonvention werde auch nicht verletzt, da der Schutz des Privatlebens garantiert sei.

Die Begründung ist für Eva Maria und Gill unverständlich: Die beiden mussten in Neuseeland leben, weil die Zürcher Fremdenpolizei der Neuseeländerin die Aufenthaltsbewilligung verweigerte. Und weil der Regierungsrat des Kantons Zürich und das Verwaltungsgericht die dagegen erhobene Beschwerde abwiesen. «Jetzt wird uns unsere Ehrlichkeit zum Verhangnis», sagt Eva Maria enttäuscht.

Seit 1994 jetten die beiden von einer

Seite der Erdkugel zur anderen. Eva Maria und Gill wollen beieinander sein, ihr Leben teilen. Eva Maria lebte und arbeitete während fast zwei Jahren in Neuseeland. Und Gill kam immer wieder für mehrere Monate in die Schweiz – als Touristin. Das Paar entschied darauf: «Wir wollen in der Schweiz leben.»

Während den letzten drei Jahren hat das Liebespaar dafür gekämpft. Jetzt fliegen sie wieder ab – nach Neuseeland. Eva Maria: «Es ist für mich unverständlich und diskriminierend, dass ich die Heimat verlassen muss, um meine Liebesbeziehung leben zu können.»

Für Barbara Brosi, Co-Präsidentin der Lesbenorganisation Schweiz (LOS), ist der Bundesgerichtsentscheid abstrus: «Dieses Urteil ist eine Frechheit! Wie soll eine Beziehung über 20 000 Ki-

lometer zumutbar sein?» François Baur, Präsident des Schwulenbüros Pink Cross, sagt: «Künftig werden wir national gemischten gleichgeschlechtlichen Paaren davon abraten, ins Ausland zu gehen. Bei einem Gerichtsentscheid könnte dies gegen uns verwendet werden.»

Ob Gill und Eva Maria nun mit ihrer Beschwerde nach Strassburg an den Europäischen Menschengerichtshof gelangen, wissen die beiden noch nicht. «Erst müssen wir diese Enttäuschung verdauen.»

KOMMENTAR

*Marcel Siegenthaler
Nachrichten-Chef*

Hans Peter liebt die Neuseeländerin Gill. Die beiden sind seit sechs Jahren ein Paar. Sie heiraten. Gill darf bei Hans Peter in Zürich bleiben. Bis der Tod sie scheidet.

Eva Maria und Gill haben Pech

Doch Hans Peter ist eine Frau und heisst Eva Maria. Heiraten können die beiden nicht. Und das Bundesgericht hat entschieden: Gill darf nicht bei Eva Maria in Zürich bleiben.

Eva Maria will sich nicht von Gill trennen. Deshalb lebt sie nun am anderen Ende der Welt. Deshalb arbeitet sie in Neuseeland am Fliessband statt in Zürich als Therapeutin.

In Neuseeland haben die Behörden mehr Verständnis für die Liebe der beiden Frauen. In Neuseeland erhält die Schweizerin Eva Maria eine Aufenthaltsbewilligung.

Eva Maria und Gill: Wo dürften sie Freud und Leid teilen, wenn in Neuseeland die Rechtslage gleich wäre wie in der Schweiz?

In der Schweiz! Denn das wäre für das Bundesgericht ein Härtefall. Und für Eva Maria und Gill ein Glücksfall.

Eigenartiger Rechtsstaat.

Lesben enttäuscht: «Bundesrichter haben ein Chaos angerichtet»

BERN – Barbara Brosi (33), Co-Präsidentin der Lesbenorganisation Schweiz LOS, spricht nach dem gestrigen Bundesgerichtsurteil von «chaotischen Verhältnissen». BLICK fragte nach.

Über das Urteil sind Sie enttäuscht.
Barbara Brosi: «Ja, ich verstehe das Urteil weder menschlich noch juristisch. Ich bin sehr gespannt auf die schriftliche Urteilsbegründung.

Die Richter haben mit dem Urteil ein ziemliches Chaos angerichtet.»

Chaos inwiefern?
Brosi: «Die Richter haben mit diesem Urteil die Rechtsgleichheit überhaupt nicht geschützt. Jetzt werden Lesben nur anders behandelt als Heterosexuelle. Nach diesem Urteil kommt es auch noch darauf an, ob das Paar im Ausland leben kann oder nicht.»

Wie steht die Schweiz jetzt im europäischen Vergleich da?
Brosi: «Wir hinken hintennach. In den skandinavischen Ländern und in Holland sind registrierte Partnerschaften möglich. Der einzige Unterschied zu heterosexuellen Ehen sind dort die kirchliche Trauung und das Kinderrecht. In Italien, Spanien und Deutschland sind Gesetzesänderungen im Gange.»

Wie geht Ihre Arbeit jetzt weiter?
Brosi: «Wir wollen noch mehr politischen Druck machen. Die Ausarbeitung der parlamentarischen Initiative ‹für die Registrierung von zusammenlebenden Paaren› wurde zwar vom Nationalrat angenommen. Von der zuständigen Kommission wird sie aber schon seit einem Jahr schubladisiert. Ein Gesetzesentwurf ist dringend notwendig.»

Das Bundesgerichtsurteil gegen Eva Maria Pally und Gill Colston machte landesweite Schlagzeilen. Tageszeitung «Blick» vom 26.8.2000.

Nicht nur für die frauenliebenden Frauen selber, auch für ihr Umfeld und insbesondere für ihre Eltern war das Abstimmungsresultat ein wichtiger Erfolg. Dies äussert sich in den Reaktionen mancher Mütter oder Väter, denen ein Coming-out plötzlich leichter fällt, wenn sie die Partnerinnen ihrer Töchter nun andern gegenüber als «Schwiegertöchter» vorstellen können. Manon Gerber erzählt beispielsweise: «Meine Mutter war enorm stolz, als wir geheiratet haben. Als wir sie dann zum ersten Mal wieder besucht haben, kam jemand von der Spitex, und die kannten mich ja alle schon seit Jahren und wussten, dass wir zusammengehören, aber an diesem Tag sagte meine Mutter zu der Spitex-Angestellten: ‹Das ist Lisi, meine Schwiegertochter.› Sie war sehr froh über die Hochzeit und fand, das sei jetzt etwas Festes, Sicheres.» Die Beziehungen von Schwulen und Lesben werden durch die eheähnliche Verbindung verständlicher und scheinen weniger bedrohlich zu wirken.

Gefühle des Fremdseins: anders als die andern

Wie in der Einleitung erwähnt, ist ein Artikel über Lesbengeschichte in einem Band mit dem Titel «fremde Frau» nicht unproblematisch, da wir frauenliebende Frauen nicht von vornherein als «fremd» bezeichnen wollen. Die Frage, ob und in welchen Situationen sie sich als fremd empfinden, beantworteten die Interviewten unterschiedlich. Aus ihren Antworten geht hervor, dass Homosexualität für sie eine mögliche, aber nicht die einzige Facette des Fremdseins ist. Einige der nach Graubünden zugezogenen Frauen fühlen sich beispielsweise aufgrund ihrer politisch links-grünen Haltung in einem konservativen Umfeld fremd. Die Befragten verwenden häufiger die Begriffe «Anderssein», «Alleinsein» und seltener «Fremdsein», wenn es um ihre Gefühle in Bezug auf die Erfahrung, nicht mit der von der Mehrheit gelebten Lebensform übereinzustimmen, geht. So erzählt beispielsweise Sofia Keller von einem Gefühl des Fremdseins im Kreise von heterosexuellen Freundinnen, Freunden und Bekannten: «Es gibt Gesprächsthemen, von denen ich mich ausgeschlossen und weit weg fühle, wie etwa die Ehe und die Veränderungen, die eine Ehe mit sich bringt. Dann fühle ich mich auf eine Art fremd, es ist nicht mein Thema.» (vgl. «Heterosexualität als Norm», Seiten 273–275). Von einem Fremdheitsgefühl erzählen ausserdem einige der befragten Frauen aus Graubünden, die Orte lesbischer Subkultur in Schweizer Städten wie beispielsweise Discos mit Einlass ausschliesslich für Frauen besucht haben. Gisela Huber besuchte eine solche, nachdem sie erstmals lesbisch lebende Frauen kennengelernt hatte: «Als sie mich das erste Mal in ein Dancing für Frauen mitgenommen haben, war das für mich völlig neu und fremd. Ich habe mich nicht wirklich wohlgefühlt. Aber man lebt sich dann ein.» Das Neuartige übt einerseits eine Faszination aus und provoziert andererseits Fremdheitsgefühle.

Nicht alle Frauen empfinden ihr Anderssein – sei es aufgrund der Lebensweise oder einer andern politischen Meinung – als negativ. Anders zu sein als die andern, kann auch ein Gefühl von Stolz hervorrufen, wie Esther Appenzeller beschreibt: «Also ich bin auch irgendwo stolz drauf. Ich war immer gern ein bisschen etwas anderes als alle andern. Wenn ich etwas anders machte als der Hauptstrom, dann gefiel mir das.» Auf Dora Uffer üben Fremdheitsgefühle heute eine Faszination aus: «Ich passe in ein Buch, das «fremde Frau» heisst. Ich habe mich eigentlich immer fremd gefühlt, und ich muss sagen, das ist mir auch recht so. Das ist etwas, das ich nicht verändern möchte [...] Ein bisschen fremd zu sein, ist für mich etwas sehr Wertvolles.»

Zusammenfassendes Fazit

Der vorliegende Artikel ging anhand von schriftlichen und mündlichen Quellen der Frage nach, wie sich gesellschaftliche Vorstellungen von Homosexualität seit dem letzten Drittel des 19. Jahrhunderts gewandelt haben und welches Selbstverständnis frauenliebende Frauen im jeweiligen historischen Zusammenhang entwickeln. Der Begriff «Homosexualität» entstand erst Mitte des 19. Jahrhunderts mit den damals aufkommenden Sexualwissenschaften. Während man vorher davon ausging, dass alle Menschen potenziell homosexuelle Handlungen begehen konnten, war man nun der Ansicht, dass nur ein bestimmter Personentyp – nämlich die Homosexuellen – gleichgeschlechtliche Beziehungen lebt. Homosexualität gehörte damit erstmals zur Identität der betroffenen Person. Damit wurde Homosexualität (wie auch Heterosexualität) als Veranlagung im Körper lokalisiert. Uns interessierte, welchen Einfluss diese Vorstellung auf Frauenfreundschaften in dieser Zeit hatte. Im Umfeld der ersten Frauenbewegung Ende des 19. Jahrhunderts waren enge Frauenfreundschaften von zentraler Bedeutung, so auch für die Bündnerin Meta von Salis, die mit Hedwig Kym eine Freundschaft fürs Leben schloss. Anhand der Schriften von Meta von Salis und anhand von bereits vorliegenden Forschungsergebnissen liess sich zeigen, dass enge Frauenfreundschaften zu dieser Zeit in den Verdacht gerieten, sexuellen und pathologischen Charakters zu sein.[168] Davon distanzierte sich Meta von Salis vehement; sie verstand enge Freundschaften zwischen Frauen als edle, keusche Zuneigung.

Die neue Vorstellung von Homosexualität verbreitete sich, vor allem was frauenliebende Frauen betrifft, erst allmählich im Lauf des 20. Jahrhunderts. So wurden Marga Bührig und ihre Freundin Else Kähler in den von einem bürgerlichen Familienbild geprägten 1950er Jahren mit ihrem Ledigsein konfrontiert und nicht mit ihrer gleichgeschlechtlichen Lebensform. Als Theologinnen suchten sie in der Bibel nach Erklärungen und einer Legitimation für ihr Ledigsein. Als weibliche Homosexualität in den 1970er Jahren zum öffentlichen Thema wurde, begann sich Marga Bührig damit auseinanderzusetzen. Wie sie in ihrer Autobiografie beschreibt, solidarisierte sie sich mit den Lesben der zweiten Frauenbewegung, sie identifizierte sich aber nicht mit dem Begriff «Lesbe», da er für sie zu stark mit Abartigkeit und Sexualität assoziiert wurde. Ihr war es allerdings wichtig, ihre persönliche Lebensform – als in Partnerschaft mit zunächst einer, dann zwei Frauen lebend – sichtbar zu machen.

Für die Zeit nach 1945 interviewten wir 26 frauenliebende Frauen mit Bezug zum Kanton Graubünden. Sie wuchsen in einem gesellschaftlichen Umfeld auf, in dem Sexualität im Allgemeinen und Homosexualität im Speziellen zum öffentlichen Thema wurden. Diese Entwicklung brachte frauenliebenden Frauen einerseits die Möglichkeit, gleichzeitig aber auch einen gesellschaftlichen Zwang, sich als homosexuell zu definieren, was sich unter anderem darin spiegelt, dass sich alle Interviewten als lesbisch bezeichnen. Die Identifikation mit dem Begriff «Lesbe» ist für die meisten aber von widersprüchlichen Erfahrungen geprägt. Einerseits erleben die Befragten die Erwartung ihrer Umgebung, dass sie ihre «innere Wahrheit» und «Veranlagung» offenbaren, ganz nach dem modernen Verständnis von Homosexualität. Andererseits gilt Heterosexualität nach wie vor als gesellschaftliche Norm, und Homosexualität wird gesellschaftlich abgewertet und ist mit negativen Assoziationen verbunden, was eine Identifikation erschwert.[169] Einen unterstützenden Hintergrund in diesem Prozess bietet einigen Interviewten ab den 1970er Jahren die Frauen- und Lesbenbewegung, die den Begriff «Lesbe» positiv umdefiniert.

Die befragten Frauen erleben die oben beschriebene heterosexuelle Norm besonders in Graubünden als sehr präsent. Obschon traditionelle Lebensformen wie Ehe und Familie ab den 1970er Jahren nicht mehr allgemeine Gültigkeit besitzen, wird der heterosexuelle Lebensentwurf nicht infrage gestellt. Gegenüber der älteren Generation der Interviewten hat sich diese Norm für die jüngere Generation abgeschwächt. Dennoch erscheint ein lesbischer Lebensentwurf für alle Befragten zunächst nicht als wählbare Option. Die Interviewten treffen lange in ihrem Leben Heterosexualität als einzige und unbestrittene soziale Wirklichkeit an. Ausnahmen sind Selina Biert, deren Schwester mit einer Frau zusammenlebte, und Anna Coretti, deren Vater Liebesbeziehungen zu Männern hatte. Ein homosexueller Lebensentwurf liegt für diese beiden Frauen bereits früh als Modell vor, aber auch sie müssen sich mit der heterosexuellen Dominanz in ihrem Umfeld auseinandersetzen. Die übrigen Interviewten erfahren heterosexuelle Liebesbeziehungen als einzigen und selbstverständlichen Ausdruck von Liebe. In der Gestaltung eines lesbischen Lebensentwurfes können sich die Interviewten nicht auf Vorgaben und vorgezeichnete Lebenswege innerhalb ihres Umfeldes beziehen.[170] Für zahlreiche Interviewte ist es hilfreich, ein unterstützendes Umfeld zu haben. Als ein solches erachten sie eine lesbische Subkultur. Viele – zumeist jüngere – Befragte verlassen aus diesem Grund Graubünden, um an einem Ort zu leben, wo es eine lesbische Subkultur gibt. Am Migrationsort wird es möglich, gleichgeschlechtliche Liebesbeziehungen zu leben bzw. offen zu leben. Einige bereits seit Längerem lesbisch lebende Befragte sind nicht (mehr) so stark auf ein solch unterstützendes Umfeld angewiesen. Dies ermöglicht es ihnen, nach Graubünden (zurück) zu ziehen und dort auf ein lesbisches Netzwerk zu verzichten oder in Kontakt zu bleiben mit demjenigen ausserhalb Graubündens. In Graubünden passen sich die Zugezogenen meist der lokalen Kultur an und machen ihre gleichgeschlechtliche Lebensweise in der Öffentlichkeit selten kenntlich.

Der vorliegende Beitrag hat die Vielschichtigkeit und Komplexität von Zuneigung und Liebe zwischen Frauen sichtbar gemacht. Es hat sich gezeigt, dass frauenliebende Frauen je nach historischem Zusammenhang unterschiedlich wahrgenommen und definiert werden und dass sie auf diesem Hintergrund verschiedene Formen des Selbstverständnisses entwickeln. Anhand der mündlichen Quellen wurde ersichtlich, dass die Vorstellung von Homosexualität als Identität, die Mitte des 19. Jahrhunderts mit der Sexualwissenschaft aufkam, seit den 1970er Jahren eine weite Verbreitung gefunden hat. Gleichzeitig wurde aber auch die Brüchigkeit dieser Vorstellung sichtbar, denn auch innerhalb einer Generation oder zu einem spezifischen historischen Zeitpunkt besteht kein einheitliches Verständnis von einer lesbischen Identität. Zum einen haben die Interviewten unterschiedliche Auffassungen davon, was Lesbischsein bedeutet. Neben einer Auffassung, die Lesbischsein als «Veranlagung» oder «Schicksal» sieht, existiert die Vorstellung, dass grundsätzlich alle Menschen – wenn auch in unterschiedlichem Ausmass – gleichgeschlechtliche Liebesbeziehungen eingehen könnten. Eine dritte Auffassung verbindet eine lesbische Lebensweise mit einer politisch-feministischen Entscheidung. Zum andern ist die lesbische Identität keine ausschliessliche, sondern ein Teil einer zahlreiche andere Facetten umfassenden Identität. So kann beispielsweise für eine frauenliebende Frau ihre Mutterschaft oder ihre Berufstätigkeit wichtiger sein als ihre Liebe und Zuneigung zu Frauen.

Anmerkungen

1 In der Geschichtsschreibung der Sexualität kann zwischen einer konstruktivistischen und einer essentialistischen Position unterschieden werden. Essentialistinnen gehen davon aus, dass es immer schon Liebesbeziehungen und sexuelle Handlungen zwischen Frauen gegeben hat, die der Nachwelt – je nach historischem Kontext – mehr oder weniger überliefert worden sind. Konstruktivistinnen vertreten die Auffassung, dass es massgeblich von den jeweiligen gesellschaftlichen Vorstellungen und Begrifflichkeiten abhängt, ob und wie in einem historischen Kontext Liebesbeziehungen zwischen Frauen gelebt werden. Wir vertreten im vorliegenden Artikel einen konstruktivistischen Standpunkt.

2 Lesbenforschung wird im deutschsprachigen Raum von einzelnen Forscherinnen vorwiegend im Rahmen von wissenschaftlichen Abschlussarbeiten oder Dissertationen an Hochschulen betrieben. Teilweise geschieht dies innerhalb der seit Mitte der 1990er Jahre im deutschsprachigen Raum institutionalisierten Gender Studies und in Studiengängen zur Frauen- und Geschlechterforschung. Das vom Hochschulforum Homosexualität und Wissenschaft herausgegebene Handbuch lesbischer und schwuler Studien in der Schweiz bietet eine Auflistung der Arbeiten an Schweizer Hochschulen (vgl. Koordinationsstelle, Handbuch). In diesem Zusammenhang ist ausserdem zu erwähnen, dass seit 1991 in unregelmässigen Abständen ein Symposium zur deutschsprachigen Lesbenforschung durchgeführt wird. Im Jahr 1993 fand dieses im Kanton Zürich statt (vgl. Marti).

3 Faderman; Smith-Rosenberg.

4 Hacker, Freundinnen; Kokula, Subkultur; Kokula, Welt.

5 Schnurrenberger, 51.

6 Simonett.

7 Schnurrenberger.

8 Kokula, Welt.

9 Vgl. zu Meta von Salis: Bollinger; Klaas Meilier; Schleicher; Stump, Ideen; zu Caroline Farner (1842–1913): Keller; zu Helene von Mülinen (1850–1924): Brodbeck.

10 Eine zeitgenössische Form von Zusammenschluss lesbischer Frauen untersucht Karin Moser. Sie erörtert die Kultur lesbischer Frauen im Zürcher Frauenzentrum, wobei sie gesellschaftlichen und kulturellen Aspekten von Identitäten lesbischer Frauen, dem Entstehen einer öffentlichen Lesbenkultur in der Schweiz und der Frage, wer, wann und aus welchen Motiven das Frauenzentrum besucht, nachgeht (vgl. Moser, Lesbenkultur). Die Lebenssituationen und das verschiedene Selbstverständnis von jungen lesbischen und bisexuellen Frauen in der deutschsprachigen Schweiz hat Irene Müller im Rahmen ihrer Lizenziatsarbeit untersucht (vgl. Müller, Lebenssituation). Veronika Minder porträtiert in ihrem Dokumentarfilm «Katzenball» fünf lesbische Frauen, die jeweils stellvertretend für eine Generation stehen und implizit viel über Schweizer Lesbengeschichte vermitteln (vgl. Minder, Katzenball).

11 Schleicher, Berta: Meta von Salis-Marschlins. Das Leben einer Kämpferin, Erlenbach-Zürich, 1932; Stump, Doris: Sie töten uns – nicht unsere Ideen. Meta von Salis-Marschlins (1855–1929). Schweizer Schriftstellerin und Frauenrechtskämpferin, Thalwil 1986; Klaas Meilier, Brigitta: Hochsaison in Sils-Maria. Meta von Salis und Friedrich Nietzsche. Zur Geschichte einer Begegnung, Basel 2005; Bollinger, Andrea, und Trenkle, Franziska (Hg.): Meta von Salis-Marschlins. Briefwechsel 1863–1929. Kommentierte Regestausgabe, Basel (in Vorbereitung).

12 Um Zugang zu den betreffenden Frauen zu erhalten, haben wir in Bündner Medien und auf Frauen- und Lesbenplattformen im Internet inseriert und uns auf persönliche Netzwerke von frauenliebenden Frauen in der Schweiz gestützt. Bei unserer Suche nach Interviewpartnerinnen benutzten wir den Ausdruck «frauenliebende Frauen» und «lesbische Beziehungen». Es stellt sich die Frage, welche Frauen wir auf diese Weise erreicht haben. Möglicherweise fühlten sich Frauen, die in engen Freundschaften oder Lebenspartnerschaften mit andern Frauen leben, sich aber nicht als «frauenliebend» oder «lesbisch» bezeichnen, durch unsere Ausschreibung nicht angesprochen. Das Problem einer adäquaten Bezeichnung ist der Ausdruck der weiter oben beschriebenen grundsätzlichen Problematik einer Geschichtsschreibung über frauenliebende Frauen.

13 Unter «Coming-out», wörtlich «Herauskommen», wird das Sichtbarmachen von lesbischer oder schwuler Existenz verstanden. Mittlerweile wird der Begriff auch von Heterosexuellen im Sinn eines Geständnisses benutzt (Redaktion Coming-Out, 207).

14 Wir verfolgen nicht das Ziel, «Vorläuferinnen» von heutigen lesbischen Frauen zu entdecken und sichtbar zu machen, sondern untersuchen die historisch und kulturell unterschiedlichen Bedeutungen gleichgeschlechtlicher Liebe zwischen Frauen. Dabei gehen wir nicht von einem essentialistischen Verständnis des sexuellen Begehrens aus, das heisst, wir denken nicht, dass es schon immer lesbische Frauen gegeben hat. Vermutlich gab es immer gewisse Formen von Zuneigung, Zärtlichkeit, Sexualität und Leidenschaft zwischen Frauen, aber da diese zu verschiedenen Zeitpunkten jeweils anders erlebt, wahrgenommen und bezeichnet worden sind, gibt es keine historische Konstanz. Deshalb betrachten wir – aus einer konstruktivistischen Perspektive – Selbstverständnisse und Lebensformen in einem engen Zusammenhang mit gesellschaftlichen Vorstellungen zu gleichgeschlechtlicher Liebe zwischen Frauen.

15 Brown, 73; Eder, Geschichte, 59; Kokula, Weibliche, 9; Barz, 181. Dabei ging man davon aus, dass sich Menschen aufgrund ihres freien Willens für oder gegen die «unnatürlichen Praktiken» entscheiden konnten und nicht hilflos ihrem «Geschlechtstrieb» ausgeliefert waren.

16 Brown stellt fest: «Compared to the frequency with which male homosexuality is mentioned, in canon and civil law, in penitentials and confessional manuals, and in popular sermons and literature, especially after the thirteenth century, the handful of documents which cite the love of women for one another is truly scant» (Verglichen mit der Häufigkeit, mit der männliche

Homosexualität im kanonischen und im zivilen Gesetz, in Buss- und Sündenbüchern und in populären Schriften und Literatur vor allem nach dem 13. Jahrundert erwähnt wird, ist die Zahl der Dokumente, die sich auf die Liebe einer Frau für eine andere beziehen, wirklich sehr klein [Übersetzung durch die Autorinnen]) (Brown, 70). Dafür hat Brown folgende Erklärung: «Because women were thought to have weaker natures, it was feared that they were more susceptible to suggestion. Consequently, while men found guilty of sodomy were to have their crimes read aloud in order to deter others, sexual relations between women were better left unmentioned» (Weil Frauen als schwächere Naturen galten, wurde befürchtet, dass sie anfälliger auf Verführung seien. In der Folge blieben sexuelle Beziehungen zwischen Frauen eher unerwähnt, während Straftaten von Männern, die der Sodomie beschuldigt wurden, öffentlich bekannt gemacht wurden, um andere abzuschrecken [Übersetzung durch die Autorinnen]) (Brown, 75). Dieselbe Tatsache und Erklärung liefert Vicinus (Vicinus, Intimate, xxiv). Bei Strafrechtsreformen im 18. Jahrhundert wurden in einigen Gesetzbüchern im deutschsprachigen Raum die strafbaren gleichgeschlechtlichen Akte auf Männer eingeschränkt (Eder, Geschichte, 155).

17 Vicinus, Intimate.

18 Ebd., 113–175.

19 Wenn Männlichkeit nicht anhand von körperlichen Merkmalen bei einer der beiden Frauen ersichtlich war, wurde ungeachtet der körperlichen Konstitution meist die Ältere als männlich wahrgenommen. Einige dieser «Ehemänner» kleideten und verhielten sich wie Männer, das heisst, sie lebten im Alltag als Männer und waren zum Teil offiziell mit einer Frau verheiratet (Vicinus, Intimate, 3). Diese Männerrolle ermöglichte insbesondere Frauen aus dem Arbeiter- oder Bauernmilieu bessere Arbeitsmöglichkeiten, eine höhere Entlöhnung und mehr Bewegungsfreiheit im Alltag. Oft wurden diese Frauen nur von ihrem intimsten Umfeld als Frau angesehen, während sie in der Öffentlichkeit ohne Aufsehen als Mann lebten. Als gleichgeschlechtlich wurde diese Form der Beziehung erst angesehen, wenn die männliche Identität als nicht biologisch aufgedeckt wurde (Vicinus, wonder, 473–474). Dies verweist unter anderem auf ein gegengeschlechtliches Kleiden und Darstellen von Frauen, das eine lange Tradition hat und nicht alleine mit gleichgeschlechtlichem Begehren verknüpft ist (vgl. dazu auch die Studie von Dekker).

20 Vicinus, Intimate, xix.

21 Über frauenliebende Arbeiterinnen, Bäuerinnen usw. in dieser Zeit ist kaum etwas bekannt. Dies mag mit der schwierigeren Quellenlage zusammenhängen, da Arbeiterinnen kaum schriftliche Dokumente hinterliessen.

22 Zitate: Faderman, 14; Faderman bezieht sich dabei auch auf die Forschungen von Carol Smith-Rosenberg. Faderman fasst romantische Beziehungen zwischen Frauen unter dem Begriff «lesbisch», denn sie definiert diesen als «eine Beziehung, in der das stärkste Gefühl und die tiefste Zuneigung einer Frau einer Frau gelten. Ob die Sexualität einen grösseren oder kleineren Platz einnimmt oder aber auch gänzlich fehlt: Zwei Frauen wünschen sich, die meiste Zeit miteinander zu verbringen und die meisten Aspekte des Lebens miteinander zu teilen» (Faderman, 16). Wir hingegen wenden, wie oben beschrieben, den Begriff «lesbisch» nur auf Frauen an, die sich selber so definieren.

23 Faderman, 89–109.

24 Faderman schreibt hierzu: «Dass ihre Sinnlichkeit, der das Küssen, Liebkosen und Streicheln erlaubt war, je ins Genitale ausufern könnte, galt als so unwahrscheinlich, dass es den romantischen Freundinnen sogar in den sexuell repressivsten Zeiten gestattet war, einander ihre physische Anziehungskraft ganz zu zeigen – und zwar in einer Form, deren sich heute eine heterosexuelle Frau schämen würde» (Faderman, 84).

25 Wenn sexuelles Verhalten bei Frauen mit femininem Aussehen und Verhalten aufgedeckt wurde, wurde dieses als Notlösung für fehlende Männer oder als Übungszeit für die spätere heterosexuelle Beziehung toleriert (Faderman, 15). Im Allgemeinen lassen sich in Schriften vergangener Jahrhunderte allerdings nur sehr schwer Hinweise auf einen sexuellen Ausdruck bei Frauen finden.

26 Braun, 56; vgl. auch Faderman, 15. Der Wandel dieser Vorstellung und die Erforschung des «weiblichen Wesens» lässt sich gut nachvollziehen mit dem Aufkommen der «Krankheit Hysterie». Sie wurde als «weibliche Nervenkrankheit» beschrieben, die auf ein zu starkes oder zu geringes sexuelles Verlangen bei gleichgeschlechtlich liebenden Frauen zurückführbar sei (vgl. die Studien von Braun, Heintz sowie Bührmann, 60–70).

27 In Bezug auf weibliche Homosexualität haben in der deutschsprachigen Forschung insbesondere Hanna Hacker und Philippe Weber diese Zusammenhänge untersucht (Hacker, Freundinnen; Hacker, Männliche; Hacker, Patientin; Hacker, Resultate; Weber).

28 Eder, Geschichte, 163.

29 Foucault, 58. Michel Foucault hat aufgezeigt, wie sexuelles Begehren zu einem identitätsstiftenden Merkmal wurde. Eder beschreibt dies folgendermassen: «‹Homosexualität› würde (fast) alle äusseren und inneren, alle körperlichen wie psychischen Erscheinungsformen des betroffenen Subjekts determinieren und damit die freie Willensäusserung ausser Kraft setzen. […] Während Heterosexuelle als Individuen gedacht wurden, die neben vielen anderen Eigenschaften auch eine willentlich kontrollierbare Sexualität besässen, wurden ‹Homosexuelle› einzig und allein als ‹Homo-Sexuelle› gesehen, nämlich als Menschen, die gänzlich durch ihre spezifischen sexuellen Begierden gelenkt würden» (Eder, Geschichte, 164). Die Entstehung einer spezifisch «lesbischen Identität» hat insbesondere Sabine Hark herausgearbeitet (Hark, Magisches). Sie schreibt: «Das Konzept der/des Homosexuellen konnotiert dabei die Vorstellung, dass die Ausführung des Geschlechtsaktes mit einer Person desselben Geschlechts eine/n zu einer bestimmten Art von Person macht» (Hark, Subjekte, 71). Dieses Konzept ist eng verknüpft mit der Geschlechterbinarität: «Während der eigene (anatomische) Körper zur Markierung des

eigenen Geschlechts wird, bestimmt das körperlich definierte Geschlecht des sexuell begehrten Objekts die sexuelle Identität» (Hark, Subjekte, 72). Damit verweist Sabine Hark auf Überlegungen von Judith Butler, die hervorhebt, dass geschlechtliche Identität mit sexuellem Begehren in einem Zusammenhang steht. Die binären Geschlechter werden als von der Natur gegeben angesehen und aufeinander bezogen definiert. Menschen werden erst als verständliche geschlechtliche Wesen erachtet, wenn eine Übereinstimmung von körperlichem Geschlecht, geschlechtlicher Identität und sexuellem Begehren gegeben ist (Butler, Unbehagen). Gleichgeschlechtliche sexuelle Aktivität führt demnach zu einer scheinbaren geschlechtlichen Identitätsverkehrung. Mit dieser veränderten Vorstellung von sexuellem Begehren ging zwischen dem 17. und 19. Jahrhundert in westlichen Ländern die Herausbildung der strikten binären Geschlechterordnung einher. Die Entstehung einer ausschliesslichen Zweigeschlechtlichkeit zeigen Barbara Duden (Duden, Geschichte), Claudia Honegger (Honegger, Ordnung), Thomas Laqueur (Laqueur, Leib) und Claudia Opitz (Opitz, Aufklärung).

30 Westphal zit. Jäger, 43.
31 Krafft-Ebbing zit. Hacker, Männliche, 135.
32 Hacker, Freundinnen, 37; Hark, Subjekte, 81. Innerhalb der Sexualwissenschaften entstanden zahlreiche Bezeichnungen für frauenliebende Frauen wie «Konträrsexuelle» oder «Mannweib», die die angebliche Vermännlichung frauenliebender Frauen betonten. «Mannweiber» wurden von «Pseudo-Homosexuellen» unterschieden. Ersteren wurde eine angeborene gleichgeschlechtliche sexuelle Orientierung zugesprochen, die Letztere – die als «originär heterosexuell» (Schwarz, 73) galten – verführen konnte. Tendenziell wurden solche Zuordnungen mit allen Frauen vorgenommen, die nicht den traditionellen Weiblichkeitsmustern entsprachen oder nicht entsprechen wollten (Hacker, Freundinnen, 16–70; Schwarz, 73–74; Hark, Subjekte, 81; Soine, 197). Als weitere Bezeichnung wurde «weiblicher Urning» oder «Urninde» als Ableitung von der Bezeichnung für einen männerliebenden Mann verwendet, aber auch die bereits in früheren Jahrhunderten gebräuchlichen Ausdrücke «Tribadin» oder «Fricatrice», die Frauen beschrieben, die ihre Genitalien aneinanderreiben (Göttert, Wuth, 28; Hark, Subjekte, 80; Brown, 74).
33 Wie Hark treffend feststellt, wurde damit keine Entstigmatisierung erreicht, da gleichgeschlechtliches Begehren einem «normalisierenden Blick» der Sexualwissenschaft ausgesetzt und «nicht aus der Pflicht, sich erklären zu müssen» war. Die Sexualwissenschaft «folgt damit der normalisierenden Logik, in der das Normale sich zwar am Abweichenden entwirft, sich selbst jedoch nie beschreiben muss» (Hark, Subjekte, 68). Anhand der Bestimmung des «Abnormalen» durch die Sexualwissenschaft wurde Heterosexualität als «normal» dargestellt.
34 Wann und wie diese Vorstellungen popularisiert wurden und wie die von der Sexualwissenschaft entwickelten Bezeichnungen zur Selbstzuschreibung frauenliebender Frauen wurden, ist bisher nicht untersucht worden (Jäger, 58; Vicinus, wonder, 470). Wie wir in vorliegendem Artikel ausführen, hat unsere Untersuchung gezeigt, dass bereits Meta von Salis Ende des 19. Jahrhunderts und später auch Marga Bührig sich gegen diese Vorstellungen von Liebe zwischen Frauen stellten.
35 Bührmann, 73–103; Jäger, 63.
36 Freud zit. Bührmann, 81.
37 Bührmann, 80–90; Gissrau.
38 Freud zit. Hacker, Freundinnen, 79.
39 Dieser Aufsatz gilt als Grundlage für die Theoretisierung gleichgeschlechtlichen, weiblichen Begehrens in der Psychoanalyse. Freuds Psychoanalyse wurde in der Folge – insbesondere aus einer feministischen Perspektive – kritisiert, und Weiter- bzw. Neuentwicklungen wurden formuliert (vgl. bspw. Hacker, Freundinnen, 79–92; Ott, Spur, 118–140; Jäger, 52–53).
40 Bührmann, 73–103; Jäger, 62–63; Seidman, Theoretical, 4–5.
41 Bührmann, 90–95; Haeberle; Jäger, 62–63; Joris, 294–295.
42 Zudem kritisierte die neue Frauenbewegung die Forderungen der «sexuellen Revolution» der 1960er Jahre. Diese war eng verknüpft mit dem Gebot der «genussvollen und freien Sexualität» der empirischen Sexualwissenschaften. Feministinnen erachteten Männer als hauptsächliche Profiteure des damaligen Ziels der freien Liebe (vgl. bspw. Joris, 299–303).
43 Bührmann, 103–213; Jäger, 60–99; Seidman, Theoretical, 6–9; Soine, 205–222.
44 Wie Hark zeigt, wurde dieser Ausspruch der US-amerikanischen Feministin Ti-Grace Atkinson falsch übersetzt bzw. rezipiert. Im Original heisst es «Feminism is a theory, Lesbian is a practice» (Atkinson zit. Hark, Subjekte, 113).
45 Der Begriff «Lesbe» geht zurück auf die Bezeichnung der griechischen Insel Lesbos, wo die Dichterin Sappho im 7. und 6. Jahrhundert v. Chr. lebte. Sappho ist die erste noch verbürgte Dichterin, die Liebe zwischen Frauen in ihren Werken thematisierte. Im damaligen Griechenland wurden Jungen und Mädchen in geschlechtergetrennten Gemeinschaften für die Adelsgesellschaft vorbereitet. Diese gleichgeschlechtlichen Gruppierungen waren eine Lebensgemeinschaft, in der erotische Beziehungen zentral und legitim waren. Die Zugehörigkeit zu dieser Lebensgemeinschaft endete mit einer heterosexuellen Verheiratung. Verbürgte Literatur aus Lesbos sind Hochzeits-, Abschieds- und Sehnsuchtsgedichte, die die erotische Zuneigung der in der gleichgeschlechtlichen Lebensgemeinschaft verbleibenden Frauen zu ihren einstigen Gefährtinnen ausdrücken (Hogan, 356–358; Kroll, 348–350; Zimmerman, 453–454). Die Bezeichnung «Lesbierin» wurde von Sexualwissenschaftlern aus dem 19. Jahrhundert verwendet (Weber, 75; Moraglia zit. nach Hacker, Freundinnen, 65–66). Laut Böhmer und Hacker bezeichneten sich frauenliebende Frauen selber um die 1930er Jahre als Artgenossinnen, Gleichgesinnte, Freundinnen oder eben auch Lesbierinnen (Kokula, Welt, 43–47; Hacker, Freundinnen, 16–18, 188–198).
46 Jäger, 60–99; Bührmann, 103–195; Moser, 40.
47 Hark, Magisches, 107.
48 Einen Überblick über konstruktivistische und poststrukturalistische Positionen diesbezüglich im

englischsprachigen Raum bietet Jagose. Für den deutschsprachigen Raum siehe z.B. Hark, Grenzen; Hark, Subjekte; Hark, Lesbenforschung; Engel, Eindeutigkeit; Polymorph; Quaestio.

49 Jagose; Butler, Unbehagen; Hark, Interventionen; Ott, Spur; Jäger, 87–92; Seidman, Theoretical, 10–12.
50 Duggan, 74.
51 Simonett; Hebeisen; Kokula, Welt; Schnurrenberger.
52 Dazu gehörten die Bündner Philosophin Meta von Salis und ihre Freundin Hedwig Kym (vgl. «Freundinnen fürs Leben», Seiten 246–252), die Ärztin Caroline Farner und Anna Pfrunder (vgl. Keller) sowie die Theologin Helene von Mülinen und die Ärztin Emma Pieczynska (vgl. Brodbeck). Zu Frauenbeziehungen in der bürgerlichen Frauenbewegung ausserdem Moser, 29, und Simonett, 18.
53 Kokula, Welt; Hebeisen, 293–295.
54 Kokula, Welt, 179–180.
55 Ebd., 131–138.
56 Ebd., 125–127.
57 Ebd., 182, 217–219; Simonett, 22.
58 Moser, 47; Simonett, 19.
59 Hebeisen, 281.
60 Moser, 48; Minder. Erst 1966 gab es wieder einen öffentlichen Club für frauenliebende Frauen. Es war dies der Conti Club in Zürich (Simonett, 24).
61 Simonett, 25. Die Bewegung formierte sich aufgrund des Aufstandes von Schwulen, Transvestiten und Lesben gegen die polizeiliche Repression am 27. Juni 1969 in der Bar Stonewall Inn an der Christopher Street in New York (Jagose, 46–49). An dieses Ereignis wird in der Schweiz – wie in zahlreichen andern Ländern weltweit – seit dem Jahr 1979 in Form von Christopher-Street-Day-Kundgebungen erinnert und die Akzeptanz von Schwulen, Lesben, Bisexuellen, Transsexuellen, Transvestiten und neuerdings Transgender bzw. geschlechtlich sich nicht festlegen wollenden Menschen propagiert (Simonett, 25).
62 Vgl. dazu auch den Dokumentarfilm «Katzenball» von Veronika Minder (2005).
63 Joris, 473–484.
64 Simonett, 25; Fischer, 5; http://www.queersite.ch/geschichte/telearena.htm, Stand 18.2.2006.
65 http://www.queersite.ch/geschichte/telearena.htm, Stand 18.2.2006.
66 Simonett, 29.
67 Ebd., 30.
68 http://www.gaygraubuenden.ch, Stand 20.2.2006.
69 Der Verein «Capricorn» berät Homosexuelle und organisiert Veranstaltungen für Homosexuelle. Obschon «Capricorn» sich auch an lesbisch lebende Frauen richtet, gehören derzeit keine Lesben der Organisation an. Seit 2004 finden mangels Interesse der Mitglieder keine regelmässigen Treffen mehr statt (vgl. http://www.capricorn.li, Stand 10.08.2007).
70 Schlatter, 56; Kokula, Welt, 48. Während die meisten Deutschschweizer Kantone eine restriktivere Gesetzgebung kannten – manche Kantone bestraften gleichgeschlechtliche sexuelle Handlungen mit mehreren Jahren Gefängnis –, war Homosexualität in der Romandie fast überall straffrei. In der Praxis wurde aber soweit bekannt in der ganzen Schweiz nur männliche Homosexualität verfolgt, auch in denjenigen Kantonen, die sexuelle Handlungen zwischen Frauen laut Gesetzestext unter Strafe stellten. In der Auslegung des Gesetzes wurde als «sexuelle Handlung» lediglich die Penetration betrachtet; ein aktives weibliches Begehren war in diesem Denken ausgeschlossen (Kokula, Welt, 50).
71 Natalia Gerodetti sagt dazu: «Female same-sex desire was always to some extent outside either sexual acts or the homosexual personage.» (Weibliches gleichgeschlechtliches Begehren lag immer zu einem gewissen Mass ausserhalb entweder sexueller Handlungen oder der homosexuellen Persönlichkeit [Übersetzung durch die Autorinnen]), (Gerodetti, 98).
72 Gerodetti, 128–129.
73 Ebd., 96.
74 Der berüchtigte Artikel 175 des Strafgesetzbuches kriminalisierte im deutschen Kaiserreich ab 1871 homosexuelle Handlungen zwischen Männern (Schlatter, 57).
75 Gerodetti, 98.
76 Die Homosexuellen Arbeitsgruppen der Schweiz forderten in den 1970er Jahren beispielsweise die Schaffung eines Partnerschaftsvertrages, der im Gegensatz zum damaligen Eherecht die Gleichberechtigung der Partnerinnen und Partner garantiert, das Zusammenleben mehrerer Personen absichert und problemlos auflösbar ist (Gerber, 80–101). Zur gegenwärtigen Kritik an der Normalisierung gleichgeschlechtlicher Lebensformen vgl. die Studien von Hark, Durchquerung; Engel, Differenz und Beger.
77 Dies auch auf dem Hintergrund erfahrener Rechtsungleichheit. Das Bundesgericht verweigert beispielsweise im Jahr 2000 der Bündnerin Eva Maria Pally das Recht, mit ihrer neuseeländischen Partnerin in der Schweiz zu leben (vgl. «Eva-Maria Pally und Gill Colston», Seiten 291–292).
78 Gesetzestext unter http://www.admin.ch/ch/d/sr/2/211.231.de.pdf, Stand 24.2.2006; vgl. auch Ziegler sowie die Informationen auf der Homepage der Lesbenorganisation Schweiz (LOS) http://www.los.ch/artikel/artikel.php?ID=516&rubrik=145, Stand 10.08.2007.
79 Freikirchlich-evangelikale und rechtskatholische Kreise sind diejenigen, die in der Schweizer Öffentlichkeit am lautesten Stellung gegen Homosexualität beziehen. Sie ergriffen beispielsweise zusammen mit den Parteien Eidgenössische Demokratische Union (EDU) und Evangelische Volkspartei der Schweiz (EVP) das Referendum gegen das Partnerschaftsgesetz (vgl. Meier).
80 Die Grundsätze der katholischen Sexualethik beziehen sich auf theologische Überlegungen von Thomas von Aquin, nach dem der Geschlechtsakt von Natur aus auf Zeugung ausgelegt sei und alle sexuellen Akte, die diesem Ziel nicht entsprechen, zu verurteilen seien: «Thomas von Aquin

81 Moon, 316.

82 Dabei lässt sich mit Moon eine Haltung, die sich wörtlich auf die Bibel bezieht, unterscheiden von einer Interpretation, die Bibelzitate in ihren historischen Kontext setzt. Beide Lager – Pro-Homosexualität und Kontra-Homosexualität – bedienen sich jedoch beider Argumentations-muster, je nachdem, was in der jeweiligen Situation passt (Moon, 319).

83 Codex iuris canonici Pii X pontificis maximi iussu digestus Benedicti papae XV auctoritate pro-mulgatus, Rom 1917; vgl. http://www.catholicapologetics.info/thechurch/canonlaw/codex.htm, Stand 3.8.2007. Die entsprechenden Artikel lauten: «Sodomie wird bei Laien mit der Ehrenstrafe und anderen Sanktionen geahndet (Can. 2357). Was die Kleriker und Ordensleute betrifft, so werden sie […] zu verschiedenen, der Schwere der Schuld angemessenen Strafen verurteilt, die bis zur Laisierung gehen können (Can. 2358). Handelt es sich um clerici in sacris, so tritt die Bestimmung in Kraft, wonach ihnen, die für ehrlos erklärt werden, jegliches Amt, jegliche Pfründe und Würde und eventueller Gehalt entzogen werden sollen; in ganz schweren Fällen sollen sie abgesetzt werden (Can. 2359, § 2).»

84 Kongregation für die Glaubenslehre. Erklärung zu einigen Fragen der Sexualethik, Rom 1975, 8; englische Version unter http://www.vatican.va/roman_curia/congregations/cfaith/documents/rc_con_cfaith_doc_ 19751229_persona-humana_en.html, Stand 3.8.2007.

85 Ebd.

86 Vgl. die Stellungnahme der Schweizerischen Bischofskonferenz zum Partnerschaftsgesetz und zur kirchlichen Segnung gleichgeschlechtlicher Paare unter http://www.kath.ch/sbk-ces-cvs/text_detail.php?nemeid=41282&sprache=d, Stand 3.8.2007 und http://www.kath.ch/sbk-ces-cvs/pdf/pdp_homosexualite_d.pdf, Stand 3.8.2007.
Die Unterscheidung von Neigung und Handlung basiert auf dem im christlichen Glauben grund-legenden Unterschied von Sünder und Sünde und dem Imperativ, die Sünde zu verurteilen, den Sünder bzw. die Sünderin aber anzunehmen (Moon, 315).

87 Der SKF fordert die Anerkennung gleichgeschlechtlich orientierter Menschen in Kirche und Gesellschaft und eine gesetzliche Regelung gleichgeschlechtlicher Lebensformen und Part-nerschaften in der Schweiz (vgl.http://www.frauenbund.ch/index.html?/publikationen/publikationen_homo.html, Stand 3.8.2007).
Domherr Christoph Casetti aus Chur bezeichnet das Positionspapier des SKF in einer Replik als «Propagandaschrift einer Schwulen- oder Lesbenorganisation» und fragt: «Wie ist es möglich, dass der Zentralvorstand eines Frauenbundes, der sich katholisch nennt, auf eine derart unseriöse und plumpe Weise sich zum Sprachrohr schwullesbischer Organisationen macht?» (vgl. http://www.bistum-chur.ch/ehe_28a.htm, Stand 3.8.2007).

88 Vgl. die Studie von Bühler.

89 Bitzer, 997. Zur Position verschiedener protestantischer Institutionen in Bezug auf Homo-sexualität im Verlauf des 20. Jahrhundert gibt es noch keine Überblicksdarstellung. Wir beschränken uns deshalb auf die historisch aufgearbeiteten 1990er Jahre, als sich die Kan-tonalkirchen mit der Anerkennung gleichgeschlechtlicher Partnerschaften und mit dem Umgang mit homosexuellen kirchlichen Pfarrerinnen und Seelsorgern befassten (vgl. die Studie von Bühler).

90 Kähler; Barz.

91 Bis 2001 haben sich folgende evangelische Kantonalkirchen mit dem Thema Homosexualität aus-einandergesetzt: Aargau, Basel-Land und Basel-Stadt, Bern-Jura, Freiburg, Genf, Graubünden, Luzern, St. Gallen, Schaffhausen, Zürich. Die Stellungnahmen sind sehr heterogen. Zwar anerkennen alle das Nicht-Diskriminierungsgebot homosexueller Personen, es besteht aber kein Konsens bei der institutionellen Anerkennung Homosexueller, bei Segnungen oder bei der Anstellung im Pfarramt (Bühler, 14).

92 Vgl. «Charli Moser und Brigitte Sulser», Seite 281, und Institut für Sozialethik des Schweize-rischen Evangelischen Kirchenbunds, 75.

93 Lesben und Schwule werden nicht explizit erwähnt, sind aber implizit gemeint (vgl. die Verord-nung über «Aufbau und Leben der Kirchgemeinde» vom 3.11.1999, zitiert in Bühler, 27–28). Eine Klausel erlaubt es dem Pfarrer, in Absprache mit dem Kirchgemeindevorstand, seine Mitwirkung bei einer solchen Feier zu verweigern.

94 Gleichgeschlechtliche Paare. Ethische Orientierung zum «Bundesgesetz über die eingetragene Partnerschaft gleichgeschlechtlicher Paare». Eine Stellungnahme des Rates des Schweizerischen Evangelischen Kirchenbundes, http://www.sek-feps.ch/shop/media/position/3/3_de.pdf, Stand 5.8.2007.

95 Eder, Geschichte, 26.

96 Vgl. dazu auch Berther.

97 Bitzer, 997.

98 Volland/Jecklin, 74–78.

99 Dieser Aspekt wird in Artikeln und Büchern über Meta von Salis meist entweder ganz aus-geklammert oder nur am Rande erwähnt. Im Folgenden legen wir den Fokus auf diesen Aspekt; die bekannten Fakten zu Meta von Salis' Leben sind anderswo nachlesbar (Bollinger; Klaas Meilier; Redolfi; Schleicher; Stump, Ideen).

100 Klaas Meilier, 101.

101 Bollinger, 7.

102 Schleicher, 34.

103 Universitätsbibliothek Basel, Brief von Theo Schücking an Meta von Salis, Rom, 28.9.1879.

104 Ebd., Brief von Theo Schücking an Meta von Salis, Berlin, 10.2.1880.

105 Ebd., Brief von Theo Schücking an Meta von Salis, Berlin, 23.3.1880.

106 Ebd., Brief von Theo Schücking an Meta von Salis, Berlin, 23.3.1880.

107 Ebd., Brief von Theo Schücking an Meta von Salis, Sassenberg, 17.12.1879.

108 Es handelt sich dabei um einen Konflikt um Theos Schwester Gerhardine, die gerade in Scheidung steht. Offenbar mischt sich eine Freundin von Meta von Salis in die Scheidungs-querelen ein, und Letztere verteidigt ihre Freundin gegenüber Theo Schücking (Bollinger, 10).

109 Bollinger, 12.

110 Salis-Marschlins, Auserwählte Frauen II. Trotz ihres Engagements im Frauenbund Fraternité blieb Meta von Salis der bürgerlichen Frauenbewegung gegenüber distanziert. Sie glaubte mehr an die Kraft einzelner Personen als an die Kraft einer Gruppe oder Bewegung. So war sie der Ansicht, dass starke, gebildete Frauen andern ein Vorbild sein und so die Welt verändern könnten. Aus diesem Bestreben schrieb sie zwei Bände über ihrer Ansicht nach «Auserwählte Frauen unserer Zeit», meist adlige Freundinnen der Bündnerin.

111 Den Begriff «Freundin fürs Leben» benutzt Meta von Salis selber in Bezug auf die Freundschaft zwischen Caroline Farner und Anna Pfrunder (Salis, Prozess, 17). «Lebensfreundin» ist die Bezeichnung, die die Biografin Berta Schleicher für die Beziehung zwischen Meta von Salis und Hedwig Kym verwendet (Schleicher, 47).

112 Verein Feministische Wissenschaft, 9.

113 Schleicher, 53.

114 Vgl. Notiz im Nachlass von Meta von Salis in der Universitätsbibliothek Basel.

115 Die Deutsche Musikerin und Publizistin Berta Schleicher, eine Generation jünger als Meta von Salis, lernte diese vermutlich über eine gemeinsame Freundin kennen. Zwischen den beiden ent-stand eine enge mütterlich-töchterliche Freundschaft, die sie mit Besuchen und zahlreichen Briefen pflegten. Berta Schleicher redete Meta von Salis mit «Madre» und Hedwig Kym mit «Zia» an (Bollinger, 41).

116 Hedwig Kym ist als Hörerin eingeschrieben und absolviert damit kein Studium.

117 Bollinger, 16.

118 Schleicher, 69–70.

119 Ebd., 82.

120 Vgl. «Meta von Salis», Seite 250, sowie im Detail Bollinger, 21–27; Keller; Klaas Meilier, 295–302.

121 Bollinger, 32.

122 Ebd., 33.

123 Vgl. u.a. den Brief von Maria Pasolini an Meta von Salis, 15.11.1911, zitiert in Bollinger, 33.

124 Übersetzung durch die Autorinnen; vgl. Brief von Maria Pasolini an Meta von Salis, 15.11.1911, zitiert in Bollinger, 33.

125 Schnurrenberger, 55.

126 Zu Caroline Farner vgl. Keller. Zu Helene von Mülinen vgl. Brodbeck. Historische Frauenpaare um 1900 untersuchte Regula Schnurrenberger (vgl. Schnurrenberger, Frauenpaare).

127 Allerdings ging die von Meta von Salis beschriebene «Befreiung» oft nicht so weit, dass die Frauen durch Berufstätigkeit auch selber ihren Lebensunterhalt bestreiten konnten. Zwar wurden Ende des 19. Jahrhunderts die Universitäten allmählich auch für Frauen geöffnet und Berufsbildungsgänge für Frauen geschaffen (Verein Feministische Wissenschaft). Die Ausübung der erlernten Berufe wurde manchen Frauen danach aber verwehrt (etwa im Fall der Anwältin Emily Kempin-Spyri, die als Frau weder eine Anwaltspraxis eröffnen noch als Privatdozentin arbeiten durfte, vgl. http://www.hls-dhs-dss.ch/index.php). Andere Frauen durften ihren Beruf zwar ausüben, verdienten aber zu wenig für ihren Lebensunterhalt (vgl. Jecklin, 281–283). Frauen aus gut situierten Familien wie Meta von Salis konnten dank der finanziellen Unterstüt-zung durch ihre Herkunftsfamilie oder dank Erbschaften unverheiratet leben. Meta von Salis erhielt von ihren Eltern vermutlich ein Jahresbudget, über das sie verfügen konnte (Klaas Meilier, 124).

128 Salis, Philosoph, 73–74.

129 Dass die Diskurse über Homosexualität gebildeten Schichten schon um 1900 bekannt waren, darauf deuten die Einträge «homosexual» und «Sexualpsychologie» in «Meyers kleinem Kon-versations-Lexikon» von 1899 hin (Band 2, Leipzig und Wien 1899, 160, «Homosexual», bzw. Band 3, Leipzig und Wien 1899, 403, «Sexualpsychologie»).

130 Salis, Prozess, 17.

131 Der deutsche Psychiater Richard von Krafft-Ebing benutzte den Begriff «Entartung» in seinem 1886 erschienenen Buch «Psychopathia Sexualis» in Bezug auf abweichende Formen von Sexualität.

132 Diese Interpretation legen auch Bollinger, Keller und Klaas Meilier nahe.

133 Bollinger, 22.

134 Dies widerspiegelt sich auch in den überwiegend zuungunsten der Frauen argumentierenden Zeitungskommentaren zum Prozess. So verwies die NZZ beispielsweise auf das Aussehen von Caroline Farner, auf ihren «Herrenkragen und Krawatte», ihr «kurzgeschnittenes Haar» und ihr «durchaus männlich gebildetes Gesicht» (Bollinger, 26). Frauen, die in männlich konnotierte Sphären vordrangen, wurden als unweiblich angesehen bzw. verurteilt. Dieses Muster zeigt sich in verschiedenen Bereichen: im Erwerbsleben, in der Politik (die Frauenstimmrechtsgegner diffamierten die Befürworterinnen als Mannweiber) und in der Sexualität (frauenliebende Frauen galten, wie oben beschrieben, ebenfalls als vermännlichte Frauen).

135 Salis, Prozess, 18.

136 Rich.

137 Bührig, Spät, 43.

138 Ebd., 62.

139 Ebd., 67.

140 Ebd., 67.

141 Ebd., 50.

142 Ebd., 51.

143 Ebd., 62.

144 Bührig, Vorwort, 13.

145 Bührig, Spät, 68–69.

146 Ebd., 171.

147 Ebd., 69–70.

148 Ebd., 70.

149 Ebd., 71.

150 Alle in diesem Beitrag zitierten Interviews wurden von den Autorinnen geführt und sind im Quellen- und Literaturverzeichnis aufgeführt. Die Aufnahmen der Interviewgespräche sind im Besitz der Autorinnen. Die Interviews wurden auf Schweizerdeutsch und Romanisch geführt. Bei der Transkription haben wir sie in die deutsche Standardsprache übertragen.

151 Dieser Begriff soll nicht suggerieren, dass die Interviewten ihr Leben rational und intentional geplant haben. Wir verwenden ihn, um die Art und Weise, wie die Frauen lebten bzw. leben, zu umschreiben.

152 Die Telearena war eine Diskussionssendung des Schweizer Fernsehens, die 1978 in einer kontroversen und viel beachteten Ausgabe Homosexualität thematisierte (vgl. auch «Bewegungsgeschichte», Seiten 240–243).

153 Zur eingetragenen Partnerschaft vgl. «Homosexualität im Schweizer Recht», Seiten 243–244, und «Partnerschaftsgesetz», Seiten 290–293.

154 Die Idee, dass in der Gesellschaft Heterosexualität unhinterfragt vorausgesetzt wird, kam mit der Lesben- und Schwulenbewegung der 1970er Jahre auf. Heterosexualität kann auf dem Hintergrund einer Analyse der Zusammenhänge zwischen Geschlecht, Sexualität und Macht als Norm betrachtet werden. Dabei können zwei theoretische Ansätze unterschieden werden (Ott, Verhältnis). Der erste Ansatz fokussiert auf Sexualität als Basis männlicher Dominanz. Sexualität wird nach diesem Ansatz als ein zentraler Bestandteil des «Gewaltverhältnisses zwischen Frauen und Männern» angesehen, wobei die Frauen Opfer dieser «gewalttätigen Unterwerfung» sind (vgl. beispielsweise Rich). Der zweite Ansatz versteht Sexualität als Basis moderner Herrschaftspraktiken (die nicht als patriarchale Herrschaft verstanden werden) und spricht von «Heteronormativität» statt von «Zwangsheterosexualität», wie dies Vertreterinnen und Vertreter des ersten Ansatzes machen. Den Begriff «Heteronormativität» als solcher hat erstmals Michael Warner verwendet (Warner, Introduction). Warner benützt den Begriff, um zwischen dem politisch-kulturellen Wirken heterosexueller Normen und Heterosexualität als sexueller Praxis zu unterscheiden. Er versteht Heterosexualität nicht nur als eine statistische Normalität, die die Mehrheit der Mitglieder einer Gesellschaft umfasst, sondern als die unhinterfragte Selbstverständlichkeit einer bestimmten Lebens- und Liebensweise überhaupt. Diese Perspektive sieht im «Kern des heteronormativen Denkens […] die Idee, dass das heterosexuelle Paar per se das Prinzip der sozialen Bindung sei» (Haller, 3). Heterosexualität ist demnach eine Norm, die sich selber nicht benennt, da sie fraglos als gültig gilt. Von diesem Standpunkt aus «bedarf jede Form der Abweichung einer Erklärung, werden Selbstverständlichkeiten, Freiheiten und Rechten zugemessen oder verweigert. […] Dabei sind Homophobie und Hass auf Homosexuelle und Homosexualität nur extreme Ausdrucksformen der Heteronormativität. Häufiger sind Formen des Ignorierens, des Vermeidens, des Verschweigens» (Haller, 3) und des Vergessens. Judith Butler beleuchtete in den 1990er Jahren die Unterscheidung zwischen Homo- und Heterosexualität aus der Perspektive der Zweigeschlechtlichkeit. Butler erachtet die strikte Zweigeschlechtlichkeit – also die Vorstellung, dass es zwei (und nur zwei) einander gegensätzliche und komplementäre Geschlechter gibt – in zeitgenössischen westlichen Gesellschaften als eine Folge der heterosexuellen Norm. Anders formuliert: Erst die Vorstellung, dass Mann und Frau einander ergänzen und zusammengehören, legitimiert die strikte Unterscheidung zweier Geschlechter. Heteronormativität institutionalisiert Heterosexualität als einzig vorstellbare soziale Wirklichkeit, indem sie andere sexuelle Lebensweisen – in erster Linie Homosexualität, aber auch Trans-, Bi-, A- oder Intersexualität – als abnormal definiert (Butler, Unbehagen; Butler, Körper). Butler lässt sich als eine Vertreterin der «Queer Theory» einordnen, die sich mit Geschlechtsidentitäten, Körpern und sexuellen Begehren, die nicht der Norm der Heterosexualität entsprechen, beschäftigt (Jagose; Quaestio; Haschemi Yekani).

155 Die mangelnde gesellschaftliche Anerkennung spiegelt sich auch in der Ungleichbehandlung homo- und heterosexueller Paare vor dem Gesetz. Nachdem das Schweizer Volk im Juni 2005 das Partnerschaftsgesetz gutgeheissen hat, ist es seit 2007 in der Schweiz möglich, homosexuelle Partnerschaften staatlich eintragen zu lassen. Sie sind heterosexuellen Partnerschaften – namentlich bei der Adoption und bei der künstlichen Fortpflanzung – jedoch nicht gleichgestellt (vgl. «Homosexualität im Schweizer Recht», Seiten 243–244).

156 Dass gesellschaftliche Rituale eine beziehungsunterstützende Funktion besitzen, erwähnt auch der Psychologe Udo Rauchfleisch (Rauchfleisch, 34).

157 Mit diesen Ausführungen soll nicht der Eindruck erweckt werden, dass die Frauen- und Lesbenbewegung einheitlich und in ihren Positionen einig war. Die Interviewten erzählen von Uneinigkeiten zwischen Frauen, die sich für frauenspezifische, und solchen, die sich (auch) für lesbische bzw. schwullesbische Anliegen einsetzten. Dora Uffer beschreibt diesen Konflikt folgendermassen: «Im Frauenzentrum sah ich, dass fast alles von Lesben getragen wurde. Also Themen wie das Engagement für die Mutterschaftsversicherung oder für die Straffreiheit von

Abtreibung. Wieso machen die Lesben diese Arbeit? Als es in den 1980er Jahren um eine Demo gegen die Diskriminierung von Lesben ging, dann kamen die Heteras nicht. Ich dachte dann: Wenn eure Solidarität nur so weit geht ... Das Risiko war wohl zu gross, dass jemand sie an der Demo gesehen und sie für lesbisch gehalten hätte. So gab es immer wieder Brüche zwischen Heteras und Lesben in der Bewegung.»

158 Vgl. «Begriffsgeschichte», Seiten 236–240, und «Bewegungsgeschichte», Seiten 240–243.

159 Diejenigen Frauen, die sich gegen Kinder entschieden haben, äusserten sich nicht über eine mögliche Adoption.

160 Zur rechtlichen Lage bezüglich Adoption, Samenspende und künstlicher Befruchtung vgl. «Homosexualität im Schweizer Recht», Seiten 243–244.

161 Vgl. «Partnerschaftsgesetz», Seiten 290–293.

162 Vgl. «Charli Moser und Brigitte Sulser», Seite 281.

163 Diese Denkfigur beschreibt auch der französische Philosoph Michel Foucault. Er schildert das Gebot der modernen Gesellschaft, über sich die Wahrheit zu sagen, in verschiedenen Kontexten – in der Justiz, in der Medizin, in der Pädagogik, in Familien- und Liebesbeziehungen sowie im Alltagsleben. Nach Foucault ist es uns heute selbstverständlich, auf amtlichen Formularen, beim Arzt, in Tagebüchern, bei Bewerbungen oder vor Gericht über unser Leben Auskunft zu geben – eine moderne Form des Selbstgeständnisses, die auf Freiwilligkeit beruht, hat die religiöse Beichte abgelöst: «Die Verpflichtung zum Geständnis wird uns mittlerweile von derart vielen verschiedenen Punkten nahegelegt, sie ist uns so tief in Fleisch und Blut übergegangen, dass sie uns gar nicht mehr als Wirkung einer Macht erscheint, die Zwang auf uns ausübt; im Gegenteil scheint es uns, als ob die Wahrheit im Geheimsten unserer selbst keinen anderen ‹Anspruch› hegte, als den, an den Tag zu treten» (Foucault, 77). Erst während wir (beim Arzt, im Tagebuch, im Lebenslauf) von uns berichten, erschaffen wir unsere Geschichte, oder anders formuliert: Laut Foucault gibt es keine Wahrheit, die dem Geständnis vorausgeht, vielmehr wird die Wahrheit erst im Akt des Gestehens hergestellt. Das Geständnis bezeichnet Foucault als Ort, wo sich das moderne Subjekt erst konstituiert: «Schliesslich erzielt dieser Wahrheitsdiskurs seine Wirkung nicht bei dem, der ihn empfängt, sondern bei dem, dem man ihn entreisst» (ebd., 81). Da nach Foucault die Sexualität den Kern des modernen Subjekts darstellt, ist das Geständnis über die eigene Sexualität besonders zentral.

164 Vgl. «Martina Müller», Seite 285.

165 Es versteht sich, dass wir nur Frauen interviewen konnten, die sich zum Gespräch – auch unter Zusicherung der Anonymität – bereit erklärten. Vermutlich sind unter unseren Interviewten überdurchschnittlich viele Frauen mit positiven Erfahrungen sowie Frauen, die ihre Beziehungen verhältnismässig offen leben.

166 Zum Verhältnis der katholischen Kirche zu Homosexualität vgl. auch «Homosexualität und die Landeskirchen», Seiten 244–246.

167 Zum Zeitpunkt der Interviews war das Partnerschaftsgesetz noch nicht in Kraft. Mittlerweile haben drei der befragten Paare ihre Beziehung auf nationaler Ebene registrieren lassen.

168 Faderman; Hacker, Freundinnen; Smith-Rosenberg.

169 Ulrike Hänsch, die sich mit lesbischen Lebensentwürfen in Deutschland im Kontext von Heteronormativität und Individualisierung befasst hat, bringt dieses Dilemma folgendermassen auf den Punkt: «Lange bevor sich möglicherweise die Einzelne mit der Frage beschäftigt, wie ihre Empfindungen oder ihr Handeln zu bezeichnen sei, sind die Bezeichnungen für das, was sie tut und demnach auch ist, schon längst festgelegt. [...] Um das stigmatisierte Zeichen in einem anerkennenden Sinne zu deuten, muss es zuvor als zu sich gehörend angenommen werden. Deshalb verlaufen die Identifizierungsprozesse meist so widersprüchlich und widerstrebend, und dies auch nicht nur während einer kurzen, allgemein als Coming-out bezeichneten Lebensphase. Solange lesbische Identität kulturell als eine verworfene Identität bestimmt ist, sind auch die individuellen Bindungen an diese Identität mit Widersprüchen durchzogen» (Hänsch, 242).

170 Zudem sind die Kompetenzen für eine individuelle von der Norm unterschiedliche Lebensgestaltung vom sozialen Herkunftsmilieu und den damit verbundenen materiellen, sozialen und psychischen Ressourcen geprägt (Hänsch), was sich insbesondere in den Beziehungsvorstellungen der Befragten manifestiert.

Abstract

Questo articolo esplora, a mano delle fonti scritte e orali, la questione di come sia mutato l'immaginario sociale di omosessualità dall'ultimo terzo del XIX secolo e quale immagine di sé abbiano sviluppato nel rispettivo contesto storico le donne che amano altre donne. Il concetto di «omosessualità» è sorto soltanto a metà del XIX secolo con l'avvento della sessuologia. Mentre prima si partiva dal presupposto che tutte le persone possono potenzialmente compiere atti omosessuali, da quel momento si è ritenuto che soltanto una certa tipologia di individuo – ossia gli omosessuali – intrattiene relazioni con persone dello stesso sesso. Per la prima volta l'omosessualità era quindi parte integrante dell'identità della persona. L'omosessualità (come pure l'eterosessualità) fu pertanto localizzata quale predisposizione nel corpo. Il contributo analizza l'influsso che questa idea ebbe sulle amicizie fra donne nel periodo in esame. Nel quadro del primo movimento femminile nel XIX secolo gli stretti rapporti di amicizia fra donne erano di centrale importanza, come fu il caso della grigionese Meta von Salis che strinse un'amicizia per la vita con Hedwig Kym. Sulla scorta degli scritti di Meta von Salis si può desumere che le amicizie strette fra donne erano sospettate di avere carattere sessuale e patologico. Meta von Salis si distanziò con veemenza da questo modo di pensare e intese l'amicizia stretta fra donne un nobile e casto affetto.

La nuova idea di omosessualità si è gradualmente diffusa, soprattutto per quanto riguarda le donne, soltanto nel corso del XX secolo. Così negli anni '50 del XX secolo caratterizzati da un'immagine borghese della famiglia Marga Bührig e la sua compagna Else Kähler dovettero fare i conti con il loro nubilato e non con la loro scelta di legarsi sentimentalmente a una donna. Allorquando l'omosessualità femminile assurse a tematica pubblica negli anni '70 del secolo scorso, Marga Bührig iniziò ad occuparsene. Solidarizzò con le lesbiche del secondo movimento femminile, ma non si identificò con il concetto di «lesbica», poiché riteneva che venisse associato troppo a anomalia e sessualità.

Per quanto attiene al periodo successivo al 1945 abbiamo intervistato 26 donne che intrattengono relazioni amorose con donne e che hanno tutte un legame con il Cantone dei Grigioni. Sono cresciute in un contesto sociale nel quale la sessualità in generale e l'omosessualità in particolare erano temi pubblici. Ciò ha significato avere la possibilità, ma al contempo anche subire la pressione sociale, di dichiararsi omosessuali, il che fra l'altro si riflette nel fatto che tutte le intervistate si definiscono lesbiche. Tuttavia per la maggior parte di loro l'identificazione con il termine «lesbica» è accompagnato da esperienze contraddittorie. Da un lato le intervistate sperimentano l'aspettativa di chi le circonda affinché rivelino la loro «verità interiore» e «predisposizione». Dall'altro l'eterosessualità continua ad essere la norma sociale e l'omosessualità viene socialmente svilita e caricata di associazioni negative rendendo più difficile un'identificazione.

Il contributo visualizza la pluralità e la complessità dell'affetto e dell'amore fra donne. Evidenzia come le donne che amano donne siano diversamente recepite e definite nei rispettivi contesti storici e come, influenzate da questi retroscena, sviluppino differenti immagini di se stesse. Sulla base delle fonti orali risulta evidente che l'idea di omosessualità quale identità, che ha fatto la sua comparsa sul finire del XIX secolo con l'avvento della sessuologia, ha trovato ampia diffusione dagli anni '70 del secolo scorso. Al contempo però si mette in luce anche la fragilità di questa idea, poiché pure all'interno di una generazione rispettivamente ad un preciso momento storico non sussiste alcuna unità di vedute circa un'identità lesbica. Inoltre le donne intervistate non vedono nell'identità lesbica un'identità unica ed esclusiva, bensì un elemento di un'identità composta da numerose altre sfaccettature.

Abstract

Sin fundament da funtaunas oralas e scrittas vegn examinà en quest artitgel, co che las ideas davart l'omosexualitad èn sa midadas en la societad dapi il davos terz dal 19avel tschientaner e tge maletg da sasezzas che dunnas che aman dunnas sviluppan en il context istoric respectiv. La noziun «omosexualitad» è sa furmada pir en la mesadad dal 19avel tschientaner cun l'entschatta da las scienzas sexualas. Entant ch'ins partiva avant da l'idea che tut ils umans possian exequir potenzialmain acts omosexuals, eran ins ussa da l'avis che unicamain in tschert tip da persunas – numnadamain ils omosexuals – vivian la relaziun cun ina persuna dal medem sex. L'omosexualitad era damai per l'emprima giada ina part da l'identitad da la persuna pertutgada. Cun quai han ins localisà l'omosexualitad (sco era l'eterosexualitad) sco ina disposiziun en il corp. L'artitgel perscrutescha tge influenza che quest'opiniun aveva da quel temp per amicizias tranter dunnas. En il conturn da l'emprim moviment da las dunnas a la fin dal 19avel tschientaner eran stretgas amicizias tranter dunnas d'impurtanza centrala. Quai è era stà il cas per la Grischuna Meta von Salis ch'era sa liada cun Hedwig Kym en in'amicizia per la vita. A maun da las scrittiras da Meta von Salis pon ins mussar che stretgas amicizias tranter dunnas cumenzavan da quel temp a vegnir suspectadas d'esser da caracter sexual e patologic. Meta von Salis è sa distanziada vehementamain da quest'idea; ella veseva amicizias tranter dunnas sco in'affecziun nobla e casta.

La nov'idea da l'omosexualitad è sa derasada, surtut areguard las dunnas che aman autras dunnas, pir plaun a plaun en il decurs dal 20avel tschientaner. Uschia èn Marga Bührig e sia amia Else Kähler vegnidas confruntadas en ils onns 1950, ch'eran marcads dal maletg da la famiglia burgaisa, cun lur stadi da dunnas nunmaridadas e betg cun lur furma da viver ina relaziun stretga cun ina persuna da la medema schlattaina. Cura che l'omosexualitad feminina è daventada ils onns 1970 in tema public, ha Marga Bührig cumenzà a s'occupar da questa tematica. Ella è sa solidarisada cun las lesbas dal segund moviment da las dunnas, n'è però betg s'identifitgada cun l'expressiun «lesba», perquai che quella vegniva tenor ella associada memia ferm cun anormalitad e sexualitad.

Per il temp suenter il 1945 avain nus intervistà 26 dunnas che aman dunnas e che stattan en connex cun il chantun Grischun. Ellas èn creschidas si en in ambient social, nua che la sexualitad en general e l'omosexualitad en spezial eran daventadas in tema public. A las dunnas che aman dunnas ha quai dà la pussaivladad, ma era ina pressiun sociala, da sa definir sco omosexualas. Quai s'exprima tranter auter en il fatg che tut las dunnas intervistadas numnan sasezzas lesbas. L'identificaziun cun la noziun «lesba» sa basa dentant sin experientschas cuntradictoricas. D'ina vart spetga il conturn da las intervistadas ch'ellas confessian lur «vardad interna» resp. «lur disposiziun». Da l'autra vart considerescha la societad anc adina l'eterosexualitad sco la norma sociala, e svalitescha l'omosexualitad resp. collia quella cun associaziuns negativas, quai che fa l'identificaziun pli greva.

L'artitgel renda visibla la diversitad e cumplexitad da l'affecziun e l'amur tranter dunnas. Ins vegn conscient che dunnas che aman dunnas vegnan percepidas e definidas a moda divergenta, tut tenor il context istoric, e ch'ellas sviluppan perquai differents maletgs da sasezzas. Sin fundament da las funtaunas oralas sa mussa che l'idea da l'omosexualitad sco identitad, ch'è sa fatga valair a la fin dal 19avel tschientaner ensemen cun las scienzas sexualas, è sa derasada considerablamain a partir dals onns 1970. Il medem mument ves'ins però era quant fraschla ch'è quest'idea; era entaifer ina generaziun resp. entaifer in temp istoric specific n'exista nagina chapientscha unifitgada d'ina identitad lesbica. Ultra da quai na considereschan las dunnas intervistadas betg lur identitad lesbica sco identitad unica, mabain sco ina part da numerusas autras fassettas d'ina identitad cumplessiva.

Volksabstimmung vom 5. Juni 2005
Bundesgesetz über die eingetragene Partnerschaft gleichgeschlechtlicher Paare
(Partnerschaftsgesetz). Resultate in den Bündner Gemeinden.

Gesamtresultat Schweiz: 58 % Ja-Stimmen
Gesamtresultat Graubünden: 55% Ja-Stimmen

Ja-Stimmen in Prozent

< 30.0 %		50.0 – 59.9 %
30.0 – 39.9 %		60.0 – 69.9 %
40.0 – 49.9 %		> 69.9 %

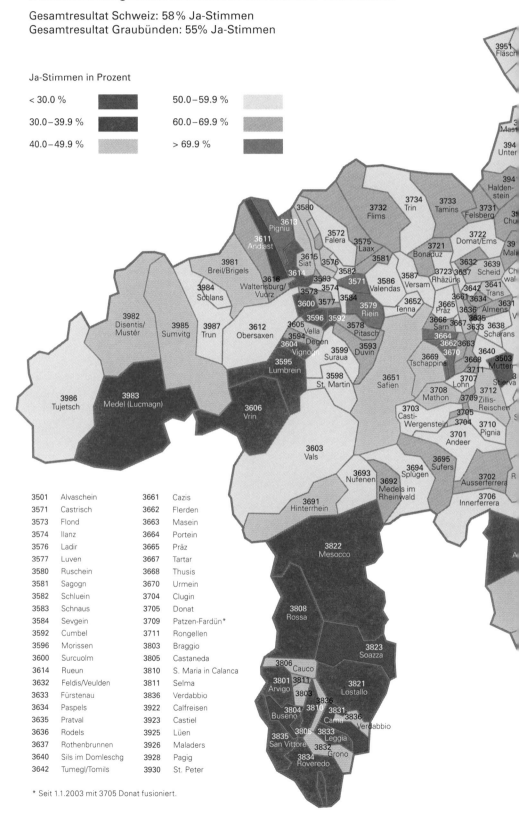

3501	Alvaschein	3661	Cazis
3571	Castrisch	3662	Flerden
3573	Flond	3663	Masein
3574	Ilanz	3664	Portein
3576	Ladir	3665	Präz
3577	Luven	3667	Tartar
3580	Ruschein	3668	Thusis
3581	Sagogn	3670	Urmein
3582	Schluein	3704	Clugin
3583	Schnaus	3705	Donat
3584	Sevgein	3709	Patzen-Fardün*
3592	Cumbel	3711	Rongellen
3596	Morissen	3803	Braggio
3600	Surcuolm	3805	Castaneda
3614	Rueun	3810	S. Maria in Calanca
3632	Feldis/Veulden	3811	Selma
3633	Fürstenau	3836	Verdabbio
3634	Paspels	3922	Calfreisen
3635	Pratval	3923	Castiel
3636	Rodels	3925	Lüen
3637	Rothenbrunnen	3926	Maladers
3640	Sils im Domleschg	3928	Pagig
3642	Tumegl/Tomils	3930	St. Peter

* Seit 1.1.2003 mit 3705 Donat fusioniert.

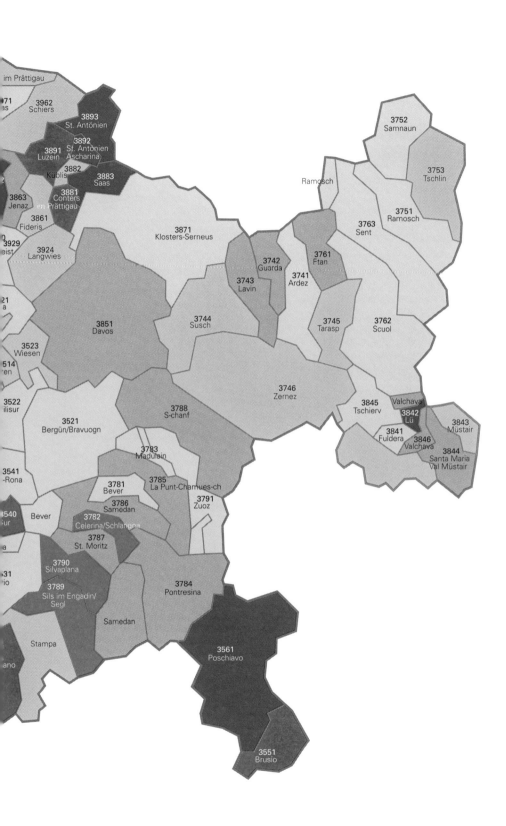

im Prättigau

3962
Schiers

3893
St. Antönien

3892
St. Antönien
Ascharina

3891
Luzein

3882
Küblis

3883
Saas

3881
Conters
im Prättigau

3863
Jenaz

3861
Fideris

3929
eist

3924
Langwies

3752
Samnaun

3753
Tschlin

Ramosch

3751
Ramosch

3763
Sent

3871
Klosters-Serneus

3742
Guarda

3761
Ftan

3743
Lavin

3741
Ardez

3851
Davos

3744
Susch

3745
Tarasp

3762
Scuol

3523
Wiesen

3746
Zernez

3522
ilisur

3788
S-chanf

3845
Tschierv

Valchava

3842
Lü

3841
Fuldera

3843
Müstair

3521
Bergün/Bravuogn

3783
Madulain

3846
Valchava

3844
Santa Maria
Val Müstair

3541
-Rona

3781
Bever

3785
La Punt-Chamues-ch

3791
Zuoz

3540
ur

Bever

3786
Samedan

3782
Celerina/Schlarigna

3787
St. Moritz

3790
Silvaplana

3789
Sils im Engadin/
Segl

3784
Pontresina

Samedan

Stampa

3561
Poschiavo

3551
Brusio

Quelle: Abstimmungsstatistik, BFS
Kartographie: ThemaKart, BFS

Quellen- und Literaturverzeichnis

Ungedruckte Quellen

Handschriftenabteilung der Universitätsbibliothek Basel: NL 61, Nachlass Meta von Salis-Marschlins, darin: Briefe von Theo Schücking an Meta von Salis (1879–1903).

Gedruckte Quellen

Bührig, Marga: Spät habe ich gelernt, gerne Frau zu sein. Eine feministische Autobiographie, Stuttgart 1999 (erw. Neuaufl.).

Bührig, Marga: Vorwort, in: Barz, Monika; Leistner, Herta; Wild, Ute: Lesbische Frauen in der Kirche, Stuttgart 1994 (2. überarb. Aufl.).

Salis-Marschlins, Meta von: Der Prozess Farner-Pfrunder in Zürich. Nach Akten und nach dem Leben mitgeteilt, St. Gallen 1893.

Salis-Marschlins, Meta von: Zur Verständigung. Ein Versuch, München 1894.

Salis-Marschlins, Meta von: Philosoph und Edelmensch. Ein Beitrag zur Charakteristik Friedrich Nietzsche's, Leipzig 1897.

Salis-Marschlins, Meta von: Auserwählte Frauen unserer Zeit, Marschlins 1900.

Salis-Marschlins, Meta von: Auserwählte Frauen unserer Zeit II, Marschlins 1919.

Stump, Doris (Hg.): Meta von Salis-Marschlins: Die unerwünschte Weiblichkeit. Autobiographie, Gedichte, feministische Schriften, Thalwil 1988.

Ton- und Filmquellen

Minder, Veronika: Katzenball. Dokumentarfilm, Schweiz 2005 (die DVD-Video-Ausgabe 2006 ist in Bibliotheken erhältlich).

Mündliche Quellen

Interviews auf Tonträger, im Besitz der Autorinnen:

Esther Appenzeller (*1956), Interview vom 12.8.2005.

Angela Ardüser (*1967), Interview vom 26.7.2005.

Simone Baumer (*1957), Interview vom 11.9.2005.

Selina Biert (*1976), Interview vom 15.8.2005.

Annetta Bisaz (*1952), schriftliches Interview vom 28.11.2005.

Patrizia Bohner (*1960), Interview vom 26.7.2005.

Marianne Brosi (*1969), Interview vom 9.8.2005.

Gill Colston (*1952), Interview vom 10.8.2005.

Anna Coretti (*1945), Interview vom 29.7.2005.

Manon Gerber (*1955), Interview vom 8.8.2005.

Laurenzia Gisch (*1953), Interview vom 28.7.2005.

Sabine Holland (*1961), Interview vom 26.7.2005.

Gisela Huber (*1964), Interview vom 18.8.2005.

Sofia Keller (*1964), Interview vom 11.9.2005.

Nadja Küchler (*1953), Interview vom 27.7.2005.

Charli Moser (*1970), Interview vom 25.7.2005.

Martina Müller (*1954), Interview vom 26.7.2005.

Sonja Nuotclà (*1971), Interview vom 1.10.2005.

Lisi Opitz (*1953), Interview vom 8.8.2005.

Monika Padrutt (*1970), Interview vom 26.7.2005.

Eva-Maria Pally (*1964), Interview vom 10.8.2005.

Marianne Schmid (*1969), Interview vom 9.8.2005.

Annina Sieber (*1972), Interview vom 16.7.2005.

Claudia Sievi (*1963), Interview vom 29.8.2005.

Brigitte Sulser (*1949), Interview vom 25.7.2005.

Dora Uffer (*1963), Interview vom 27.8.2005.

Marianna Winkler (*1961), Interview vom 12.8.2005.

Literatur

Adam, Klaus-Peter und Reck, Norbert: Von Zerrbildern und wirklichen Menschen. Christen und Homosexualität, in: Kittelberger, Barbara; Schürger, Wolfgang; Heilig-Achneck, Wolfgang (Hg.): Was auf dem Spiel steht. Diskussionsbeiträge zu Homosexualität und Kirche, München 1993, 54–72.

Barz, Monika; Leistner, Herta; Wild, Ute: Lesbische Frauen in der Kirche, Stuttgart 1994 (2. überarb. Aufl.).

Beger, Nico J.; Baer, Susanne; de Silva, Angela: Recht und Rechte. Zwischen legaler Anerkennung und kulturell-politischer «Revolution», in: quaestio (Hg.): Queering Demokratie. Sexuelle Politiken, Berlin 2000, 182–209.

Berther, Ivo: Die «schwarze Lawine» und der Bauch der Frau: Frauenrollen in der katholischen Surselva 1870–1970 und ihr ideologischer Hintergrund, in: Jecklin, Ursula; Redolfi, Silke; Hofmann, Silvia (Hg.): frauenKörper. Beiträge zur Frauen- und Geschlechtergeschichte Graubündens im 19. und 20. Jahrhundert, Band 2, Zürich 2005, 67–149.

Bitzer, Johannes u.a.: Switzerland, in: Francoeur, Robert T. (Hg.): The international encyclopedia of sexuality, New York 2004, 995–1008.

Bollinger, Andrea und Trenkle, Franziska (Hg.): Meta von Salis-Marschlins. Briefwechsel 1863–1929. Kommentierte Regestausgabe, Basel (in Vorbereitung).

Braun, Christina von: Nicht ich. Logik, Lüge, Libido, Frankfurt am Main 1988 (2. Aufl.).

Brodbeck, Doris: Hunger nach Gerechtigkeit. Helene von Mülinen (1850–1924), eine Wegbereiterin der Frauenemanzipation, Zürich 2000.

Brown, Judith C.: Lesbian sexuality in medieval and early modern Europe, in: Duberman, Martin; Vicinus, Martha; Chauncey, George (Hg.): Hidden from history. Reclaiming the gay and lesbian past, New York 1989, 67–76.

Bühler, Pierre: Der Befund: die Situation in den Kirchen – ein Überblick, in: Graesslé, Isabelle; Bühler, Pierre; Müller, Christoph D.: Unterwegs zu neuen Horizonten. Gleichgeschlechtlichkeit: Überlegungen und Gesprächsanstösse zu den Stellungnahmen der Evangelischen Kirchen der Schweiz, Berg am Irchel 2001, 13–32.

Bührmann, Andrea D.: Das authentische Geschlecht. Die Sexualitätsdebatte der Neuen Frauenbewegung und die Foucaultsche Machtanalyse, Münster 1995.

Butler, Judith: Das Unbehagen der Geschlechter, Frankfurt am Main, 1991.

Butler, Judith: Körper von Gewicht. Die diskursiven Grenzen des Geschlechts, Berlin 1995.

Degele, Nina: Heteronormativität entselbstverständlichen. Zum verunsichernden Potenzial von Queer Studies, in: Freiburger FrauenStudien. Zeitschrift für Interdisziplinäre Frauenforschung, Band: Queering Gender – Queering Society, 2005, Nr. 17, 15–41.

Dekker, Rudolf und van de Pol, Lotte: Frauen in Männerkleidern. Weibliche Transvestiten und ihre Geschichte, Berlin 1990.

Duden, Barbara: Geschichte unter der Haut. Ein Eisenacher Arzt und seine Patientinnen um 1730, Stuttgart 1987.

Duggan, Lisa: The trials of Alice Mitchell. Sensationalism, sexology and the lesbian subject in Turn-of-the-Century America, in: Corber, Robert J. und Valocchi, Stephen (Hg.): Queer Studies. An interdisciplinary reader, Malden 2003, 73–88.

Eder, Franz X.: Von «Sodomiten» und «Kontrārsexuellen». Die Konstruktion des «homosexuellen» Subjekts im deutschsprachigen Wissenschaftsdiskurs des 18. und 19. Jahrhunderts, in: Hey, Barbara; Pallier, Ronald; Roth, Roswith (Hg.): Que(e)rdenken. Weibliche/männliche Homosexualität und Wissenschaft, Innsbruck 1997, 15–40.

Eder, Franz X.: Kultur der Begierde. Eine Geschichte der Sexualität, München 2002.

Ehrensperger, Käthy: Dr. phil. Dr. theol. h.c. Marga Bührig (1915–2002), in: BJ 2005, 145–148.

Engel, Antke: Differenz (der) Rechte – Sexuelle Politiken und der Menschenrechtsdiskurs in: quaestio (Hg.): Queering Demokratie. Sexuelle Politiken, Berlin 2000, 157–175.

Engel, Antke: Wider die Eindeutigkeit. Sexualität und Geschlecht im Fokus queerer Politik der Repräsentation, Frankfurt 2002.

Faderman, Lillian: Köstlicher als die Liebe der Männer. Romantische Freundschaft und Liebe zwischen Frauen von der Renaissance bis heute, Zürich 1990.

Fischer, Andrea: Schwule galten lange als psychisch gestört, in: Tages-Anzeiger, 26.4.2005, 5.

Foucault, Michel: Der Wille zum Wissen. Frankfurt am Main, 1983 (Sexualität und Wahrheit, 1).

Gerber, Beat: Lila ist die Farbe des Regenbogens, Schwestern, die Farbe der Befreiung ist rot. Die Homosexuellen Arbeitsgruppen der Schweiz (HACH) von 1974 bis 1995, Köniz 1998.

Gerodetti, Natalia: Modernising sexualities. Towards a socio-historical understanting of sexualities in the Swiss nation, Bern 2005.

Gissrau, Barbara: Sigmund Freud über weibliche Homosexualität, in: Lautmann, Rüdiger (Hg.): Homosexualität. Handbuch der Theorie- und Forschungsgeschichte, Frankfurt am Main 1993, 168–173.

Göttert, Margrit: Über die «Wuth, Frauen zu lieben» – Die Entdeckung der lesbischen Frau, in: Feministische Studien 7, 1989, Heft 2, 23–38.

Göttert, Margrit: «Chloe liebt Olivia ...». Frauenbeziehungen als Gegenstand historischer Forschung, in: Fieseler, Beate und Schulze, Birgit (Hg.): Frauengeschichte, gesucht – gefunden? Auskünfte zum Stand der historischen Frauenforschung, Köln 1991, 92–111.

Göttert, Margrit: Symposium «Facetten deutschsprachiger Lesbenforschung» vom 25. bis 27. Oktober in Berlin, in: Feministische Studien 11, 1992, Heft 1, 153–156.

Hacker, Hanna: Frauen und Freundinnen. Studien zur «weiblichen Homosexualität» am Beispiel Österreich 1870–1938, Weinheim 1987 (Ergebnisse der Frauenforschung, 12).

Hacker, Hanna: Männliche Autoren der Sexualwissenschaft über weibliche Homosexualität (1879–1930), in: Lautmann, Rüdiger (Hg.): Homosexualität. Handbuch der Theorie- und Forschungsgeschichte, Frankfurt am Main 1993, 134–141.

Hacker, Hanna: Resultate und Defizite der Forschungen zum Lesbianismus. Ein Resümee, in: Lautmann, Rüdiger: Homosexualität. Handbuch der Theorie- und Forschungsgeschichte, Frankfurt am Main 1993, 384–389.

Hacker, Hanna: «Patientin fühlt sich von jeher zu Weibern hingezogen». Eine Einführung in die Beziehungsgeschichte von Medizin und Frauenliebe, in: Mixa, Elisabeth u.a. (Hg.): Körper. Geschlecht. Geschichte. Historische und aktuelle Debatten in der Medizin, Innsbruck 1996, 116–132.

Haeberle, Erwin J.: Alfred C. Kinsey, in: Lautmann, Rüdiger (Hg.): Homosexualität. Handbuch der Theorie- und Forschungsgeschichte, Frankfurt am Main 1993, 230–239.

Haller, Dieter (Hg.): Die Entdeckung des Selbstverständlichen: Heteronormativität im Blick, in: kea – Zeitschrift für Kulturwissenschaften, 2001, Nr. 14, 1–28.

Hänsch, Ulrike: Individuelle Freiheiten – heterosexuelle Normen in Lebensgeschichten lesbischer Frauen, Opladen 2003.

Hark, Sabine: Queer Interventionen, in: Feministische Studien, 11, 1993, Heft 2, 104–110.

Hark, Sabine (Hg.): Grenzen lesbischer Identitäten. Aufsätze, Berlin 1996.

Hark, Sabine: Magisches Zeichen. Die Rekonstruktion der symbolischen Ordnung im Feminismus, in: Hark, Sabine (Hg.): Grenzen lesbischer Identitäten, Berlin 1996, 96–134.

Hark, Sabine: Deviante Subjekte. Die paradoxe Politik der Identität, Opladen 1999 (2. überarb. Aufl.).

Hark, Sabine: Durchquerung des Rechts. Paradoxien einer Politik der Rechte, in: quaestio (Hg.): Queering Demokratie. Sexuelle Politiken, Berlin 2000, 28–45.

Hark, Sabine: Lesbenforschung und Queer Theorie. Theoretische Konzepte, Entwicklungen und Korrespondenzen, in: Becker, Ruth und Kortendiek, Beate (Hg.): Handbuch Frauen- und Geschlechterforschung. Theorie, Methoden, Empirie, Wiesbaden 2004 (Geschlecht und Gesellschaft, 35), 104–112.

Hartmann, Jutta, u.a. (Hg.): Heteronormativität. Empirische Studien zu Geschlecht, Sexualität und Macht, Wiesbaden 2007 (Studien interdisziplinäre Geschlechterforschung, 10).

Haschemi Yekani, Elahe und Michaelis, Beatrice (Hg.): Quer durch die Geisteswissenschaften. Perspektiven der Queer Theory, Berlin 2005.

Hebeisen, Erika und Schumacher, Eva: Freundinnen, in: Verein Frauenstadtrundgang Zürich (Hg.): Chratz & quer. Sieben Frauenstadtrundgänge in Zürich, Zürich 2003, 266–308.

Heintz, Bettina und Honegger, Claudia: Zum Strukturwandel weiblicher Widerstandsformen im 19. Jahrhundert, in: Heintz, Bettina und Honegger, Claudia (Hg.): Listen der Ohnmacht. Zur Sozialgeschichte weiblicher Widerstandsformen, Frankfurt am Main 1991, 7–69.

Hogan, Steve und Hudson, Lee (Hg.): Completely queer. The gay and lesbian encyclopedia, New York 1999.

Honegger, Claudia: Die Ordnung der Geschlechter. Die Wissenschaften vom Menschen und das Weib, 1750–1850, Frankfurt am Main 1991.

Institut für Sozialethik des Schweizerischen Evangelischen Kirchenbunds (Hg.): Ehe und Familie für homosexuelle Paare? Rechtliche und ethische Aspekte, Bern 1995.

Jäger, Susanna: Doppelaxt oder Regenbogen? Zur Genealogie lesbisch-feministischer Identität, Tübingen 1998 (Perspektiven, 11).

Jagose, Annamarie: Queer theory. Eine Einführung, Berlin 2001.

Jecklin, Ursula: «In der Nacht sind einem die Mäuse über die nackten Füsse gesprungen.» Telefon und Telegraf in Graubünden, in: Redolfi, Silke; Hofmann, Silvia; Jecklin, Ursula (Hg.): frauenArbeit.

Beiträge zur Frauen- und Geschlechtergeschichte Graubündens im 19. und 20. Jahrhundert, Band 3, Zürich 2006, 259–300.

Joris, Elisabeth und Witzig, Heidi: Frauengeschichte(n). Dokumente aus zwei Jahrhunderten zur Situation der Frauen in der Schweiz, Zürich 1986.

Kähler, Else: Exegese zweier neutestamentlicher Stellen, in: Bovet, Theodor (Hg.): Probleme der Homophilie in medizinischer, theologischer und juristischer Sicht, Bern und Tübingen 1965, 12–43.

Keller, Rosemarie: Ich bereue nicht einen meiner Schritte. Leben und Prozess der Ärztin Caroline Farner, Zürich 2001.

Klaas Meilier, Brigitta: Hochsaison in Sils-Maria. Meta von Salis und Friedrich Nietzsche. Zur Geschichte einer Begegnung, Basel 2005.

Kokula, Ilse: Weibliche Homosexualität um 1900 in zeitgenössischen Dokumenten, München 1981.

Kokula, Ilse: Formen lesbischer Subkultur, Berlin 1983 (Sozialwissenschaftliche Studien zur Homosexualität, 3).

Kokula, Ilse und Böhmer, Ulrike: Die Welt gehört uns doch! Zusammenschluss lesbischer Frauen in der Schweiz der 30er Jahre, Zürich 1991 (Schriftenreihe des Vereins Feministische Wissenschaft).

Koordinationsstelle Homosexualität und Wissenschaft Zürich (Hg.): Handbuch zu lesbischen und schwulen Studien in der Schweiz, Zürich 1995–2004.

Krafft-Ebing, Richard von: Psychopathia sexualis, Stuttgart 1886.

Kroll, Renate (Hg.): Metzler Lexikon Gender Studies. Geschlechterforschung. Ansätze – Personen – Grundbegriffe, Stuttgart, 2002.

Laqueur, Thomas: Auf den Leib geschrieben. Die Inszenierung der Geschlechter von der Antike bis Freud, Frankfurt am Main 1992.

Marti, Madeleine u.a.: Querfeldein. Beiträge zur Lesbenforschung. Zweites Symposium deutschsprachiger Lesbenforschung, veranstaltet von SAPPHO, Verein zur Förderung von Frauenforschungsprojekten, 16. bis 18. April 1993 in Boldern bei Zürich, Bern 1994.

Meier, Michael: Die frommen Christen sehen Ehe bedroht, in: Tages-Anzeiger vom 9.5.2005, Nr. 106, 6.

Moon, Dawne: Religious views on homosexuality, in: Richardson, Diane und Seidman, Steven (Hg.): Handbook of lesbian and gay studies, London 2002, 328–313.

Moser, Karin: «Hier muss ich mich als Lesbe nicht erklären». Ethnographische Zugänge zur Lesbenkultur im Frauenzentrum Zürich, Zürich 2001 (Zürcher Beiträge zur Alltagskultur, 9), 25–47.

Müller, Irene: Young and… rainbow woman. Zur Lebenssituation jugendlicher lesbischer und bisexueller Frauen in der deutschsprachigen Schweiz, Bern 2004.

Opitz, Caudia: Aufklärung der Geschlechter, Revolution der Geschlechterordnung. Studien zur Politik- und Kulturgeschichte des 18. Jahrhunderts, Münster 2002.

Ott, Cornelia: Die Spur der Lüste. Sexualität, Geschlecht und Macht, Opladen 1998 (Geschlecht und Gesellschaft, 10).

Ott, Cornelia: Zum Verhältnis von Geschlecht und Sexualität unter machttheoretischen Gesichtspunkten, in: Schmerl, Christiane u.a. (Hg.): Sexuelle Szenen. Inszenierungen von Geschlecht und Sexualität in modernen Gesellschaften, Opladen 2000, 183–194.

Polymorph (Hg.): (K)ein Geschlecht oder viele. Transgender in politischer Perspektive, Berlin 2002.

quaestio (Hg.): Queering Demokratie, Berlin 2000.

Rauchfleisch, Udo: Schwule, Lesben, Bisexuelle. Lebensweisen, Vorurteile, Einsichten, Göttingen 1996 (2. überarb. Aufl.).

Redaktion Coming Out (Hg.): Lesben und Coming Out, Zürich 1993.

Redolfi, Silke: Die Widerspenstige, in: BK 164, 2005, 117–123.

Rich, Adrienne: Zwangsheterosexualität und lesbische Existenz, in: Schultz, Dagmar (Hg.): Macht und Sinnlichkeit, Berlin 1983, 138–169.

Rubin, Gayle: Sex denken: Anmerkungen zu einer radikalen Theorie der sexuellen Politik, in: Krass, Andreas (Hg.): Queer denken. Gegen die Ordnung der Sexualität, Frankfurt am Main 2003, 31–80.

Schlatter, Christoph: «Merkwürdigerweise bekam ich Neigung zu Burschen». Selbstbilder und Fremdbilder homosexueller Männer in Schaffhausen 1867 bis 1970, Zürich 2002.

Schleicher, Berta: Meta von Salis-Marschlins. Das Leben einer Kämpferin, Erlenbach-Zürich, 1932.

Schnurrenberger, Regula: Freundinnen und Gefährtinnen. Annäherungen an das Phänomen «Frauenpaare um 1900», in: Ariadne. Forum für Frauen- und Geschlechtergeschichte, 2005, Nr. 48, 50–57.

Schütze, Fritz: Biographieforschung und narratives Interview, in: Neue Praxis 1983, Nr. 3, 283–293.

Schütze, Fritz: Kognitive Figuren autobiographischen Stegreiferzählens, in: Kohli, Martin und Robert, Günther: Biographie und soziale Wirklichkeit. Neue Beiträge und Forschungsperspektiven, Stuttgart 1984, 78–117.

Schwarz, Gudrun: «Mannweiber» in Männertheorien, in: Hausen, Karin (Hg.): Frauen suchen ihre

Geschichte. Historische Studien zum 19. und 20. Jahrhundert, München 1983, 62–80.

Seidman, Steven: The social construction of sexuality, New York 2003 (Contemporary societies).

Seidman, Steven: Theoretical perspectives, in: Seidman, Steven; Fischer, Nancy; Meeks, Chet (Hg.): Handbook of the new sexuality studies, Abingdon 2006, 3–14.

Simonett, Katrin; Reichen, Fredel; Marti, Madeleine: Unverschämt – Lesben und Schwule gestern und heute. Ausstellung im Stadthaus Zürich 11. Oktober 2002 bis 18. Januar 2003, Zürich 2003.

Smith-Rosenberg, Carol: «Meine innig geliebte Freundin!» Beziehungen zwischen Frauen im 19. Jahrhundert, in: Heintz, Bettina und Honegger, Claudia (Hg.): Listen der Ohnmacht. Zur Sozialgeschichte weiblicher Widerstandsformen, Frankfurt am Main 1981, 357–392.

Soine, Stefanie: Was hat «lesbische Identität» mit Frausein und Sexualität zu tun?, in: Schmerl, Christiane u.a. (Hg.): Sexuelle Szenen. Inszenierungen von Geschlecht und Sexualität in modernen Gesellschaften, Opladen 2000, 194–225.

Stump, Doris: Sie töten uns – nicht unsere Ideen. Meta von Salis-Marschlins (1855–1929). Schweizer Schriftstellerin und Frauenrechtskämpferin, Thalwil 1986.

Verein Feministische Wissenschaft Schweiz (Hg.): Ebenso neu als kühn. 120 Jahre Frauenstudium an der Universität Zürich, Zürich 1988 (Schriftenreihe Verein Feministische Wissenschaft Schweiz).

Vicinus, Martha: «They wonder to which sex I belong»: The historical roots of the modern lesbian identity, in: Feminist Studies 18, 1992, Nr. 3, 467–499.

Vicinus, Martha: Intimate friends. Women who loved women, 1778–1928, Chicago 2004.

Volland, Bettina und Jecklin, Ursula: Das politische Frauenstimm- und Wahlrecht, in: Hofmann, Silvia; Jecklin, Ursula; Redolfi, Silke (Hg.): frauenRecht. Beiträge zur Frauen- und Geschlechtergeschichte Graubünden im 19. und 20. Jahrhundert, Bd. 1, Zürich 2003, 69–156.

Warner, Michael: Introduction, in: Warner, Michael (Hg.): Fear of a queer planet. Queer politics and social theory, Minneapolis 1993, vii–xxxi.

Weber, Philippe: Der Diskurs über weibliche Homosexualität 1895–1914, Liz.-Arb. Universität Zürich, Zürich 2002.

Ziegler, Andreas R.: Rechte der Lesben und Schwulen in der Schweiz: Eingetragene Partnerschaft, faktische Lebensgemeinschaft, Rechtsfragen zur Homosexualität, Bern 2007.

Zimmerman, Bonnie (Hg.): Lesbian histories and cultures. An Encyclopedia, New York 2000 (Encyclopedia of lesbian and guy histories an cultures, 1).

Zum Abschluss eines grossen Projekts

Vier umfangreiche und gehaltvolle Bände zur Bündner Geschichte! Der vierte und letzte Band ist Anlass, nochmals über das nun vollendete Projekts nachzudenken und es in seinem Umfang, seiner Bedeutung und Reichweite zu würdigen.

Das 200-Jahr-Kantonsjubiläum im Jahr 2003 bot die Möglichkeit, die Frauen- und Geschlechtergeschichte des Kantons ins Zentrum historischer Forschung zu stellen. Dabei sollte es aber nicht darum gehen, die Geschichte der Frauen als Sondergeschichte zu erforschen, die separat neben der sogenannt allgemeinen Geschichte steht und allenfalls das Defizit der bisherigen Geschichtsschreibung mildert. Vielmehr ist explizites Anliegen der Werke, diese Hälfte als Teil des Ganzen zu sehen.

Es gibt kaum ein historisches Thema, das nicht frauen- und geschlechtergeschichtliche Bedeutung hätte. Es geht dabei einerseits um die Lebensverhältnisse von Frauen sowie um die Beziehungen zwischen Männern und Frauen. Es geht aber auch um die Bedeutung der Kategorie Geschlecht, also darum, wie die Vorstellung von Männlichkeit und Weiblichkeit die Gesellschaft strukturiert. Was sagt die Stellung von Frauen über das Rechtsverständnis der Gesellschaft aus? Welche Arbeiten gelten als männlich oder weiblich, welcher Wert wird ihnen beigemessen? Welche allgemeinen Wertvorstellungen werden darin sichtbar? Welche Räume sind Männer-, welche Frauenräume, und wie beeinflussen diese Vorstellungen die wirtschaftliche, politische und gesellschaftliche Entwicklung sowie die konkreten individuellen und politischen Handlungen? Zeitgemässe Geschichtsschreibung kann es sich eigentlich nicht leisten, auf die Beantwortung dieser Fragen zu verzichten, sie ist zum Gradmesser für die Qualität der Geschichtsschreibung geworden. Dennoch werden sie in vielen historischen Werken nur am Rande – wenn überhaupt – berücksichtigt. Warum? Oft fehlt die Grundlagenforschung, fehlen die spezifischen Forschungsprojekte, und manchmal fehlt auch nur die Offenheit, die Bedeutung der Fragestellung für das Ganze zu erkennen. Da war der Kanton Graubünden in «guter» – oder muss ich sagen – schlechter Gesellschaft: Es ist keine absolute Ausnahme, dass bei regionalgeschichtlichen Forschungen nicht versucht wird, die Frage nach der Stellung von Frauen und die Frage, wie die Beziehungen von Männern und Frauen das wirtschaftliche und politische Leben strukturieren, zu beantworten.

Dass das nun aber in einem vierbändigen Werk erfolgt, das ist vielleicht eher die Ausnahme, aber auf jeden Fall eine grossartige Leistung, die von den Herausgeberinnen, den Autorinnen und Autoren vollbracht wurde und bei der sie auf tatkräftige Unterstützung verschiedener kantonaler Stellen, Stiftungen und von Privatpersonen zählen konnten.

Programmatisch war auf dem Umschlag des ersten Bandes das Foto einer unbekannten Frau, einer Frau, deren Geschichte nicht bekannt ist. Sie stand für die unbekannte Geschichte der Bündnerinnen, die uns dann nach und nach in vier Bänden in ganz unterschiedlichen Facetten nähergebracht wurde, zur bekannten Geschichte wird. Es beginnt mit der Rechtsgeschichte im ersten Band. Hier zeigt sich, wie stark die privatrechtliche Stellung, also die Stellung im Erbrecht, im Eherecht und bezüglich der allgemeinen Handlungs(un)freiheit und die öffentlich-rechtliche Stellung, das fehlende Stimm- und Wahlrecht, das zudem noch eine berufliche Diskriminierung nach sich zog, doch zusammenhängen und eine Sonderstellung von Frauen schufen. Der erste Band legt aber nicht nur mit der Rechtsgeschichte eine Grundlage für die später folgenden, er enthält auch die umfangreiche Bibliografie. All die Aufsätze und Artikel, die sonst verstreut und versteckt, kaum greifbar waren, sind hier systematisch und geordnet aufgelistet. Sie bieten nicht nur für die vorliegenden Bände grundlegende Informationen, sondern werden auch künftig der Forschung nützen.

Der Körper steht im Zentrum des zweiten Bandes. Wer kennt es nicht, das berühmte Plakat, das den gestreckten Sprung der Rhythmik- und Gymnastiklehrerin Dora Hartmann zeigt und das ganz verschiedene Fremdenverkehrsplakate schmückte. Seine Entstehung weist darauf hin, dass hier im Kontext des Fremdenverkehrs eine hochmoderne Körperschulung auf internationalem Niveau betrieben wurde. Der oft erschreckende Umgang mit dem Körper in Behandlungen und medizinischen Infrastrukturen ist ebenso Thema des Bandes wie Inszenierungen von Körpern in Fotografien und Plakaten. Die Körpergeschichte(n) zeigen, dass die Vorstellung, Körper seien das Eigentliche, Substanzielle und Unwandelbare, kaum aufrechtzuerhalten ist und dass und wie unsere Vorstellungen vom Körper, aber auch unsere körperlichen Empfindungen von diesen Inszenierungen beeinflusst und geprägt sind.

Dass beim dritten Band, der der Arbeit gewidmet ist, von der Arbeit der Bäuerin die Rede ist, wird nicht weiter erstaunen. Wir erwarten das von einem ländlichen Kanton. Aber wissen wir, wie sie aus der Sicht einer Bergbäuerin aussah? Hier gibt eine erstaunliche Tagebuchaufzeichnung aus 40 Lebensjahren Einblick sowie weitere Aussagen zur Eigeneinschätzung von Frauen, die von der Landwirtschaft leben. Aber daneben gab es die andern: die Handelsfrauen, Ladentöchter, Lehrerinnen und Dienstmädchen – auch hier Geschichte und Geschichten.

Die «andern» sind Gegenstand des vierten und letzten Bandes mit dem Thema Fremdsein und Migration. Die «fremden Frauen», das sind die Zuwanderinnen in Graubünden und die Bündnerinnen, die auswanderten und zumindest eine Zeit lang fremde in einem andern Land waren und damit ebenfalls das Bild der Bündnerin prägten. Ebenso sind es aber auch die Frauen, die durch ihre politische Einstellung, ihre sexuelle Orientierung oder ihre gesellschaftliche Situation als fremd empfunden werden.

Alte Diskriminierungen wie die der unverheirateten Mutter sind gewichen – andere wohl noch nicht ganz.

Die Aufsätze in den vier Bänden zeigen, was es bedeutet, wenn die sprachliche und kulturelle Vielfalt des Kantons Graubünden durch die Kategorie Geschlecht erweitert wird. Die Beiträge sind spezifisch auf die Geschichte von Frauen im Kanton Graubünden gerichtet. Und doch zeigen sie auch sehr vieles, was dieser Kanton und die Frauen- und Geschlechtergeschichte mit andern Kantonen gemein hat, ja sie machen am Beispiel der Bündner Geschichte spezifisch schweizerische Entwicklungen sichtbar und erfahrbar, sei es im Bereich der politischen Rechte, bei der Geschlechtsvormundschaft, bei den Konstruktionen weiblicher Körper- und Gesundheitsvorstellungen oder auch in Bezug auf die starke Einbindung von Frauen in die verschiedenen Erwerbsbereiche und ihre Bedeutung für Handel und Gewerbe. Eine Pionierleistung für Graubünden – und für die Schweiz. Spannende Geschichte und spannende Geschichten sind in der Bündner Frauengeschichte nahe beieinander, ergänzt durch einzigartige Fotografien.

Das Projekt, das im Jahre 1999 den Anfang genommen hat, ist mit diesem vierten Band erfolgreich beendet. Nicht beendet ist aber die Frauen- und Geschlechtergeschichte Graubündens, denn es ist sicher, dass diese Forschungsarbeit nicht nur die Grundlage zum Verständnis von Vergangenheit, Gegenwart und Zukunft bilden wird, sondern auch Anlass zur weiteren Auseinandersetzung mit der Geschichte der Lebensverhältnisse von Frauen und Männern im Kanton Graubünden sein wird.

Regina Wecker

Anhang

Herausgeberinnen, Lektor und Lektorin

Silva Hofmann (geb. 1954), lic. phil., studierte Germanistik, Geschichte und Kunstgeschichte an der Universität Basel, war Journalistin und Redaktorin. Nachdiplomstudium in Kulturmanagement an der Universität Basel. Leiterin der Stabsstelle für Gleichstellungsfragen des Kantons Graubünden, Co-Leiterin des Frauenkulturarchivs Graubünden. Erhielt 2007 zusammen mit Silke Redolfi einen Förderungspreis der Irma Landolt-Stiftung für das Frauenkulturarchiv Graubünden.

Ursula Jecklin (geb. 1941), Dr. phil., Historikerin. Edierte von 1972 bis 1976 den Codex Vindobonensis 2885 im Rahmen des Nationalfondsprojekts «Editionen Deutscher Sammelhandschriften des späten Mittelalters». Leitete von 1977 bis 2006 das Stadtarchiv in Chur. Redaktorin und Mitautorin der Churer Stadtgeschichte. Organisatorin stadtgeschichtlicher Ausstellungen in der Churer Stadtgalerie. Wissenschaftliche Co-Begleiterin und Mitautorin des Projekts «Frauenleben in Graubünden», das 1999 mit dem Bündner Literaturpreis der Milly Enderlin-Stiftung ausgezeichnet wurde.

Silke Redolfi (geb. 1964), lic. phil., freischaffende Historikerin und Archivarin. Projektleiterin und Redaktorin von «fraubünden». Co-Leiterin Frauenkulturarchiv Graubünden. Publikationen im Bereich Frauen- und Geschlechtergeschichte und Bündner Geschichte. Arbeitet im Rahmen eines Nationalfondsprojektes an ihrer Dissertation zu «Ausheirat und Ausbürgerung von Schweizerinnen bis 1953». Erhielt 2000 einen Förderungspreis des Kantons Graubünden als Historikerin und 2007 zusammen mit Silvia Hofmann einen Förderungspreis der Irma Landolt-Stiftung für das Frauenkulturarchiv Graubünden.

Andrea Jecklin (geb. 1941), Dr. phil., Linguist. Assistent am Deutschen Seminar der Universität Basel von 1968 bis 1976. Von 1976 bis 1983 Lehrer an der Bündner Kantonsschule. Von 1983 bis 1987 Rektor des Abendtechnikums Chur/Ingenieurschule HTL. Von 1987 bis 2005 Direktor des Bündner Lehrerseminars. Ab 2002 Direktor der Pädagogischen Fachhochschule Graubünden, nach dem Wechsel der Rechtsform bis 2006 Rektor der Pädagogischen Hochschule Graubünden. Bei «fremdeFrau» verantwortlich für das deutsche Lektorat.

Silva Semadeni (geb. 1952), lic. phil., Historikerin, Lehrerin an der Bündner Kantonsschule in Chur. Von 1995 bis 1999 Nationalrätin. Präsidentin ProNatura Schweiz. Stiftungsrätin Pro Helvetia. Publikationen zur Bündner Geschichte und über das Puschlav. Bei «fremdeFrau» verantwortlich für das italienische Lektorat.

Wissenschaftliche Begleitung

Regina Wecker (geb. 1944), Prof. Dr., Historikerin und seit 1997 Professorin für Frauen- und Geschlechtergeschichte an der Universität Basel. Ihr Forschungsschwerpunkt ist das 19. und 20. Jahrhundert, insbesondere Rechtsgeschichte, Entwicklung des Arbeitsmarktes, Geschichte von Eugenik und Psychiatrie sowie Geschlechtertheorie. Trägerin des Wissenschaftspreises der Stadt Basel 1998. Sie ist Leiterin des gesamtschweizerischen Programms der Graduiertenkollegien «Gender».

Autorinnen und Autor

Christina Caprez (*1977), lic. phil., Soziologin und Journalistin. Studium der Soziologie, Ethnologie und Geschichte in Zürich, Coimbra und Berlin. Seit 2004 Redaktorin bei Schweizer Radio DRS 2. Arbeitsschwerpunkte: Geschlechtersoziologie und -geschichte, Queer Studies, historische und zeitgenössische Lesbenforschung, Migrations- und Biografieforschung. Publikationen: Die Gender-Expertinnen kommen. Ein Gender-Studies-Abschluss eröffnet neue Berufsfelder – und wirft Fragen auf, in: NZZ, 2.7.03, 65. Als Frau zu früh, als Adlige zu spät: Porträt der Philosophin und Frauenrechtlerin Meta von Salis-Marschlins zum 150. Geburtstag, in: Basler Zeitung, 1.3.05, 5, sowie Passage 2, Schweizer Radio DRS 2, 11.3.05. Der Kampf fürs Frauenstimmrecht aus der Sicht der Frauenrechtlerin und Archivarin Marthe Gosteli und der Historikerin Beatrice Ziegler, in: Kontext, Schweizer Radio DRS 2, 24.7.07. Begegnungen mit Frauen in Sarajevo, in: Passage 2, Schweizer Radio DRS 2, 23.5.2008.

Eveline Nay (geb. 1974), lic. phil., wissenschaftliche Assistentin am Zentrum Gender Studies der Universität Basel. Studium der Pädagogik, der Russischen Literaturwissenschaft und der Sonderpädagogik an der Universität Zürich. Von 2005 bis 2008 wissenschaftliche Assistentin und wissenschaftliche Mitarbeiterin in verschiedenen Forschungsprojekten im Fachbereich Sozialpädagogik des Pädagogischen Instituts der Universität Zürich. Zudem von 2006 bis 2008 Leiterin der Beratungsstelle für qualitative Forschungsmethodologie und -methoden des Pädagogischen Instituts der Universität Zürich. Forschungsschwerpunkte: Geschlechtertheorien, Queer Theory, historische und zeitgenössische Lesbenforschung, qualitative Forschungsmethodologie und -methoden, ausserfamiliäre Säuglingsbetreuung. Publikationen: «Kleinstkindbetreuung in Kindertagesstätten», Bern 2008 (mit B. Grubenmann und S. Larcher). L'illusiun dall'emancipaziun, in: La Quotidiana, Nr. 169, 2004,

2. Comeback dil feminissem?, in: La Quotidiana, Nr. 112, 2004, 3. Drag Kings: Aussenseiter im Geschlechtersystem?, in: Opinjon. Nr. 3, 2003, 11–16.

Marta Ostertag (geb. 1974), lic. phil., Ethnologin. Aufgewachsen in Tiefencastel, Graubünden. Studium der Ethnologie und Neuzeitgeschichte an der Universität in Zürich und Barcelona, Feldforschung in Marokko und Spanien zum Thema Grenzstädte. Forschungsschwerpunkte sind Migration, Integration, Gender und Menschenrechte. Fachfrau für Genitalverstümmelung und frauenspezifische Migration bei Terre des Femmes Schweiz und Projektmitarbeiterin bei incluso der Caritas Zürich sowie Dozentin an der Fachschule für Pflege in Ilanz. Publikationen: Einmal arm – immer arm? Lebensgeschichten zur sozialen Vererbung in der Schweiz, Luzern 2006. Stascha Bader. Heimweh nach dem Schweizer Ruchbrot, in: Dejan Mikic und Erika Sommer (Hg.): «Jugoslawien – Schweiz einfach. 20 Erfolgsgeschichten», Zürich 2007, 112–123.

Daniele Papacella (nato 1971), lic. phil., storico, ha compiuto i suoi studi a Zurigo laureandosi con una tesi sulla società rurale della Val Poschiavo e la crisi di fine Settecento. In alcune pubblicazioni si è occupato di storia sociale e religiosa grigione in Epoca moderna. Per la Società Storica Val Poschiavo, di cui è presidente dal 2002, ha curato una monografia sulla Collegiata di San Vittore Mauro di Poschiavo e, con altri autori, ha firmato la pubblicazione dell'epistolario di don Giovanni Vassella. A 200 anni dall'Atto di mediazione napoleonica, ha redatto un numero speciale dei Quaderni grigionitaliani per conto della Pro Grigioni italiano. Membro del comitato di Musei grigioni dal 2006, si interessa pure di mediazione e cumunicazione culturale in ambito museale. Lavora presso la Fondazione svizzera per la cultura Pro Helvetia a Zurigo.

Regula Pfeifer (geb. 1965), lic. phil. I, Historikerin und Journalistin, in Suhr/AG aufgewachsen, lebt in Zürich. Während des Geschichts- und Italienischstudiums an der Universität Zürich spezialisierte sie sich auf Frauen- und Geschlechtergeschichte. Mitbegründerin der Historikerinnenzeitschrift Rosa. Lizentiatsarbeit über «Frauen und Protest. Marktdemonstrationen in der Deutschschweiz im Kriegsjahr 1916» (Zusammenfassung im Sammelband: «Frauen in der Stadt», herausgegeben von Anne-Lise Head-König und Albert Tanner, Zürich 1993.) Nach beruflichen Stationen im Sozialarchiv und im Landesmuseum in Zürich Weiterbildung zur Journalistin (Nachdiplomstudium, MAZ Luzern). In ihrer journalistischen Tätigkeit sind immer wieder Frauenthemen sowie historische Fragestellungen im Vordergrund gestanden. Regula Pfeifer arbeitet an einer Biografie über die Zürcher Sozialistin und Kommunistin Rosa Bloch-Bollag (1880–1922). Sie ist Chefredaktorin des Chorus, des Magazins der Schweizerischen Orchestervereinigung.

*	geboren
A.	Archiv
Abb.	Abbildung
Abt.	Abteilung
ACP	Archivio Comunale Poschiavo
ADC	Archivio vescovile della Diocesi di Como
AGI	Almanacco del Grigioni Italiano und Almanacco dei Grigioni
allg.	allgemein
Anm.	AnmerkungEn
ASB	Archivio storico della Bregaglia, Castelmur
ASMP	Archivio Monastero Santa Maria Presentata Poschiavo
Art.	Artikel
Aufl.	Auflage
AVC	Archivio vescovile Coira
BAR	Schweizerisches Bundesarchiv
Bd., Bde.	Band, Bände
bearb.	bearbeitet
Ber.	Bericht
BezirksA	Archiv des Bezirks
Bibl.	Bibliografie
BJ	Bündner Jahrbuch
BK	Bündner Kalender
BM	Bündner Monatsblatt
BZ	Bündner Zeitung, Neue Bündner Zeitung
BZGB	Bündnerisches Zivilgesetzbuch
bzw.	beziehungsweise
ca.	circa
ders.	derselbe
dgl.	dergleichen, desgleichen
d.h.	das heisst
dies.	dieselbe
Dipl.-Arb.	Diplomarbeit
Diss.	Dissertation
div.	diverse

Dok.	Dokument
DRG	Dicziunari Rumantsch Grischun, Chur
dt.	deutsch
Durchges.	durchgesehen
Ebd.	Ebenda
ehem.	ehemalig, ehemals
eidg.	eidgenössisch
EP	Engadiner Post
erg.	ergänzt
erw.	erweitert
et al.	et alii
evang.	evangelisch
Fasz.	Faszikel
Fr.	Schweizer Franken
FRAK	Frauenkulturarchiv Graubünden
franz.	französisch
geb.	geboreneR (bei Ehegatten)
Gem.	Gemeinde
GemA	Gemeindearchiv (+ Ort): GemA Bever
gen.	genannt
GGGR	Gemeinnützige Gesellschaft Graubünden
HBG	Handbuch der Bündner Geschichte
HBLS	Historisch-biographisches Lexikon der Schweiz, 8 Bde., 1921–1934
Hg. oder Hrsg.	HerausgeberIn
hg. von	herausgegeben von
hist.	historisch
HistA	Historisches Archiv
HLS	Historisches Lexikon der Schweiz
HS	Helvetia Sacra (+ Bandnummer)
ib.	ibidem
id.	idem
Insbes.	insbesondere
ital.	italienisch
Jb.	Jahrbuch, Jahrbücher
Jber.	JahresberichtE
Jg.	Jahrgang
Jh.	Jahrhundert
JHGG	Jb. der Historisch (antiquarischen) Gesellschaft von Graubünden
jur.	juristisch

kant.	kantonal
KAO	Kulturarchiv Oberengadin
Kap.	Kapitel (Textkapitel)
kath.	katholisch
KBGR	Kantonsbibliothek Graubünden
Komm.	Kommission
KreisA	Archiv des Kreises
Kt.	Kanton
Lex.	Lexikon
Lit.	Literatur
Liz.-Arb.	Lizentiatsarbeit
Ms.	Manuskript
mschr.	maschinenschriftlich
m.ü.M.	Meter über Meer
n.Chr.	nach Christus
N.N.	Nomen nescio
Nr.	Nummer
NZZ	Neue Zürcher Zeitung
o.J.	ohne Jahr
o.O.	ohne Ort
o.O.o.J.	ohne Ort und Jahr
Orig. orig.	Original, original
pag.	Seite
Prof.	ProfessorIn
Prot.	Protokoll
prot.	protestantisch
Publ.	Publikation
publ.	publiziert
QGI	Quaderni Grigionitaliani
rätorom.	rätoromanisch
Red.	Redaktion
ref.	reformiert
Reg.	Register
resp.	respektiv
s.	siehe
SA	Sonderabdruck, Sonderdruck, Separatum
schweiz.	schweizerisch
Sekt.	Sektion
Sem.-Arb.	Seminararbeit

Slg.	Sammlung
sog.	sogenannt
Sr.	Schwester
St.	Sankt
StAGR	Staatsarchiv Graubünden
StadtA Chur	Stadtarchiv Chur
Stat.	Statuten
Suppl.	Supplement
SZG	Schweizerische Zeitschrift für Geschichte, seit 1951
u.a.	unter anderem; und andere
überarb.	überarbeitet
übers.	übersetzt
Univ.	Universität
(un)vollst.	(un)vollständig
v.a.	vor allem
verm.	vermutlich
versch.	verschiedene
Verz.	VerzeichnisSe
vgl.	vergleiche
Vol.	Band
z.B.	zum Beispiel
ZGB	Schweizerisches Zivilgesetzbuch
Ziff.	Ziffer
zit.	zitiert nach
Zs.	Zeitschrift
z.T.	zum Teil
Ztg.	Zeitung

Namenverzeichnis

Ortsverzeichnis

Bildnachweis

Die voranstehenden Zahlen beziehen sich auf die Seiten.